vi per ⌐ PARK BOOKS

Steel Cities:
The Architecture of Logistics in Central and Eastern Europe

Ocelová města:
Architektura logistiky ve střední
a východní Evropě

Kateřina Frejlachová, Miroslav Pazdera,
Tadeáš Říha, Martin Špičák (eds.)

Thanks to
Poděkování

Miroslav Drozen, Hubert Guzik, Jana Hanfová, Ian Henderson, David Kuncl, Ivan Novotný, Jana Perníková, Klaus Platzgummer, Klára Rothová, Eva Slavíková, W-Technika Group s.r.o., Městská část Praha 22

Special thanks for supporting the publication of the book
Zvláštní poděkování za podporu vydání knihy

Matěj Kaflar, Anna Kaflarová, Vlastimil Rybár

© editors
© for the texts: the authors
© for the images: see image credits
© VI PER Gallery, Prague; Park Books AG, Zurich; 2019

ISBN 978-80-270-7038-1 (VI PER)
978-3-03860-189-0 (Park Books)

CONTENT

Intro

Preface　10

Tadeáš Říha　14
Some Dystopias

Chapter One:
City in a Landscape

Philip Ursprung　58
Vanity Fair: A Tour to the Amazon Logistics
Center PRG2

Kateřina Frejlachová　68
Landscape with Warehouses:
Tachov Region, West Bohemia

Miroslav Pazdera　84
The Shed: The Architecture of the
A-Class Standard

Jan Vopravil, Tomáš Khel　96
The State of Agricultural Land in
the Czech Republic

Tadeáš Říha　108
Asphalt, Concrete, and Other Rocks:
A Natural History of Logistics

Pavel Suchan　124
The Landscape and Light Pollution

Zdeněk Porcal (Studio Flusser)　128
Photo Essay

Chapter Two:
Cities on a Map

Jesse LeCavalier　164
Shell Games

Daniel Šitera　176
Transition Redux: Global Warehousing in
Europe's Westernmost East

Lukáš Likavčan　190
Attrition and Grace: Land and Sea as
Logistical Principles

Kateřina Frejlachová, Martin Špičák　196
Corridor D8: Civic Engagement along the
Highway

Ina Valkanova　202
Who Builds the Steel Cities? On
the Relationship between Finance,
Law, and Industrial Zones in CEE

Martin Špičák　214
Atlas of Logistics

OBSAH

Úvod

Předmluva　12

Tadeáš Říha　36
Některé dystopie

Kapitola první:
Město v krajině

Philip Ursprung　58
Jarmark marnosti: Prohlídka logistického
centra Amazon PRG2

Kateřina Frejlachová　68
Krajina se sklady:
Tachovsko v západních Čechách

Miroslav Pazdera　84
Hala: Architektura standardu
A-Class

Jan Vopravil, Tomáš Khel　96
Stav zemědělské půdy v České
republice

Tadeáš Říha　108
Asfalt, beton a jiné horniny: Přírodní
historie logistiky

Pavel Suchan　124
Krajina a světelné znečištění

Zdeněk Porcal (Studio Flusser)　128
Fotoesej

Kapitola druhá:
Města na mapě

Jesse LeCavalier　164
Hra obálek

Daniel Šitera　176
Nekončící transformace: Globální skladování
na nejzápadnějším východě Evropy

Lukáš Likavčan　190
Opotřebování a milost: Moře a země jako
logistické principy

Kateřina Frejlachová, Martin Špičák　196
Koridor D8: Občanský vzdor podél
dálnice

Ina Valkanova　202
Kdo staví ocelová města? O vztahu mezi
financemi, právem a průmyslovými zónami
v regionu CEE

Martin Špičák　214
Atlas logistiky

Chapter Three: Citizens

Adrian Hyrsz — 248
Being or Not Being

Hannah Schling — 262
Dormitories: Spatio-Temporalities of Life-Work

Rutvica Andrijasevic, Tonia Novitz — 272
Transborder Mobility of Labor: Serbian Posted Workers in Slovakia

Tadeáš Říha, Kateřina Frejlachová — 284
Agency and Regular Workers: Interview with the Tenants of an Unoffical Dormitory

Víctor Muñoz Sanz — 290
Main Supporting Characters

Bob Kuřík — 306
Temporal Collisions: Time, Infrastructure, and Protest in the Shadow of Hamburg's Port

Petr Mezihorák — 328
United across Borders: Transnational Organizing of Amazon Workers in Central and Eastern Europe

Jan Kolský — 336
Moving Parts: Photo Essay

Authors — 355

Kapitola třetí: Obyvatelé

Adrian Hyrsz — 248
Bytí či nebytí

Hannah Schling — 262
Ubytovny: Časoprostorovost života a práce

Rutvica Andrijasevic, Tonia Novitz — 272
Přeshraniční mobilita práce: Srbští vyslaní pracovníci na Slovensku

Tadeáš Říha, Kateřina Frejlachová — 284
Agenturní a kmenový: Rozhovor s obyvateli neoficiální ubytovny

Víctor Muñoz Sanz — 290
V hlavní vedlejší roli…

Bob Kuřík — 306
Temporální kolize: Čas, infrastruktura a protest ve stínu hamburského přístavu

Petr Mezihorák — 328
Spolu napříč hranicemi: Nadnárodní sdružování pracovníků společnosti Amazon ve střední a východní Evropě

Jan Kolský — 336
Pohyblivé časti: Fotoesej

Autoři — 355

Intro

Úvod

PREFACE

A twelve by twenty-four by twelve metre-grid A-Class warehouse shed, architecture in its simplest form. It wraps and supports the complex of trivial logistics and quasi-industrial operations which, presumably, take place in its vast hollow, concealed interiors. Packaging, ordering, assembling, storing, repairing, and other such ancillary tasks that articulate manufacture and distribution in Western Europe are outsourced to its (near) peripheries: the Northwest of the Czech Republic, Southeast of Poland, and East of Slovakia. E-commerce warehouses, distribution centers, and auxiliary assembly lines either directly serve the western markets or maintain their competitiveness. To locals they are *Steel Cities*.

These fast-growing logistic parks spreading along the western borders and major cities of Eastern Europe have become inconspicuous in their overwhelming spatial presence. As with all architecture, their gross physicality fixes accidental situations of money and power in space and makes them appear permanent, natural, and inevitable. The Steel Cities explored in this publication *represent* and *reproduce* a core aspect of post-communist Europe's economic transformation: its cheapness. Nicknames like *fabryka Europy* (Polish), *montovna Evropy* (Czech), and *montážna dielňa Európy* (Slovak), all vaguely referring to "cheap factory of Europe," have long ago entered the consciousness of Central and East Europeans.

The editors of this book are architects and, while other architects *design* Steel Cities (yes, they are indeed architect-designed), we believe that the practice which puts them together can also take them apart. The Steel

City can be looked at as a spatial arrangement, a group of extraordinarily large buildings which contain walls, roofs, rooms, and the people in those rooms, roads, parking lots, fences, and neighbors, behind those fences, plans, costs, planning permissions, and municipalities governing those permissions, land, water, and environment as well as the activists protecting this environment. Steel Cities are hardened situations towards which attention can focus and around which different points of view can gather. Their unquestionable existence makes them legible as a symptom or figures them the register of fundamental need: but a symptom of what? A need for what?

The infrastructure of the semi-periphery, of which Steel Cities form a critical element, brings a certain kind of jobs and a degree of investment, but perpetuates the dependency of the East on the West, exacerbates the disjunction between the regions and the metropoles, favors unsustainable building over agricultural land, and feeds mainly precarity in the lives of agency workers. Each one of these features, and all them together, have very real, often painfully real, political consequences.

Most recently, and across all the four Visegrád countries, post-communist transformation resembles less a universal success of liberalism than a disorienting prelude to authoritarian rule. Perhaps today, thirty years after the fall of the communist parties dictatorships, and especially in the harsh light of the climate emergency, we can finally reflect on the phenomenon of cheap warehouses and sheds from the point of view of all relevant disciplines, including architecture. We can examine the Steel Cities as one of the more tangible results of the westernmost East's uncritical acceptance of capitalism.

PŘEDMLUVA

Skladovací hala A-Class v rastru 12 × 24 × 12 metrů, nejjednodušší možná architektura. Obaluje a podpírá komplex triviálních logistických a výrobních operací, které zřejmě probíhají v jejích neproniknutelných, rozlehlých interiérech. Balení, třídění, montování, skladování, opravování a další vedlejší procesy výroby a distribuce v západní Evropě jsou outsourcovány do jejích nejbližších periferií: severozápad Čech, jihovýchod Polska nebo východ Slovenska. Sklady e-komerce, distribuční centra a montovny slouží buď přímo západoevropským trhům, nebo jim pomáhají udržet jejich konkurenceschopnost. Někteří místní je nazývají *Ocelová města*.

    Tyto logistické parky, které rychle vyrůstají okolo západních hranic východní Evropy a kolem jejích velkých metropolí, se přes svou ohromující přítomnost staly téměř nenápadnými. Jako každá architektura klade jejich hmatatelnost náhodné situace moci a peněz do prostoru a dává jim zdání trvalosti, nevyhnutelnosti a přirozenosti. Ocelová města popisovaná v této publikaci *reprezentují* a *znovu vytvářejí* jeden ze základních aspektů transformace postkomunistické Evropy: její levnost. Přezdívky jako *fabryka Europy* (Polsko), *montovna Evropy* (Česko) a *montážna dielňa Európy* (Slovensko), všechny odkazující na postavení regionu jako levné továrny, už se dávno dostaly do povědomí Středo- a Východoevropanů.

    Editoři této publikace jsou architekti, a zatímco jiní architekti ocelová města navrhují (ano, skutečně jsou navrhována architekty), tak věříme, že disciplína, která je skládá dohromady, je rovněž může podrobit kritickému rozkladu. Ocelové město může být nahlíženo jako uspořádání v prostoru, skupina neobyčejně velkých budov, která zahrnuje zdi, střechy, místnosti a jejich obyvatele, parkoviště, ploty a sousedy žijící za těmito ploty, půdorysy, rozpočty a stavební povolení a úřady vydávající tato povolení, i zemi, vodu a životní prostředí včetně aktivistů, kteří toto prostředí chrání. Ocelová města jsou hmatatelné artefakty, na které můžeme soustředit pozornost a okolo kterých můžeme uspořádat různé úhly pohledu. Jejich nezpochybnitelná skutečnost je ukazuje jako symptom odrážející jakousi nezlomnou potřebu. Ale potřebu čeho?

Infrastruktura semiperiferie, jíž jsou ocelová města zásadní součástí, přináší určitý druh pracovních míst a jistý objem investic, ale zároveň udržuje závislost Východu na Západu Evropy, zhoršuje nespojitost mezi regiony a metropolemi, vynucuje si neudržitelné zastavování zemědělské půdy a svým převážně agenturním zaměstnancům vnáší do života především nejistotu. Každá z těchto vlastností má velice skutečné, dokonce politické důsledky.

V poslední době, a to ve všech zemích visegrádské čtyřky, se postkomunistická transformace zdá spíše jako zmatená předehra k autoritářství než jako univerzální úspěch liberalismu. Dnes, třicet let po pádu diktatur komunistických stran, a především v ostrém světle globální klimatické krize, je možné fenomén levných skladů a hal kriticky zhodnotit z pohledu všech relevantních disciplín, architekturu nevyjímaje. Ocelová města můžeme nahlédnout jako jeden z hmatatelných výsledků nekritického přijetí kapitalismu na nejzápadnějším východě.

Léon Benett, original illustration from the first edition of Jules Verne's *Les cinq cents millions de la Bégum* (The Begum's Fortune, 1879). Photo: Author's archive.

Léon Benett, původní ilustrace z prvního vydání knihy Julese Verna *Les cinq cents millions de la Bégum* (česky jako Ocelové město) z roku 1879. Foto: archiv autora.

SOME DYSTOPIAS

The Begum's Fortune

The air is heavy with smoke, and hangs like a pall over the ground. Not a bird not an insect is to be found.

In five years there has sprung up on this bare and rocky plain eighteen villages, composed of small wooden houses, all alike, brought ready built from Chicago, and containing a large population of rough workmen.

In the midst of these villages, at the very foot of the Coal Buttes, as the inexhaustible mountains of coal are called, rises a dark mass, huge and strange, an agglomeration of regular buildings, pierced with symmetrical windows, covered with red roofs, and surrounded by a forest of cylindrical chimneys, which continually vomit forth clouds of dense smoke. Through the black curtain which veils the sky, dart red lighting-like flames, while a distant roaring is heard resembling that of thunder or the beating of the surf of a rocky shore.

This erection Is Stahlstadt – Steeltown! The German city, and the personal property of Professor Schultz...[1]

This is a description of Stahlstadt, Steel City, in one of Jules Verne's less acclaimed novels *The Begum's Fortune*, published by Pierre Jules Hetzel in 1879. The book narrates at once a utopia and a dystopia, or rather a story in which the utopia prevails—closely but inevitably—over the dystopia. An inherited colonial fortune is split between two opposed characters: Dr. Sarrasin, a distinguished French hygienist, and Professor Schultz, a German chemist from Jena University. The liberal protagonist and the authoritarian antagonist each in its own way caricature the late 19th-century European middle-class man, for whom imperialism is a commonplace civilizing mission. While Sarrasin uses his half of the fortune to establish the world's most hygienic city in "a remote corner of North America,"[2] Schultz invests his inheritance to construct the world's biggest arms manufacture just ten leagues inland from his competitor. Each city is a sovereign and autonomous territory mysteriously carved out of the State of Oregon's jurisdiction.

Sarrasin's rapidly flourishing Frankville can be defined as a sort of electric liberal democracy, with hygiene as the state ideology. A city where transcripts of council sessions are automatically telegraphed and printed by the local paper, where houses are made of brick and monuments carved out of stone, where fresh water and air flow in abundance and where all immigrants and refugees of war are welcomed, except of course the Chinese who would "otherwise have infallibly lowered the tone and standard of the new city."[3]

In proximity and in opposition to this lush (but dull) miracle of 19th-century liberalism stands the Stahlstadt, Steel City, a dark and regular mass of utilitarian buildings, fortified with moats, guarded by armed patrols and surrounded with nothing but slums, mines and industrial wasteland. The city is composed of twenty-four independent, autonomously isolated manufacturing segments, with the exclusive owner, Dr Schultz, orchestrating its precise rhythmical operation from a central tower. Day and night, the world's finest steel foundry fuels perpetual global conflict by world's finest weaponry. Rather than a factory, Schulz conceives Stahlstadt as a base, one of many to come, from which the globe can eventually be fully controlled. The first step is to put an end to Frankville, its quest for health, hygiene and its other "French fancies."[4]

Due to an anticlimactic mathematical error, a doomsday machine designed to destroy Frankville fails and kills Professor Schultz instead. The ultra-hierarchical Stahlstadt cannot function without its all-controlling conductor and halts all production in a matter of days. Fortunately, the prosperous Frankville is not so distant that it cannot reignite the furnaces and adapt the manufacture to its own expansionist fantasies. The last sentence reads: "We may be assured that the future belongs to the efforts of Dr Sarrasin, and that the example of Frankville and Steeltown, as model city and manufactory, will not be lost upon future generations."[5]

Steel and Steel Cities

The example was not lost on upon future generations. The city and its manufacture diverged and came back together several times since Verne wrote his novel in the 1879. We could easily follow the line of this divergence through Ebenezer Howard, Tony Garnier to Le Corbusier, or Ludwig Hilberseimer. We could conceptualize the origins of modern European urbanism with the Stahlstadt and Frankville in mind. The familiar dichotomies controlling both the spaces and the people are self-evident: the clean and the dirty, the front and back, the inside and the outside, the French and the German, the Citizens and the Non-Citizens or the "real" Europeans and their others. This journey around Verne-modernism could be illustrative but hardly revelatory. The modernist dichotomies—an abstraction in the first place—have long ago exploded into myriad differences, or more accurately transformed into an amorphous mush. Here we are deploying the analogy of the "city for life" and "city for work" in other terms. Verne's story can instead become a useful analogy for us here and now.

Today, the relation between the postmodern city and the post-Fordist factory, the show-room and the don't-show-room of capitalism,[6] is being played out, among other similar zones, in an awkward territory which is not vernacular nor urban or sprawling, suburban or rural, one where architecture is suspended to its absolute minimum and workers are managed like machines, and often, by machines. The ruthless dystopia of Stahlstadt and the naive utopia of Frankville can introduce an exploration into a new type of inhabited space which is to be found off from the urban centers, whether just off to the side, on the other side of the globe, or somewhere in-between. In this publication we are looking at the gargantuan storage sheds sprawling in compounds around the western borders of Eastern Europe and the habitats they create. These new logistics parks growing in the *distant corners* of Czechia, Poland, Slovakia and Hungary are coincidentally referred to by some of the locals as the *Steel Cities.*

Unlike the original Stahlstadt, these compounds of industrial sheds do not make steel, but are made of it. Here thousands of people work, and some also live. Things are rarely made here, more often they are assembled or stored. Boxes of all kinds are unpacked, reordered and repacked for e-shops in Germany and Western Europe, parts made elsewhere are put together. Instead of coal and iron, this industry is fuelled by cardboard and empty space. The darkness of Verne's Stahlstadt can only be matched with dullness here, drama with inactivity, maleficence with indifference. Instead of "showers of brilliant sparks" the Steel Cities accommodate hundred-meter-long shelves, the "almost deafening noise of machinery" was replaced by silence, and where previously "man appeared like a helpless infant" today's visitor is helplessly bored.[7]

Compared to Schulze's Stahlstadt, at least driven by the misplaced futurism of its dictator, the present-day Steel Cities of Central and Eastern Europe (CEE) might well be the true dystopia. Today's Steel Cities are nothing but polygons of controlled hollowness, operated by thousands of people through a complex of seemingly meaningless tasks. Instead of living in "small wooden houses, all alike, brought ready built from Chicago," these people either commute from distant towns, or more often, are housed in dormitories set up by branches of global recruitment agencies that also employ them. Workers' domestic life becomes integral to the immediate sub-contractual network of the logistics park.

These parks are in no way shocking. Their conditions are not illegal. Little is known about them not because of secrecy, but through indifference. What exactly are they? What are they a symptom of? What is their physical form? Who inhabits them and what are the conditions of this inhabitation? This publication's sole ambition is to break this indifference. The Steel Cities, these gargantuan logistics and quasi-industrial compounds in Central and Eastern Europe, are the subject of the following pages.

Expansion and the Periphery

There is something militaristic about logistics. It treats space as a ground to be covered by movement and stasis in a way not dissimilar to military strategy. War is also where its origins lie. Napoleonic strategist Antoine-Henri Jomini regarded logistics as one of its three principal disciplines. According to him, *strategy* was the art of making war upon the map, *tactics* dealt with the accident on the ground while *logistics* (from French *loger* which is to lodge or house)[8] arranged the means to make the two previous categories practically possible. These origins are important to us here because the meticulously planned movement of objects and people in space, which had first enabled the enterprise of war, has eventually conditioned the enterprise of global capitalism. For the former and the latter, expansion in space has been a promise of realization; for the first the result, for the second the means toward success. "[T]*he production of a constantly widening sphere of circulation*, whether the sphere itself is directly expanded or whether *more points within it are created as points of production*" was predicted by Marx in *Grundrisse* some forty years after Jomini.[9] Whether this expansion is, or is not, an inevitable consequence of the surplus production of labor (as it was for Marx) is of no substance here. What is obvious instead is; first, that this expansion is inherent to the current form of capitalism, second, that it accelerates logistics and improves its efficiency, and third, that it is accelerated by logistics in turn.

Against this expansionist nature of capital stands the relatively new situation of the globalized world, a result of this expansion. For some thirty years now, the *sphere*

Author's visit to one of the Czech logistics/industrial developer office in Prague. Photo: Author, 2018.

Návštěva autora v jedné z logisticko-průmyslových developerských kanceláří v Praze. Foto: autor, 2018.

of circulation has geometrically coincided with that of the globe. Any further stretching seems practically impossible, except for those *points within* which can, at least geometrically speaking, be multiplied endlessly. When we look at logistics developers' portfolio maps, we can see this expansion in situ. In the lack of any significant outside, the energy of capital is turned inward, perpetually densifying the already all-penetrating network of information, production and consumption. The old-fashioned space of distances seems to be giving way to some kind of overwhelming globalized singularity in which locality is meaningless and all events happen everywhere at once. We know, from our daily lives if nothing else, that this is of course not the case.

Distances are alive and well, and contemporary economics (with logistics as its physical mediator) still needs them in order to reproduce and exploit the difference of one place to another and convert them to profit. While money and information does indeed travel the globe almost instantly, the physical and political landscapes do not yet form a frictionless spatiality, but instead impose and maintain those differences in both people and goods. Regulations, workers, consumers, resources and commodities are not evenly distributed in space but instead form complex situations of center and periphery. Only some of these differences are profitable, only some distances are useful. The single-market zones bypass custom borders, but do not unify wages. Commodities circulate while the environmental effects of their acquisition or storage remain in one physical place. Sometimes goods can move while the workers that produced them cannot and so on. Logistics does not erase or dilute differences, but restructures them into new, more complex situations. The smoothness of some borders vs the strictness of others defines the landscape on which logistics expands and which is further redefined by that expansion. The frontiers have been reached but the expansion goes on.

What is important to the Central and Eastern European focus is that these new, more complex spatial arrangements cannot (anymore) be drawn with a thick marker onto the map of the world but instead unfold on a more delicate scale. Sometimes the invisible economic border, which when crossed brings profit, runs across the ocean but sometimes it lies right on the doorstep of a metropolis, or even inside it.[10] The global semi-periphery often handily reaches almost to the very center. In other words, the zones of cheap labor and ambiguous regulations are sometimes just a few kilometres away or even across the highway. Logistics, in particular, likes to identify these zones of close periphery and to put them to work.

Such closely intertwined arrangement of the global centers and the global peripheries produces a welcomed by-product; the periphery is usefully close to the center but still far enough that those of its aspects potentially disturbing the metropolitan sensibility, such as ugliness, unsustainability or poor wages, can be kept sufficiently out of sight. That the consumer in the "consumption center," as major cities are referred to in supply chain terms, can stay ignorant of the working conditions of those who produced the goods on the other side of the globe is a commonplace aspect of globalization. Yet even the shorter distances, those that seclude and hide in the regional, national or cross border scale, are no less useful for the same purposes. They make it possible to render certain aspects of the global economy invisible to the very last point, like, for instance, to the distribution center from which a product is dispatched for next-day delivery. Logistics employs the periphery as a well-distributed global infrastructure through which it expands.

The Territory of the Westernmost East

In line with its global ambition, and despite its universal standards, logistics always most pragmatically embodies the local specificities of this or that region. Each individual weakness is a strength, like cheap labor or ambiguous regulations, and each strength is *also* a strength, such as proximity to economically dominant regions or relatively developed infrastructure.

In this publication, we are looking at the expansion predominantly *from* Western Europe, one of the global centers, *to* Central and Eastern Europe, a periphery of this center, and the local specificities of this expansion. Historically, the four countries of the so-called Visegrád

Group—Czechia, Poland, Slovakia and Hungary—have been rendered somewhat politically and economically peripheral to the continent whose center they scandalously occupy. This surviving paradox means, for instance, that while in the Western European imagination Bohemia is still a relatively distant land, a truck driving from CTPark Bor, one of the Steel Cities, to Nuremberg takes only under two hours. The CEE region is a prime example of what is known as the near-shoring semi-periphery, characterized by still cheaper labor, looser regulations, dubious planning, lesser standards of sustainability, lesser public engagement, weaker governance and lower building costs.

Still, the peripherality we refer to here is not a quality that can be used to describe the entirety of the CEE. Indeed, this description might even be thought incongruous by the metropolitan reader. Only parts of the region fall into that category. The northwest of Czechia, the northwest and east of Poland, the northeast of Slovakia but also the east of Germany, to name but a few, are characterized by the lowest relative GDP per capita, lowest productivity, worst-ranking governance, lowest innovation prospects and worst educational possibilities.[11] By no accident, they also attract a large portion of the logistics parks for foreign markets. High unemployment is marketed as a real estate asset.

Other regions, metropolises like Prague, Warsaw, Poznań, Brno, or Bratislava are much closer to the Western European peers than their own extended hinterland. In 2017, Prague and Bratislava ranked as the 7th and 8th wealthiest regions in the EU just below localities like Inner London, Luxembourg or Brussels.[12] Like these cities, even the logistics parks around them, their steel "suburbs," are of a different kind from their more peripheral regional versions. They may well offer more skilled jobs, they might actually serve the adjacent cities and not distant lands and in several cases are even built on brownfield, not greenfield land. It is, however, the first and not the second which represents the exception here. Next to the economic over-performance of the CEE metropoles, virtually all the other CEE regions consistently rank below the 75% of the EU average GDP and thus directly qualify for the European Commission cohesion funds. Such extreme differences between the urban sub-centers, with their regional headquarters, and their rural/quasi-industrial peripheries with their outsourced production, is striking, yet the universal economic success these cities enjoy is to a large degree a symptom of the same foreign direct investment apparatus which has elsewhere brought dubious contributions, such as those we discuss in this book. A yawning gap is created between the city and the country, bringing in its wake all kinds of unfortunate implications for the whole CEE region, not least political ones. In the (sub) centers, recent history is seen as the universal success of liberalism, challenged only by the "baffling" quasi-authoritarian political events of the most recent past.[13] In stark contrast, the districts beyond often look at the transformation as a story of complete failure, or worse, a success of which they had no part. It is no wonder that out there is where those authoritarian dreams find the strongest echo.

The extensive "new" Eastern European territories first (re)appeared on the doorstep of Western Europe in 1990 but initially were accessed only by the more adventurous of the logistics entrepreneurs. The real impulse came, for both sides, with the CEE region joining the EU in 2004. What can be described in military/logistics terms as the *theatre of operations* has grown by 729,126 km² and 75 million people, turning the EU into the biggest single market in the world. In the first four years after this event, Czechia's A-Class logistics/industrial property quadrupled in size to roughly 3.5 million m². Today it is just over 8 million, dwarfed by Poland's 16.8 million, with Hungary at 6.8 million and Slovakia at about 2.6 million.

What was at first seen as a relatively innovative and daring enterprise, i.e. to build a logistical park out of nothing but an open field, has since grown into an enormous multinational-consultancy-managed routine. The apparatus of Steel City deployment now consists of five principle elements: first is the foreign or foreign-owned developer corporations like Panattoni, P3, CTP, or Prologis who build and rent out the sheds; second are the global property consultancies like Cushman Wakefiled, managing the sales and rentals; third are the actual retail or industrial tenant like Primark, Amazon or Foxconn; fourth are the logistics operators such as DHL managing the sheds for those tenants; and fifth, most problematically, is the part-foreign, part-local personnel agency element, with companies like Hofmann, Randstad, and Adecco and their local branches, who supply and when necessary "unsupply" the working force according to the fluctuating demand of the market, in line with contemporary *just-in-time*[14] production and transport standards. On each of these levels, the strategic decisions involving tens of thousands of people are made in distant regional headquarters, which absorb all the skilled jobs and where the principle function is to multiply and redirect the local profit away from not only the region, but more often the entire country in which it was created, yet which bears most of the infrastructural, environmental and often also social costs.

Through the compounds of logistics or light-industry sheds, where packaging and tracking is considered "added value," the dependency of the East-Central European economies on the west is not only manifested, but also reproduced and reinforced in space. The Iron Curtain running across the continent, "from Stettin in the Baltic to Trieste in the Adriatic," famously characterized by Churchill in 1946 was mysteriously transformed into a belt of cheap labor, housed in iron sheds, handily close to one of the wealthiest regions on earth.[15]

Producing Remoteness

Expansion has always led to remoteness. Sustaining a daring enterprise tends to create pockets of intense activity, relatively small, secure compounds in the vastness of an unknown, usually hostile, territory. The remoteness of the logistics parks, not justified by the locality of a specific resource or a population, is the remoteness of a military base, placed from a great distance onto the geopolitical world map. It does not require the "endless mountain of coal" like the Stahlstadt, but merely some space and bit of electricity.

Unlike in Germany or the Netherlands, where logistics parks have a history of state regulation and infrastructural planning, in the westernmost East the investment

A single bedroom of a dormitory in West Bohemia, located directly in a logistics park. Photo: Martin Špičák, 2018.

Jednolůžkový pokoj v ubytovně v západních Čechách, umístěné přímo v areálu jednoho z logistických parků. Foto: Martin Špičák, 2018.

capital moves on the map relatively freely and chooses to realize itself wilfully. Resignation, or inability of the respective goverments to maintain control over such important infrastructure allows for an unprecedented freedom for corporate inicitative. When planning a new park, the flexibility of the developer and the width of their horizon enables them to choose from a number of different places at once. If the local authority's enthusiasm is insufficient, the threat of going elsewhere is used as a bargaining chip. If, inversely, some resistance occurs, the development can move to the next district down the highway. In the case of logistics-industrial parks, and with the exception of those that directly supply some of the few CEE "consumption centers," their exact location is, anyway, largely irrelevant. Since their operational context overwhelmingly transcends their immediate context, these parks are often built in remote, island-like locations. The remoteness that sometimes, not always, results from such freedom of placement has severe consequences for the workers who populate the Steel Cities. The relative continental proximity to Germany for instance, often corresponds to the relative local distance to everything else and whatever is meaningful in everyday life.

And make no mistake, there is life. Despite the rapid advances in automation technologies, the logistics parks are not automated just yet. They are inhabited. Thousands of people work in their vast hollow interiors. Some commute from distant cities, others stay directly in the parks or in the villages nearby. In places we've seen, people from all around the region, as well as from Romania or Ukraine, are working in the middle of nowhere, often without access to public transport and amenities. Next to a highway, but without a car. Distance is a hard-to-overcome obstacle. A sense of remoteness reinforced by the passing trucks, so alien to a Central European mind, is everywhere. Workers buy their groceries in small highway shops or gas stations. For everyday errands, they take holidays.

Accommodation of workers in the remote areas is symptomatic of how the system works even in less extreme cases. Much of it is organized by personal agencies; often it is impossible to get a room by other means. A portion of the housing tends to be directly inside the logistics parks, with the remainder in the adjacent small villages or more distant towns. Even if the dormitory is not directly within the compound it nevertheless remains part of the immediate contractual network. The in-flow of people the agencies provide needs to correspond to the fluctuating requirements of the close markets. Placement of workers is thus unstable. They move from one dormitory to another, from one shed to another, from one park to another. Steel Cities work in networks in every way. This accommodation is often marketed as "free" but in fact rent is subtracted directly from wages. As one's home is the domain of the employer, absences occasion investigations of the home quarters, and domestic affairs are also subject to discipline exercised by the employer's agents. The distinction between the "city for life" and the "city for work" that we found in Verne has been resolved: there is none.

As for every case of remoteness, that of the Steel Cities also has two sides. The logistics parks are remote from the urban centers they service or depend on, but neighbors to small populations in the direct vicinity. To the latter it is the headquarters in Amsterdam or California or even Prague or Warsaw that seem remote, but these locations are where their entire environment is designed and managed, their usefulness as employees determined, by people of whom they have no concept and strategies over which they have no control. The kind of remoteness that the expansion of Steel Cities in Central and East Europe produces acts as an alienating force, bringing precarious workers outside of a suitable infrastructure into difficult proximities with small local populations, in regions that are already economically and socially peripheral. With no prospect of advance, no promise of stability, and no skills required or to be gained, the proverbial "new jobs" often arrive unwanted, or there is no one—whether not yet or not any more—, who could even want them.

Material Cultures

Some of the aspects of logistics we chose to highlight in the previous paragraphs like *expansion*, *territory*, or *remoteness*, have one thing in common. They all describe logistics as an apparatus that deals with space, and in space. In other words, it is spatial in its method and in its effect. Its obvious function enabling the mass transport of objects from one place to another is served by different kinds of infrastructure, and these infrastructures impact the space they occupy, service or penetrate. Borders are crossed but also redrawn, remote lands populated, certain places randomly ascribed a continental significance, others passed over and forgotten.

Since logistics is also the ever-moving material precipitate of the liquid capitalist "solution", these bits of something in otherwise liquid nothing afford insight into the economic system itself. Of course, not all elements of logistics are solid, but many are. Sheds, highways, parking lots, harbours, custom controls, fences, border terminals, containers, vehicles and ships, devices the warehouse workers carry on their bodies, the dormitories they live in, but also the maps and the real estate catalogues, all form part of the material culture of logistics. No matter how much it tries to be invisible, or not worth our interest, logistics never blends in completely. It leaves footprints of its own, various traces and marks, and they are no small traces and marks but gargantuan structures in the landscape. Despite the remoteness and surrounding distance that guard against their observation, these marks are conceptually fragile, all-too-exposed connection points of an otherwise abstract machine. Anti-globalization activists know this and strike the logistic hubs as the weakest, and for them the only available link in the chain of global capitalism. For the authors of this book, logistics parks are points of entry into understanding the relationship between built environments and a mesh of practices between contemporary life, work, investment, finance, politics, and ecology. In the infrastructure of logistics, we see precipitates of contemporary economics and trade, but also society and politics. Through their housing as well as giving solid form to these practices, Steel Cities are thoroughly worth all possible interest.

The footprints pressed into space as described above can, in theory, be regarded no differently than any other spatial arrangement. A material artefact is formed, the *Steel City*, around which different points of view can gather and towards which attention can focus.

One of the definitions of the logistics park is that it is a center of storage, transport and light industry "in the highest stage of development."[16] In other words, the Steel City is to the logistics material culture what the city is to material culture proper; a living deposit of knowledge and intensity in its most advanced form.

We have invited a social geographer, a pedologist, an art historian, an ecologist, politicians, artists, and other researchers as well as workers themselves to untangle this complexity from their specific disciplines, to present their view on what is sometimes peripheral, sometimes central to their practice. On the following pages, we collected a comprehensive but openly subjective overview of the artefact introduced by Verne's dystopian story. For Stahslstadt there is the logistics park, instead of "eighteen wooden villages," we describe the agency dormitories and for the "bare and rocky plain" there is the contemporary agricultural landscape of the westernmost East. A special focus is placed on all that is physical, all that is material and all that, arguably, can be called architecture. The shed, the dormitory, the corridor, the ground but also the maps and drawings produced by the developers of Steel Cities. The textual material is complemented by photographs, maps and diagrams.

The book is divided into three parts. The first, City in a Landscape, describes the Steel City as an independent spatial figure in space, in the Czech context. The second, Cities on a Map, looks at the logistics parks in the context of the networks they form, and through which they expand from west to east and from north to south. The final part, Citizens, describes the inhabitants of the Steel Cities, the workers migrating in turn from east to west and from south to north, the difficulties they face and the tactics they employ.

As the reader will discover, most of these contributions take a critical stance toward the Steel Cities. It is clear, or so it seems to us, that these easily disassembled investments take out more than they offer back. In other words, we see the emergence of the Steel City in Central and Eastern Europe as a problem, and if we make such a statement here, we might be asked by some, as we have been, likewise to propose solutions to this problem. We will not do that.

Like a high fever or rising sea levels, the Steel Cities are problematic in their own right but mostly form a symptom of another, larger problem. This was well phrased by one of the developers themselves, in their response refusing our interview invitation: "You need to ask why do these places exist, and who is ultimately responsible for these buildings. I think you will find the consumer rather than the big ugly firm who wants to

Tesco Stores distribution center for Central Europe in Úžice, Central Bohemia. Photo: Miroslav Pazdera, 2019.

Distribuční centrum společnosti Tesco Stores pro střední Evropu v Úžici, střední Čechy. Foto: Miroslav Pazdera, 2019.

take over the planet is more responsible for this trend."[17] Whether it is the consumer or the big ugly firm, we do not want to speculate just yet, but we do indeed need to ask why these places exist. As we have tried to illustrate, the Steel City is nothing but a direct translation of contemporary economics, politics and culture into space, and as such it cannot be "solved."

In logistics, we are amateurs. What we hope for is that the vague and fuzzy view we may well acquire of the problem of Steel Cities will allow us, and the reader, to see contours, relationships and parallels which might have remained unnoticed under a sharp, precise, methodical scrutiny. The blurred outlines might even make it impossible to discern where the problem ends and where some other problem starts, indeed a problem much more severe, like growing inequality, or human-caused climate change. Inversely, these existential situations, abstract and incomprehensible, might themselves best be accessed through a vaguely extreme case, like, for instance, that of the Steel Cities.

1   Jules Verne, *The Begum's Fortune* (Altenmünster: Jazzybee Verlag, 2018), p. 25.

2   Ibid., p. 26.

3   Ibid., p. 56.

4   Ibid., p. 20.

5   Ibid., p. 92.

6   The concept of the city as the "showroom" in relation to logistics is discussed by Susan Nigra Snyder and Alex Wall, "Die Stadt als Totaltheater: Distribution als Triebkraft eines umfassenden Urbanismus," *ARCH+*, no. 205 (2012), p. 84.

7   Verne (see note 1), pp. 27–29.

8   See also https://www.etymonline.com/word/logistic.

9   Karl Marx, *Grundrisse: Foundations of the Critique of Political Economy* (New York: Vintage Books, 1973), p. 407.

10   This new relationship between the center and the periphery is discussed in Michael Hardt and Antonio Negri, *Empire* (Cambridge, MA: Harvard University Press, 2000), see for instance p. 45.

11   *My Region, My Europe, Our Future: Seventh Report on Economic, Social and Territorial Cohesion* (Luxembourg: Publications Office of the European Union, 2017). Available at https://ec.europa.eu/regional_policy/sources/docoffic/official/reports/cohesion7/7cr.pdf.

12   "Regional GDP per capita ranged from 31% to 626% of the EU average in 2017," https://ec.europa.eu/eurostat/web/products-press-releases/-/1-26022019-AP.

13   Ivan Krastev and Stephen Holmes, "How liberalism became 'the god that failed' in eastern Europe," *The Guardian*, October 24, 2019, https://www.theguardian.com/world/2019/oct/24/western-liberalism-failed-post-communist-eastern-europe.

14   Just-in-time relates to a manufacturing system in which parts and materials are delivered when they are needed, rather than before. Just-in-time systems reduce the cost of storing parts and materials and reduce waste. See https://dictionary.cambridge.org/dictionary/english/just-in-time.

15   Winston Churchill, "The Sinews of Peace ('Iron Curtain Speech')", March 5, 1946, https://winstonchurchill.org/resources/speeches/1946-1963-elder-statesman/the-sinews-of-peace/.

16   Xenie Lukoszová and Ondrej Stopka, *Logistická centra na globálním trhu* [Logistics Centers in the Global Market] (Jesenice: Ekopress, 2019), p. 11. Translation by the author.

17   A quote of a larger email of one of the developers, from September 2019, to the author in which they critically respond to the book's content and refuse to give further comments until it becomes more "scholarly and objective." I will chose not to disclose the identity of the developer.

NĚKTERÉ DYSTOPIE

Begumovy miliony

Vzduch byl plný kouře a pokrýval jako těžký temný plášť celou zemi. Nepřeletěl tu jediný pták, i všechen hmyz zřejmě zmizel, a pokud lidská paměť sahá, neobjevil se tu jediný motýl.

[...]

Na nahé kamenité pláni vzniklo během pěti let osmnáct dělnických osad se stejnými šedivými dřevěnými domky. Ty sem byly už hotové dovezeny z Chicaga jako obydlí pro velké množství těžce pracujících dělníků.

A uprostřed toho sídliště, na úpatí Coals Butts, nevyčerpatelné hory uhlí, zdvihající se jako podivná, obrovská černá hmota, stálo pravidelné seskupení budov se symetricky uspořádanými okny, s červenými střechami a s lesem válcovitých komínů, které chrlily tisícerými tlamami neustálé proudy kouře a sazí. Nebe bylo zahaleno černou rouškou, od níž se občas odrážely rychlé a rudé záblesky. Vítr přinášel vzdálený rachot podobný burácení hromu nebo hukotu vzdutých vln, ale mnohem pravidelnější a silnější.

Toto seskupení budov byl Stahlstadt, Ocelové Město, *německé město, osobní vlastnictví Herr Schultzeho...*[1]

Toto je popis Ocelového města v jednom z Vernových méně oceňovaných románů: Begumovy miliony, publikovaným Pierrem Hetyelem roku 1879, v češtině příznačně vydaným pod názvem *Ocelové město*. Kniha vypráví příběh, který je zároveň utopický i dystopický nebo přesněji takový, ve kterém utopie těsně, i když nevyhnutelně, zvítězí nad dystopií. Obrovské koloniální dědictví má být rozděleno mezi dvě protikladné postavy: doktora Sarrasina, uznávaného francouzského hygienika, a profesora Schultzeho, německého chemika z univerzity v Jeně. Liberální protagonista a autoritářský antagonista každý svým způsobem karikuje středostavovského muže konce 19. století, pro kterého je evropský imperialismus samozřejmou civilizační misí. Zatímco Sarassin využije svou část bohatství k založení nejhygieničtějšího města světa „v odlehlém koutě Severní Ameriky",[2] Schultze investuje své dědictví do stavby největší světové zbrojovky jen několik mil od svého konkurenta. Obě města jsou suverénním a autonomním teritoriem tajemně vykrojeným z působnosti státu Oregon.

Sarassinovo rychle prosperující Frankville můžeme definovat jako jakousi elektrickou liberální demokracii, která má hygienu jako státní ideologii. Je to město, ve kterém jsou stenografické přepisy ze zasedání rady automaticky telegrafovány k okamžitému vytištění v místních novinách, kde domy jsou postaveny z cihel a monumenty vytesány z kamene, kde je dostatek vody i vzduchu a kde jsou vítaní všichni imigranti i váleční uprchlíci s jedinou výjimkou Číňanů, „kteří by jinak beze sporu snižovali dojem a standard nového města".[3]

V blízkosti a v protikladu, k tomuto bujnému (a nudnému) zázraku 19. století stojí Stahlstadt, Ocelové město; temná, pravidelná hmota utilitárních budov, opevněná příkopy, strážená ozbrojenými hlídkami a obklopená ničím než slumy, doly a průmyslovou pustinou. Město je složené z dvaceti čtyř na sobě nezávislých výrobních segmentů, jejichž přesný rytmický chod řídí výlučný vlastník doktor Schultze z centrální věže. Dnem i nocí dodává nejdokonalejší slévárna světa své skvělé zbraně jeho nekonečným konfliktům. Víc než pouhá továrna je Stahlstadt svým zakladatelem chápán jako základna, první z mnoha, ze kterých bude v brzké budoucnosti možné převzít vládu nad celým světem. Prvním krokem je skoncovat s nejbližším konkurentem Frankville, s jeho skvělou hygienou a dalšími „francouzskými hloupostmi".[4]

Stroj zkázy, který měl za úkol zničit Frankville, vinou antiklimaktické matematické chyby selže a zabije samotného profesora Schultzeho. Ultrahierarchický Stahlstadt nemůže bez svého všeřídícího dirigenta fungovat a v řádu několika dní zastaví všechnu svou výrobu. Prosperující Frankville naštěstí není příliš daleko na to, aby nedovedl znovu zažehnout vysoké pece a přizpůsobit továrnu svým vlastním expanzionistickým fantaziím. V poslední větě stojí: „A napříště si můžeme být jisti, že budoucnost patří snahám doktora Sarrasina… a že příklad Francouzského Města a Ocelového Města, vzorného sídliště a vzorné továrny, nebude pro příští generace ztracen."[5]

Ocel a ocelová města

Tento příklad pro příští generace nebyl ztracen. Město a jeho továrna je dvojice, která se od doby, kdy Verne v roce 1879 dokončil svůj román, ubírala mnoha cestami. Linku tohoto rozdělení bychom mohli snadno sledovat skrz Ebenezera Howarda, Tonyho Garniera, Le Corbusiera nebo Ludwiga Hilberseimera. Skrze dvojici Stahlstadtu a Frankville bychom mohli dokonce tematizovat původ moderního evropského urbanismu. Povědomé dichotomie ovládající jak prostor, tak jeho obyvatele, jsou zřejmé: čisté a špinavé, přední a zadní, zdravé a nezdravé, vnitřek a vnějšek, francouzské a německé, občané a neobčané a především Evropané a jacísi jiní. Tato cesta po Vernově modernismu by mohla být obrazná, ale stěží objevná. Modernistické dichotomie, samy o sobě abstrakcí, už dávno explodovaly do bezpočtu nesourodých rozdílů nebo ještě spíše do jednoho beztvarého, matlavého těsta. Chceme proto použít analogii města pro život a města pro práci jiným způsobem. Vernův příběh nám v tomto ohledu může posloužit tady a teď.

Vztah mezi postmoderním městem a postfordistickou továrnou, mezi *showroomem* a *don't showroomem* současného kapitalismu[6] se dnes odehrává kromě jiných podobných zón ve zvláštním území, které není venkovské ani městské, ani kašovité, příměstské, ani krajinné, v území, ve kterém je architektura omezena na své absolutní minimum a pracovníci jsou řízeni jako stroje či jsou, jak ukážeme, přímo stroji řízeni. Nemilosrdná dystopie Ocelového města a naivní utopie Frankville mohou otevřít diskuzi o novém typu obývaného prostoru, který můžeme nalézt mimo městská centra buď v jejich blízkosti, nebo na druhé straně světa, nebo někde mezi těmito dvěma. V této publikaci se zaměříme na gargantuovské skladovací haly rozprostírající se ve shlucích okolo západní hranice východní Evropy a habitatu, který okolo sebe vytvářejí. Tyto nové logistické parky rostoucí ve *vzdálených* končinách Česka, ale také Polska, Slovenska, Bulharska nebo Maďarska, jsou některými místními obyvateli shodou okolností nazývány *Ocelová města*.

Na rozdíl od původního Stahlstadtu tyto srostlice hal ocel nevyrábějí, ale jsou z ní vyrobeny. Pracují tu tisíce lidí a někteří zde i žijí. Nic zde není vytvářeno, pouze montováno nebo skladováno. Krabice různých velikostí jsou rozbalovány, tříděny a znovu baleny pro německé a západoevropské e-shopy, části vyrobené jinde jsou montovány dohromady. Dílčí výrobní procesy jsou vyjmuty z dodávacího řetězce produktů vyráběných v západní Evropě nebo pro ni určených. Místo uhlí a železné rudy je tento druh průmyslu napájen především kartonem a volným prostorem. Temnota Vernova Ocelového města se tu může měřit jen s nudou, drama s nečinností, zlo s nezájmem. Místo „ohňostroje rudých okují" ukrývají ocelová města stovky metrů polic, „temné rány přehlušující trvalý hukot" nahradilo ticho a zatímco ve Vernově Ocelovém městě si „člověk připadal jako bezmocné dítě", dnešní návštěvník ocelových měst se nevyhne beznadějnému pocitu všeobjímající nudy.[7]

Ve srovnání se Schultzovým Stahlstadtem, řízeným alespoň pomýleným futurismem svého diktátora, jsou současná ocelová města střední a východní Evropy (CEE) v jistém smyslu ta skutečná dystopie. Logistické parky nejsou ničím jiným než polygony řízené dutosti, obsluhované tisíci lidmi komplexem zdánlivě nesmyslných každodenních úkonů. Místo ubytování v malých domcích, navzájem si podobných, které byly „už hotové dovezeny z Chicaga", tito lidé buď dojíždějí z více či méně vzdálených měst a vesnic, nebo ještě častěji žijí v ubytovnách zřízených pobočkami personálních agentur, které je rovněž zaměstnávají. Domácí život pracovníků je přímou součástí subdodavatelského řetězce logistického parku.

Tyto parky nejsou v žádném smyslu šokující. Jejich podmínky nejsou ilegální. Důvod, proč o nich nevíme mnoho, netkví v tajnůstkářství jako spíše v nezájmu. Co přesně jsou? Čeho jsou symptomem? Jaká je jejich fyzická forma? Kdo je obývá a za jakých podmínek? Hlavní ambicí této publikace je tento nezájem narušit a rozpustit nudný obal, který zastírá skutečný a zásadní význam tohoto fenoménu. Ocelová města, obrovské logistické tábory okolo západních hranic východní Evropy, jsou tématem následujících stránek.

Expanze a periferie

Na logistice je něco vojenského. Způsobem ne nepodobným válce si přerušovaným pohybem podrobuje prostor. Válečnictví je rovněž obor, ve kterém leží její počátky. Napoleonský stratég Antoine Henri Jomini považoval logistiku za jednu ze tří hlavních válečných disciplín. Podle něj spočívala *strategie* v umění vedení války na mapě, *taktika* zacházela s náhodou na bitevním poli a *logistika* (z francouzského *loger*, skladovat, ubytovat)[8] umožňovala, aby předchozí dvě byly prakticky uskutečnitelné v daném čase a na daném místě. Tyto počátky jsou pro nás důležité, protože úzkostlivě plánovaný pohyb lidí a věcí v prostoru, který umožnil podniky války, později podmínil také podnik globálního kapitalismu. Pro kapitalismus i válku byla a je expanze v prostoru příslibem realizace; pro kapitál způsob dosažení, pro válku výsledek úspěchu. „Podmínkou výroby založené na kapitálu je tedy *vytvoření stále se rozšiřujícího okruhu oběhu*, ať už se tento okruh rozšiřuje přímo, nebo tak, *že se v něm vytváří větší množství bodů jako bodů výrobních*," předpověděl Marx ve svých *Grundrisse* přibližně čtyřicet let po Jominim.[9] Pro naše potřeby je bezpředmětné, zda tato expanze je nebo není výsledkem „nadhodnoty", jak tvrdil Marx. Co je místo toho zřejmé, je zaprvé, že tato expanze je nedílnou součástí nynější formy kapitalismu, zadruhé že zrychluje, zpřesňuje a zefektivňuje logistiku, a zatřetí že je logistikou zrychlována na oplátku.

Proti expanzivní povaze kapitálu stojí relativně nová situace globalizovaného světa, výsledek této expanze. Přibližně od pádu železné opony můžeme říci, že *sféra cirkulace* objímá už celý svět. Jakékoli další rozšiřování není možné, samozřejmě s výjimkou *vnitřních bodů*, které mohou být násobeny nekonečně, přinejmenším geometricky. Podíváme-li se na kontinentální mapy logistických developerů, můžeme tuto expanzi vidět in situ. Bez jakéhokoli významnějšího vnějšku je energie kapitálu obrácená dovnitř, donekonečna zhušťujíc už všeobjímající síť informací, výroby a konzumace. Staromódní prostor vzdáleností se zdá ustupovat jakési ohromující globalizované singularitě, ve které je místo bezvýznamné a vše se děje všude a najednou. Samozřejmě však víme přinejmenším z vlastních každodenních životů, že tomu tak není.

Vzdálenostem se daří i nadále. Současný ekonomický systém a logistika jako jeho prostředník je potřebují, aby se mohly reprodukovat a využívat rozdíly v prostoru a měnit je na zisk. Zatímco peníze mohou po zeměkouli skutečně cestovat téměř okamžitě, fyzická a politická krajina stále klade věcem a lidem určitý odpor. Regulace, pracovní a kupní síla, zdroje ani komodity nejsou rozmístěny v prostoru rovnoměrně. Místo toho vytvářejí komplexní situace centra a periferie. Jen některé rozdíly jsou ziskové, jen některé vzdálenosti jsou užitečné. Zóny volného obchodu odstraňují celní hranice, ale nesjednocují pracovní podmínky a mzdy. Komodity cirkulují, ale ekologická zátěž jejich získávání nebo skladování zůstává na místě. Zboží se pohybuje, zatímco pracovníci, kteří ho vytvořili, se někdy pohybovat nemohou. Logistika nesmazává odlišnosti různých míst, ale přestavuje je do nových, komplexnějších situací. Hladkost jistých hranic

"Warehouse industry," interior of Tchibo warehouse, West Bohemia.
Photo: Miroslav Pazdera, 2019.

„Skladištní průmysl", interiér skladu Tchibo v západních Čechách.
Foto: Miroslav Pazdera, 2019.

oproti přísnosti jiných tvoří krajinu, po které logistika expanduje a která je touto expanzí dále přetvářena. Limitů bylo dosaženo, ale expanze pokračuje dál.

Pro kontext střední a východní Evropy je velice důležité, že nová prostorová uspořádání (už) nemohou být nakreslena tlustou fixou na mapě světa, ale rozprostírají se mnohem komplexněji a v jemnějším měřítku. Někdy neviditelná ekonomická hranice, jejíž překročení přináší profit, prochází středem oceánu a někdy leží na prahu metropole, nebo ji dokonce rozděluje.[10] Globální semiperiferie často užitečně přiléhá přímo k samotnému centru. Jinými slovy zóny nejasných norem a levné práce jsou někdy vzdáleny jen několik kilometrů nebo leží na druhé straně dálnice. Je to právě logistika, která takové zóny s velkou oblibou nachází i vytváří. Blízce provázaný vztah globálních center a globálních periferií produkuje vítaný vedlejší produkt, periferie je užitečně blízko centru, ale zároveň dost daleko na to, aby ty jejich aspekty potenciálně nepříjemné pro metropolitní citlivost, jako ošklivost, neudržitelnost, nebo nízké mzdy, zůstaly mimo její dohled. Fakt, že konzument ve spotřebním centru, jak jsou velká města označována v terminologii dodavatelského řetězce (*supply chain*), může zůstat nevědomý pracovních podmínek těch, kteří vyrobili jeho zboží, je známým aspektem globalizace. Kratší vzdálenosti, tedy ty, které se skrývají na regionálním, národním a přeshraničním měřítku, jsou ale podobně užitečné. Umožňují zastřít určité aspekty ekonomiky až do posledního možného bodu, například až k distribučnímu centru, z kterého je produkt doručen následující den. Logistika používá periferii jako dobře rozvrženou infrastrukturu pro svou pokračující expanzi.

Území nejzápadnějšího východu

Ve shodě se svými globálními ambicemi a navzdory svým univerzálním standardům logistika vždy veskrze pragmaticky ztělesňuje lokální specifika každého regionu. Každá jeho slabost je pro ni síla jako levná práce nebo nejasné normy a každá jeho síla je pro ni také síla jako blízkost ekonomicky dominantních regionů nebo relativně rozvinutá infrastruktura.

V této publikaci se zaměřujeme převážně na expanzi ze západní Evropy, jednoho z globálních center, do střední a východní Evropy, periferie tohoto centra a lokální specifika této expanze. Historicky byly země takzvané visegradské čtyřky vždy v jistém smyslu odsunuty na ekonomický a kulturní okraj kontinentu, jehož střed tak skandálně zabírají. Tento přežívající paradox například znamená, že zatímco v západní představivosti jsou Čechy stále relativně vzdálená země, jízda kamionem z CTPark Boru, jednoho z ocelových měst, do Norimberku, trvá jen přibližně dvě hodiny. Region CEE je ukázkový příklad nearshoring semiperiferie s levnější prací, volnějšími normami, pochybným územním plánováním, nižšími standardy udržitelnosti, nižším zájmem veřejnosti, slabší samosprávou a nižšími stavebními náklady.

Okrajovost, o které tu mluvíme, není vlastnost, kterou bychom mohli beze zbytku popsat celý region CEE. Metropolitnímu čtenáři se dokonce může zdát takový popis nemístný. Pouze některé části tohoto dílu Evropy zapadají do této definice. Severozápad Česka, severozápad Polska, severovýchod Slovenska, ale také východ Německa jako několik příkladů jsou charakteristické nejnižším HDP na obyvatele, nejnižší produktivitou, nejhorší samosprávou, nejslabšími prospekty inovací a nejhoršími možnostmi vzdělání.[11] Ne náhodou právě sem směřuje velká část nových logistických parků určených pro zahraniční trhy. Vysoká nezaměstnanost je nabízena jako *real estate asset.*

Jiné, metropolitní regiony jako Praha, Varšava, Poznaň, Brno nebo Bratislava, jsou daleko více podobné svým západoevropským druhům než svému vlastnímu venkovu. V roce 2017 se dokonce Praha a Bratislava umístily na sedmé a osmé příčce nejbohatších regionů EU za místy, jako jsou Vnitřní Londýn, Lucemburk nebo Brusel.[12] Stejně jako tato města, i logistické parky v jejich okolí, jejich ocelová „předměstí", se odlišují od svých odlehlejších verzí. Skutečně nabízejí více kvalifikovaná pracovní místa, skutečně zásobují přilehlá města a ne vzdálené trhy, v některých případech jsou dokonce stavěna na brownfieldech a ne jen na zelené louce. Přesto můžeme říct, že druhý zmíněný případ je výjimkou potvrzující pravidlo. Vedle ekonomického nadvýkonu CEE metropolí se téměř všechny ostatní CEE regiony konzistentně umisťují pod 75 % evropského průměru, který je kvalifikuje pro kohezní fondy Evropské komise. Extrémní rozdíly mezi městskými subcentry s jejich regionálními ředitelstvími a venkovskými kvazi průmyslovými periferiemi je zarážející, ale univerzální ekonomický úspěch těchto měst je symptomem stejného systému přímých zahraničních investic, který mimo ně přinesl jen pochybné příspěvky. Vzniká rozšiřující se propast mezi městem a venkovem, s mnoha druhy důsledků včetně těch politických. V (sub)centrech střední a východní Evropy je nedávná historie viděna jako univerzální úspěch liberalismu, ohrožovaný jen v nedávnu „nepochopitelnými" autoritářskými politickými událostmi.[13] Regiony venku naopak vidí transformaci jako příběh kompletního selhání nebo, a tím hůře, jako úspěch, z kterého nedostaly žádný podíl. Není proto takovým překvapením, že je to právě zde, kde mají staronové autoritářské sny nejsilnější ohlas.

Rozsáhlá „nová" východní území se nejprve znovuobjevila na prahu západní Evropy v roce 1990, ale zpočátku na ně vstupovali spíše dobrodružnější logističtí podnikatelé. Skutečný impulz pro obě strany přišel se vstupem zemí CEE do EU v roce 2004. Co je ve vojensko-logistické terminologii označováno jako *divadlo operací*, vzrostlo o 729 126 km^2 a 75 milionů lidí, díky nimž EU na dlouhou dobu předstihla Spojené státy americké na pozici největšího trhu na světě. V prvních čtyřech letech po této události vzrostla plocha A-Class logistických hal v Česku čtyřnásobně na celkových 3,5 milionu m^2. Dnes je to něco přes osm milionů; Polsko má 16,8 milionu, Maďarsko 6,8 milionu a Slovensko 2,6 milionu m^2.

Co se nejprve některým zdálo jako relativně inovativní a ambiciózní podnik, tedy postavit logistické centrum z ničeho na zelené louce, od té doby nabobtnalo v nadnárodní, konzultanty řízenou rutinu. Aparát rozmisťování ocelových měst dnes sestává z pěti základních článků: prvním z nich jsou převážně zahraniční nebo zahraničně vlastněné developerské společnosti jako Panattoni, CTP nebo Prologis, stavějící a pronajímající nové haly, druhým jsou globální realitní poradenství jako Cusham Wakefield, starající se o prodeje a pronájmy, třetí jsou samotní nájemci jako Amazon, Primark nebo Foxconn, čtvrtí jsou logističtí operátoři jako DHL řídící provoz skladů pro nájemce, a pátý, nejvíce problematický článek, tvoří personální agentury jako Hofmann, Randstad nebo Adecco a jejich místní pobočky, které dodávají, a když je potřeba, i berou zpět pracovní sílu podle fluktuujících požadavků trhu v souladu s požadavky výroby a transportu *just in time*.[14] Na každé z těchto úrovní padají strategická rozhodnutí ovlivňující životy desítek tisíc lidí, činěná ve vzdálených regionálních ředitelstvích, která absorbují veškerá kvalifikovaná pracovní místa a zisk a jejichž hlavním úkolem je odklánět tento zisk pryč ze země nebo přinejmenším z regionu, kde byl vytvořen a který nese jeho infrastrukturní, environmentální a často také sociální náklady.

Skrze shluky logistických a kvazi industriálních hal, ve kterých je balení a tracking zboží považováno za přidanou hodnotu, je závislost ekonomik střední a východní Evropy nejenom zjevná, ale také stále znovu vytvářená a potvrzovaná v prostoru. Železná opona, která se spustila napříč kontinentem „[o]d Štětína na Baltu po Terst na Jadranu", jak ji nejprve popsal Winston Churchill v roce 1946, se přetavila do pruhu levné práce v železných skladech, užitečně blízkých jednomu z nejbohatších regionů na zemi.[15]

Vytváření odlehlosti

Expanze vždy vedla k odloučenosti. Aby mohla být troufalá výprava zachována, má sklon vytvářet ložiska intenzivní činnosti, relativně malé, bezpečné základny uprostřed rozlehlého, neznámého a zřejmě nepřátelského teritoria. Odlehlost logistického parku, neodůvodnitelná specifickým zdrojem nebo populací, je odlehlostí vojenské základny umístěné z velké dálky na geopolitickou mapu světa. Nepotřebuje „nevyčerpatelnou horu uhlí" jako Schultzeho Stahlstadt, ale stačí mu volný prostor a trocha elektřiny.

Na rozdíl od Německa nebo Nizozemska, kde mají logistické parky historii státní regulace a infrastrukturálního plánování, na nejzápadnějším východě se investiční kapitál pohybuje relativně svobodně a uskutečňuje své záměry poměrně svévolně. Rezignace nebo neschopnost států udržet si kontrolu nad takto významnou infrastrukturou vytváří nebývalou svobodu pro korporátní iniciativu. Při plánování nového parku umožňuje tato flexibilita a šíře horizontu developerovi vybírat z mnoha různých míst najednou. Pokud je nadšení místní samosprávy pro novou investici nedostatečné, hrozí odchodem, pokud se objeví nějaký odpor, může se development snadno přesunout do vedlejšího katastrálního území. V případě logistických parků CEE a s výjimkou těch, které přímo zásobují některé ze spotřebních center regionu, je jejich přesné umístění vcelku nedůležité. Vzhledem k tomu, že jejich operační kontext zdaleka převyšuje jejich fyzický kontext, jsou tyto parky často stavěny v odloučených, „ostrovních" lokalitách a tato odlehlost, která je někdy, ale ne vždy, produktem svobody umístění, má vážné důsledky pro pracovníky, kteří ocelová města „obývají". Například relativní kontinentální blízkost

Německu často odpovídá relativní místní vzdálenosti ke všemu ostatnímu, co je potřebné ke každodennímu životu.

A nepochybujte o tom, že tam není život. Navzdory rychlému pokroku automatizace, logistické parky CEE automatizované ještě zdaleka nejsou. Ocelová města jsou obydlená. Tisíce lidí pracují v jejich rozlehlých prázdných interiérech. Někteří dojíždějí ze vzdálených měst, jiní přebývají přímo v areálu nebo v okolních vesnicích. V případech, které jsme viděli, pracují lidé z celého regionu, ale také z Rumunska či Ukrajiny, uprostřed ničeho a bez přístupu k dostatečně pravidelné veřejné dopravě a základním službám. U dálnice, ale často bez auta. Vzdálenost je těžko překonatelná překážka a pocit odloučenosti, tak nevlastní středoevropskému povědomí, je všudypřítomný. Dělníci jsou nuceni dělat své každodenní nákupy v malých dálničních obchodech nebo u benzinových pump. Na dennodenní pochůzky bylo nutné si brát celodenní dovolenou.

Ubytování pracovníků ve vzdálenějších oblastech je příznačné tomu, jak funguje systém i v méně extrémních případech. Velká část ubytování je organizována personálními agenturami a je často nemožné ho získat jiným způsobem. Část těchto ubytoven bývá přímo v logistickém parku, zbytek je v blízkých vesnicích a vzdálenějších městech. I pokud ubytovna není přímo v areálu parku, stále je přímou součástí subdodavatelského řetězce. Proud pracovníků, který agentury zajištují, musí odpovídat fluktuujícím požadavkům blízkých trhů. Umístění zaměstnanců se tak často mění a putují z jedné ubytovny do druhé, z jedné haly do jiné. Nájem bývá odečten už z měsíční mzdy. Absence jsou vyšetřovány

Close-up view of Primark distribution center for Western European markets in Bor, West Bohemia. Photo: Miroslav Pazdera, 2018.

Detailní pohled na distribuční centrum Primarku pro západoevropský trh v Boru, západní Čechy. Foto: Miroslav Pazdera, 2018.

přímo v domovech pracovníků. Domácí těžkosti a sousedské spory řeší rovněž agentura, v krajních případech i disciplinárními řízeními ohrožující samotné pracovní místo, a s ním tedy i bydlení. Rozpor mezi městem pro život a městem pro práci, Frankville a Stahlstadt, byl v ocelových městech konečně vyřešen. Žádný zde není.

Jako každá odlehlost, tak i odlehlost ocelových měst má ještě druhou stránku. Logistické parky jsou odlehlé z pohledu města, které obsluhují nebo na kterém závisí, ale velmi blízké malým vesnicím ve svém sousedství. Pro jejich obyvatele jsou odlehlá naopak ředitelství v Amsterdamu, Kalifornii, Praze nebo Varšavě, ve kterých jsou činěna rozhodnutí týkající se jejich práce, životního prostředí a sousedů. Odloučenost ocelových měst funguje jako odcizující síla, která odvádí prekarizované pracovníky od vhodných infrastruktur k obtížným blízkostem s malými lokálními populacemi, to vše v regionech, které byly ekonomicky a sociálně periferní už před příchodem skladů. Bez předpokladu rozvoje, bez příslibu stability se přísloveční nová *pracovní místa* stávají nechtěná, nebo není nikoho, kdo by je mohl chtít.

Materiální kultury

Některé aspekty logistiky, které jsme se rozhodli zvýraznit v předcházejících odstavcích, jako *expanze*, *teritorium* a *odlehlost*, mají jedno společné. Všechny popisují logistiku jako aparát, který obecně zachází s prostorem v prostoru. Jinými slovy je prostorový jak svou metodou, tak svými důsledky. Jeho zřejmá funkce přepravování lidí a věcí z jednoho místa na druhé je naplňována různými druhy infrastruktur a tyto infrastruktury mají na oplátku výrazné dopady na prostor, kterým probíhají, který zabírají nebo který obsluhují. Hranice jsou překračovány, ale také překreslovány, odlehlé ostrovy zalidňovány, náhodným místům je připisován kontinentální význam, naopak významná místa jsou míjena.

Protože logistika je zároveň také nikdy se neusazující sraženinou tekutého kapitalismu, tyto kousky něčeho v jinak beztvarém ničem vypovídají mnohé o dominantním ekonomickém systému samotném, v našem případě ve specifickém kontextu střední a východní Evropy. Samozřejmě že ne všechny aspekty logistiky jsou hmatatelné, ale mnohé z nich jsou. Haly, dálnice, parkoviště, přístavy, hraniční přechody, ploty, terminály, kontejnery, vozidla a lodě, zařízení, které nosí pracovníci na svých tělech, ubytovny, ve kterých žijí, ale také mapy a katalogy logistických developerů, to vše dohromady vytváří materiální kulturu logistiky. Bez ohledu na to, jak moc si přeje zůstat neviditelná nebo nehodná našeho zájmu, logistika nikdy nezmizí docela. Nechává stopy, otisky a znamení, a nejsou to malé otisky, ale často gargantuovské struktury v krajině. Navzdory vzdálenostem, které je přímo obklopují, praktické nepřístupnosti, která je stráží, a nudnému oparu, který je zahaluje, jsou tyto stopy konceptuálně křehká, exponovaná a přitom kritická spojení jinak abstraktního stroje. Současní antiglobalizační aktivisté to vědí a zasahují tyto logistické huby jako nejslabší a jim jediné dostupné články řetězce globálního kapitalismu. Autoři této publikace se s nimi spokojí jako se vstupními body k lepšímu pochopení vztahu mezi vystavěným prostředím a sítí činností současného života, práce, investic, politiky a ekologie, která ho vytváří a obývá. V infrastruktuře logistiky vidíme usazeninu současné ekonomiky regionu CEE stejně jako jeho společnosti. Tím, že ocelová města zároveň zastírají a ukazují tyto praktiky, jsou hodná našeho zájmu.

Výše popsané otisky v prostoru mohou teoreticky být nahlíženy jako jakákoli jiná prostorová uspořádání. Vzniká materiální artefakt ocelové město, na který můžeme soustředit svůj zájem.

Jedna z definic logistických parků je popisuje jako centra skladování, transportu a lehkého průmyslu „v nejvyšším stupni vývoje".[16] Jinými slovy ocelové město je pro materiální kulturu logistiky tím, čím je město pro materiální kulturu jako takovou, živoucí depozit vědomostí, intenzity ve své nejdokonalejší formě.

K přispění do publikace jsme pozvali sociálního geografa, pedologa, kunsthistorika, ekologa, politiky, umělce a samotné pracovníky, aby rozpletli tuto složitost z pohledu své disciplíny, aby nabídli svůj pohled na něco, co je někdy pro jejich každodenní činnost centrální a jindy okrajové. Na následujících stránkách jsme sestavili otevřený subjektivní přehled artefaktu uvedeného Vernovým utopicko-dystopickým románem. Místo Ocelového města předkládáme logistický park, místo „osmnácti dřevěných vesnic" popisujeme ubytovny personálních agentur a na rozdíl od „holé a skalnaté planiny" se díváme na současnou zemědělskou krajinu nejzápadnějšího východu. Zvláštní důležitost je přikládána všemu, co je fyzické, všemu, co je materiální, a všemu, co může být nazýváno architekturou. Hala, ubytovna, koridor, země nebo mapy, které produkují samotní developeři, a především mapování, které zde sami předkládáme.

Kniha je rozdělena do tří částí. První z nich, Město v krajině, popisuje ocelová města jako figuru v prostoru v kontextu Česka. Druhá část, Město na mapě, pohlíží na logistické parky v kontextu sítí, které vytvářejí a kterými expandují z východu na západ a ze severu na jih. Poslední část, Obyvatelé, mluví o obyvatelích ocelových měst, pracovnících migrujících naopak z východu na západ a z jihu na sever, těžkostech, kterým čelí, a taktikám, které uplatňují.

Jak čtenář brzy objeví, většina příspěvků se staví k ocelovým městům veskrze kriticky. Je jasné, nebo se přinejmenším zdá jasné nám, že tyto demontovatelné investice si berou více, než vracejí zpět. Jinými slovy, vzestup ocelového města ve střední a východní Evropě vidíme jako problém, a pokud vznášíme takovéto tvrzení, můžeme být tázáni, tak jak jsme již mnohokrát byli, abychom navrhli řešení tohoto problému. To nemáme v úmyslu.

Jako zvýšená teplota nebo stoupající mořská hladina jsou ocelová města problematická sama o sobě, ale především jsou symptomem jiného, většího problému. Jak uvedl jeden z developerů v jeho zamítavé odpovědi na naši žádost o rozhovor: „Musíte se ptát, proč tato místa existují a kdo je konečně zodpovědný za tyto budovy. Myslím, že zjistíte spíše že než velká ošklivá firma, která chce ovládnout planetu, tak je to konzument, který je zodpovědný za tento trend."[17] Nechceme ještě spekulovat, zda je to konzument, nebo velká ošklivá firma, kdo je zodpovědný, přesto se musíme ptát, proč tato města existují. Jak jsme se snažili ilustrovat, ocelová města nejsou ničím jiným než přímým překladem současné ekonomiky, politiky a kultury do prostoru a jako taková nemohou být jednoduše „vyřešena".

Co se týká logistiky, jsme amatéři. Doufáme, že neostrý obraz problému ocelových měst, který zde skládáme, nám umožní stejně jako čtenáři vidět obrysy, vztahy a srovnání, které mohou uniknout soustředěnému pohledu a metodickému zkoumání. Mohou dokonce znemožnit rozpoznání hranice mezi tím, kde tento problém končí a kde začíná problém jiný, mnohem závažnější, jako například rostoucí nerovnost nebo lidmi zapříčiněná změna klimatu. Naopak tyto existenční situace, samy o sobě abstraktní a těžko srozumitelné, mohou být zpřístupněny nějakým nejasně extrémním případem jako například případem ocelových měst.

1   Jules Verne, *Ocelové město*, Albatros, Praha 1989, s. 40–42.

2   Tamtéž, s. 42.

3   Jules Verne, *The Begum's Fortune*, Jazzybee Verlag, Altenmünster 2018, s. 56. Překlad autora. Český překlad (Verne, pozn. 1, s. 89) se této formulaci vyhnul: „Bylo to nezbytné opatření, kterým zakladatelé města chtěli také uvarovat příliš velkému přílivu čínských kulíů."

4   Tamtéž, s. 20. Překlad autora. Český překlad (Verne, pozn. 1, s. 33) uvádí následující znění: „[C]htěl je tím vyrvat z francouzských rukou, které by ho jistě využily nějak hloupě."

5   Verne (pozn. 1), s. 142.

6   Koncept města jako „showroomu" ve vztahu k logistice je diskutován v textu Susan Nigra Snyder – Alex Wall, Die Stadt als Totaltheater: Distribution als Triebkraft eines umfassenden Urbanismus, *ARCH+*, č. 205, 2012, s. 84.

7   Verne (pozn. 1), s. 46.

8   Viz také https://www.etymonline.com/word/logistic.

9   Karel Marx, *Rukopisy „Grundrisse": Ekonomické rukopisy z let 1857–1859* II, Svoboda, Praha 1974, s. 15.

10 O vztahu centra a periferie srov. Michael Hardt – Antonio Negri, *Empire*, Harvard University Press, Cambridge, MA 2000, s. 45.

11 *Můj region, má Evropa, naše budoucnost: Sedmá zpráva o hospodářské, sociální a územní soudržnosti*, Úřad pro publikace Evropské unie, Lucemburk 2017. Dostupné na https://ec.europa.eu/regional_policy/sources/docoffic/official/reports/cohesion7/7cr_cs.pdf.

12 Regional GDP per capita ranged from 31% to 626% of the EU average in 2017, https://ec.europa.eu/eurostat/web/products-press-releases/-/1-26022019-AP.

13 Ivan Krastev – Stephen Holmes, How liberalism became 'the god that failed' in eastern Europe, *The Guardian*, 24. 10. 2019, https://www.theguardian.com/world/2019/oct/24/western-liberalism-failed-post-communist-eastern-europe.

14 Původně japonská metoda výroby a distribuce založená na výrobě a dodávkách jen toho množství materiálu a produktů, které je právě potřeba, za účelem ušetření pracovních a skladovacích nákladů.

15 Projev W. Churchilla na univerzitě ve Fultonu (5. 3. 1946), in: Zdeněk Veselý (ed.), *Světová politika 20. století v dokumentech (1945–1990)*, Vysoká škola ekonomická, Praha 2001, s. 20.

16 Xenie Lukoszová – Ondrej Stopka, *Logistická centra na globálním trhu*, Ekopress, Jesenice 2019, s. 11.

17 Citát z e-mailu od jednoho z developerů, v němž se kriticky vyjadřují k obsahu publikace a odmítají další komentáře, dokud publikace nebude „akademičtější a objektivnější". Identitu developera ponechám záměrně skrytou.

Chapter One: City in a Landscape

Kapitola první: Město v krajině

VANITY FAIR: A TOUR TO THE AMAZON LOGISTICS CENTER PRG2

Philip Ursprung

JARMARK MARNOSTI: PROHLÍDKA LOGISTICKÉHO CENTRA AMAZON PRG2

In March 2019, I was invited to Prague to give a lecture at the *Logistics Landscapes* exhibition at VI PER. My host, Tadeáš Říha, had arranged a guided tour to one of the largest logistics centers in Europe, the Amazon distribution center. It had opened in 2015 and is located right next to the airport, in the village of Dobrovíz. As the plane was about to land, I saw through the window the huge mass of the building with rows of trucks attached. It was almost as big as the airport. A lecture by Rem Koolhaas came to my mind, which I had seen a couple of months earlier in Beijing.[1] Koolhaas talked about the transformation of industry and illustrated his lecture with a montage of an Amazon distribution center in Manhattan's Central Park. It was a typical Koolhaas slide, both fascinating and frightening of an incredibly big building which embodied the tremendous power of logistics.

The name of the center is PRG2. (An earlier center, PRG1 has been closed). Like all Amazon logistics centers it bears the code of the nearest airport. I was reminded that Herzog & de Meuron had a chart in their office which connected their many projects around the globe to airport codes. How do the maps of logistics and the maps of superstar architecture relate to each other?

From the airport, it was only a short ride to the logistics center. Seen from up close, the building appeared to be even bigger. I had difficulties in imagining its beginning and its end. The flawless façade, or rather, the light grey outer surface, was structured by a white and a yellow stripe which underlined the effect of horizontality. Some windows and terraces interrupted the otherwise monolithic aspect of the

V březnu 2019 jsem byl pozván do Prahy, abych přednášel u příležitosti výstavy *Krajiny Logistiky* v galerii VI PER. Můj hostitel Tadeáš Říha zařídil komentovanou prohlídku jednoho z největších logistických center v Evropě, distribučního centra firmy Amazon. Otevřeno je od roku 2015 a nachází se přímo vedle letiště ve vesnici Dobrovíz. Když letadlo přistávalo, viděl jsem z okýnka obrovskou budovu s několika řadami kamionů. Byla téměř stejně velká jako celé letiště. Hned jsem si vybavil přednášku Rema Koolhaase, které jsem se účastnil před několika měsíci v Pekingu.[1] Koolhaas hovořil o proměně průmyslu a svá tvrzení ilustroval fotomontáží distribučního centra Amazonu v Central Parku na Manhattanu. Byl to typický Koolhaasův slide, fascinující a zároveň děsivý, s neskutečně rozlehlou budovou ztělesňující ohromnou sílu logistiky.

Centrum se nazývá PRG2 (původní centrum PRG1 bylo zavřeno). Jako všechna logistická centra Amazonu nese kód nejbližšího letiště. Připomnělo mi to, že Herzog & de Meuron ve své kanceláři měli všechny své projekty z celého světa spojeny s letištními kódy. Co mají logistické mapy společného s mapami superstar architektury?

Z letiště je to do logistického centra jen kousek. Když jsem budovu viděl zblízka, zdála se mi ještě větší. Měl jsem problém si představit, kde má začátek a konec. Její bezchybná fasáda či přesněji světle šedý vnější povrch byl členěn žlutým a bílým pásem podtrhujícím dojem horizontality. Některá okna a terasy přerušovaly jinak monolitický ráz budovy. Kolem se rozprostíral trávník, rostliny, lampy a lavičky. Konstrukce připomínající portál označovala východní bránu, kde začínají veřejné prohlídky.

building. The building was surrounded by a lawn, plants, lamps and benches. A portal-like structure marked the East Gate, where the public tours start.

When we entered the building, the scale changed abruptly. The reception area resembled the lobby of a modest provincial motel. Two cheap sofas and a plant that looked like plastic stood in the small space. Over the two turnstiles at the entrance there was an inscription painted on the wall: "Work hard. Have fun. Make history." It reminded me of the slogans I had seen when I lived in Dresden in the early 1990s, shortly after the opening of the wall. In socialist societies, slogans were omnipresent. It was part of the celebration of labor, although it tended to conceal that fact that workers were exploited in socialism as well as in capitalism. Was this an homage to the tradition of the socialist workplace? Or had the socialist factories just been ahead of their time?

Our guide arrived and welcomed the small group. She escorted us through the security check and asked us to lock in bags and cameras. I thought of the late Harun Farocki, who wrote that since the very first movie in history, *Workers Leaving the Factory* (1895), it has been forbidden for the camera to enter the space of the factory and document workers at work.[2] When I received the yellow security vest, I could not but think of the demonstrations of the gilets jaunes (yellow vests) taking place in France at the same time.

We passed the entrance area with the stands of several employment services. A vending machine sold equipment such as gloves and earplugs. Our guide told us that the center employed 2,000 people during the year, with an additional 3,000 people in December for the Christmas sales, and that it was part of the "Amazon Europe Fulfillment Network." We met some of these workers—our guide called them "associates"—who were moving between the shelfs as if in a huge library. Our guide explained that they were picking items according to the information transmitted via Amazon's data center in Poland directly to their electronic hand-sets. They then placed the items in plastic bins called "totes." The "totes" were sent on transportation devices to the packing area, where the items were packed before being loaded onto trucks.

I asked about the system of order. "Everything is everywhere," the guide told me. A book can stand next to a washing machine, a toothpaste tube next to a hairdryer, etc. The same

Po vstupu do budovy se měřítko náhle zcela změnilo. Prostor recepce připomínal lobby prostého provinčního motelu. V malém prostoru stály dvě levné pohovky a jedna rostlina, která vypadala jako plastová. Nade dvěma turnikety u vchodu byl na zdi vyveden nápis: „Work hard. Have fun. Make history." (Pracuj tvrdě. Bav se. Tvoř historii.) Připomínal mi slogany, které jsem vídával v Drážďanech v raných devadesátých letech krátce po pádu zdi. V socialistických společnostech byly podobné slogany všudypřítomné. Byly součástí oslavy práce, přestože zakrývaly fakt, že dělníci byli vykořisťováni stejně za socialismu jako v kapitalismu. Představoval nápis hold tradici socialistického pracoviště? Nebo socialistické továrny prostě předběhly svou dobu?

Když přišla průvodkyně a pozdravila naši malou skupinu, provedla nás přes bezpečnostní kontrolu a požádala, abychom si zamkli tašky a foťáky. Pomyslel jsem na zesnulého Haruna Farockiho, který napsal, že už od úplně prvního filmu v historii, *Workers Leaving the Factory* (Dělníci opouštějí továrnu) z roku 1895, bylo zakázáno natáčet prostory továren a dokumentovat dělníky při práci.[2] Když mi dali žlutou bezpečnostní vestu, nemohl jsem myslet na nic jiného než na demonstrace hnutí žlutých vest, které v té době probíhaly ve Francii.

Minuli jsme vstupní část s několika pulty nabízejícími zaměstnanecké služby. Automat prodával výbavu jako rukavice a špunty do uší. Naše průvodkyně nám sdělila, že centrum zaměstnává 2000 lidí během roku a další 3000 lidí v prosinci na vánoční prodeje a také že je součástí „Amazon Europe Fulfillment Network", tedy sítě tzv. fulfillment neboli distribučních center Amazonu v Evropě. Viděli jsme několik pracovníků – naše průvodkyně je nazývala associates –, kteří se pohybovali mezi regály jako v nějaké obrovské knihovně. Průvodkyně nám vysvětlila, že zboží vybírají podle informací doručených přes datové centrum Amazonu v Polsku přímo do jejich elektronických čteček. Pak zboží vloží do plastových košů nazývaných totes (vozíky). Ty jsou posílány na dopravních zařízeních do balicího prostoru, kde se zboží balíčkuje, než se pak naloží do kamionů.

Ptal jsem se na systém řazení. „Všechno je všude," odpověděla mi průvodkyně. Kniha může stát vedle pračky, pasta na zuby vedle fénu na vlasy apod. Tentýž fén může být uložen nedaleko, ale také na úplně jiném místě skladu. Vysvětlila mi, že cílem je optimalizovat použití skladového prostoru. Jen počítač ví, co kde je, a jen počítač rozhoduje, na jakém místě je vyzvednutí zboží nejefektivnější. Pickeři neboli sběrači nesmějí přeskládat zboží, které spadlo nebo bylo chybně vyzvednuto. Místo toho

hairdryer could be nearby, or in a completely other part of the storage area. The aim was, she explained, to optimize the use of the storage space. Only the computer knew what was where and the computer decided where it was most efficient to pick it up. Pickers were not allowed to reshuffle dropped or wrongly picked items. Instead they had to place them in a separate tray called "amnesty."

The objects I saw looked completely different than they had in Andreas Gursky's large-scale image *Amazon* (2016). In this work of art of one of today's most prominent photographers, the foreground is marked by a seemingly endless field of books while in the background one sees larger packages. Visually, it recalls a skyline overlooking a vast river. Just as it is difficult to locate the source of the Amazon River, it is difficult to orient oneself in the colorful pattern of paper.

But in the space we moved through I did not feel disoriented. Rather, the objects around me depressed me. Unlike in a shop or on the website of Amazon, they were not on display like desirable items, waiting to be consumed. They were just temporarily stored. They certainly had a price, but during their time in storage they had no real value. Neither new nor old, these books, headphones, pencils and lamps seemed to know that time worked against them. The longer they were just stored, the less worth they would be until—if really nobody ordered them—they would be sent back or discarded to give room for fresh items. Did the helplessness of these objects relate to the way that consumer objects had been packed and displayed in socialist countries, namely without the glossy and colorful disguise of western products? As if socialist societies were uneager to hide the nature of industrialized products?

jej umístí na oddělený podnos nazývaný „amnesty" (amnestie).

Předměty, které jsem viděl, vypadaly úplně jinak než ty na velkoformátové fotografii *Amazon* (2016) od Andrease Gurského. Na tomto uměleckém díle jednoho z dnešních nejoceňovanějších fotografů se přední plán vyznačuje zdánlivě nekonečným lánem knih, zatímco v pozadí můžeme vidět větší balíky. Vizuálně celá scéna připomíná městské panorama s výhledem na širokou řeku. Tak jako je obtížné lokalizovat pramen Amazonky, je stejně nesnadné zorientovat se v pestrobarevném vzoru papíru toho snímku.

Ale v prostoru, ve kterém jsme se pohybovali, jsem se necítil zcela dezorientovaný. Spíše mě skličovaly předměty okolo. Vůbec nebyly vystaveny jako žádané zboží, které čeká na konzumaci jako v obchodě nebo na webových stránkách Amazonu. Byly pouze dočasně uskladněny. Zajisté měly nějakou cenu, ale během doby strávené ve skladu neměly žádnou opravdovou hodnotu. Nebyly ani nové, ani staré. Všechny ty knihy, sluchátka, tužky a lampy vypadaly, že vědí, že čas není na jejich straně. Čím déle jsou ve skladu, tím menší hodnotu budou mít, dokud – pokud si je opravdu nikdo neobjedná – nebudou posláný zpět nebo vyřazeny, aby uvolnily místo pro čerstvé zboží. Má bezmoc těchto předmětů co do činění se způsobem, jakým byly konzumní předměty zabalené a vystavené v socialistických zemích, tedy bez nablýskané a barevné masky západních produktů? Jako by socialistické společnosti nebyly posedlé skrýváním podstaty industrializovaných předmětů?

The Pilgrim's Progress

Poutníkova cesta

While I was following the group and passed the endless shelves with stacked goods, I recalled the description of the Vanity Fair in John Bunyan's Christian allegory *The Pilgrim's Progress from This World, to That Which is to Come*. The book was first published in 1678 and has remained in print ever since. Part One of the story deals with the journey of Christian, the protagonist. He leaves his family in the City of Destruction, an allegory for the the present, and decides to walk to the Celestial City, in other words, heaven.

Zatímco jsem následoval skupinu a míjel nekonečné regály zaplněné zbožím, vybavil jsem si popis Jarmarku marnosti v křesťanské alegorii Johna Bunyana *Poutníkova cesta z tohoto světa do světa budoucího*. Kniha byla poprvé publikovaná v roce 1678 a zůstala v tisku dodnes. První díl příběhu se zabývá cestou Kristiána, hlavního hrdiny. Opustí svou rodinu ve Městě rozpadu, které představuje alegorii pro přítomnost, a rozhodne se vydat do Nebeského města, tedy nebe. Morální rozvoj hrdiny v průběhu času je zobrazen jako cesta

Handsets for scanning and other everyday objects. Photo: Jan Kolský, 2019.

Příslušenství pro skenování a další každodenní objekty. Foto: Jan Kolský, 2019.

The moral development of the protagonist over time is depicted as a journey through a landscape with various landmarks and places, each of them symbolizing a choice.

On his journey along the King's Highway, he passes through a town called Vanity. In this town there is a fair, called "Vanity Fair." According to the narrator, this fair was founded by the satanic figures Beelzebub and Apollyon almost 5,000 years ago and is since then, as he puts it "kept all the year long."[3] The town is organized in places, rows and streets such as the "Britain row, the French row, the Italian row, the Spanish row, the German row."[4] Everything is sold in this never-ending fair, such as "houses, lands, trades, places, honours, preferments, titles, countries, kingdoms, lusts, pleasures; and delights of all sorts, as whores, bawds, wives, husbands, children, masters, servants, lives, blood, bodies, souls, silver, gold, pearls, precious stones, and what not."[5]

Christian and his companion are not seduced by the abundance of things on sale. When the vendors ask them what they want to buy the answer is that they are only interested to "buy the Truth."[6] They are arrested and put to trial. While his comrade is tortured and eventually executed by the angry citizens of Vanity, Christian can continue his journey, together with a new travel companion, and eventually will reach the heavenly Jerusalem.

Of all the places mentioned in Bunyan's story, Vanity Fair is the most fascinating for the modern reader. The title has been adapted by films, music and a famous fashion journal. The fascination stems in part from its ambivalence. On the one hand, the idea of a fair that never ends and where

krajinou s různými milníky a místy, kdy každé symbolizuje určitou volbu.

Na své cestě podél Královské silnice narazí na město zvané Marnost. Odehrává se v něm jarmark, zvaný Jarmark marnosti. Podle vypravěče byl tento jarmark založen dvěma ďábelskými postavami Belzebuba a Apollyona před téměř 5000 lety a od té doby se „koná celý rok".[3] Město je uspořádáno do míst, uliček a ulic jako Britská ulička, Francouzská ulička, Italská ulička, Španělská ulička, Německá ulička.[4] Na tomto nikdy nekončícím jarmarku se prodává úplně všechno, „domy, pozemky, řemesla, postavení, vyznamenání, církevní funkce, šlechtické tituly, země, království, hříšné touhy, radosti a potěšení všech druhů, a to kurvy, lehké ženy, manželky, manželé, děti, pánové, sluhové, životy, krev, těla, duše, stříbro, zlato, perly, drahokamy a kdovíco ještě".[5]

Kristián a jeho společník se nenechají svést hojností prodejních věcí. Když se jich prodejce zeptá, co by si chtěli koupit, odpovědí je, že se zajímají jedině o „koupi pravdy".[6] Jsou zatčeni a předvedeni k soudu. Zatímco Kristiánův společník je týrán a nakonec popraven rozhněvanými občany Marnosti, Kristián může pokračovat ve své cestě spolu s novým společníkem. Nakonec dorazí do nebeského Jeruzaléma.

Ze všech míst zmíněných v Bunyanově příběhu je Jarmark marnosti pro moderního čtenáře nejvíce fascinující. Název byl adaptován do filmů, hudby i slavného módního magazínu. Fascinace vychází právě z jeho mnohoznačnosti. Na jedné straně představuje myšlenka jarmarku, který nikdy nekončí a kde je všechno dostupné, ztělesnění konzumního kapitalismu. Na druhé straně v něm stále rezonuje příběh morálky pozdního 17. století. Konzumace jako taková je považována do určité míry

everything is available is the epitome of consumer capitalism. On the other hand, the moralist narrative of the late 17th century still resonates. Consumption as such continues to be considered partially as sinful. The tension between worldly delights and moral ideals, between materialism and idealism, between seduction and abstinence, between consumption and production is a source of debate until the present day.

The fascination of Vanity Fair is comparable to other spectacular marketplaces. An early case are the Parisian arcades of the beginning of the 19th century, described by Walter Benjamin in his book *The Arcades Project*. Crystal Palace, built by Joseph Paxton for the Great Exhibition in London in 1851 displayed an immense amount of objects, from raw materials to refined industrial products, machines, consumer goods and works of art. Les Halles in Paris, the central food-market from the late 19th century until its demolition in the late 1960s, remains part of the collective memory. The shopping centers that were erected in the suburbs of the United States starting in the 1950s and 1960s had a comparable appeal. And, after the millennium, huge malls such as the Dubai Mall in the United Arab Emirates with over 1,000 luxury shops and entertainment areas such as an aquarium attract over 50 million visitors per year.

Logistical Sublime

We arrived at the packing area, a large hall full of conveyor belts. Our guide showed us the one robot which moved heavy items. The cardboard boxes moving towards the loading area stood in contrast to the spectacle of consumption. Items that had stood naked in the shelves were how hidden from my view. Everything looked the same, part of an endless procession of standard modules. Soon, it would be moved to an even larger procession of trucks moving the standardized shipping containers towards Germany.

I was reminded of the article "Logistics Landscape" that was published by the landscape architects Charles Waldheim and Alan Berger in 2008. The authors describe the development of a new infrastructure of storage and transport. As they put it, "the recent shift to an internationally distributed economy has produced a new form of landscape, a landscape of logistics… It is characterized by new industrial forms based on global supply chains and vast territories given

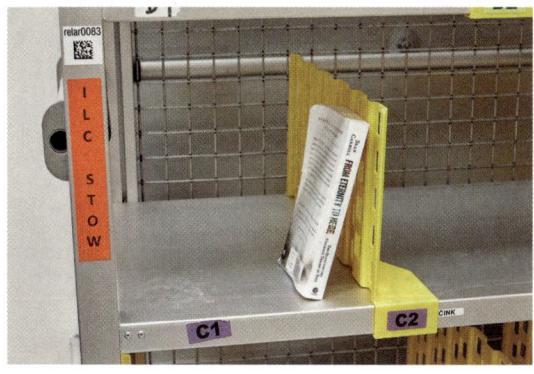

A book *From Eternity to Here* stored on shelf C2. Photo: Jan Kolský, 2019.

Kniha *From Eternity to Here* uskladněná v regále C2. Foto: Jan Kolský, 2019.

over to accommodating the shipment, staging, and delivery of goods."[7] Their hypothesis is that the transformation cannot be grasped by conventional concepts of architecture and urban design. In their view, the changed infrastructure can be understood as a landscape. Landscape architecture, they state, has the capacity to perceive and possibly influence the territorial changes taking place.

While the essay critically analyzes the interrelation between the logic of economy and architectural space, is also uncritically contributes to an aesthetization of the economic transformation. By defining infrastructure buildings and transportation networks as "landscape" and by depicting the logistic hubs, airports, ports and settlements from the bird's-eye view, photographed by Berger from an airplane, the authors naturalize these phenomena. Their attitude towards the infrastructure buildings is ambiguous. As observers they are both attracted and repelled, both critical and emphatic. They follow the raw forces of capitalism from the comparatively safe and comfortable vantage point of the academic elite and depict them through diagrams, maps and aerial photographs. Their perspective is closely linked to that of Rem Koolhaas. Since the late 1970s, Koolhaas is continuously among the first to identify the neuralgic points of capitalist transformation, whether Manhattan in his book *Delirious New York* (1978), the booming cities of China in the 1990s which he describes in his book *S, M, L, XL* (1995), the megacity of Lagos in the book *Lagos: How it Works* (2008), as well as studies on the Persian Gulf area and on the countryside. Warehouses, mega-factories and infrastructure hubs appear regularly in Koolhaas' recent lectures.

že změnu není možné uchopit obvyklými koncepty architektury a městského plánování. Podle nich je proměně infrastruktury možné porozumět tehdy, když na ni budeme nahlížet jako na krajinu. Krajinářská architektura, jak říkají, má schopnost přijímat a případně i ovlivnit probíhající teritoriální změny.

Zatímco esej kriticky analyzuje vzájemné vztahy mezi ekonomickou logikou a architektonickým prostorem, také zcela nekriticky přispívá k estetizaci ekonomické transformace. Autoři definují infrastrukturu budov a dopravních sítí jako „krajinu" a nahlížejí na logistická centra, letiště, přístavy a osídlení z ptačí perspektivy fotografované Bergerem z letadla a tímto způsobem vnímají fenomén jako přirozený. Jejich přístup k infrastruktuře budov není jednoznačný. Jako pozorovatele je zároveň přitahuje i odpuzuje, kritizují i soucítí. Následují hrubé síly kapitalismu z relativně bezpečného a pohodlného hlediska akademické elity a zobrazují ji pomocí diagramů, map a leteckých fotografií. Jejich pohled je blízký Remu Koolhaasovi. Od pozdních sedmdesátých let je Koolhaas vždy mezi prvními, kteří identifikují neuralgická místa kapitalistické transformace, ať už se jedná o Manhattan v knize *Třeštící New York* (1978), prosperující města Číny v devadesátých letech, která popisuje ve své knize *S, M, L, XL* (1995), megaměsto Lagos v knize *Lagos: How it Works* (Lagos: Jak funguje, 2008), nebo o studie oblasti Perského zálivu a venkova. Skladiště, obrovské továrny a centra infrastruktury se pravidelně objevují v Koolhaasových posledních přednáškách.

Proměna zkoumaného předmětu v estetický fenomén a fascinace obrovskými měřítky a ohromným množstvím je spojena s konceptem známým již od dob antiky,

Vanity Fair, original illustration from an English novel by its author William Makepeace Thackeray. Photo: Author's archive.

Jarmark marnosti, původní ilustrace z anglického románu od jeho autora Williama Makepeace Thackeraye. Foto: archiv autora.

The transformation of the object of analysis into an esthetic phenomenon and the fascination by huge dimensions and enormous quantities is related to a concept known since antiquity, namely the concept of the Sublime. In fact, Koolhaas, Waldheim and Berger tend to represent the spaces of logistics as something sublime. They see the movements of goods and the flows of capital from a distance, transform them into abstract charts, diagrams and curves and thus mediate between the human scale and forces that elude control.

Among the many books written about the Sublime, I find particularly useful Edmund Burke's *A Philosophical Enquiry into the Origins of our Ideas of the Sublime and the Beautiful*, first published in 1757. Written when the author was in his twenties, the book is already characterized by the same ambivalence that is typical for Burke's later work, where he criticizes the French Revolution while nonetheless being attracted precisely by what he criticizes. One central observation that he makes is revealing for this contradictory perspective: "I know of nothing sublime which is not some modification of power."[8]

Burke's text is part of the 18th century trend to understand and categorize the laws of human passions and to distinguish them from non-human, animal qualities. The author constantly refers to emotional, corporeal reactions to the surrounding world and thus tells us much about the forces that acted effectively on the human subject in the rapidly changing late 18th century. The Sublime is something like the borderline between the human and the non-human. And this borderline has to be traced cartographically, categorized-like nature, or like the

konceptem pojmu vznešenosti. Koolhaas, Waldheim a Berger ve skutečnosti inklinují k nahlížení míst logistiky jako na něco vznešeného. Dívají se na pohyb zboží a tok kapitálu z dálky, převádějí je do abstraktních grafů, diagramů a křivek, čímž vytvářejí pojítko mezi lidským měřítkem a silami vymykajícími se kontrole.

Z mnoha knih, které byly o pojmu vznešenosti napsány, vnímám jako nejvíce užitečnou knihu Edmunda Burkeho *A Philosophical Enquiry into the Origins of our Ideas of the Sublime and the Beautiful* (Filozofické zkoumání o původu našich idejí vznešeného a krásného), poprvé vydanou v roce 1757. Autor ji napsal ve svých 28 letech a už tehdy se vyznačovala stejnou ambivalencí typickou i pro Burkeho pozdní dílo, v němž kritizoval Velkou francouzskou revoluci, přestože byl zároveň přitahován tím, co kritizoval. Jeden z jeho hlavních postřehů odhaluje tento protichůdný pohled: „[N]eznám nic vznešeného, co by nebylo určitou modifikací síly."[8]

Burkeho text představuje součást tendence, pomocí níž bylo v 18. století možné pochopit a kategorizovat zákonitosti lidských vášní a odlišit je od těch nelidských, animálních. Autor neustále odkazuje k emočním, tělesným reakcím na okolní svět a tím jasně vypovídá o vlivech, které účinně působily na člověka v rapidně se proměňujícím pozdním 18. století. Vznešenost je něco jako hranice mezi lidským a nelidským. A jako hranice musí být také zmapována kartograficky, kategorizována – jako příroda nebo jako záhadný kontinent lidských vědomostí. Burke hovoří o nekonečnu jako zdroji vznešenosti: „Nekonečno," říká, „má tendenci naplnit mysl takovým druhem příjemného strachu, který je nejskutečnějším účinkem a nejvěrnějším znakem vznešenosti."[9]

mysterious continent of human knowledge. Burkes talks about infinity as a source of the sublime: "Infinity," he says, "has a tendency to fill the mind with that sort of delightful horror, which is the most genuine effect, and truest test of the sublime."[9]

Koolhaas' concept of "bigness" for instance, is a typical element of the Sublime and close to what Burke had observed: "Look at a man, or any other animal of prodigious strength, and what is your idea before reflection? Is it that this strength will be subservient to you, to your ease, to your pleasure, to your interest in any sense? No [...] whenever strength is only useful, then it is never sublime."[10]

Marketplaces

We were now walking through the canteen, a huge space, where the employees behind the counters were awaiting the workers to arrive for the lunch break. Again, there were many slogans on the walls, but all in Czech, which I can't read. Basically, Tadeáš told me, the logistic center in in Dobrovíz is a place where goods, manufactured mostly in Asia and transported to distribution centers in Germany, are brought in by truck. They are then unloaded, unpacked, stored, picked, repacked in boxes, reloaded onto trucks and then shipped back to Germany to be delivered to Amazon pick up stations or private homes. Only a small proportion was purchased in the Czech Republic. The reason why Amazon and many other companies set up their logistic centers in his area is the location: It takes less than nine hours—the shift of a truck driver—to reach most cities within the so-called blue banana, the most powerful economic area in Europe. The wages and the costs were comparatively lower. There already are Czech nicknames likening the country to Europe's cheap "assembly plant," now it is on its way to becoming the warehouse of Europe as well, as Tadeáš puts it.

My perspective had changed. The closer I got to the spaces of logistics and the people working there and studying them in a detailed manner, the more skeptical I became about the distanced perspective that prevailed. In order to depict the spaces and networks of logistics adequately, it is necessary to desublimate them. The "strength" that Burke perceived in a man or an animal is the same strength that Koolhaas, Waldheim and Berger locate in logistics. And it is the same strength that since the beginning of industrialization is attributed to the market. The market as such is perceived as an esthetic phenomenon, as a sublime. It is considered a given, a force which is inevitable.

I had recently ordered—via Amazon—a copy of Karl Polanyi's book *The Great Transformation*.[11] According to Polanyi, markets played a minor role in the economy before what he defines as the great transformation of the industrial age. They were decentralized, based on exchange but not on profit. Only with the age of industrialization and the emergence of modern states did the markets turn into a driving force. During the 19th century, he argues, economists started to claim that that human nature is based on the aim to make profit and that competition is a given. For Polanyi, the great transformation has effectively changed all human institutions and human nature. Economists and—as I would add, artists and architects as well—have accepted this ideology by naturalizing the marketplace.

The tour came to an end. We handed in the yellow vests and took our cameras and bags out of the lockers. We said goodbye to the rest of the group and the guide who had answered our questions precisely and with much patience. As we stepped outside, the next group was already waiting. I packed the black plastic drinking bottle with the Amazon logo which we had received as a souvenir into my bag. Later, for fun, I was browsing the Amazon website in order to find the bottle among the many other bottles offered. I could not find it.

Nedávno jsem si objednal – na Amazonu – výtisk knihy Karla Polanyiho *The Great Transformation* (Velká transformace).[11] Podle Polanyiho hrály trhy před velkou transformací průmyslového věku, jak ji sám definuje, pouze marginální roli. Byly decentralizované a založené na výměně, nikoli zisku. S příchodem průmyslového věku a vzniku moderních států se trhy staly hybnou silou. Podle něj začali ekonomové během 19. století tvrdit, že lidská přirozenost má za cíl vytvářet zisk a konkurence je daná. Velká transformace podle Polanyiho účinně změnila všechny lidské instituce a lidskou přirozenost. Ekonomové – a já bych přidal také umělci a architekti – přijali tuto ideologii tím, že přizpůsobili trh.

Prohlídka byla u konce. Odevzdali jsme žluté vesty a vzali si své fotoaparáty a tašky ze skříněk. Rozloučili jsme se se zbytkem skupiny a průvodkyní, která na naše dotazy odpovídala velmi přesně a s velkou trpělivostí. Když jsme vyšli ven, čekala tam již další skupina. Schoval jsem si do tašky černou plastovou lahev na pití s logem Amazonu, kterou jsme dostali jako suvenýr. Později jsem jen tak pro zábavu projížděl webové stránky Amazonu, abych se podíval, jestli se ta lahev nachází mezi mnoha ostatními lahvemi v nabídce. Nenašel jsem ji.

1   Rem Koolhaas, *Recent Preoccupations*, lecture held at the 100th anniversary of the Central Academy of Fine Arts, Beijing, November 2, 2018.

2   Harun Farocki, "Workers Leaving the Factory," in idem, *Nachdruck: Texte / Imprint: Writings*, ed. Susanne Gaenshäimer and Nicolas Schafhausen (New York: Lukas & Sternberg, 2001), pp. 230–247.

3   John Bunyan, *The Pilgrim's Progress* (New York: Barnes & Noble Books, 2005), p. 101.

4   Ibid., p. 102.

5   Ibid.

6   Ibid., p. 105.

7   Charles Waldheim and Alan Berger, "Logistics Landscape," *Landscape Journal* 27, No. 2 (2008), pp. 219–246, here p. 220.

8   Edmund Burke, *A Philosophical Enquiry into the Origin of our Ideas of the Sublime and the Beautiful* (Oxford: Oxford University Press, 1990), p. 59.

9   Ibid., p. 67.

10   Ibid., pp. 60–61.

11   Karl Polanyi, *The Great Transformation: The Political and Economic Origins of Our Times* (Boston, MA: Beacon Press, 2001). First published in 1944.

1   Rem Koolhaas, *Recent Preoccupations*, přednáška pronesená na 100. výročí Centrální akademie výtvarných umění, Peking, 2. 11. 2018.

2   Harun Farocki, Workers Leaving the Factory, in: týž, *Nachdruck: Texte / Imprint: Writings*, ed. Susanne Gaensheimer – Nicolas Schafhausen, Lukas & Sternberg, New York 2001, s. 230–247.

3   John Bunyan, *Poutníkova cesta z tohoto světa do světa budoucího*, Argo, Praha 1996, s. 95.

4   Tamtéž, s. 96.

5   Tamtéž.

6   Tamtéž, s. 98.

7   Charles Waldheim – Alan Berger, Logistics Landscape, *Landscape Journal* 27, 2008, č. 2, s. 219–246, zde s. 220.

8   Edmund Burke, *O vkuse, vznešenom a krásnom: Filozofické skúmanie o pôvode našich ideí vznešeného a krásného*, Tatran, Bratislava 1981, s. 63.

9   Tamtéž, s. 71.

10   Tamtéž, s. 64–65.

11   Karl Polanyi, *The Great Transformation: The Political and Economic Origins of Our Times*, Beacon Press, Boston, MA 2001. Poprvé vyšlo v roce 1944.

LANDSCAPE WITH WAREHOUSES: TACHOV REGION, WEST BOHEMIA

"Here they built Steel Cities. They took over farmland and built these halls. Gigantic ones. And there's also a huge flow of people, coming here from far and wide. But never once have I heard anyone with a good word for the wages." These words give a summary of the situation around the logistics complexes, from the viewpoint of a resident of Bor u Tachova, a small town in West Bohemia not far from the industrial zone of Nová Hospoda (CTPark Bor).

Desert(ed) Landscape

The Tachov district, or "Tachovsko," is peripheral. An area that lies geographically at a remove from major centers and near the national border, but also peripheral in the sense of forgotten and at the edge of public interest. If the Czech Republic can be considered, a semi periphery in the geographic and political-economic context of Western Europe, then in the global scale we could speak of the Tachov district as the periphery of the periphery. At the same time, the character of the region is not entirely determined by the Czech context alone, but is shaped no less forcefully by its relation to the German context across the border. The region lies immediately adjacent to Bavaria, separated by a fifty-km stretch of national border. The degree to which this line is permeable has been changing greatly in history's course and has always significantly affected the local situation.

The larger regional unit—the Plzeň Region—has one of the lowest population densities of all the Czech regions, and this density decreases still further as one approaches the border. Tachovsko lies far below the regional as well as the national average.[1] One of the causes could be sought in the historic circumstances and events that formed the countryside of the West Bohemian borderlands. The most radical socioeconomic change to the region occurred just before the midpoint of the previous century, when in rapid succession the area witnessed the Nazi deportation of the

Logistics center in the countryside. CTPark Bor. Foto: Miroslav Pazdera, 2019.

Logistické centrum v krajině. CTPark Bor. Foto: Miroslav Pazdera, 2019.

local Jewish community during World War II, the post-1945 expulsion of the local German majority, and the centrally directed re-settlement of the largely empty borderlands. The final intervention followed the Communist seizure of power in 1948. The establishment of the "Iron Curtain" was at first simply a line of armed patrols, then a border fence, and finally a broad strip, measuring several kilometres, of a closed-off, strictly policed, empty militarized zone along both the Czech-German and Czech-Austrian borders.

From the mid-19th century up until the 1930s, the territory of the Tachov district was home to around 90,000 residents, primarily speaking German as their first language. After World War II, nearly all towns and villages lost the greater part of their population, several of them vanishing entirely. Within a mere twenty years, the landscape of Tachovsko was deprived of over half its population: as of 1950, the entire district recorded just over 40,000 people.[2] Compared to other Czech border regions, the heavily forested and largely unfarmed Tachovsko was relatively unattractive for newcomers from more central Czech locations. As a result, its settlers also included arrivals from Poland, Slovakia, Ukraine, Romania or Hungary. And just as happened in other sections of the former Sudetenland, with the original inhabitants lost, the generations-long relationship to place only could partially be revived among the new population. The high sociocultural diversity of the newcomers, along with the distrust of the already settled population towards them, particularly strong in the first post-war years, significantly shaped the formation of interpersonal ties and local sociability.

Od poloviny 19. století až do třicátých let 20. století, žilo na území okresu Tachov okolo 90 000 převážně německy hovořících obyvatel. Po válce místní obce přišly o velkou část populace, některé dokonce úplně zanikly. Během pouhých dvaceti let tak krajina Tachovska ztratila více než polovinu obyvatel. V roce 1950 v celém okrese zbylo už jen něco málo přes 40 000 lidí.[2] Ve srovnání s jinými pohraničními oblastmi nebylo lesnaté a neúrodné Tachovsko pro obyvatele českého vnitrozemí příliš atraktivní. Proto sem přicházeli také lidé z Polska, Slovenska, Ukrajiny, Rumunska a Maďarska. A podobně jako tomu bylo i v dalších oblastech bývalých Sudet, se s původními obyvateli ztracený a po generace budovaný vztah k místu obnovil s novou populací jen částečně. Vysoká sociokulturní rozmanitost nově příchozích společně s nedůvěrou starousedlíků vůči nim pak zejména v prvních poválečných letech významně ovlivnila utváření mezilidských vazeb a lokálních společenství.

Via Carolina: The Highway

This part of West Bohemia has always been transit landscape. Thanks to its position just between two territories of different state power, it has a tradition-grounded relationship to all the infrastructure that historically linked them. During the primarily German medieval settlement of Tachovsko the central role was played by the Nuremberg Road, or also the "Golden Road," *Goldene Straße*, the trading route connecting Prague with Western Europe. The political and symbolic significance of this connection was furthered under the rule of Emperor Charles IV, hence its Latin name "Via Carolina." Later in history, it equally served as a significant means of military logistics, the marching trajectories of soldiers in the Crusades within the Hussite conflicts, and still further on, the Thirty Years' War.

The Nuremberg Road brought the area energy and notable economic opportunity. Merchant caravans and aristocratic retinues were forced to rest after each day of travel, i.e. on horseback approximately every thirty kilometers. As a result, along the pathway there was a need for wayside inns as well as craftsmen's workshops to repair carriages or harnesses. An important central point, the gateway to the border thickets of the Bohemian Forest, was the Benedictine monastery in Kladruby. The border of Bavaria was secured by fortified watchtowers and the Tachov customs house, as well as the castle of Přimda, notably the earliest known stone castle on Czech territory.

Today, running through the sites where the old cart-route once wound, the cities of Prague and Nuremberg are linked by the D5/A6 highway. Mirroring the medieval trading route, this highway has even been officially dubbed with the same Latin designation, Via Carolina. The initial decision was made in the 1960s and construction started, if at a leisurely pace, in the decade following. With the fall of the Iron Curtain, the border to the West was essentially open by the end of 1989, and pressure to complete the highway naturally welled. Already in 1997, the section westward out of Plzeň (Pilsen) was completed as the first contiguous highway link to Germany. Following complicated discussions surrounding the Pilsen bypass, the entire highway was opened in 2006. For the states of Western Europe, the new connection prefigured the possibilities for the expansion of the global marketplace eastward. Highway D5 is a major part of the strategic transport system connecting Western to Central and Eastern Europe.[3]

Via Carolina: Dálnice

Region západních Čech je tranzitní krajinou. Díky své poloze mezi dvěma státními útvary má tradici vztahu k infrastrukturám, které je historicky spojovaly. V rámci středověké, převážně německé, kolonizace Tachovska hrála ústřední roli tzv. Norimberská – nebo též Zlatá – cesta, *Goldene Straße*. Obchodní trasa spojovala Prahu se západem Evropy. Politický a symbolický význam získala za vlády císaře Karla IV.; odtud přízvisko Via Carolina. Později se stala také důležitým prostředkem vojenské logistiky pro přesuny v období křížových výprav během husitských bojů a později rovněž za třicetileté války.

Norimberská cesta do oblasti přiváděla energii a příležitosti k obživě. Kupecké karavany a šlechtické konvoje byly nuceny spočinout po jednom dni jízdy, tedy přibližně po třiceti kilometrech. V okolí stezky proto bylo zapotřebí zájezdních hostinců i řemeslníků, kteří dokázali opravit vozy nebo výstroj. Důležitým střediskem, „branou" do pohraničního hvozdu Českého lesa, se stal benediktinský klášter Kladruby. Bavorskou hranici zabezpečovaly strážné hrady a celnice Tachov nebo Přimda, nejstarší známý kamenný hrad na našem území.

V místech, kudy se proplétaly staré úvozové cesty, dnes Prahu s Norimberkem propojuje dálnice D5/A6. Obdoba středověké stezky si oficiálně vysloužila i stejné latinské označení. Rozhodnutí padlo v šedesátých letech a stavba se pomalu rozeběhla v následující dekádě. S pádem železné opony se koncem roku 1989 otevřela hranice na Západ a tlak na dokončení dálnice přirozeně zesílil. Už v roce 1997 se dokončil úsek z Plzně jako první kompletní dálniční spojení s Německem. Po složité kauze projednávání obchvatu Plzně byla dálnice zprovozněna celá v roce 2006. Pro západní státy předznamenalo nové napojení možnosti expanze globálního trhu směrem na Východ. D5 je součástí strategického dopravního systému spojujícího Západ se střední a východní Evropou.[3]

The environment of a Steel City. CTPark Bor.
Foto: Miroslav Pazdera, 2019.

Prostředí ocelového města. CTPark Bor.
Foto: Miroslav Pazdera, 2019.

Landscape with Warehouses

Without the highway, there would be no warehouses. After 1989, Tachovsko remained affected by stagnation in agriculture, as well as the departure of the border guards and the disappearance of related services. In a region hungry for new work opportunities in the face of high unemployment, the new highway allowed for rapid links to the Western market along with the promise of Western capital moving eastward. Fields adjoining the highway exits became a commodity full of potential for quick and high profits. Local zoning plans were altered to allow for extensive functional areas for light manufacturing and storage.

The original plans for commercial-industrial zones in the 1990s assumed smaller structures for small- and medium-sized businesses, low-impact manufacturing or skilled crafts. Under pressure from established practice and market demands, though, the surface areas ballooned up to the size of the current vast halls. With farmland already clumped into the broad stretches of collectivized agriculture, the realization of large buildings in endless complexes built on literal "greenfields" was only a logical step.

In the sparsely settled terrain between the city of Plzeň and the German border,[4] in direct connection to the highway, after the year 2000 several commercial-industrial parks and industrial zones arose in quick succession in this industrially farmed landscape.[5]

Krajina se sklady

Bez dálnice by nebyly sklady. Polistopadové Tachovsko zůstalo poznamenáno stagnací zemědělství, odchodem pohraniční stráže a vymizením souvisejících služeb. Lačnost regionu po nových pracovních příležitostech, které by pomohly čelit vysoké nezaměstnanosti, a nová dálnice pro rychlé spojení se západním trhem se spolu s příslibem vstupu zahraničního kapitálu propsaly v podobě rozsáhlých funkčních ploch lehké výroby a skladování do obecních územních plánů. Polnosti v sousedství dálničních exitů se staly komoditou s potenciálem rychlého a vysokého výdělku.

Původní plány komerčně-industriálních zón z devadesátých let kalkulovaly s menšími objekty pro malé a střední podnikatele, drobnou výrobu a řemesla. Pod tlakem reálné praxe a poptávky ale plochy narostly do rozměrů současných hal. Pole scelená do rozsáhlých půdních bloků realizaci velkých objektů v nekonečných areálech stavěných „na zelené louce" (tzv. *greenfields*) jen usnadnila.

V řídce obydlené oblasti mezi Plzní a německou hranicí,[4] v přímé vazbě na dálnici, vyrostlo po roce 2000 hned několik komerčně-industriálních parků, průmyslových zón v průmyslově obdělávané krajině.[5]

PROLOGIS PARK PILSEN II

Exit 100 Heřmanova Huť, ca 50 km past the German border
Municipality: Přehýšov
Cadastral area: Přehýšov
Lettable storage area: 44,500 m^2
Intended lettable storage area: 15,900 m^2
Sealed soil area: 138,100 m^2

It consists of a single shed, one of the longest halls in the Czech Republic. Measuring over half a kilometer, it is highly visible from the highway: even at the speed of 120 km/hr, it takes half a minute to pass by.

    Tenant: Maurice Ward Group (worldwide service provider in shipping, storage, logistics, and customs clearance)

D5 LOGISTICS PARK STŘÍBRO

Exit 107 Stříbro, ca 45 km from the German border
Municipality: Kostelec
Cadastral area: Ostrov u Stříbra
Lettable storage area: 129,600 m^2
Intended lettable storage area: 100,900 m^2
Sealed soil area: 481,800 m^2

The core of the industrial zone is formed by the Centre for Highway Administration and Maintenance of the national road agency (ŘSD). The centre was developed by the multinational corporation Panattoni and Czech investment firm Accolade. The prevalent activity in this park is light manufacturing, and over 2,000 people are employed in it.

    Companies in the complex: Assa Abloy (production of power and control units for industrial gates and loading ramps), Ideal Automotive (production of platform beds for automotive luggage areas), Steelcase (production of office furniture)

CTPARK BOR
(INDUSTRIAL ZONE NOVÁ HOSPODA)

Exit 128 Bor, ca 25 km from the German border
Municipality: Bor u Tachova
Cadastral area: Ostrov u Tachova
Lettable storage area: 399,000 m^2
Intended lettable storage area: 220,000 m^2
Sealed soil area: 1,037,700 m^2

The park's developer, CTP Invest, remains the owner and administrator of the complex through the subsidiary company CTPark Bor, spol. s r.o. The complex has gradually expanded to include other facilities: workers' hostel, convenience store etc.

    Companies in the complex: Hellmann Worldwide Logistic (shipping logistics), Primark/DHL (distribution center of large fashion retailer), Loxxess (logistics), Bridgestone (tire storage and distribution), and others

CPI PARK MLÝNEC

Exit 136 Mlýnec, ca 15 km from the German border
Municipality: Přimda, Bor u Tachova
Cadastral area: Vysočany u Boru, Mlýnec pod Přimdou
Sealed soil area: 822,600 m^2

    The one brownfield in this list, it was originally a military training ground along both sides of a tank route. Currently, it is being developed into a commercial industrial park by the developer CPI Property Group. Part of the complex is the already operational industrial zone of Vysočany, which includes the former military barracks rebuilt as rented flats.

    Companies in the complex (planned): Eissmann (production of leather fittings for luxury motor vehicles)

PROLOGIS PARK PILSEN II

Exit 100 Heřmanova Huť, ca 50 km od německých hranic
Obec: Přehýšov
Katastrální území: Přehýšov
Pronajímatelná plocha: 44 500 m^2
Plánovaná pronajímatelná plocha: 15 900 m^2
Plocha záboru půdy: 138 100 m^2

Přes půl kilometru dlouhá podélná strana jedné z nejdelších hal v ČR je výrazná při pohledu z dálnice. Řidič jedoucí rychlostí 120 km/hod kolem ní projede za půl minuty.

Nájemce: Maurice Ward Group (celosvětový poskytovatel služeb v oblasti zasilatelství, skladování, logistiky a celního odbavení)

D5 LOGISTICS PARK STŘÍBRO

Exit 107 Stříbro, ca 45 km od německých hranic
Obec: Kostelec
Katastrální území: Ostrov u Stříbra
Pronajímatelná plocha: 129 600 m^2
Plánovaná pronajímatelná plocha: 100 900 m^2
Plocha záboru půdy: 481 800 m^2

Jádro průmyslové zóny tvoří Středisko správy a údržby dálnic ŘSD. Developerem centra byla nadnárodní společnost Panattoni a česká developerská skupina Accolade. V tomto parku převažuje lehká výroba a pracuje zde přes 2000 lidí.

    Firmy v areálu: Assa Abloy (výroba pohonných a řídicích jednotek průmyslových vrat a nákladových ramp), Ideal Automotive (výroba ložných ploch pro zavazadlové prostory aut), Steelcase (výroba kancelářského nábytku)

CTPARK BOR
(PRŮMYSLOVÁ ZÓNA NOVÁ HOSPODA)

Exit 128 Bor, ca 25 km od německých hranic
Obec: Bor u Tachova
Katastrální území: Ostrov u Tachova
Pronajímatelná plocha: 399 000 m^2
Plánovaná pronajímatelná plocha: 220 000 m^2
Plocha záboru půdy: 1 037 700 m^2

Developer parku CTP invest zůstal prostřednictvím CTPark Bor, spol. s r. o., vlastníkem a správcem areálu. Jednotlivé haly jsou pronajímány. Areál se postupně rozrůstá o další vybavení: ubytovnu pro dělníky, večerku apod.

    Firmy v areálu: Hellmann Worldwide Logistic (logistika zásilek), Primark / DHL (distribuční centrum módního řetězce), Loxxess (logistika), Bridgestone (sklad a distribuce pneumatik) a další

CPI PARK MLÝNEC

Exit 136 Mlýnec, ca 15 km od německých hranic
Obec: Přimda, Bor u Tachova
Katastrální území: Vysočany u Boru, Mlýnec pod Přimdou
Plocha záboru půdy: 822 600 m^2

Jedná se o jediný brownfield, konkrétně bývalé armádní cvičiště po obou stranách tehdejší tankové cesty. Do podoby komerčně-industriálního parku jej rozvíjí developer CPI Property Group. Součástí areálu je už dnes průmyslová zóna Vysočany, která zahrnuje bývalá kasárna přestavěná na městské byty. Firmy v areálu (plánováno): Eissmann (výroba kožených prvků pro luxusní vozy)

Ensembles of Buildings

While historic roadways passed through towns and villages, the highway is an independent infrastructure passing through an open landscape and, to a definite extent, creating a (settlement) structure all its own. The Steel Cities resemble real cities primarily through their size and the extent of their "populations." In the complex CTPark Bor in Nová Hospoda, over 3,000 people work, almost precisely as many as live in the nearby town of Bor. Another 1,500 people are employed in the nearby complex in Vysočany, while the entire cadastral district of Bor has only around 4,200 permanent residents.

Over an area of 100 hectares, the industrial zone in Nová Hospoda contains a mere fifteen buildings, and the same figure applies as well to the logistics park in Stříbro. A comparable surface area can be found in the actual towns of Bor and Kladruby, yet their spatial configuration numbers several hundred buildings in each location. While the history of most settlements in Tachovsko reaches back to medieval times, the local logistics centers grew into their current form over a mere twenty years and continue to expand their reach. They represent a kind of hybrid topology: unique entities that are neither town nor country, but instead a highly specific landscape-infrastructure on a giant scale. Within the outlines of a small town of several thousands, groups of only a few buildings arise.

The logistics center is the spatial imprint of an otherwise highly ephemeral, fluid logistics apparatus. The clumps of warehouses we see near Bor or Stříbro are only a small component of something far greater, something beyond immediate or national scope: a huge techno-spatial complex, a continuous restless space.[6] And yet, their physical incarnation appears utterly static. Monumental yet banal. All the important processes transpire in the interior, not visible through the endless windowless façades. While the halls are certainly three-dimensional volumes, they are so strikingly horizontal that it seems as if the fields have been merely raised up several metres in height. And after all, the most crucial architectonic element, the platform for movement and technologies, is in fact the ground, or more precisely the floor surface.[7]

Individual halls within the complex operate independently. Inside, each is a world unto itself, though they all rely on shared infrastructure. A specific trait of several

Soubory staveb

Zatímco historické cesty procházely vesnicemi a městy, dálnice je infrastrukturou nezávislou, která proudí krajinou a vytváří do určité míry (sídelní) strukturu vlastní. Ocelová města připomínají reálná města především rozlohou a počtem svých „obyvatel". V areálu CTPark Bor na Nové Hospodě pracuje přes 3000 lidí, přesně tolik jich žije i v nedalekém městečku Bor. Dalších 1500 osob je zaměstnáno v nedalekém areálu ve Vysočanech, přitom celý katastr Boru má jen okolo 4200 stálých obyvatel.

V průmyslové zóně na Nové Hospodě o rozloze přes 100 hektarů stojí pouze patnáct objektů podobně jako v logistickém parku Stříbro. Na srovnatelné ploše se rozkládají také města Bor a Kladruby, ale jejich prostorová konfigurace čítá stovky budov. Historie většiny obcí na Tachovsku sahá do středověku. Místní logistická centra vyrostla do dnešní podoby během krátkých dvaceti let a stále plošně expandují. Jsou jakousi hybridní typologií – solitéry, které nejsou ani městem, ani venkovem, ale specifickou krajinnou infrastrukturou velkého měřítka. Na půdorysech několikatisícových měst vznikají soubory několika staveb.

Logistické centrum je prostorovým otiskem jinak velmi efemérního a fluidního logistického aparátu. Shluky skladů, které vidíme v Boru nebo ve Stříbře, jsou jen malou součástí něčeho mnohem většího, co nás přesahuje: obrovského technicko-prostorového systému, který je neustále v pohybu.[6] Přesto jeho fyzické zhmotnění působí strnule. Monumentálně a přitom banálně. Většina důležitých procesů se odehrává v interiéru, kam skrze nekonečné fasády bez oken není vidět. Haly jsou sice trojrozměrnými objekty, ale výrazně horizontálními, jako bychom pole extrahovali jen o několik metrů do výšky. Nejdůležitějším architektonickým elementem a platformou pro pohyb a technologie je totiž zem, respektive podlaha.[7]

Jednotlivé haly v areálu fungují samostatně. Každá je uvnitř světem sama pro sebe, přestože spoléhá na společnou infrastrukturu. Specifikem některých západočeských logistických center je situace, kdy jsou skladovací a výrobní haly postupem času doplňovány dalšími objekty vybavenosti. Nejvýraznější „urbanizace" ve smyslu přibližování se městu množstvím funkcí se odehrává právě na Nové Hospodě. Součástí CTParku Bor je večerka, lékař, ubytovna pro zaměstnance a kancelář developera, jenž je zároveň pronajímatelem a správcem celého areálu.

Artificial earthwork separating the logistics park from the neighboring village. D5 Logistics Park Stříbro. Photo: Miroslav Pazdera, 2019.

Umělý terénní val mezi logistickým parkem a sousední vesnicí. D5 Logistics Park Stříbro. Foto: Miroslav Pazdera, 2019.

West Bohemian logistics centers is the situation where the storage and manufacturing halls are, over time, supplemented with buildings for ancillary facilities. Most striking in the degree of "urbanization," in the sense of approaching the town in its quantity of functions" is the situation now visible in Nová Hospoda. Included in CTPark Bor is a convenience store, medical clinic, dormitory for employees and the office of the developer, which also serves as landlord and manager for the complex as a whole.

At first sight, the spaces between the enormous halls even resemble urban streets. Sidewalks, streetlights, rows of trees. Yet the unit of reference is not the human figure, but the truck conveying the standardized metal shipping container. An urban plan of rail spurs. And people themselves appear in these "streets" only at the start and the end of the shift. The one exception is the standardized shelter for the modest smoking areas, where the employees spend their short breaks. Logistics parks are deliberately being "greened." "Natural" rows and groups of trees are planted. On the unused ends of manipulation corridors and parking lots, here and there sprout plantings of hardy perennials. Several centers even have their own landscape architect. Between the villages and the warehouses, as part of the broader landscaping strategy, grassy earthworks are raised; a new element in the landscape intended to hide the industrial zone both visually and acoustically. As if, beyond this hillock, there were no halls. Even if the attempts at compensation appear in comparison with the size of the built-up areas somewhat unintentionally comical, they manage to a degree to eliminate the visual burden of the

Prostory mezi obrovskými halami zdánlivě připomínají městské ulice. Chodníky, lampy, stromořadí. Jednotkou dimenzování však není člověk, ale nákladní auto vezoucí standardizovaný kontejner. Urbanismus vlečných křivek. Lidé se v těchto „ulicích" vyskytují jen se začátkem a koncem směny. Výjimkou jsou typické přístřešky skromných kuřáren, kde zaměstnanci tráví krátké přestávky. Logistické parky se cíleně ozeleňují. Sázejí se „přírodní" aleje a skupiny stromů. Na zbytkových plochách manipulačních koridorů a parkovišť se tu a tam objevují trvalkové záhony. Některá centra mají dokonce i vlastního zahradního architekta. Mezi vesnicemi a sklady se jako součást krajinářské strategie budují zelené valy; krajinné novotvary, které mají areál pohledově i zvukově odstínit. Jako by za humny žádné haly nestály. I když snahy o kompenzaci zatím působí ve srovnání s rozlohou zastavěné plochy spíš pitoreskně, v určitém množství dokážou eliminovat velký objem hal a snad i efekt tepelného ostrova, který v areálech vzniká. Ministerstvo životního prostředí uvažuje o zavedení podpory na zelené střechy a fasády.[8] Intenzivní ozeleňování ale nemění podstatu. Sklady zůstávají i se všemi méně viditelnými důsledky.

Měřítkový kontrast s osídlením okolí eskaluje právě ve vztahu se sousedními vesničkami. Shodou náhod se nejbližší osady poblíž center CTPark Bor i D5 Logistics Park Stříbro nazývají shodně Ostrov. Výstižnější pojmenování fragmentů historické kulturní krajiny a pospolitého života drobných vesnických komunit pohlcovaných novodobou vrstvou obrovitých skladišť si lze stěží představit. Největší hala CTParku – sklad pneumatik – má se svým bezprostředním manipulačním prostorem právě tolik metrů čtverečních jako sousední vesnice. Středověký Ostrov u Tachova halls' mass, i.e. to hide them, and perhaps even alleviate the effect of heat islands emerging within the complexes. Most recently, the Czech Ministry of the Environment is even considering providing financial incentives to support green roofs and façades.[8] Yet the intensity of greening cannot change the essence. The warehouses remain, along with their less visible consequences.

The contrast in scale with the settlements nearby escalates precisely in the relationship to the adjoining villages. Oddly enough, the closest settlements to both CTPark Bor and D5 Logistics Park Stříbro bear the name of Ostrov-literally "island." One could hardly ask for a more apt designation for these fragments of historic cultivated landscape and rural-village communal sociability overwhelmed by the new layer of gigantic warehouses. The largest hall in CTPark—the tire storage facility—covers in its immediate handling area precisely the same number of square metres as the neighboring village. Originally, in medieval times, Ostrov u Tachova lay very close to the north branch of the Nuremberg Route and grew in connection with the road's presence.[9] History, it would seem, repeats itself. Yet the focal point is no longer the municipal entity, but the logistics complex, developing entirely autonomously. The relationship between these two "inhabited" entities within the landscape is entirely accidental: the localization of logistics does not happen in relation to the landscape where the warehouses are placed down, but instead to a global, superior network. Positional advantage is determined primarily by time. The time in which the goods are moved from Point A to Point B. And time, of course, is money.

East of Eden

Logistics centers are sometimes compared to the backstage of the city. In this understanding, cities serve as showrooms for display and consumption and the warehouse as a kind of burden, something outside of our immediate attention but that has to exist somewhere.[10] Yet, of course, there is the question of which cities, and in what countries. The individual stage for which these Czech warehouses are the backstage is not at first evident, nor even important. A closer look at the composition of the tenants in the centers along the West Bohemian border reveals that most are German or multinational corporations, not serving the Czech market

původně ležel přímo v těsné blízkosti severní větve Norimberské stezky a rozvíjel se ve vazbě na její přítomnost.[9] Historie jako by se opakovala. Těžištěm už však není obec, ale logistický areál, který se vyvíjí autonomně. Vztah těchto dvou „obydlených" celků v krajině je čistě nahodilý. Logistické lokátorství se nezakládá na vztahu ke krajině, do které sklady usedají, ale na vztahu ke globální, nadřazené síti. Vhodnou polohu určuje především čas. Čas, za který se zboží dopraví z bodu A do bodu B. A čas jsou peníze.

Na východ od ráje
Logistická centra bývají přirovnávána k zákulisí města. Města v této úvaze figurují jako výstavní, spotřební prostor a sklad jako něco trpěného, co zůstává mimo naši pozornost, avšak někde to přece jen být musí.[10] Je ovšem otázkou, jaká města a v jakých zemích. Čeho konkrétně jsou zdejší sklady zákulisím, není zprvu zřejmé ani podstatné. Bližší pohled na skladbu nájemců západočeských center poblíž hranic poodkrývá, že většinu tvoří německé a nadnárodní firmy, které neobsluhují náš, ale právě německý nebo západoevropský trh. Příkladem je sklad oděvní značky Primark, provozovaný v CTParku Bor logistickým gigantem DHL. Oblečení

but the German or the broader West European one. One example is the warehouse for the clothing brand Primark, operated in CTPark Bor by the logistics giant DHL. The clothing, sewn cheaply in Asia, is unloaded from ships in Rotterdam. In an identical container, already adjusted on hangers, it is transported in stages further inland. Then, the trucks cross the Czech-German border and the goods make their brief halt near Tachov. In the warehouse, they are unwrapped, separated using special hanger conveyers, and prepared for distribution to one of the German or Austrian retail points.[11]

In a similar way, enormous quantities of goods all around the world move along seemingly absurd trajectories, yet ones that immediately make sense once we include in the logic of global logistics the variable of local economic and political conditions. Most frequently cited as the reason why logistics is a flourishing part of the Czech economy is the nation's advantageous position in the geographic center of Europe. What is, however, equally if not more important, are the additional factors of a low-wage work force, lower costs for constructing and operating storage complexes, and the lower level of government regulation. Operating manufacturing, storage, and distribution centers in Tachovsko, a few kilometers of the German border, is, quite simply, to international companies' financial advantage.

levně ušité v Asii se vylodí v Rotterdamu. V identickém kontejneru se adjustované na ramínkách postupně dopraví do vnitrozemí. Kamiony překročí česko-německou hranici a zboží se na Tachovsku nakrátko zastaví. Ve skladu je vybaleno, pomocí speciálních ramínkových dopravníků roztříděno a připraveno k distribuci do některého z německých či rakouských kamenných obchodů.[11]

Takto po světě koluje obrovské množství zboží po zdánlivě absurdních trajektoriích, které ale dostávají smysl ve chvíli, zahrneme-li do logiky globální logistiky také lokální ekonomicko-politické podmínky. Jako důvod, proč se logistice v Čechách daří, se nejčastěji uvádí příhodná pozice uprostřed Evropy. Už méně se však udává, že dalšími faktory jsou levná pracovní síla, nižší náklady na výstavbu i provoz skladovacích areálů a nižší míra regulace prostředí. Provozovat výrobní, skladovací a distribuční centra na Tachovsku, pár kilometrů od hranic s Německem, se zahraničním firmám zkrátka vyplatí.

Cohabitation

Soužití

The Steel Cities near Tachov offer primarily work with low added value. It does not particularly matter whether the activity is rapid logistics of shipping companies, the "slower" assembly of components or light manufacturing (itself usually the completing of other components). For all three activities, the branch of the given corporation is only one partial section of a supply chain. The offering of skilled jobs is low, if indeed there is some at all. Company management is not located here, but instead in Prague or even abroad. In the periphery, they only store or assemble. Yet in proportion to the low qualification requirements (and excepting workers supplied by personnel agencies), the multinational corporations are capable of providing—at least for local conditions—relatively good earning, which the standard local wage rates, say, of school cooks or police officers would find hard to match.

Ocelová města na Tachovsku nabízejí převážně práci s nízkou přidanou hodnotou. Nezáleží tolik na tom, zda jde o rychlou logistiku zásilkových obchodů, „pomalejší" skladování součástek nebo lehkou výrobu (zpravidla kompletaci komponentů). U všech tří aktivit je pobočka dané korporace pouze dílčí součástí dodavatelského řetězce. Nabídka kvalifikovaných pozic je nízká, pokud vůbec nějaká. Management firem nesídlí tady, ale v Praze nebo v zahraničí. Na okraji se jen skladuje nebo montuje. V poměru k nízkým nárokům na kvalifikaci, a s výjimkou agenturních zaměstnanců, jsou nadnárodní firmy svým dělníkům schopny zajistit na zdejší poměry slušný výdělek, kterým těžko konkurují tabulkové platy místních školních kuchařek nebo policistů. Mění se i perspektivy některých zdejších středoškoláků, kteří spatřují jednodušší cestu v tom nechat se zaměstnat a vydělávat v jedné z bezpočtu hal v okolí než marnit čas studiem.[12]

A hand-made seat using scraps of storage materials, used for wintertime smoking breaks. D5 Logistics Park Stříbro. Photo: Miroslav Pazdera, 2019.

Ručně vyrobené sedátko ze zbytkových skladovacích materiálů pro zimní pauzy v kuřárně. D5 Logistics Park Stříbro. Foto: Miroslav Pazdera, 2019.

Changes also take place in the future perspectives of local school-leavers, who see an easier path in taking a securely paid job in one of the countless nearby halls than in wasting time with further education.[12]

Originally, one of the chief hopes behind the construction of industrial zones was to provide new jobs for the region's residents. Today, though, it has become clear that this sparsely populated locality is oversaturated with job offers, and it is necessary to find workers further afield.[13] As a result, Thousands of newcomers arrive in these locations from many different points of origin, and all need a place to stay. Directly inside CTPark Bor, the management has built a workers' hostel for almost 400 tenants, and others are now under construction. Legal, illegal and informal accommodation capacities are also created in the nearby villages. In Ostrov u Tachova, there are only 35 continual residents,[14] yet the outlying houses and farmsteads have in recent years come to offer modest shelter for dozens more.

In Tachovsko, there has emerged—as in the past—a dual structure of residents: original settlers and new arrivals, Romanians, Bulgarians, Ukrainians, Poles, and others. And workers are now arriving from all across the globe. For the planned manufacturing facility for Lufthansa in CTPark Bor, preparing food packages for in-flight meals, there are even plans for bringing workers from the Philippines.[15] Seasonal workers, hired by employment agencies, arrive for short-term assistance work and are rapidly succeeded by others following in their wake. The result is a high fluctuation of people without any plans to settle in the area for good. Differing

Jedním z hlavních příslibů výstavby průmyslových zón byla nová pracovní místa pro lidi v kraji. Dnes už se ale ukazuje, že řídce osídlená lokalita je z hlediska pracovních míst saturovaná a pracovníky je nutné hledat také jinde.[13] Do oblasti tak přijíždějí tisíce lidí z nejrůznějších končin, kteří musejí někde přebývat. Přímo v CTParku Bor se postavila ubytovna pro téměř 400 lidí a další se budují. Legální, ilegální a neformální ubytovací kapacity vznikají také v okolních obcích. V Ostrově u Tachova žije 35 stálých obyvatel,[14] přičemž místní venkovské usedlosti se v posledních letech staly skromným útočištěm dalších desítek lidí.

Na Tachovsku tak (opět) vzniká dvojitá struktura obyvatel – starousedlíků a nově příchozích. Rumuni, Bulhaři, Ukrajinci, Poláci a další. Za prací přicházejí lidé z celého světa. V rámci výrobního závodu společnosti Lufthansa v CTParku Bor, kde se mají připravovat balíčky s jídlem do letadel, se uvažuje o dovozu pracovníků až z Filipín.[15] Sezonní agenturní pracovníci přijíždějí na krátkodobou výpomoc a rychle se střídají s dalšími, kteří přijdou po nich. Jde o vysokou fluktuaci lidí, jež většinou nemají v plánu se v místě usadit. Rozdílný způsob (přechodného) života společně s kulturní a jazykovou bariérou vyvolává střety s místními. Starousedlíci si stěžují na zvýšenou kriminalitu a nepořádek. Přímo ve skladech nezřídka zasahuje cizinecká policie.

Agenturní zaměstnanci tvoří v průměru pětinu pracovníků výrobních a logistických firem.[16] Zaměstnavatelům to umožňuje mimo jiné flexibilně reagovat na nedostatek pracovní síly a pokrýt volná místa právě agenturními pracovníky ze zahraničí. Například ve Stříbře tvoří

The new workers' dormitory for 80 residents just before completion. Ostrov u Tachov. Photo: Martin Špičák, 2018.

Nová ubytovna pro 80 lidí těsně před dokončením. Ostrov u Tachova. Foto: Martin Špičák, 2018.

ways of life (settled/transitory), along with language and cultural barriers, have led to conflicts with longstanding residents; the "settled" population occasionally blame the "temporaries" for an increase in crime and disorder. And it is not uncommon for the immigration authorities to conduct raids within the warehouses themselves.

Agency employees, on average, form one-fifth of the workforce of manufacturing and logistics companies.[16] Among the other advantages for the employer, the agencies allow for flexible reactions to employee shortfalls, covering untaken jobs with agency employees from abroad. For example, in the town of Stříbro workers from Eastern Europe form an estimated 20% of the population.[17] In turn, housing becomes an essential component of the work offered. Employment agencies purchase properties on a large scale, allowing them to offer accommodations along with work;[18] of course, this has its own strong impact on the real-estate market in the affected localities.

Yet at the same time, Tachovsko is also the destination of entire families. Often, those who are brought to the region by fate and plan to stay are escaping a dire situation elsewhere: facing bankruptcy, asset seizure, or even homelessness. In addition to all these burdens, they face the dozens of new setting daily life practical problems: where to find a doctor, how to commute to work, where to shop for groceries, or—most strikingly—how to rise from the position of agency employee to fully "company" status, with all the advantages it brings.[19]

Most of the problems and externalities, in the final analysis, have to be borne by local governments themselves. The

dělníci z východní Evropy odhadem až 20 % obyvatel.[17] Bydlení se stává nedílnou součástí práce. Agentury skupují bytový fond,[18] aby mohly pracovní místa nabízet včetně ubytování. To silně ovlivňuje trh s nemovitostmi v dotčených lokalitách.

Na Tachovsko se ale stěhují i celé rodiny. Lidé, kteří se zde řízením osudu ocitají a plánují setrvat, se často nacházejí ve složité životní situaci. Bojují s exekucemi, strachují se o střechu nad hlavou. A k tomu řeší desítky praktických problémů každodennosti. Jak si obstarat lékaře, kudy se dostat do práce, kde nakoupit nebo jak se z pozice agenturního pracovníka dostat „pod kmen" se všemi výhodami, které to může přinést.[19]

Většina nesnází nakonec padá na hlavu místních samospráv. Ministerstvo vnitra v roce 2017 vydalo metodickou příručku,[20] která dává obcím návod, jak napravovat situaci, kdy sousedství průmyslové zóny narušuje dosavadní životní standard místních občanů. V úvodu se mimo jiné smířlivě píše: „Rozvoj průmyslových zón přináší hospodářský rozvoj státu a zaměstnanost jeho občanů a obyvatel." Obce se proto snaží vést s developery a zahraničními firmami konstruktivní dialog. Daří se, že v rámci kompenzací soukromý investor zaplatí kanalizaci nebo plynofikaci obce. Něco jiného je ale běžné soužití. Postupně se zjišťuje, co všechno chybí. Příkladem je základní infrastruktura pro přesuny lidí z práce a do práce, na kterou se z pozice investora i státu prostě nemyslelo. Starostové jsou proto s vedením firem nuceni často vyjednávat o sdíleném fondu,[21] který by financoval výstavbu chodníků, cyklostezek, tedy eliminoval negativní externality plynoucí z provozu logistických areálů. Pro nedostatek policistů řeší drobnou kriminalitu krajské dotace na kamerové systémy a outsourcing služeb u soukromých bezpečnostních agentur.[22]

Czech Ministry of the Interior issued in 2017 a methodical guidebook[20] providing guidelines for local bodies to how to rectify situations when a nearby industrial zone disturbs the previous living standard of the immediate population. Tellingly, the introduction offers these conciliatory words: "The development of industrial zones brings economic development to the nation and employment to its citizens and residents." In consequence, municipalities strive to keep up a constructive dialogue with investors and international corporations. At times, they succeed in ensuring that, as part of compensation, a private investor will pay for new sewage or gas networks. A different question, though, is the everyday co-existence with the Steel Cities. It takes time to see all that is truly lacking. One example could be the basic infrastructure for transporting the employees to and from work, which neither the corporations nor the national government ever thought about. Hence village mayors often have to negotiate with the corporations' management for a shared resource fund[21] able to finance the construction of sidewalks or cycling paths, i.e. eliminating negative externalities ensuing from the operation of logistics complexes. With insufficient numbers of police officers, minor infractions are addressed through public subsidies for security cameras and service overstreched police work is outsourced to private security agencies.[22]

Silent Revolution

The authors of the exhibition *Tachovsko: Krajina v paměti / paměť v krajině* (Tachov District: Landscape in Memory / Memory in Landscape) state in their introduction to the catalogue of the same name that the landscape is not "something frozen, some kind of memorial to the past, but quite the opposite. It is continually developing, changing, and its sense is… being 'constantly negotiated'."[23] In the view of the Dutch architect Rem Koolhaas, contemporary society pays so much attention to cities, where 50% of the world's population now lives, that the remaining 98% of the earth's surface—the countryside—is ignored.[24] Yet now it is rapidly changing towards "anonymized, vast and automated megastructures," the storage back-of-house for digital (urban) culture.[25]

Using the example of the border landscape of Tachovsko, it is clear that a gradual yet significant transformation is also

Tichá revoluce

Autoři výstavy *Tachovsko: krajina v paměti / paměť v krajině* v úvodu stejnojmenného katalogu uvádějí, že krajina není „něco strnulého, nějaký pomník minulosti, ale právě naopak. Neustále se vyvíjí, proměňuje a o jejím smyslu se…,neustále vyjednává' ".[23] Podle nizozemského architekta Rema Koolhaase se současná společnost natolik zabývá městy, kde žije 50 % veškerých obyvatel planety, že se na zbývajících 98 % zemského povrchu – venkov – zapomnělo.[24] Přitom se ale rapidně mění „v anonymizované, nekonečné a automatizované megastruktury", odkladiště digitální (městské) kultury.[25]

Na příkladu pohraniční krajiny Tachovska je zjevné, že postupnou, ale razantní proměnou prochází v důsledku komerčně industriální výstavby také náš venkov. Je otázkou, kam se zdejší situace vyvine. V současnosti je na celém úseku dálnice D5 mezi Plzní a Rozvadovem ocelovými městy zastavěno 266 hektarů. V územních

Job offer with accommodation provided. CTPark Bor. Photo: Jan Kolský, 2019.

Nabídka práce s ubytováním. CTPark Bor. Foto: Jan Kolský, 2019.

being wrought in the Czech countryside as a consequence of commercial-industrial-logistics construction. And the question is open as to how the situation here will continue. At present, for the entire length of the D5 highway between Plzeň and the border crossing at Rozvadov, Steel Cities occupy 266 hectares. In addition, local zoning plans designate currently unoccupied land intended for industrial halls and warehouses in a quantity nearly three times greater (in total 727 ha), and nothing now seems to indicate that the construction and logistics boom should be significantly halted in the next several years.

The attitude of residents in the area tends, moreover, to be one of resignation, perhaps even indifference. As if the presence of the Steel Cities were something fated, something unquestionable, something merely that one should learn to live with. Unlike several towns in Central Bohemia, where despite the yawning power discrepancy between villages and multinational corporations there have been manifestations of public disagreement, leading to an open and occasionally successful fight against developers, corporations, and governmental bodies. Unlike those, the peripheral Tachovsko does not appear likely for any active, systematic resistance against the warehouses to emerge. We can only speculate that such lack of engagement is driven by insufficient social capital, or even other, deeper factors, such as the distant relationship to the historic landscape or fears of a return to regional stagnation. Warehouses, after all, still provide work.

plánech je však doposud prázdná plocha určená průmyslovým halám a skladům téměř třikrát vyšší (celkem 727 ha) a nic zatím nenaznačuje, že by stavební logistický boom měl v nejbližších letech výrazně brzdit.

Postoj místních zůstává spíše rezignovaný, možná až lhostejný. Jako by přítomnost ocelových měst byla něčím daným, nezpochybnitelným, s čím je potřeba se naučit žít. Oproti středočeským obcím, kde se přes zjevný nepoměr mezi zájmy vesnic a nadnárodních firem zvedla občanská vlna nevole, která vyústila až v otevřený a částečně úspěšný „boj" s developery, korporacemi a úřady, to na Tachovsku nevypadá, že by vůči skladům existoval nějaký aktivní, systematický odpor. Dá se jen odhadovat, že místní veřejnost má méně energie a nižší sociální kapitál a že roli může hrát rovněž odtažitější vztah ke krajině i obava ze stagnace regionu. Sklady totiž stále přinášejí práci.

1   Tachovsko registers the very lowest population density in the region: per 1 km² measuring 38.5 residents. In the boundaries of the former Tachov district, the population is 53,587 (as of January 1, 2019). The average population density in the Plzeň Region is 75.6 persons/km² (for comparison, the national figure is 134.1 persons/km²). Data source: Czech Statistical Office.

2   Helena Sekyrová, *Vývoj struktury osídlení v Plzeňském kraji od 30. let 20. století* [The Development of the Settlement Structure in the Pilsen Region from the 1930s] (bachelor's thesis, Plzeň: Department of Geography, Faculty of Economics at the University of West Bohemia, 2015), p. 53.

3   Highway D5 is part of Pan-European Corridor IV in Branch A (Berlin-Istanbul) and international route E50 leading from the Atlantic coast of France (Brest) to the Caspian Sea coast of Russia (Makhachkala).

4   This survey includes the logistics centers along route D5 in the former district of Tachov, with the one exception of the hall in Heřmanova Huť, which officially lies in the district of Plzeň-North. As this object is a strikingly visible structure upon "entering" the region from the direction of Prague, I have included it nonetheless in the listing despite this fact. However, between Plzeň and the German border there are still other logistics centers.

5   The following information is derived from editors' own data and map analysis, using data from the company Cushman & Wakefield (Market Research for Industrial Properties).

6   Jesse LeCavalier, "The Restlessness of Objects," *Cabinet*, no. 47 (2012), pp. 90–97.

7   Keller Easterling, "Floor.dwg," *Cabinet*, no. 47 (2012), pp. 98–101.

8   Martin Procházka, "Stát chce podpořit zelené obchody a haly" [The State Wishes to Support Green Retail and Storage], *novinky.cz*, August 14, 2019, https://www.novinky.cz/domaci/clanek/stat-chce-podporit-zelene-obchody-a-haly-40293116.

9   Kateřina Postránecká and Marie Wasková, "Změny v lokaci středověké vsi Ostrov na Tachovsku" [Changes in the Location of the Medieval Village of Ostrov in the Tachov Region], *Archaeologia historica* 33, no. 1 (2008), pp. 73–83.

10   Susan Nigra Snyder and Alex Wall, "Die Stadt als Totaltheater: Distribution als Triebkraft eines umfassenden Urbanismus," *ARCH+*, no. 205 (2012), pp. 84–85.

11   The Irish chain Primark until the time of writing had no sales points in the Czech Republic,

1   Tachovsko dosahuje nejnižší hustoty osídlení v kraji. Na 1 km² připadá 38,5 obyvatel. Počet obyvatel v bývalém okrese je 53 587 (k 1. 1. 2019). Průměrná hustota osídlení v Plzeňském kraji je 75,6 ob./km² (pro srovnání: v ČR 134,1 ob./km²). Zdroj dat: Český statistický úřad.

2   Helena Sekyrová, *Vývoj struktury osídlení v Plzeňském kraji od 30. let 20. století* (bakalářská práce), Katedra geografie, Fakulta ekonomická Západočeské univerzity, Plzeň 2015, s. 53.

3   Dálnice D5 je součástí IV. Panevropského koridoru ve větvi A a z Berlína do Istanbulu a mezinárodní silnice E50 vedoucí ze západního pobřeží Francie (Brest) až do Ruska (Machačkala).

4   Přehled shrnuje logistická centra na D5 na Tachovsku, výjimkou je hala u Heřmanovy Hutě, která stojí ještě v katastru Plzeň-sever. Jedná se o výrazný prvek „při vstupu" do regionu, proto jsem ji do seznamu přidala s tímto vědomím záměrně. Mezi Plzní a německou hranicí je však logistických center ještě více.

5   Informace jsou čerpány z vlastní datové a mapové analýzy s využitím dat společnosti Cushman & Wakefield (Průzkum trhu průmyslových nemovitostí).

6   Jesse LeCavalier, The Restlessness of Objects, *Cabinet*, č. 47, 2012, s. 90–97.

7   Keller Easterling, Floor.dwg, *Cabinet*, č. 47, 2012, s. 98–101.

8   Martin Procházka, Stát chce podpořit zelené obchody a haly, *novinky.cz*, 14. 8. 2019, https://www.novinky.cz/domaci/clanek/stat-chce-podporit-zelene-obchody-a-haly-40293116.

9   Kateřina Postránecká – Marie Wasková, Změny v lokaci středověké vsi Ostrov na Tachovsku, *Archaeologia historica* 33, 2008, č. 1, s. 73–83.

10   Susan Nigra Snyder – Alex Wall, Die Stadt als Totaltheater: Distribution als Triebkraft eines umfassenden Urbanismus, *ARCH+*, č. 205, 2012, s. 84–85.

11   Irský řetězec Primark donedávna v Čechách neměl žádnou prodejnu a ultralevné kousky „rychlé módy" se s oblibou jezdívaly nakupovat do Lipska, Drážďan nebo Vídně. V roce 2020 by se však měla otevřít pobočka v novostavbě tzv. Květinového domu v Praze na rohu Václavského náměstí a Opletalovy ulice. Plánována je také prodejna v Brně a postupně zřejmě i v dalších městech ČR.

and Czech shoppers looking for ultra-cheap items of "fast fashion" travelled in large numbers to purchase these wares in Leipzig, Dresden or Vienna. However, in 2020 a branch is scheduled to open in the controversial new "Flower House" in Prague, at the corner of Wenceslas Square and Opletalova ulice. Plans also assume a branch in Brno, and likely as well in other Czech towns.

12   Václav Fiala, "Město mezi dvěma obrovskými montovnami, kam svážejí lidi odkudkoliv: Povídání starosty je jen pro otrlé" [A Town between Two Enormous Assembly Halls, Where Workers Are Brought from Anywhere: Horrifying Tales from a Mayor], *ParlamentníListy.cz*, July 4, 2017, https://www.parlamentnilisty.cz/arena/rozhovory/Mesto-mezi-dvema-obrovskymi-montovnami-kam-svazeji-lidi-odkudkoliv-Povidani-starosty-je-jen-pro-otrle-494811.

13   The unemployment rate in the Czech Republic, at the time of writing, has reached a record low: nationally 2.0% (August 2019, source: Eurostat), Tachov district 3.22% (January 2019, source: Czech Statistical Office), EU 6.2% (August 2019, source: Eurostat).

14   Data from the website of the town office of Bor u Tachova, available at https://www.mubor.cz/mesto/mistni-casti-mesta-bor/ostrov-u-tachova/.

15   ČTK [Czech News Agency], "Lufthansa u Tachova otevře závod na výrobu jídla, zaměstná stovky Filipínců" [Lufthansa Plans to Open near Tachov a Food Production Site, Employing Hundreds of Filipinos], *e15.cz*, May 13, 2019, https://www.e15.cz/byznys/prumysl-a-energetika/lufthansa-u-tachova-otevre-zavod-na-vyrobu-jidla-zamestna-stovky-filipincu-1358818.

16   ČTK [Czech News Agency], "O agenturní pracovníky je zájem, u velkých firem tvoří pětinu zaměstnanců" [Much Interest in Agency Employees, Forming One-Fifth of Employees at Large Companies], *e15.cz*, March 16, 2015, https://www.e15.cz/domaci/o-agenturni-pracovniky-je-zajem-u-velkych-firem-tvori-petinu-zamestnancu-1171988.

17   Jitka Šrámková, "Na Tachovsku přibývá cizinců, ve Stříbře tvoří více než pětinu lidí" [Number of Foreign Residents Increasing near Tachov, Now Over One in Five], *idnes.cz*, June 4, 2018, https://www.idnes.cz/plzen/zpravy/pracovni-agentura-ubytovna-tachovsko-nemovitost-cizinec.A180604_115902_plzen-zpravy_vb.

18   Jitka Šrámková, "V Tachově chybí byty: Agentury práce je skupují pro své

12   Václav Fiala, Město mezi dvěma obrovskými montovnami, kam svážejí lidi odkudkoliv: Povídání starosty je jen pro otrlé, *ParlamentníListy.cz*, 4. 7. 2017, https://www.parlamentnilisty.cz/arena/rozhovory/Mesto-mezi-dvema-obrovskymi-montovnami-kam-svazeji-lidi-odkudkoliv-Povidani-starosty-je-jen-pro-otrle-494811.

13   Míra nezaměstnanosti v České republice aktuálně dosahuje rekordní úrovně: ČR 2,0 % (srpen 2019, zdroj: Eurostat), okres Tachov 3,22 % (leden 2019, zdroj: ČSÚ), EU 6,2 % (srpen 2019, zdroj: Eurostat).

14   Převzato z údajů na stránkách obecního úřadu města Bor u Tachova, dostupné na https://www.mubor.cz/mesto/mistni-casti-mesta-bor/ostrov-u-tachova/.

15   ČTK, Lufthansa u Tachova otevře závod na výrobu jídla, zaměstná stovky Filipínců, *e15.cz*, 13. 5. 2019, https://www.e15.cz/byznys/prumysl-a-energetika/lufthansa-u-tachova-otevre-zavod-na-vyrobu-jidla-zamestna-stovky-filipincu-1358818.

16   ČTK, O agenturní pracovníky je zájem, u velkých firem tvoří pětinu zaměstnanců, *e15.cz*, 16. 3. 2015, https://www.e15.cz/domaci/ o-agenturni-pracovniky-je-zajem-u-velkych-firem-tvori-petinu-zamestnancu-1171988.

17   Jitka Šrámková, Na Tachovsku přibývá cizinců, ve Stříbře tvoří více než pětinu lidí, *idnes.cz*, 4. 6. 2018, https://www.idnes.cz/plzen/zpravy/pracovni-agentura-ubytovna-tachovsko-nemovitost-cizinec.A180604_115902_plzen-zpravy_vb.

18   Jitka Šrámková, V Tachově chybí byty: Agentury práce je skupují pro své zaměstnance, *idnes.cz*, 8. 2. 2019, https://www.idnes.cz/plzen/zpravy/tachovsko-byty-agenturni-zahranicni-delnik-pracovnik-montovny.A190201_454979_plzen-zpravy_vb.

19   V průmyslových a logistických společnostech existují zpravidla dva typy zaměstnanců. Kmenový je „běžný" pracovník, zaměstnaný přímo příslušnou firmou. Má standardní pracovní smlouvu se zaměstnavatelem. Kmenové pracovníky doplňují tzv. agenturní pracovníci, kteří mají pracovní smlouvu s pracovní (personální) agenturou a bývají najímáni jen na dobu určitou. Přestože by měli mít podobně nastavené pracovní podmínky, mají „kmenoví" zaměstnanci často více benefitů než ti agenturní.

20   *Metodická příručka pro města a obce sousedící s průmyslovými zónami*, Ministerstvo vnitra ČR, Praha 2017. Dostupné na https://www.mvcr.cz/clanek/problemy-obcim-pomuze-resit-nova-prirucka.aspx.

zaměstnance" [Flats Are Lacking in Tachov: Employment Agencies Buy Them for Their Employees], *idnes.cz*, February 8, 2019, https://www.idnes.cz/plzen/zpravy/tachovsko-by-ty-agenturni-zahranicni-delnik-pracovnik-montovny.A190201_454979_plzen-zpravy_vb.

19   Usually, industrial and logistics companies hire two types of employees. The "company" employee is the "regular" employee, hired by the company directly and holding a standard work contract with the employer. Supplementing the "company" employees are the agency employees, who have a work contract only with the employment (personnel) agency and usually are hired only for a specified period. Although under law the working conditions should be similar, the "company" employees often have greater benefits than the agency ones.

20   *Metodická příručka pro města a obce sousedící s průmyslovými zónami* [Methodical Guidebook for Towns and Villages Neighboring Industrial Zones] (Praha: Ministerstvo vnitra ČR, 2017). Available at https://www.mvcr.cz/clanek/problemy-obcim-pomuze-resit-nova-prirucka.aspx.

21   Jitka Šrámková, "Obce z agenturních pracovníků nic nemají, na Tachovsku jim pomůže fond" [Towns Gain No Revenue from Agency Workers, New Fund to Help near Tachov], *idnes.cz*, June 18, 2018, https://www.idnes.cz/plzen/zpravy/cizinec-agenturni-pracovnik-fond-firma-developer-prumyslova-zona.A180618_093455_plzen-zpravy_vb.

22   ben [Richard Beneš], "Na pořádek v Kostelci bude dohlížet nový kamerový systém" [Public Order in Kostelec to Be Kept with New Camera System], *plzen.cz*, September 11, 2019, https://www.plzen.cz/na-poradek-v-kostelci-bude-dohlizet-novy-kamerovy-system/.

23   *Tachovsko: Krajina v paměti / paměť v krajině* [Tachov District: Landscape in Memory / Memory in Landscape] (Plzeň: Západočeská univerzita, 2014), p. 8.

24   "Guggenheim and AMO Announce Research Project to Culminate in Fall 2019 Exhibition," December 1, 2017, https://oma.eu/news/guggenheim-and-amo-announce-research-project-to-culminate-in-fall-2019-exhibition.

25   Hannah Wood and Christine Bjerke, "New Ground I: Advancing the Countryside," *Archinect*, January 31, 2018, https://archinect.com/features/article/150047669/new-ground-i-advancing-the-countryside.

21   Jitka Šrámková, Obce z agenturních pracovníků nic nemají, na Tachovsku jim pomůže fond, *idnes.cz*, 18. 6. 2018, https://www.idnes.cz/plzen/zpravy/cizinec-agenturni-pracovnik-fond-firma-developer-prumyslova-zona.A180618_093455_plzen-zpravy_vb.

22   ben [Richard Beneš], Na pořádek v Kostelci bude dohlížet nový kamerový systém, *plzen.cz*, 11. 9. 2019, https://www.plzen.cz/na-poradek-v-kostelci-bude-dohlizet-novy-kamerovy-system/.

23   *Tachovsko: krajina v paměti / paměť v krajině*, Západočeská univerzita v Plzni 2014, s. 8.

24   Guggenheim and AMO Announce Research Project to Culminate in Fall 2019 Exhibition, 1. 12. 2017, https://oma.eu/news/guggenheim-and-amo-announce-research-project-to-culminate-in-fall-2019-exhibition.

25   Hannah Wood – Christine Bjerke, New Ground I: Advancing the Countryside, *Archinect*, 31. 1. 2018, https://archinect.com/features/article/150047669/new-ground-i-advancing-the-countryside.

THE SHED:
THE ARCHITECTURE OF THE
A-CLASS STANDARD

The Warehouse

Shopping malls, hotel resorts, suburbs or airport compounds: such are the structures embodying the lifestyle of the post-industrial society in our environment today. The architecture of logistics is one of the most dynamically developing fields of this branch of the construction industry. The acceleration it is currently experiencing is of e-commerce as well as in the rising demands for the speed and continuous flow of goods delivery. Accustomed to our living standards, we do not pay enough attention to logistics and perceive it as an autonomous service. We do not realize that a single click in an e-shop triggers a mechanism of processes which require the existence of a massive apparatus. We have become accustomed to the situation in which the ordered goods arrive to the designated address within a couple of days, or even hours. The contemporary modus of retail creates the illusion that there is nothing easier than shipping goods from one corner of the world to the other.

The logistics shed, i.e. the distribution center, represents the nodal element of this apparatus. It is a tangible witness to the rationalization, standardization, and calculating nature of logistics. It comes as no surprise that the term *logistics* was first used in a military context to describe the organization of armies.[1] Logistics was concerned with the supply, the movement of army units, and of material. The military style of thinking, orders, and coolheaded engineering planning is still inherent in logistics as it is understood today. The distribution center stands at the intersection of temporal and spatial movements, commands, and complex

HALA:
ARCHITEKTURA STANDARDU A-CLASS

Logistická hala

Nákupní centra, hotelové resorty, suburbie nebo areály letišť jsou stavby zhmotňující v našem prostředí životní styl současné postindustriální společnosti. Architektura logistiky je jedním z nejdynamičtěji se rozvíjejících odvětví tohoto stavebního průmyslu. Akcelerace, kterou zažívá, je spojená s rozvojem e-commerce i se zvyšujícími se nároky na rychlost a plynulost doručování zboží. Zvyklí na svůj životní standard nevěnujeme logistice dostatečnou pozornost, jako by šlo o samozřejmou službu. Neuvědomujeme si, že se jediným kliknutím v internetovém obchodě spouští mechanismus procesů, které potřebují masivní aparát. Přivykli jsme tomu, že objednané zboží dorazí na určenou adresu do několika dnů, nebo dokonce hodin. Současný způsob nakupování vytváří iluzi toho, že není nic snadnějšího než doručit zboží z jednoho konce světa na druhý.

Logistická hala neboli distribuční centrum je uzlový element tohoto aparátu. Je hmotným svědkem racionalizace, standardizace a vypočítavé povahy logistiky. Není překvapivé, že pojem *logistika* byl užit poprvé ve vojenském kontextu. Termín označoval organizaci vojsk.[1] Logistika měla co do činění se zásobováním, pohybem vojenských jednotek a materiálu. Styl militantního způsobu přemýšlení, rozkazy a chladnokrevné inženýrské plánování je vlastní také logistice v dnešním slova smyslu. Budova distribučního centra je průsečíkem časoprostorových pohybů, povelů a složitých operací, které obaluje svou jednoduchou schránkou. Jinými slovy je tou nejjednodušší a nejlevnější možnou architekturou, která zastřehuje co možná největší plochu, na níž se třídí, balí a kontroluje zboží na své cestě od výrobce ke spotřebiteli.

Logistics shed by the D5 highway in West Bohemia. Photo: Jan Kolský, 2019.

Logistická hala u dálnice D5 v západních Čechách. Foto: Jan Kolský, 2019.

operations which it enwraps within its simple envelope. In other words, it is the simplest and cheapest possible architecture, spanning the largest possible surface area to serve the purpose of sorting, packing, and checking goods on their way from the producer to the consumer.

The Standard

When businessman and transport tycoon Malcom McLean and engineer Keith W. Tantlinger met for the first time in 1955, they laid the foundations for cooperation which would lead to the introduction of a completely new concept of transport.[2] Considerably simplifying the transport of goods and setting the new course to the ensuing development of transport industry, the new standardized unit became its basic principle. The intermodal container, from land to sea and back, was the direct predecessor of the most heavily used containers today: a 20-foot-long (i.e. 6.1 m) and 40-foot-long (i.e. 12.2 m). The key innovation of the new containers was the so-called *twistlock* – a lock placed at the corners of the containers which enables them to be connected to one another, to be manipulated easily using a crane or to be secured to the deck of the freight ship.[3] Thanks to this invention, the containers can be easily reloaded from one means of transport to another without any need to manipulate the goods placed inside it. The new containers influenced not only the entire concept of transport, but also the design of cargo ports, ships, and automobiles. The heavy manual work of dockers and longshoremen was replaced by the metallic

Standard

Když se v roce 1955 setkali podnikatel a dopravní magnát Malcom McLean a inženýr Keith W. Tantlinger, jejich vzájemná spolupráce vyústila k představení zcela nového konceptu dopravy.[2] Základním principem se stala standardizovaná jednotka, která zásadně zjednodušila přepravu zboží a udala kurz následnému vývoji dopravního průmyslu. Intermodální kontejner, z pevniny na moře a zpět, byl přímým předchůdcem dnešních nejpoužívanějších kontejnerů o délce 20 stop (tj. 6,1 m) a 40 stop (tj. 12,2 m). Klíčovým patentem nových kontejnerů byl tzv. *twistlock* – zámek umístěný v rozích kontejnerů, který umožňuje jejich vzájemné propojení, snadnou manipulaci pomocí jeřábu nebo upevnění k palubě nákladní lodi.[3] Kontejnery tak mohou být snadno překládané z jednoho dopravního prostředku na jiný bez toho, aniž by došlo ke zbytečné manipulaci se zbožím, které je uloženo v jeho útrobách. Nové kontejnery ovlivnily nejen celý koncept přepravy, ale také podobu nákladních přístavů, lodí a automobilů. Těžkou manuální práci přístavních dělníků nahradila ramena nákladních jeřábů, staré dodávky byly vyměněny za kamiony s velkými přívěsy.

Zavedení kontejneru v praxi podnítilo další rozvoj organizace přepravy

Façade of the warehouse.
Photo: Author, 2018.

Fasáda logistické haly.
Foto: autor, 2018.

arms of freight cranes, and traditional delivery trucks were replaced by large tractor-trailers.

The introduction of the container kindled further development of transport organization and the tracking of shipments. The goods were no longer transported in boxes and bags by units based on their type. Instead, the container filled to the top with arbitrary content, to make sure its cargo capacity is used to the fullest, became the standard. In 1968, the International Organization for Standardization (ISO) with its headquarters in Geneva implemented the standard ISO 668, which classifies the container and specifies its parameters.[4] The international standard made the container a globally compatible unit. An ISO container is the same in Asia, Europe, and America regardless of its place of manufacture or its ownership by some specific transport company. It has become the elementary unit of logistics.

Similar to the container, the logistics shed is also a unit replicated around the entire planet by means of standards and certificates. The A-Class warehouse represents the standard of an industrial structure which, on account of its unification, shines with its white or colored façades into the landscapes around the whole world.[5] The structure is governed by simple rules and procedures based both on its construction and its operation. In the world of transport, where time and minimization of costs play the principal role, there is no space for sentiment. The distribution centers are merely simple compositions of certified parts delivered to the construction sites and assembled according to the manuals, in a manner no less easy than assembling IKEA furniture. Construction

a sledování zásilek. Zboží už nebylo přepravováno v krabicích a pytlích po jednotkách podle druhu, základem se stal kontejner naplněný po okraj libovolným obsahem, tak aby jeho přepravní kapacita byla naplno využita. V roce 1968 byla Mezinárodní organizací pro normalizaci (ISO) se sídlem v Ženevě zavedena norma ISO 668, která kontejner klasifikuje a tabulkově udává jeho parametry.[4] Mezinárodní standard vytvořil z kontejneru celosvětově kompatibilní jednotku. ISO kontejner je stejný v Asii, Evropě či Americe bez ohledu na místo výroby nebo vlastnictví nějaké konkrétní speditční firmy. Stal se elementární částicí logistiky.

Podobně jako kontejner je i logistická hala jednotkou, která se díky standardům a certifikátům bez velkých rozdílů replikuje po celé planetě. Skladovací hala A-Class je standardem průmyslové stavby, která ve své unifikaci září bílými a barevnými fasádami do krajin po celém světě.[5] Stavba se řídí jasnými pravidly a postupy vycházejícími jak z procesu konstrukce, tak provozu. Ve světě dopravy, kde hlavní roli hraje čas a minimalizace nákladů a rizik, není prostor pro sentiment. Distribuční centra jsou prostou sestavou certifikovaných dílů doručených na staveniště a sestavených dle manuálu podobně snadno jako nábytek řetězce IKEA. Stavba takové haly je odpovědí logistického aparátu na okamžitou potřebu. Základní měrnou jednotkou je její plošná výměra udávaná v metrech čtverečních, jíž se popisuje kapacita i cena nemovitosti. Plocha je hlavní proměnnou, ostatní míry a očekávání investorů a nájemců jsou dané a popsané certifikáty, normami, které jsou základem budoucích smluvních vztahů. Konstrukční modul je derivátem rozměrů logistice nejvlastnější – rozměrům ISO kontejneru.

of such shed is the response of the logistics apparatus to an immediate demand. Its surface area in square meters fully describe the capacity as well as the price of the property. The surface is the main variable; other measurements or expectations of the investor and tenants are stipulated and described by certificates, standards, which represent the basis of future contractual relationships. And in turn, the construction module is derived from the dimensions most inherent to logistics—the dimensions of the ISO container.

The Envelope

The process of construction organization is also subordinated to the maximum use of the cargo capacity. The distribution center is laid out according to a rectangular grid of 12 × 24 meters. Likewise, the typical height of the shed is itself 12 meters, a figure determined by the maximum possible load on the floor and the usual height of the racks (10 meters). The A-Class warehouse shed is a universal type of property which fits an absolute majority of its potential tenants, transportation companies, retail, and e-shops. The overall construction of the shed takes no more than four to six months on average.

The envelope of the shed is composed of a systematized sandwich panel façade. Panels formed from two steel sheets are mounted directly to the frame, and the space between them is filled with a core of mineral foam. The panels only need to perform in a few given criteria: heat-insulating parameters, airtightness of their joints, and sufficient fire resistance.

The façade panel is 6 meters long, a dimension also derived from the length of the 20-foot ISO container.[6] The trailer of a regular truck fits up to two packages ready to be dispatched to the corresponding construction site. The panel system consists of both façade and roof components, which display no considerable construction differences. Only three tools are needed for assembly: lifting suction cups and clamps for manipulation of the panel, an electric screwdriver with a minimum rotating speed of 3,000 revolutions per minute for fixing the panel to the frame, and a machine saw with steel cutters for the potential modification of standardized parts and removing casting flash. The assembly of components is most easily performed using a crane.[7]

Obálka

Maximálnímu využití přepravní kapacity je podřízen rovněž proces organizace výstavby. Rastr sloupů distribučního centra je rozvrhnut do obdélníkové sítě 12 × 24 metrů. Obvyklá výška stropu haly je také 12 metrů. Ta je dána maximálním možným zatížením podlahy a obvyklou výškou regálů, jež činí 10 metrů. Skladovací hala A-Class je univerzální typ nemovitosti, do níž se vejde naprostá většina potenciálních nájemců z řad spedičních firem a provozovatelů jak fyzických, tak virtuálních obchodů. Stavba haly trvá v průměru čtyři až šest měsíců.

Obálka haly je skládána ze systémových sendvičových panelů. Panely, tvořené dvěma ocelovými plechy, se montují přímo na základní konstrukční skelet. Prostor mezi nimi je vyplněn jádrem z minerální vlny. Základními požadavky, kladenými na fyzické vlastnosti panelů, jsou tepelně-izolační parametry, těsnost v jejich spojích a dostatečná požární odolnost.

Fasádní panel má délku šest metrů. Tento rozměr je derivátem délky dvacetistopého ISO kontejneru.[6] Na přívěs obvyklého kamionu se vejdou hned dvě balení panelů připravená k expedici na příslušné místo stavby. Systém panelů obsahuje jak fasádní, tak střešní dílce, mezi nimiž není většího principiálního konstrukčního rozdílu. Na jejich montáž stačí pouhé tři nástroje: zdvihací přísavky a upínací mechanismus pro manipulaci s panelem, elektrický šroubovák s minimální rychlostí 3000 otáček za minutu pro upevnění panelu na skelet a strojní pila s nůžkami na plech pro případnou úpravu typických dílů a řešení klempířských detailů. Montáž dílců se provádí nejjednoduššeji za použití jeřábu.[7]

Barevnost fasád je ovlivněna omezeným výběrem možných odstínů. Každá výjimka stavbu zbytečně prodražuje. Ten nejtmavší, jenž se na fasády hal používá, odpovídá šedobílému odstínu RAL 9002. Světlé odstíny, které firmy ve svých

Construction elements of façade casing.
Photo: Author, 2019.

Stavební elementy fasádního pláště.
Foto: autor, 2019.

The scope of façade colors is set by the limited choice of possibilities: each exception presents an unnecessary expense. The darkest shade used corresponds to the grey-white RAL 9002. There is a practical justification as to why companies offer mainly bright colors in their catalogues: sunshine heats up steel sheets with dark coating, thus causing a considerable thermal difference between the inner and outer surface of the panel. In turn, this thermal difference causes the corrugation of the entire façade and in extreme cases can even lead to the mechanical damage of the panel. For this reason, the use of metal panels is limited in certain areas and they are replaced by materials with lower thermal expansivity. In the case of the latitudes of Central Europe, the conditions for the façade sheathing are contained in the European standard EN 14509 from 2010. The required minimum width of the sheathing has currently increased to 260 mm.

katalozích nabízejí, mají své praktické opodstatnění. Důvodem je sluneční záření, které tmavě lakované ocelové plechy rozehřívá, čímž vzniká výrazný tepelný rozdíl mezi vnitřním a vnějším povrchem panelu. Tento tepelný rozdíl pak způsobuje zvlnění celé fasády a v extrémních případech i mechanické poškození panelu. Z toho důvodu se v některých krajinách používají plechové panely v omezené míře a jsou nahrazovány materiály s menší tepelnou roztažností. V rámci zeměpisných šířek střední Evropy jsou podmínky pro fasádní plášť obsažené v evropské normě EN 14509 z roku 2010. Požadovaná minimální tloušťka pláště postupně narostla na současných 260 mm.

The Certificate

Certifikát

The construction-set system of the envelope of the shed is a direct proof of the economic pragmatism and military nature of logistics. Related to the construction activity and the overall non-transparent market with these properties are also the specific methods of work management and decision-making together with rules and agreements followed by the individual participants in the process. Today, one of the key roles in the construction and operation of the logistics and industrial sheds is played by different kinds of building

Stavební systém fasád logistických hal je důkazem ekonomického pragmatismu a militantní povahy logistiky. Ke stavební činnosti a nepřehlednému obchodování s těmito nemovitostmi se vážou i specifické metody řízení práce a rozhodování. Jednu z klíčových rolí ve výstavbě a provozu logistických a průmyslových hal hrají různé druhy certifikace budov. Certifikáty jsou většinou produkty soukromých organizací, které vytvářejí pravidla nezávislá na státní správě a které jsou dobrovolné, pokud nejsou implementovány přímo do legislativy jednotlivých zemí.

Concrete floor.
Photo: Author, 2018.

Betonová podlaha.
Foto: autor, 2018.

certifications. The certificates are mostly products of private organizations creating rules independent from those of national governments. If not implemented directly in the law of individual countries, they are voluntary.

Buildings are assessed on several different criteria and the corresponding rating awarded then guarantees the builder problem-free lease or sale of the property. As for the tenants of the logistics companies, the certificate provides them with the guarantee that the building was constructed according to the latest requirements and that it complies with all the necessary legislative and other regulations. In *Extrastatecraft*, American architect and theoretician Keller Easterling likens certification and standardization to independent sovereignty which negotiates the compatibility of the globalized world.[8] In 1996, the International Organization for Standardization introduced the document ISO 14000, "Environmental Management Systems," which sums up the ecological requirements and specifications related to construction.[9] ISO 140000 is a bureaucratic tool that lays down the basic rules for the design of buildings and their relationship to the environment, and has become the key implement for organizations such as LEED or BRE.

It was the organization BRE (Building Research Establishment) which launched its first certificate BREEAM (Building Research Establishment Environmental Assessment Method), currently held by more than 250,000 buildings around the world. The portfolio of these buildings also includes numerous cases of distribution centers and logistics halls.[10] The BREEAM certificate assesses the building in nine categories.

Budovy jsou podle těchto dokumentů posuzovány z hlediska několika různých kategorií. Výsledkem je udělení příslušného hodnocení, které zaručuje staviteli bezproblémový pronájem či prodej nemovitosti. Nájemcům z řad logistických společností pak poskytuje záruku, že je budova postavena dle nejsoučasnějších požadavků a splňuje všechny potřebné legislativní a jiné předpisy. V knize *Extrastatecraft* píše americká architektka a teoretička Keller Easterling o certifikaci a standardizaci jako o nezávislé suverenitě, která zprostředkovává kompatibilitu globalizovaného světa.[8] V roce 1996 let vydala Mezinárodní organizace pro normalizaci dokument ISO 14000 zvaný Systémy environmentálního managementu, jenž shrnuje ekologické nároky a specifika kladená na výstavbu.[9] ISO 14000 je byrokratickým nástrojem, který stanovuje základní pravidla pro návrh budov a jejich vztah k životnímu prostředí. Tento dokument se stal vzorem pro další organizace jako např. LEED nebo BRE.

Právě britská BRE (Building Research Establishment) vydala v roce 1990 svůj první certifikát BREEAM (Building Research Establishment Environmental Assessment Method), jehož nositelem je do dnešního dne přes 250 000 budov po celém světě. Portfolio těchto staveb čítá také četné příklady distribučních center a logistických hal.[10] Certifikát BREEAM hodnotí budovu v devíti kategoriích. Kromě vlivu na životní prostředí během výstavby a energetických parametrů obálky budov hodnotí rovněž kvalitu vnitřního prostředí stavby. Podle úspěšnosti plnění jednotlivých požadavků může budova získat označení *pass* (vyhovující), *good* (dobrá), *very good* (velmi dobrá), *excellent* (výborná) nebo nejvyšší značku *outstanding* (mimořádná).

Besides the building's environmental impact during the construction or the energy parameters of the envelope, it also assesses the quality of the interior environment. Based on the performance of the individual requirements, the building can be awarded the following ratings: *pass*, *good*, *very good*, *excellent*, or the highest rating *outstanding*.

The fundamental paradox of the sheds' certification is that the presumed goal of environmental protection encourages the construction of more and more new buildings. Why is that so? The reason is simple: It is economically as well as temporally more advantageous to build a new building rather than to modify structures even a few years older to allow them to meet all the standards and various certification criteria. Paradoxically, it is the certification's mask of sustainability, behind which the construction companies and developers often hide, that creates a far more unsustainable situation. The individual categories of the certificates are rather lenient and can be met easily in the context of Central Europe. The shining plaque of the BREEAM certificate rating *very good* can embellish almost every building built to the construction standards prescribed by the national laws. As such, the certification of industrial and logistics halls is more of a marketing and PR tool which serves the purpose of creating a fake and favorable image. On one hand, its objective is to lull the society and the politicians into inaction and on the other, it opens the possibilities for the closing of new lucrative contracts.

Základním paradoxem certifikace hal je fakt, že zdánlivá péče o prostředí nutí stavět stále nové a nové budovy. Proč tomu tak je? Důvod je prostý: je ekonomicky a časově výhodnější postavit zcela novou halu než upravovat i jen několik let staré objekty tak, aby vyhovovaly tabulkovým hodnotám daných certifikátů. Maska udržitelnosti certifikace, za kterou se stavební firmy a developeři skrývají, tedy naopak vytváří situaci naprosto neudržitelnou a neekologickou. Jednotlivé kategorie certifikátů jsou celkově velmi mírné a v kontextu střední Evropy snadno splnitelné. Blýskavou plaketou certifikátu BREEAM *very good* se může chlubit v podstatě každá nemovitost, která splní stavební normy předepsané národní legislativou. Certifikace průmyslových a logistických hal je tak spíše nástrojem reklamy a PR sloužící k vytvoření falešného a přívětivého obrazu. Ten má na jedné straně „ukolébat" společnost a politiky, na straně druhé pak otevřít možnosti k uzavření nových lukrativních smluv.

The Floor

Podlaha

The floor of the logistics shed is perfectly even and smooth. The goods are transported over it on conveyor belts and pallets in a similar way as they travel in a broader geographic context, in containers on ships, train carriages, and trucks. The floor of the logistics hall can be seen as a metaphor of logistics as a whole. The goods, especially those in highest demand, are in constant movement. All operations inside of the distribution centers are managed by software and simple commands of the management which monitor the ever more unimpeded flow of the goods. The only tasks performed inside the hall are sorting, organizing, indexing and archiving in the digital database. The employees, whose movements are directed and controlled by an algorithm, constantly pack and

Podlaha logistické haly je dokonale rovná a hladká. Zboží po ní putuje po přepravníkových pásech na paletách a v přepravkách, podobně jako putuje v širším geografickém záběru v kontejnerech na lodích, vagonech a kamionech. Podlaha logistické haly je metaforickým odrazem celé logistiky. Zboží, především to nejžádanější, je v neustálém pohybu. Všechny úkony v interiéru distribučních center jsou řízeny softwarem a jednoduchými příkazy vedení, které na plynulý tok zboží dohlíží. V hale se pouze přebaluje, třídí, skládá, organizuje, indexuje a archivuje v digitální databázi. Zaměstnanci, jejichž pohyby jsou řízeny a kontrolovány algoritmem, zboží bez přerušení balí a přemisťují. Jednoduché příkazy se objevují přímo na displejích osobních čteček, které jsou hlavním pracovním nástrojem skladníka.

Fire safety system, conveyor, crate.
Photo: Jan Kolský, 2019.

Požární systém, dopravník, přepravka.
Foto: Jan Kolský, 2019.

transport the goods. Simple commands appear directly on the displays of the personal scanners that represent the main tool of the warehouse worker, turning the building, software, management, and human bodies into a single unique mechanism. The steps of the workers are also guided by navigation signs located directly on the floor. As a result, the floor of the logistics hall resembles a playing field of some peculiar sport. It is full of colorful lines, symbols, crossings, and boarding which guarantee the problem-free movement of all the present entities—people, machines, and goods.

Construction-wise, the floor is a concrete slab which complies with all the regulations concerning static and dynamic load. The load-bearing capacity of the floor is usually five tons per square meter and its surface must show only minimal wear in the long-term. For this purpose, the concrete slab is fitted with a resistant top layer. The reinforcement is widely distributed and made of steel, plastic, or glass fibres. The thickness of the slabs varies between 100 and 250 mm based on the load capacity and the size of the reinforcement used. The wear layer can be made from colorful concrete, skim coat, and can be treated by several types of anti-slip layer.

The basic precondition for the casting of the floor is the prepared state of the construction site and flatness of the terrain, subjected beforehand to grading. The preparation of the construction of the baseplate is accompanied by manipulation with large volumes of earth, which is the consequence of the large surface areas demanded by single-storey buildings of distribution centers. Unlike the prefabricated

Budova, software, management a lidská těla tvoří jeden unikátní mechanismus. Kroky zaměstnanců jsou vedeny také pomocí navigačních znaků umístěných přímo na zemi. Podlaha logistické haly tak připomíná hrací pole zvláštního sportu. Je plná barevných linií, symbolů, přechodů a mantinelů, které zajišťují bezkonfliktní pohyb všech přítomných entit – lidí, strojů a zboží.

Stavebně je podlaha betonovou deskou, jež splňuje všechny předepsané požadavky na statická i dynamická zatížení. Nosnost podlahy je obvykle pět tun na metr čtvereční a její povrch musí vykazovat v dlouhodobém časovém horizontu několika let minimální opotřebení. Betonová deska se proto následně opatřuje odolnou vrchní nášlapnou vrstvou. Výztuž je rozptýlená, tvořená ocelovými, umělohmotnými nebo skleněnými vlákny. Tloušťky desek se pohybují od 100 do 250 mm dle nároků na únosnost a množství použité výztuže. Nášlapná vrstva může být z barevného betonu, stěrky nebo může být opatřena několika variantami protiskluzové vrstvy.

Základním předpokladem pro betonáž podlahy je připravenost staveniště, především rovnost a úprava terénu. Přípravu konstrukce základové desky doprovází manipulace s velkými objemy zeminy, důsledek plošných nároků, které si jednopodlažní stavby distribučních center kladou. Oproti prefabrikované stavebnici montovaného pláště je podlaha stálým, trvanlivým a výrazným stavebním zásahem.[11]

Není překvapivé, že právě podlaze jako nejvýznamnějšímu elementu logistické architektury se věnuje péče a pozornost. Navíc neustálý technologický vývoj význam podlahy ještě povyšuje. Rentabilita, redukce spotřeby energie a zkracování doby pracovních úkonů jsou hlavním motorem toho vývoje. Podlaha distribučního construction-set nature of the assembled sheathing, the floor is a permanent, durable, and substantial construction impact.[11]

It comes as no surprise that care and attention is given to the most important element of logistics architecture, the floor. Moreover, the continuous technological developments are steadily increasing the floor's importance. Profitability, the reduction of energy consumption, and the shortening of the time needed for work tasks are the main driving forces behind this development. The floor of the distribution center is a floor loaded with information and it becomes the real foundation slab, or motherboard, of the logistics apparatus. It is a digital platform in which the signs and symbols are gradually replaced by data flows and the workers by robotic systems.

For instance, Kiva Systems (now part of Amazon Robotics) was founded by Mick Mountz in 2003 with the purpose of creating an automatic system for distribution centers to make sure the goods are transported in the most continuous way possible, thus making the operation as economical as possible.[12] The Kiva robot is an automated unit which resembles a robotic vacuum cleaner. It is controlled by software commands and coordinates its movements based on the grid of barcodes placed directly on the floor. It is capable of riding under the rack containing the desired items, raising it with its screw-like movement and transporting it all the way to the station from which it is manipulated further either by the employee of the warehouse or by a robotic arm. The robots moving on the floor are quite independent: they can evade each other to prevent collisions or go to the charging dock if they need to.

The Retail Typology Today

The architecture of logistics is the architecture of needs, desires, and dreams of contemporary society. Using the word architecture in this context is, in fact, merely a metaphorical game since engineering and economical pragmatism, disregarding social and spatial qualities, leaves no space for what we traditionally understand under the heading of "architecture." This form of construction production is driven by its own logic. The image of logistics or the logistics landscape has an abstract peripheral nature. Miles of fences enclose the areas of logistics compounds and their shining metal halls without stirring up a discussion of this fundamental transformation. The distribution center embodies the typology of industrial architecture of the present time, even though there is nothing produced inside it. Instead, the sorting, storing, and reordering of shipments is connected with increasingly complex technology, constantly replenished by cheap, precarious labor. The human body is directed by simple commands, but its physical acts and gestures are still irreplaceable.

The impression of the temporariness of the prefabricated steel envelope stands in stark contrast to the irreversible impact of the construction of concrete slabs, asphalt pavements, foundations, and infrastructure. With the A-Class sheds, the modernist dream of prefabrication turns into a boring nightmare of the endless repetition of mass-produced construction elements. Ecological certificates cannot conceal the urgency of the irreversible transformation of the landscape which is well under way. At the same time, our society today cannot function without logistics and our current economy is dependent on its speed and reliability. It is necessary to search for sustainable and just transportation concepts. Therefore, we need to map, research, and describe the environmental and social issues connected to the phenomenon of logistics, to which the current, constantly accelerating logistics apparatus largely tends to be indifferent.

byla takto zásadní proměna šířeji diskutována. Distribuční centrum je typologií průmyslové architektury současnosti, přestože se v jeho útrobách nic nevyrábí. Třídění, skladování a přerovnávání zásilek v nich je propojeno s čím dál složitější technologií, neustále doplňovanou levnou, prekarizovanou pracovní silou. Lidské tělo je řízeno jednoduchými příkazy, ale jeho gesta a fyzické úkony jsou prozatím nenahraditelné.

Dojmem dočasnosti, který vytváří prefabrikovaná plechová obálka, stojí v kontrastu k nevratnému stavebnímu zásahu spojenému s betonovými deskami, asfaltovými povrchy, základy a infrastrukturou. Modernistický sen o prefabrikaci se ve stavbě hal mění v nudnou noční můru nekonečných repetic stavebních dílů. Ekologické certifikáty nemohou dokonale skrýt naléhavost nevratné proměny krajiny, ke které zde dochází. Dnešní společnost se bez logistiky neobejde a současná ekonomika je závislá na její rychlosti a spolehlivosti. Je však nezbytné hledat nové spravedlivé koncepty dopravy. To se neobejde bez mapování, zkoumání a popisu environmentální a sociální problematiky, která je s fenoménem logistiky spojená a vůči které je současný neustále se zrychlující logistický aparát víceméně lhostejný.

1 Antoine-Henri Jomini, *Tableau analytique des principales combinaisons de la guerre, et de leurs rapports avec la politique des états, pour servir d'introduction au Traité des grandes opérations militaires* (Paris: Chez Anselin, 1830), p. 74.

2 "Keith Tantlinger," *The Telegraph*, September 15, 2011, https://www.telegraph.co.uk/news/obituaries/finance-obituaries/8766380/Keith-Tantlinger.html.

3 Kelsey Campbell-Dollaghan, "The Simple Metal Mechanism That Changed the Global Economy Forever," *Gizmodo*, February 26, 2014, https://gizmodo.com/the-simple-metal-mechanism-that-changed-the-global-econ-1530878459.

4 "ISO 668," https://en.wikipedia.org/wiki/ISO_668.

5 "Warehousing & Distribution," http://aw2logistics.com/3 pl-solutions/warehousing-distribution.

6 A technically accurately standardized and unified object, the container comes in three lengths: 20 feet (6.1 m), 40 feet (12.2 m), and 45 feet (13.7 m). The volume of container transport is stated in TEU units (Twenty-foot Equivalent Unit), where 1 TEU is the equivalent of one 20-foot-long container.

7 Cleaning and inspection of façades and roofs is performed at least once a year. The objective is to check the technical condition of the panels, corrosion, and the tightness of joints connecting the individual components. Washing of the façade is performed using water with the regulated use of detergents of 4–9 pH, the water pressure from the nozzle should not exceed 5 MPa and the water temperature should not be higher than 30 °C (86 °F). See *Sandwich Panels SP2B, SP2C, SP2D,SP2E, SPF, SPB, SPC: Assembly Instructions* (Żyrardów: Ruukki, 2016). Available at https://www.ruukki.com/docs/default-source/b2b-documents/sandwich-panels/1ruukki-assembly-instruction-for-sandwich-panels-cee.pdf.

8 Keller Easterling, *Extrastatecraft: The Power of Infrastructure Space* (London and New York: Verso, 2014).

9 "ISO 14000 family – Environmental management," https://www.iso.org/iso-14001-environmental-management.html.

10 "BREEAM does this through third party certification of the assessment of an asset's environmental, social and economic sustainability performance, using standards developed by BRE. This means BREEAM

rated developments are more sustainable environments that enhance the well-being of the people who live and work in them, help protect natural resources and make for more attractive property investments." See "What is BREEAM?," https://www.breeam.com.

11   "How to Design an Ideal Floor for Warehouse and Logistics Facilities," https://www.sika.com/en/knowledge-hub/how-to-design-floor-for-warehouse-and-logistics-facilities.html.

12   Eugene Kim, "Amazon's $ 775 million deal for robotics company Kiva is starting to look really smart," *Business Insider*, June 15, 2016, https://www.businessinsider.com/kiva-robots-save-money-for-amazon-2016-6.

pohodu lidí, již v nich žijí a pracují, pomáhají chránit přírodní zdroje a zvyšují atraktivitu investic do nemovitostí." Viz What is BREEAM?, https://www.breeam.com.

11   How to Design an Ideal Floor for Warehouse and Logistics Facilities, https://www.sika.com/en/knowledge-hub/how-to-design-floor-for-warehouse-and-logistics-facilities.html.

12   Eugene Kim, Amazon's $ 775 million deal for robotics company Kiva is starting to look really smart, *Business Insider*, 15. 6. 2016, https://www.businessinsider.com/kiva-robots-save-money-for-amazon-2016-6.

THE STATE OF AGRICULTURAL LAND IN THE CZECH REPUBLIC

Jan Vopravil, Tomáš Khel

STAV ZEMĚDĚLSKÉ PŮDY V ČESKÉ REPUBLICE

The Spatial Structure of the Czech Landscape

The first firmly separated agricultural land-tracts were created in Czech territory in medieval times, with the emergence of the three-field crop rotation system, creating groups of three unified, similarly sized sections. By the 17th century, spurred by rapid population growth, agriculture intensified, but soon came up against insufficient nutrients in the soil. The introduction in the 18th century of new crops—potatoes, corn, and forage (mostly clover)—increased the fertility of soil in areas otherwise climatically less advantageous for cultivation. For purposes of stabilization of the edges of agricultural fields, particularly erosive and sedimentation processes and changing ploughing technologies, hedgerows began to be planted in between. Renewal of soil nutrients was no longer possible without supplementation—first from farming by-products and later from mineral fertilisers containing nitrogen, potassium, and phosphorus. During the first half of the 19th century, the area of arable land in the current Czech Republic increased by around a quarter, yet fallow areas and pastureland decreased, a consequence of the introduction of modern crop rotation and the move towards indoor cattle-raising.

After World War II, the race for self-sufficiency in food production led to a still further decrease in the area of grassy pastures in favor of ploughland. Increasingly, on sloping fields, particularly on hillsides and higher elevations, cultivation of wide-row crops (maize, potatoes, sugar-beet) began, hence leading wind and water erosion to increase tenfold. Likewise, the diversity of cultivated plant species decreased.

Prostorová struktura české krajiny

První pevně oddělené půdní bloky vznikly na českém území ve středověku se vznikem trojpolního osevního systému, trojice ucelených podobně velkých ploch. V 17. století, v souvislosti s rapidním růstem obyvatel, zemědělství intenzifikovalo, ale brzy narazilo na nedostatek živin v půdě. Od 18. století se začínaly využívat nové plodiny – brambory, kukuřice a pícniny (jetel), jejichž pěstování zvyšovalo úrodnost jinak klimaticky nevhodných poloh pro hospodaření. Dlouhodobá stabilizace hran pozemků, konkrétně erozní a sedimentační procesy a technologie orby vedly ke vzniku mezí. Obnova živin na poli nebyla bez doplnění možná – probíhala prostřednictvím statkových a poprvé i minerálních hnojiv s obsahem dusíku, draslíku a fosforu. V průběhu první poloviny 19. století se u nás rozloha orné půdy zvýšila asi o čtvrtinu, naopak ubylo úhoru i pastvin v důsledku zavádění střídavého systému hospodaření a přechodu ke stájovému odchovu dobytka.

Poválečná honba za soběstačností ve výrobě potravin vedla k tomu, že se ještě více snížily rozlohy zatravněné půdy ve prospěch orné půdy. Na sklonitých půdách, zejména v pahorkatinách a vrchovinách, se začaly pěstovat širokořádkové plodiny (kukuřice, brambory a řepy) a větrná a vodní eroze se zvýšila desetinásobně. Snížila se i pestrost pěstovaných druhů. Masivně a často zbytečně se používala minerální hnojiva a chemické prostředky, což spolu s rušením luk, mezí a doprovodné zeleně dále zhoršovalo kvalitu obhospodařovaných pozemků. Tento stav bohužel na řadě míst přetrvává.

Massive quantities, often excessively so, of mineral fertilisers and chemical pesticides were employed, which along with the destruction of pastures, hedgerows, and supplementary vegetation further worsened the quality of farmed land. Unfortunately, this condition persists in many places today.

Ownership of Agricultural Land

However, the most significant post-war change in Czech agricultural land came about as a direct result of Communist rule: the collectivization of agriculture that occurred from 1948 to 1960. Previously, the landscape was divided into countless small fields using different crop cultures, and arable land was a valued property bringing profits and ensuring a living for successive generations of the families that tended it. Agriculture was divided between vegetable and animal production, so that the cycle of nutrients and organic substances remained essentially enclosed within a single farmstead operation. The post-war nationalization of agricultural land and forced unification of fields caused a major change in the appearance and the function of Czech farming landscapes.

The forced unification of the landscape only strengthened the manifestation of degradation factors by accelerating their causes (wider slopes, less diverse sowing methods, changes in microclimates et al.). At present, the great majority of agricultural land is commercially leased[1] (>74%, figure as of 2018), severing the ties between the owner and the land, and within the European Union the Czech Republic has one of the largest proportions of land in block form. Despite the efforts of the Agriculture Ministry to support structural fragmentation by limiting the area of fields with a single crop (currently, the most recently imposed measure has a maximum of 30 ha per crop), it is still complicated to ensure protection of such large areas from e.g. water erosion. Many soils have been so damaged by this degradation process that they have lost the natural capacity to retain water.

Melioration

Agricultural landscapes are formed by the land and its borders: the terrain but also many types of infrastructure that are often hidden from direct visibility. Melioration generally

Vlastnictví zemědělské půdy
Nejvýznamnější z poválečných změn zemědělské krajiny proběhla mezi lety 1948–1960 v rámci takzvané kolektivizace zemědělství. Před ní byla krajina logicky rozdělena nespočtem malých políček odlišných zemědělských kultur a půda byla hodnotným majetkem, který přinášel zisk a zabezpečoval obživu dalším generacím hospodařících zemědělců. Zemědělská činnost byla dělena mezi rostlinnou a živočišnou výrobu a koloběh živin i organických látek tak byl v rámci subjektu víceméně uzavřený. Poválečné znárodnění zemědělské půdy a scelování pozemků vedlo k tragické zásadní změně vzhledu a funkčnosti zemědělské krajiny.

Změna fragmentace krajiny posílila projevy degradačních faktorů akcelerací jejich příčin (delší svahy, změna pestrosti osevních postupů, mikroklimatu apod.). V současnosti je valná většina pozemků propachtována[1] (>74 %, stav k roku 2018), zpřetrhány jsou vazby mezi vlastníkem a půdou a v rámci Evropské unie má Česká republika jedny z největších dílů půdních bloků. Přes snahu ministerstva zemědělství o podporu fragmentace omezením velikosti ploch s jednou plodinou (momentálně aktuálně přijaté opatření s max. 30 ha plochy jedné plodiny) je stále složité zajistit ochranu takto rozsáhlých ploch například před vodní erozí. Mnohé půdy jsou tímto degradačním procesem natolik narušeny, že ztratily přirozenou schopnost zadržovat vodu.

Meliorace
Zemědělská krajina je tvořena půdou a jejími hranicemi, terénem, ale také četnými druhy infrastruktur, které nám většinou zůstávají skryty. Meliorace mají obecně za

Change in the character of agricultural landscape in the Kyjov region in the Hodonín district (on the left the 1950s, on the right the present). Source: Military Geographic and Hydrometeorological Office and Czech Office for Surveying, Mapping and Cadastre.

Změna charakteru zemědělské krajiny na příkladu Kyjovska v okrese Hodonín (vlevo padesátá léta 20. století, vpravo současnost). Zdroj: Vojenský geografický a hydrometeorologický úřad a Český úřad zeměměřický a katastrální.

takes as its goal the improvement of soil conditions of productively worse areas, including not only soil drainage but also irrigation, treatment of unfavorable soil reactions (soil liming), or even anti-erosion measures. In the Czech Republic, drainage is used for over 25% of all agricultural land, i.e. nearly 1,100,000 hectares of the arable fund, and in contrast with the approximately 4% of land with built-in irrigation, drainage is the dominant meliorating intervention.

Drainage systems were most intensively constructed in the periods 1935–1940 and 1965–1985. Significantly, the second period was not limited by private property ownership, hence the usual practice was systematic areal drainage. Functional draining changed the appearance of the landscape and allowed for intensified agricultural production. On the other hand, the changes connected to drainage implementation sped up the outflow of water, often damaging the ecological functioning of the soil with many negative impacts.

cíl zlepšení půdních podmínek produkčně horších stanovišť a patří do nich nejen odvodnění, ale také závlahy, úprava nevhodné půdní reakce (vápnění půd) nebo třeba protierozní ochrana. V ČR je odvodněno přes cca 25 % zemědělských půd, tj. skoro 1 100 000 hektarů zemědělského půdního fondu a oproti cca čtyřem procentům plochy vybudovaných závlah se jedná o dominantní meliorační zásah.

Odvodnění se nejvíce budovalo v letech 1935–1940 a 1965–1985. Druhé období už nebylo omezeno vlastnickými vztahy, a tak převládla systematická plošná drenáž. Funkční odvodnění změnilo ráz krajiny a umožnilo intenzifikaci zemědělské výroby. Na druhé straně však změna krajiny spojená s odvodněním urychlila odtok vody z ní a poškodila ekologické funkce půd s mnoha negativními dopady. Odvodnění má v zemědělské krajině své místo, často však byly odvodněny lokality nevhodné, a proto lze odvodnění z dob socialismu zařadit k aspektům přispívajícím k projevům zemědělského sucha posledních let.

While drainage has its place in agricultural landscapes, very often the choice of localities for drainage was unsuitable, and the process could be classed among the aspects contributing to manifestations of agricultural drought in recent years.

Pressure to Build on Agricultural Land

Human settlements naturally first arose in areas where their inhabitants could best feed themselves. Today, pressures for the use of farmland for construction logically are directed towards the areas of highest-quality soil in the immediate vicinity of growing cities and towns. One of Prague's suburbs, Černý Most, or "Black Bridge," does not derive its name from the color of a specific bridge but from the highly fertile soil once found on its territory. And the past tense is used not only in this specific case, but can be applied to many other localities where, over time, the area of farmed land has significantly decreased in favor of built-up land. Close to major traffic arteries, large logistics centers have recently arisen, while the previous agricultural land is being linked through suburbanization into unified clumps of residential construction. Moreover, it is not only a question of the actual built-up area, but also the service roads, parking area, and other infrastructure linked to the construction itself.

Though the process of *soil sealing* is correctly regarded as one of the factors for soil degradation, it nonetheless has one specific feature. Soil that has been degraded by other factors can—to a limited extent—nonetheless still meet certain necessary functions. Sealing, by contrast, brings about a destruction of all soil functions without any practical possibilities for rectification. Illustration shows the area of one industrial hall and its hard-surfaced surroundings located in the cadastral district of Přehýšov (district of Plzeň-North) close beside the D5 highway. With rain intensity of 10 mm/hr (medium rain intensity), the around 440,000 litres of water will fall onto the hall's roof, with an outflow of 440 m^3 of rainwater per hour. This water forms a sudden "water surplus," flowing away with only partial capture in retention tanks, thus contributing to an increase in the outflow speed of water from the landscape.

Approaches to similar negative impacts of water sealing differ across Europe. Several states motivate the use of

Tlak na zástavbu zemědělské půdy

Lidská sídla přirozeně vznikala v místech, která dokázala jejich obyvatele nejlépe uživit. Dnešní tlak na zábory půdy pro výstavbu tak logicky směřuje na půdy nejkvalitnější v okolí rozrůstajících se měst a obcí. Černý Most v Praze, jedno z pražských předměstí, nenese svůj název podle barvy mostu klenutého nad řekou, ale díky barvě půd, které se zde nacházely. Minulý čas však nepoužijeme pouze v tomto případě, ale také v případě mnoha jiných lokalit, kde během let významně poklesla rozloha zemědělské půdy ve prospěch rozlohy půdy zastavěné. V blízkosti dopravních tepen vyrůstají velká logistická centra, dříve fragmentovaná zemědělská krajina se spojuje suburbanizací do jednotných celků rezidenční výstavbou. Nejde jen o samotné plochy staveb, ale také o obslužné komunikace, parkoviště a další infrastruktury, které jsou na výstavbu navázány.

Přestože je zábor půdy (resp. *soil sealing*) právem považován za jeden z degradačních faktorů půdy, přece jen si nese jedno specifikum. Půda degradovaná jinými faktory je sice omezeně, ale stále schopná plnit alespoň některé ze svých funkcí. Záborem naproti tomu dochází k destrukci všech půdních funkcí bez praktické možnosti nápravy. Ilustrace ukazuje plochu haly a zpevněného okolí nacházející se v k. ú. Přehýšov (okres Plzeň-sever) v těsném sousedství dálnice D5. Při intenzitě deště 10 mm/hod (déšť střední intenzity) spadne na střechu haly cca 440 000 litrů vody, a tedy odtéká z ní 440 m^3 dešťové vody za hodinu. Tato voda najednou „přebývá“ a odtéká pouze s částečným využití v retenčních nádržích a přispívá k urychlení odtoku vody z krajiny.

Přístup k podobným negativním dopadům záborů půdy se v rámci Evropy liší. Některé státy motivují zástavbu tzv. brownfieldů daňovými úlevami, zpoplatňují plochy zastavěné nepropustnými materiály, či naopak dotují a podmiňují některé stavby omezením ploch neschopných infiltrace. Existují porézní materiály, které přes plnění jejich primární zpevňovací funkce (dálnice, parkoviště apod.) dokážou vodu propouštět i filtrovat a umožňují její prostup do půdy i podzemní vody. Zábory půd

The hall and soil sealing in its vicinity.
Source: Czech Office for Surveying, Mapping and Cadastre.

Hala a zábor půdy v jejím okolí.
Zdroj: Český úřad zeměměřický a katastrální.

——— 75,261 m², shroud / 75 216 m², zakrytí
——— 43,916 m², roof / 43 916 m², střecha

brownfields over greenfields through tax incentives, charge fees for land built up with impermeable materials, or offer rebates or advantages to building projects that limit the areas incapable of soil infiltration. There also exist porous materials that while meeting their primary reinforcing function (roadways, parking areas etc.) also allow water to penetrate or filter through and thus allowing passage into the soil or groundwater. Additionally, soil sealing can be limited by increasing the payments for removing land from the national agricultural fund or even halting construction on the most productive arable lands.

In the past one hundred years, Czech productive agricultural land has been reduced by 1.6 million hectares to a total of 3.5 million hectares, i.e. roughly by one-third.[2] From the data of the Agriculture Ministry, it can be inferred that between 1999 and 2017, there was a daily loss on average of 11 hectares of farmland.[3] These changes lead to two major problems—a lowering of the overall retentive capacity of the land still being farmed and an increased surface outflow of water from built-up localities. Both factors contribute to manifestations of agricultural drought as well as to an increased risk of flooding—not to speak of the loss of farmland for potential foodstuffs cultivation for the Czech nation in a period of unforeseen crisis.

dále brzdí zvýšení odvodů za odnětí půdy ze zemědělského půdního fondu i vyloučení zástavby produkčně nejcennějších půd.

Za posledních sto let se zemědělská produkční plocha snížila o 1,6 milionu hektarů na 3,5 milionu hektarů, tedy přibližně o třetinu.[2] Z údajů ministerstva zemědělství vyplývá, že od roku 1999 do roku 2017 denně ubylo v průměru 11 hektarů půdy.[3] Tyto změny s sebou přinášejí dva problémy – snížení celkové retenční kapacity zemědělských půd i zrychlený povrchový odtok vody ze zastavěných lokalit. Oba faktory přispívají k projevům zemědělského sucha a naopak ke vzniku povodní. O tom, že tím ztrácíme i plochu pro potenciální produkci potravin pro naši společnost v době možné krize, ani nemluvě.

Expansion of construction near highway D5 (cadastral district: Ostrov u Tachova)—from top to bottom: 1998, 2005, 2008 and the present. Source: Czech Office for Surveying, Mapping and Cadastre.

Rozšiřování zástavby poblíž dálnice D5 (k. ú. Ostrov u Tachova) – shora dolů roky 1998, 2005, 2008 a současnost. Zdroj: Český úřad zeměměřický a katastrální.

Soil Sealing and Its Impact on the Water Cycle in the Landscape

For a better comprehension of the actual impact of soil sealing, we should examine the specific example of the area between the villages of Klecany and Sedlec. Located just to the north of Prague and in certain sections quite close to the D8 highway, there is increasing interest in the land's non-agricultural use, whether for residential construction or for industrial and storage complexes. Leaving aside the impact on the primary productive function of the farmland and the appearance of the cultivated landscape, the most important consequences for construction affect the potential water-retention capabilities of the soil.[4]

If we focus on this area in the period from 2000 to 2019, we see that the major part of this territory is composed of the highest-quality black earth, which can for each 1 m² to retain up to 340 litres of water. An analysis of changes in land use is displayed in the figure on the next page.

In addition to the area occupied by industrial and storage halls at roughly the center of the model locality, we can see in the figures as well the development of suburbanization, documented by the areas of residential construction in the western, eastern, and southern areas of the section. The areas of buildings (blue) and paved roadways (green) essentially limit or eliminate the possibility of water infiltration into the soil and subsequently the retention of water within it. In the covered areas, rainwater is diverted either into retention tanks or, more frequently, simply drained out of the landscape into sewage pipes or watercourses. As such, the speed of outflow is increased, while the contribution to surface flows to the state of watercourses grows larger and thus the likelihood of flood conditions in the event of sudden high-intensity rainfall.

Using the map of water retention capacity from 2018, it was found that soil sealing lowered the potential water-retention capacity of the evaluated land (ca. 44 ha in area) by 142,382 m³ of water, which would otherwise have been retained in the soil if left uncovered.[5] For perspective: this quantity would suffice for the average yearly water consumption of around 4,400 people.

Zábory půd a jejich dopady na koloběh vody v krajině

Pro lepší pochopení reálného dopadu záborů půd se můžeme podívat na konkrétní příklad území Klecan a Sedlce. Poloha v blízkosti i v těsném sousedství dálnice D8 zvyšuje zájem o nezemědělské využití půd, a to jak pro výstavbu rezidenční zástavby, tak pro halové a skladové komplexy. Pomineme-li dopad na primární produkční funkci půd a vzhled krajiny, nejvýznamnější důsledky má zástavba na potenciální retenční schopnost krajiny.[4]

Zaměříme-li se na tuto oblast v období let 2000–2019, vidíme, že většinu území tvoří naše nejkvalitnější půda černozem, která dokáže na 1 m² zadržet až 340 litrů vody. Analýza změn využití území je znázorněna na obrázku na vedlejší straně.

Kromě zástavby průmyslovými a skladovacími halami zhruba uprostřed modelové lokality je na obrázku patrný i rozvoj suburbanizace dokumentované plochami rezidenční zástavby v západní, východní i jižní části plochy. Plochy samotných staveb (modrá barva) i komunikací (zelená barva) v důsledku omezují či eliminují možnost infiltrace vody do půdy a následně i retenci (neboli zadržení) vody v půdě. Dešťová voda je ze zakrytých ploch směrována buď do retenčních nádrží, spíše však je z krajiny odváděna kanalizací či vodními toky. Je tak urychlen její odtok, zvyšuje se příspěvek povrchového odtoku na stavy vodních toků, a tedy i pravděpodobnost povodňových stavů vodotečí v případě náhlých srážek o vysoké intenzitě.

S využitím mapy retenční vodní kapacity z roku 2018 bylo zjištěno, že záborem plochy byla potenciální retenční vodní kapacita hodnoceného území o rozloze cca 44 hektarů snížena o 142 382 m³ vody, která by byla půdou zadržena v případě jejího nezakrytí.[5] Pro představu: takové množství by například pokrylo průměrnou roční spotřebu vody pro přibližně 4400 lidí.

Process of soil sealing in a model locality. In the photograph from 2000, the areas marked in blue or light-green show the land built up by 2019. Source: Author's archive.

Vývoj záborů půdy modelové lokality. Na snímku z roku 2000 jsou modrou, resp. zelenou barvou znázorněny plochy zastavěné do roku 2019. Zdroj: archiv autora.

——— New building / Nová budova
——— New way / Nová komunikace

The Current State of Agricultural Land

In 2016, an investigation was performed using 171 paired soundings, and the results of these measurements were then compared with archival records from around forty years previously. The research uncovered alarming changes in selected physical parameters of the soil. Soil hardening negatively influences the circulation of elements and substances, changes in the aeration parameters of the soil affects the growth of crops and biological rejuvenation. Recent periods of long intervals without precipitation form the most significant negative impact on seepage or water retention. Even deep soils behave, thanks to the impermeable layer in the profile, like shallow soil with a limited retention space. Increasing presence of more delicate pores at the expense of coarser pores limits the entry of water into the soil and its transport by the profiles into greater depths, as well as its accessibility for plant life. In cases of heavy rainfall, this situation supports surface outflows and thus soil erosion. Also contributing to the elimination of the previous natural correction process by frost is the increasing mildness of winters. Large open fields for agricultural use also imply the presence of heavy agricultural machinery, which mechanically contributes to a further worsening of the present condition.

Současný stav zemědělské půdy

V roce 2016 proběhl výzkum pomocí 171 párových sond a výsledky těchto měření byly následně porovnány s přibližně čtyřicet let starými archivními záznamy. Průzkum zjistil alarmující změny ve vybraných fyzikálních parametrech půdy. Utužení půdy negativně ovlivňuje koloběhy prvků a látek, změna vzdušných parametrů půdy působí na růst plodin i biologické oživení. V současné době dlouhodobých bezesrážkových period je nejzásadnější negativní dopad na vsak, respektive zadržení vody. I hluboká půda se chová kvůli nepropustné vrstvě v profilu jako půda mělká s omezeným retenčním prostorem. Zvýšení obsahu jemných pórů na úkor pórů hrubších omezuje vstup vody do půdy a její transport profilem do větších hloubek, stejně jako její dostupnost pro rostliny. V případě přívalových srážek je tak podpořen povrchový odtok, a tedy i eroze. K eliminaci dříve přirozené nápravy promrzáním přispívají také mírné zimy. Velké lány zemědělské půdy navíc s sebou přinášejí těžkou zemědělskou techniku, která mechanicky přispívá k dalšímu zhoršování současného stavu.

Retention Capability of the Landscape

In addition to soil sealing, which damages all soil functions, other factors limiting the functioning of soils include primarily erosion, hardening,[6] and dehumification. Soil erosion leads in upper sections of sloping land to lowering the strength (or the complete loss) of the soil's humus horizons, which have the greatest importance for water infiltration and retention. The amount of humus content in soil is also significantly reduced by intensive agricultural cultivation without addition of organic matter, because increased aeration of the soil represses the humification of organic remnants and increases their decay. A lack of organic biomass on the soil has, among other negative influences, an adverse impact on soil structure and water infiltration/accumulation capability, as well as reducing the ability to remove contaminant substances from the water.

Many soils in the Czech Republic rely only on watering from atmospheric precipitation, and thus it is necessary to take care for retaining the capacity and accessibility of water within them. The quantity of water that soil can retain for the long term includes water accessible to plant life (=usable water capacity) and inaccessible (=permanent wilting point). In the optimal state, soil should be able to retain up to $360 \, l/m^3$, degradation however lowers the retention space (erosion, dehumification, acidification, hardening) and changes the proportion of accessible and inaccessible water (hardening and changing of soil pore proportions). In 2018, new maps were published of selected hydrological functions of soil, reflecting the current state of agricultural land in the Czech Republic, covering water retention capacity, usable water capacity, and maps of hydrological soil groups.[7] Further soil degradation could bring unwelcome changes and impacts in situations of extreme climate, in which it is necessary to support the natural capabilities of soil to meet its hydrological functions.

Water Infrastructure

At the present time, humanity across continents and states is confronted with floods and droughts, while soil plays a vitally important role in balancing out abnormal climactic phenomena. Natural catastrophes on a global and local level should remind us precisely of these "non-productive" functions of soil. Above all, soil is a medium that sucks in water, holds it in place, cleanses it, and retains it for plants and animals, including even us as human beings. Precisely thanks to its high infiltration and retention capabilities, soil can grasp enormous quantities of water and then gradually release it in times of drought. Yet in many places, human activity had impacted negatively on these capabilities. The ability of soil to confront intensive rainfall, local storms, and flood or drought conditions is growing ever weaker. The equation here is simple: healthy soil resists unfavorable influences, while degraded soil loses this resistance.

Worldwide organizations have warned that soil is a limited quantity. The global population is expanding rapidly, while soil is continuing to decrease—yet humanity depends on soil for its existence. Increased foodstuffs production can be achieved by further raising output via chemical fertilisers, irrigation, and drainage, expansion of farmland at the expense of natural biotopes or improving the caloric efficiency of the crops themselves. Yet at the same time, these approaches cause soil degradation, reduce biodiversity, contaminate the soil and water, and further hasten the impact of climate change. Soil is a non-renewable natural resource, yet also a fantastic world full of life. If we destroy this life, dead soil is no longer even soil, but mere geological matter, incapable of meeting even one of its basic functions. In dead soil there are no longer any organisms to decompose organic biomass, dig out corridors and renew the soil microstructure. For agricultural production, it is particularly essential to recall that without life in the soil it would be impossible for the cycle of materials to exist during which dead organic biomass is broken down and can be put to new use. Soil holds an irreplaceable role in terms of productive and non-productive functions, most of which relate to the water cycle in the natural landscape.

In the Czech Republic, growing climate change manifests itself in the increase of the average annual air temperature, while the total amount of precipitation currently remains on the same level. What has changed, though, is the distribution of precipitation. Periods of heavy precipitation alternate with long terms without any, accompanied by agricultural or even hydrological drought. From this fact, there ensues a need to retain water in the ground, whether technically (water reservoirs) or through correct care for the

médium, které vsakuje vodu, zadržuje ji, čistí ji a uchovává pro rostliny a živočichy, kam patří koneckonců i člověk. Právě díky vysoké infiltrační a retenční schopnosti je schopna poutat obrovské množství vody a tu pak postupně uvolňovat v období sucha. Člověk v mnoha oblastech tuto schopnost negativně ovlivnil. Schopnosti půdy čelit intenzivním srážkám, lokálním přívalovým dešťům a povodním nebo suchu se stále zhoršují. Platí jednoduchá rovnice: zdravá půda nepříznivým vlivům odolává, ta degradovaná tuto odolnost ztrácí.

Světové organizace upozorňují, že půdy je omezené množství. Světová populace rychle roste a půda naopak ubývá. Lidstvo je na ní přitom existenčně závislé. Zvýšení produkce lze dosáhnout dalším zvyšováním výnosů hnojením, zavlažováním a odvodňováním, expanzí zemědělské půdy na úkor přírodních biotopů nebo zlepšením energetické účinnosti produkce potravin. Tyto postupy však zároveň způsobují degradaci půdy, ztrátu biodiverzity, kontaminaci půdy a vody a ještě urychlují dopady klimatických změn. Půda je neobnovitelný přírodní zdroj, fantastický svět plný života. Pokud tento život zničíme, mrtvá půda už není půdou, ale mrtvou hmotou, která nemůže plnit ani jednu ze svých základních funkcí. V mrtvé půdě nemá kdo rozkládat organickou hmotu, hloubit chodby a obnovovat půdní mikrostrukturu. Pro zemědělskou produkci je obzvlášť důležitá skutečnost, že bez života v půdě by nebyly možné koloběhy látek, při nichž se odumřelá organická hmota rozkládá, a může tak být znovu zužitkována. Půda má nezastupitelnou úlohu z pohledu produkčních i mimoprodukčních funkcí, z nichž většina se vztahuje ke koloběhu vody v krajině.

V České republice se postupující klimatická změna projevuje zvyšováním průměrné roční teploty vzduchu, zatímco celkové úhrny srážek zůstávají na stejné úrovni. Mění se však rozložení srážek. Období vydatných srážkových úhrnů jsou střídána obdobími beze srážek, doprovázenými zemědělským až hydrologickým suchem. Z toho vyplývá potřeba zadržet vodu v krajině, a to buď technicky (vodní nádrže), nebo správnou péčí o půdu. Zadržení vody v nádržích je nezbytné především pro zajištění dodávek pitné vody a nadlepšování průtoků ve vodních tocích. Pro zemědělství je vhodné především zadržení vody přímo v půdě, pro nějž je potřebný její dobrý zdravotní stav a vhodná drsnost povrchu (střídání plodin, zatravněné pásy, lesní porosty). Zdravá půda o mocnosti jeden metr na ploše 1 km^2 dokáže zadržet v průměru 300 000 m^3 vody. Než začneme v krajině uvažovat o technických zásazích, tak bychom se měli věnovat kvalitě půdy. Celková soil. Retention of water in reservoirs is necessary primarily for ensuring drinking water supplies or regulating the flow volumes in watercourses. For agriculture, it is far better to ensure retention of water in the soil itself, yet for this the soil needs to have good health and suitable surface roughness (alternating crops, grass areas, forest). Healthy soil with a depth of 1 m over an area of 1 km^2 can retain on average 300,000 m^3 of water. Before considering greater technical interventions, we should pay adequate attention to soil quality. The total potential retention of Czech agricultural soil equals 8.4 billion m^3 of water. By comparison, the first newly planned reservoir in Nové Heřminovy has a water volume of only around 15 million m^3 and with costs of 2.5 billion crowns. The current state of Czech farmland means that its momentary potential for water retention is significantly lower, somewhere around 5.04 billion m^3 of water, i.e about 3.3 billion cubic metres less than healthy soil would hold: a figure that equals a full 220 similar reservoirs.

The state of agricultural land in the Czech Republic is threatened by construction, sealing, and current farming practice. It is important to keep continually in mind that any threat to the soil is also a threat to our existence on it. Current and upcoming climate changes make this problem, already quite significant, particularly urgent. It is a problem that by rights should spark a massive public debate about the values that we gain with intensive agriculture and construction, and those that we lose.

potenciální retence našich zemědělských půd činí 8,4 miliardy m^3 vody. První nová plánovaná přehrada Nové Heřminovy má mít pro srovnání objem vody v řádu cca 15 milionů m^3 vody a bude stát 2,5 miliardy korun. Současný skutečný stav krajiny způsobuje, že její momentální potenciál pro zadržení vody je výrazně nižší, někde na úrovni 5,04 miliardy m^3 vody, tedy o 3,3 miliardy méně, než by mohl být se zdravou půdou. Toto číslo se rovná rozdílu 220 takových přehrad.

Stav zemědělské půdy v Česku je ohrožován výstavbou, zábory a současným způsobem zemědělství. Je důležité si neustále připomínat, že společně s půdou je ohrožována také naše existence na ní. Současné a nadcházející změny klimatu dělají z významného problému už problém kritický. Takový, jenž by měl vyvolat celospolečenskou diskuzi o hodnotách, které intenzivním zemědělstvím a výstavbou získáváme, a hodnotách, které ztrácíme.

1   Leased or rented to agricultural firms, i.e. the land is farmed by a tenant.

2   Dana Sálusová, *České zemědělství očima statistiky 1918–2017* [Czech Agriculture through Statistics 1918–2017] (Praha: Český statistický úřad, 2018).

3   *Situační a výhledová zpráva: Půda* [Situation and Perspective Report: Soil] (Praha: Ministerstvo zemědělství 2018).

4   Soil retention capability is set for a soil profile with an area of 1 m; it implies the ability of the soil to retain water for a longer period without any outflow.

5   Jan Vopravil, Tomáš Khel, Darina Heřmanovská, and Ondřej Holubík – Petra Huislová, *Mapové vymezení charakteristik retenční vodní kapacity zemědělských a nezemědělských půd ČR s celorepublikovou územní kategorizací* [Map outlining the characteristics of water retention capacity for agricultural and non-agricultural land in the Czech Republic with national land categorization]. Specialized map with professional information, licence no. 12/14130-MZe-2018. Available at https://geoportal.vumop.cz.

6   This involves the compression of soil by repeated passages of heavy agricultural machinery, particularly in case of unsuitable (high) soil dampness. Hardening causes a dissolution of soil structures, with the result of changes in porosity, volume mass, infiltration and permeability capability, or lowered retention capacity.

7   See note 5. Also compare "Nové mapy hydrologických funkcí půd" [New Maps of Soil Hydrological Functions], https://www.vumop.cz/nove-mapy-hydrologickych-funkci-pud.

1   Propachtována neboli pronajata zemědělským firmám. Na půdě tak hospodaří nájemce.

2   Dana Sálusová, *České zemědělství očima statistiky 1918–2017*, Český statistický úřad, Praha 2018.

3   *Situační a výhledová zpráva: Půda*, Ministerstvo zemědělství ČR, Praha 2018.

4   Retenční schopnost půdy je stanovena pro půdní profil o mocnosti jeden metr; jedná se o schopnost půdy zadržet vodu po delší dobu bez toho, aby z půdy odtekla.

5   Jan Vopravil – Tomáš Khel – Darina Heřmanovská – Ondřej Holubík – Petra Huislová, *Mapové vymezení charakteristik retenční vodní kapacity zemědělských a nezemědělských půd ČR s celorepublikovou územní kategorizací* (specializovaná mapa s odborným obsahem, osvědčení č. 12/14130-MZe-2018). Dostupné na https://geoportal.vumop.cz.

6   Jde o stlačování půdy opakovanými přejezdy těžkou zemědělskou technikou, a to zejména za nevhodné (vysoké) vlhkosti půdy. Utužením dochází k rozpadu půdní struktury mající za následek změny pórovitosti, objemové hmotnosti, schopnosti infiltrace a propustnosti, snížení retenční kapacity.

7   Viz pozn. 5. Srov. též Nové mapy hydrologických funkcí půd, https://www.vumop.cz/nove-mapy-hydrologickych-funkci-pud.

ASPHALT, CONCRETE, AND OTHER ROCKS: A NATURAL HISTORY OF LOGISTICS

A Modest Proposal

The agricultural land, as it is presently used and farmed, contributes relatively highly to the production of greenhouse gasses... As part of the proposal, a larger part of the plot will be built over or covered with hard landscaping, and a nominal 25% of the plot will be planted with grass and greenery. With a partial replacement of the intensely farmed land with grass surfaces, we can hypothetically assume a certain possible, although within the wider environment negligible, reduction of greenhouse gasses production from the agricultural land and improvement of the microclimate in those areas that will be planted with trees.[1]

This is a section of an official report commissioned for one of the logistics developments in Czechia as part of the Environmental Impact Assessment (EIA), a mandatory planning process whose role is to evaluate the environmental impacts of any larger development. The reasoning of this text is clear: it is more sustainable to build a warehouse over an agricultural field than it is to grow food on it. Such a statement is too radical to be put aside as mere engineering reductionism. Merely to propose, in a legally binding document, that an industrial development covering over 75% of a given area is less harmful to the environment than growing plants is in itself a reality demanding our reflection.

Firstly, let us point out that this conclusion is of course incorrect. A very well-insulated building has a greenhouse gas footprint about eighteen times greater than the proportional area of an agricultural field, even if gases like methane and nitrous oxide are taken into account.[2] Yet the fact that the statement is untrue should not stop us from examining it, as it did not stop the authors of the report from making it. They could only have made it if there had already been a certain consensus established by others before them. Instead, this excerpt can serve as a point of entry into the discussion on the relationship between the shed and the field over which it was built, the "artificial" structure replacing the "natural" life-supporting layers underneath. The new all-encompassing situation of climate change is the only kind of force with the capacity to bring these different objects onto the same level, or to reveal their sameness to us.

Although the actual emission values might be dramatically different, agricultural land is, in its current form, responsible for causing significant harm to the environment. To build a logistics park instead of a field is just somewhat (eighteen times) worse. Warehouse sheds are areas of hardened, covered ground, and industrially farmed fields are merely flat carriers for added nutrients. In the shed, it is the architecture, and in the fields the chemistry and machinery that, admittedly to different degrees, control the contingencies of nature. Today, the renewed understanding of the relationship between the human and the rest of nature teaches us not only that these *contingencies* are to a growing extent a consequence of this *control*, but at the same time that the *control* has the whole time been just one of the *contingencies*.

For us both to understand and to counter propositions similar to the one above, we may need to develop an updated definition of culture in soil and nature and in what replaces it. We could of course use the ready-made concept of the Anthropocene, although, as others have pointed out before us, it might be impractical once again to separate humanity from the rest of the biosphere at precisely the time when a re-evaluation of this division is most required. Our method here will be closer to Adorno's concept of "natural history," insofar as it recognizes the process through which (human) history produces a second, dead nature, which it then instantly presents as the new, eternal, unchanging nature. In line with the focus of this entire publication on the material culture of logistics, we will briefly explore the land contested in the opening quote from the standpoint of the materials involved in its various metamorphoses.[3]

tento úryvek sloužit jako vstupní bod do diskuze o vztahu haly a pole, na němž byla postavena. Ve vztahu „umělé" struktury nahrazující „přírodní", život podporující vrstvy v nové, je všezahrnující situace změny klimatu jedinou silou schopnou přenést tyto tak rozdílné objekty na stejnou úroveň nebo pro nás odhalit jejich vnitřní stejnost.

Přestože samotné úrovně emisí jsou dramaticky rozdílné, je možné říci, že zemědělská půda je ve své současné podobě odpovědná za významnou újmu životnímu prostředí. Postavit místo této půdy logistický park je jen poměrně (osmnáctinásobně) horší. Skladové haly jsou plochy zpevněné zakryté země a průmyslově obdělávaná pole můžeme vidět jen jako plošné nosiče uměle dodaných minerálních živin. U haly je to architektura a u polí chemie a mechanizace, které rozdílnou měrou kontrolují náhody přírody. Nově chápaný vztah přírody a člověka nám dnes ale ukazuje, že nejenže jsou tyto *náhody* čím dál tím více důsledkem této *kontroly*, ale tato *kontrola* byla celou dobu jenom jednou z oněch *náhod*.

Abychom mohli pochopit a odmítnout návrhy podobné výše citovanému, měli bychom rozvinout aktuálnější definici kultury půdy a přírody v čemkoli, co tuto půdu nahrazuje. Mohli bychom samozřejmě použít již ustálený koncept takzvaného antropocénu, ale jak bylo už popsáno, mohlo by být neužitečné znovu oddělovat lidstvo od zbytku biosféry právě ve chvíli, kdy je opětovné přezkoumání tohoto rozdělení nejnaléhavější. Naše metoda zde tak bude bližší Adornově představě „přírodní historie" jako způsobu porozumění procesu, v němž (lidská) historie vytváří druhou, „mrtvou" přírodu, kterou vzápětí předkládá jako věčnou a neměnnou přírodu novou. V souladu se zaměřením celé této publikace na materiální kulturu logistiky nahlédneme stručně na proměny na úrovni země, zmíněné v úvodním citátu, a to z pozice materiálů, které v této proměně figurují.[3]

Construction of a new shed in CTPark Bor.
Photo: Miroslav Pazdera, 2018.

Výstavba nové haly, CTPark Bor.
Foto: Miroslav Pazdera, 2018.

Footprint Architecture

Architecture relates to the ground on which it stands through its footprint, a projection of its widest outline, both a material object and a numerical value. As an abstraction of that portion of land which is directly covered from sun and rain, i.e. from vegetation, it is often both subject and means of public regulation. This surface has two sides: the building on top and the ground below. To build a shed over agricultural land is to take away and store certain layers, supposedly natural, and replace them with new layers, supposedly artificial. We are speaking here of essentially three materials: soil, concrete, and asphalt.

Soil is a complex mixture of minerals, water, air, organic matter, and countless organisms that are the decaying remains of once-living things. It is used to grow plants and to support life. Asphalt pavement is an oil-based product, also a mixture of minerals and decayed organic matter, except that the organic matter originated in a different geological time and its decay lasted for about 140 million years. It is mostly used to support motor vehicles. Concrete is a mixture of essentially three groups of minerals generally referred to as cement, gravel, and sand, with added polymers and steel reinforcement. It is used to support the weight of buildings, infrastructure, and that of their users. Sometimes these products are further mixed to create halfway hybrids like soil cement, asphalt concrete, or asphalt soil, as when asphalt emulsion is sprayed over dusty roads. Although soil, asphalt, and concrete are obviously discernible, we can pretend—in the spirit of our initial guiding quote—that they are not in order to see in what ways might the soil be historical and the asphalt natural.

Architektura zastavěné plochy

Architektura se k zemi, na níž stojí, vztahuje svým zastavěným územím, projekcí svého nejširšího obrysu, hmatatelnou skutečností i číselnou hodnotou. Je to abstrakce té části země, která je přímo skrytá slunci a dešti, tedy vegetaci, a jako taková je jak předmětem, tak způsobem veřejné kontroly. Tento povrch má dvě strany: budovu nad sebou a zemi pod sebou. Postavit skladovou halu na zemědělské půdě znamená odebrat jisté zdánlivě přírodní vrstvy a nahradit je vrstvami jinými, zdánlivě umělými. Mluvíme zde především o třech materiálech: o půdě, betonu a asfaltu.

Půda je složitá směs minerálů, vody, vzduchu, organických hmot a nespočtu organismů, které jsou rozkládajícími se zbytky dřívějšího života. Je používána k pěstování rostlin a podpoře života. Asfalt je produkt na bázi ropy, také směs minerálů a rozložené organické hmoty, s jedinou výjimkou toho, že tato organická hmota pochází z jiného geologického období a její rozklad trval přibližně 140 milionů let. Podpírá především motorová vozidla. Beton je směs tří skupin minerálů, obecně popisovaných jako cement, písek a štěrk, s přidanými polymery a ocelovou výztuží. Podpírá tíhu budov, infrastruktur a jejich uživatelů. Někdy jsou tyto produkty dále míchány za vzniku hybridů, jako jsou suchý beton či asfaltobeton nebo je asfaltová emulze rozstřikována přímo na prašné cesty. Přestože jsou cement, beton a půda samozřejmě rozlišitelné, můžeme v duchu našeho úvodního citátu předstírat, že nejsou, abychom mohli vidět, jakým způsobem je půda historická a asfalt přírodní.

Z celkové výstavby jsou to právě logistické stavby, jež nabízejí nejzajímavější případ vzájemné přeměny těchto tří materiálů. Ještě výrazněji než u ostatních komerčních projektů je pro skladové haly

Of all construction, logistical structures offer us maybe the most interesting case to study the mutual metamorphosis of these three materials. Even more than for other commercial developments, the footprint is the principal defining value of storage buildings. Their architecture only cultivates and protects the footprint, or really it *is* this footprint encapsulated in a steel envelope. Their depth is that of the ground floor slab and their height is the standard 12 meters, as derived from the façade panel. With only a few exceptions, the Steel Cities are single-storied. Their footprint can be roughly equated to their lettable area. The floor is the principal and only asset. In the cutting-edge warehouses, the floor is technologized by robots and grids, generally it is just strictly flat, durable, and free of obstacles. Its impact-resistant solidity extends gradually to the warehouses' immediate surroundings, to parking lots, roads, highways, and continents.

A large, internationally oriented logistics park can entail anything from 200,000 up to 500,000 m² of net storage area and up to three times as much of soft and hard landscaping, roads, and fences, a figure only slightly smaller than the size of Prague's Old Town. These vast areas, both within and in-between the sheds, are in fact often expressed in hectares as agricultural land habitually is. Their very scale defines them as landscape structures, rather than architectonic structures.[4] They are nothing but covered land, and hence this land forms the only factor which gives the Steel Cities any specificity or shape.

For example, in 1948 the average size of a single field in Czechoslovakia was 0.23 hectares; for reasons which will be explained below it is 20 hectares today.[5] In other words, a smaller logistics park can nowadays fit onto a single field in an orderly, efficient fashion. If we compare it with logistics centers in Britain for instance, which have a more intricate ownership structure, the Czech parks are more orthogonal and more regularly ordered. The logistics centers in Germany, on the other hand, are still larger, better placed and better linked to different kinds of infrastructures as a result of nationwide planning. In Czechia, such public coordination largely does not exist, and the logistics parks spring up as more or less coordinated private enterprises on those fields which were profitably attainable. The logistics center takes the ground somewhat more intensely than other architectures do, mostly because apart from this "taking" the

zastavěná plocha hlavní určující hodnotou. Jejich architektura pouze zpevňuje a chrání tuto plochu nebo snad přímo *je* touto plochou, jen obalenou ocelovými panely. Hloubka haly je hloubkou základové desky, standardní výška 12 metrů je odvozena z modulu fasádního panelu. Ocelová města jsou až na výjimky přízemní a jejich zastavěná plocha zhruba odpovídá jejich čisté užitné ploše. Podlaha je hlavní aktivum, ve špičkových skladech je technologizována roboty a rastrovými systémy, obecně je prostě jen striktně plochá, odolná a bez zbytečných překážek. Její certifikovaná tvrdost postupně přechází do nejbližšího okolí hal, parkovišť, silnic, dálnic a kontinentů.

Velký mezinárodně orientovaný logistický park může zahrnovat cokoli mezi 200 až 500 000 m² čisté skladové plochy a až třikrát tolik zpevněných ploch, krajinářských úprav a plotů, tedy až 150 hektarů, což je pro představu o málo větší než rozloha Starého Města pražského. Tyto rozsáhlé plochy jsou jak uvnitř, tak vně skladovacích hal často přímo uváděny v hektarech, tak jak bývá kvantifikována zemědělská půda. Jejich měřítko je definuje jako krajinné, spíše než architektonické struktury.[4] Nejsou ničím jiným než zakrytou zemí, na níž stojí, a tato země tak zůstává jediným faktorem, který dává ocelovým městům nějaký tvar.

Průměrná velikost pole v Československu byla v roce 1948 0,23 hektaru a dnes je z důvodů, ke kterým se ještě dostaneme, celých 20 hektarů.[5] Menší logistický park se tedy jinými slovy relativně spořádaně vejde už na jedno jediné pole. Srovnáme-li tuto situaci například s logistickými centry v Británii, s její komplikovanější vlastnickou strukturou, jsou české parky více ortogonální a pravidelněji uspořádané. Logistická centra v Německu jsou naopak ještě větší, lépe umístěná a lépe propojená s různými druhy infrastruktur včetně zelenějších způsobů dopravy, což je důsledek celostátního plánování. V Česku takováto koordinace chybí a logistické parky se tak objevují jako více či méně koordinované soukromé podniky právě na tom poli, jež se podařilo výhodně získat. Logistická centra zabírají zemi jaksi více než jiná výstavba, především proto, že mimo toto „zabírání" nedělá jejich architektura v podstatě nic jiného. Přestože jsou problematická sama o sobě, nabízejí především vhled do toho, jak zabíráme půdu v krajině obecně a jaké to má důsledky.

architecture does little else. Even though it is largely problematic in and of itself, the logistics park offers a case study of how we take up land more generally and what it means when we do.

Free Soil

The current form of agriculture does not make it very difficult for the developers to persuade the relevant authorities that to build over farmland is not such a loss after all. To this extent, the introductory proposal, which suggested it is more sustainable to build over agricultural fields rather than keeping them, was not altogether incorrect. Large-scale industrial agriculture in Czechia, as elsewhere, demands unsustainable practices of land use and water management but, more than elsewhere, does so with great intensity, carelessness, and also long tradition.

The vast majority of logistics parks was built over what had before been farmland. In Czechia, the average cost of the latter is around 0.75 €/m²,[6] the value of commercial land can be anywhere between 20 to 200 €/m². The process of conversion from the former to the latter, a process known as soil sealing, is by no means simple, but the potential profit is worth every attempt. Some of the soon-to-be-buildable farmland is located around the cities, where the potential conversion can be justified by the still generally acceptable idea of urban growth, while elsewhere, as we well know, the Steel Cities appear in the open landscape. The second type is both more and less contentious. To build over a green field in the midst of other green fields is generally considered inappropriate, even immoral, and a great deal of legal, habitual and cultural obstacles are put in the way of this happening. At the same time, to build "in the middle of nowhere" is to build out of sight of public scrutiny and metropolitan interest.

The soil sealing process typically starts with the EIA assessment of the development's impact on the environment, a quote of which served as introduction for this text. If successful, it is followed by a revision of the local zoning plan in case there is one, or the extent of buildable land in case there is none, and of course planning permission is necessary. When, at the end of the journey, the land is finally converted from agricultural to commercial land, from unbuildable to buildable, substantial commercial value is created seemingly instantly and out of nowhere. But this value is in fact created

Volná půda

Současný způsob zemědělství developerům příliš nekomplikuje přesvědčovaní správních orgánů o tom, že zástavba zemědělské půdy není až taková ztráta. V tomto ohledu nebyl úvodní úryvek zcela zavádějící. Průmyslové zemědělství velkého měřítka v Česku stejně jako jinde prosazuje neudržitelné praktiky užívání půdy a vody. Více než v jiných zemích tak ale činí s obrovskou intenzitou, lhostejností, a dokonce s dlouhou tradicí.

Velká většina logistických parků je stavěna na zemědělské půdě, jejíž průměrná cena je v Česku 0,75 eura za metr čtvereční.[6] Ceny komerčních pozemků se pohybují kdekoli mezi 20 a 200 eury za metr čtvereční. Proces přeměny z prvního na druhé, takzvaný zábor půdy, není v žádném případě jednoduchý, ale přesto finančně hodný každého pokusu. Část z této potenciálně zastavitelné zemědělské půdy se nachází v okolí měst, kde je jejich případná přeměna ospravedlnitelná stále obecně akceptovatelným růstem měst, jinde vyrůstají ocelová města v otevřené krajině. Druhý typ je více i méně sporný než ten první. Stavět na zelené louce mezi jinými zelenými loukami je stále všeobecně považováno za nevhodné, dokonce nemorální a takovému jednání je do cesty kladena velká spousta právních, zvyklostních a kulturních překážek. Stavět „uprostřed ničeho" ale zároveň znamená stavět mimo podrobný dohled veřejné kontroly a zájem metropole.

Větší zábory půdy typicky začínají procesem EIA posuzujícím dopady na životní prostředí, jak jsme viděli v úryvku na začátku tohoto textu. Pokud je stanovisko souhlasné, následuje změna územního plánu, pokud nějaký existuje, nebo překreslení hranice zastavitelného území obce, pokud neexistuje žádný, a konečně samozřejmě územní rozhodnutí a stavební povolení. Když je na konci tohoto procesu půda přeměněna ze zemědělské na komerční, z nezastavitelné na zastavitelnou, vzniká nezanedbatelná finanční hodnota, zdánlivě okamžitě a odnikud, ve skutečnosti ale na úkor veřejného zájmu otevřené krajiny, jednoho z ohrožených společných zdrojů. Není náhodou, že v češtině je souhrn veškeré zemědělské půdy popisován jako půdní fond a je to právě z tohoto fondu, odkud proudí některé z těchto násobných zisků. Jeho důležitost je dokonce kodifikována

on the basis of the public domain's open landscape, one of the contested commons. It is no coincidence that in Czech the sum of all unbuilt soil is technically referred to as the soil *fund* and it is from this fund that some of the profits are attained. The importance of this resource is codified in the special Act no. 334/1992 Coll. where the soil fund is defined as "a principal natural wealth of our country, an irreplaceable means of production."[7] When the legal protection the soil enjoys is removed, its substance is instantly changed from a life-supporting irreplaceable means of production into a specific type of rubble which stands in the way of new development and needs to be cast aside.

Land and landscape in Central Europe have always been exposed to all kinds of human calamities like, for instance, the post war expulsion of the 10.5 million Germans from Czechoslovakia and Poland, and the subsequent collectivization of all Czechoslovak agricultural land. Between 1948 and 1960, the previously individually owned plots of land in Czechoslovakia were joined legally, but also physically, into endless monocultural fields covering the rolling terrain underneath like a carpet. As a result, the average size of a single Czech field is 20 hectares today, closer to the EU's size of a typical farm (16 ha), while the average farm size in Czechia is 133 hectares![8]

Surprisingly, this carpet landscape has easily survived the radical changes brought by the Velvet Revolution, including the extensive property restitutions. Most of the state-owned collective farms, or "agricultural cooperatives," were transformed into private companies and these developed into still larger joint-stock corporations. In the new political system, the same motivations that lead to the physical joining of fields in the 1950s on continued to prevail: ease of management, use of heavy machinery, maximization of farmable area, but newly also the maximization of the area per which the EU subsidies can be claimed, of nominally 2.6 eurocents/m². Most agricultural land in Czechia is not owned by the companies that farm them but is leased out instead, with an average rent of 3 cents/m². In other words, the land, if farmed, is virtually free, easy to take or give away.

The results can already be measured. The extensive degradation of soil caused by the intensive short-term large-scale agriculture leads to the decline of organic content, of water retention and fertility. Some experts pointed out cases

zvláštním zákonem č. 334/1992 Sb., kde je půdní fond definován jako "základní přírodní bohatství naší země, nenahraditelný výrobní prostředek umožňující zemědělskou výrobu a jedna z hlavních složek životního prostředí".[7] Ve chvíli, kdy je právní ochrana půdy odňata, je její hmota najednou přeměněna ze života podporujícího a nenahraditelného přírodního zdroje ve specifický druh suti, který leží v cestě novému rozvoji, a musí tudíž být odsunut stranou.

Země a krajina byly ve střední Evropě opakovaně vystavovány nejrůznějším druhům lidmi vytvořených kalamit jako například poválečného odsunu 10,5 milionu Němců z Československa a Polska a následné kolektivizace vší československé zemědělské půdy. Mezi roky 1948 a 1960 byly do té doby samostatné půdní bloky spojeny, a to jak vlastnicky, tak i fyzicky, do nekonečných monokulturních lánů pokrývajících vlnitý terén pod sebou jako špatně padnoucí koberec. V důsledku toho je průměrná velikost pole v Česku 20 hektarů, blíže k průměrné evropské rozloze celé farmy (16 ha), zatímco průměrná velikost české farmy je dokonce 133 hektarů![8]

Tato kobercovitá krajina přežila radikální změny spojené se sametovou revolucí včetně extenzivních majetkových restitucí. Většina družstev byla přetvořena ve firmy s ručením omezením, které se spojovaly v ještě větší akciové společnosti. V novém politickém systému přetrvaly původní motivace pro scelování pozemků: jednoduší správa, užití těžké mechanizace, maximalizace oseté plochy a nově také maximalizace plochy, na niž lze čerpat evropské dotace ve výši přibližně 2,6 eurocentu na metr čtvereční. Toto číslo je pro nás důležité, neboť většina zemědělské půdy v Česku není vlastněná firmami, které ji obhospodařují, ale je naopak pronajatá neboli propachtovaná, a to za průměrný nájem tří centů za metr čtvereční. Jinými slovy obdělávaná půda je v podstatě volná. Je jednoduché ji získat nebo se jí zbavit.

Výsledky tohoto hospodaření už jsou měřitelné. Extenzivní degradace půdy způsobená intenzivním, krátkodobě cíleným zemědělstvím, způsobuje snižování podílu organické hmoty, zhoršením retence vody a úrodnosti. Někteří experti popisují příklady, v nichž je intenzivně využívaná půda redukována na plošný nosič uměle dodaných fosfátových živin a život uvnitř redukován na minimum. Stavět namísto této půdy je podnik velmi odlišný od zástavby jakéhosi dávno minulého bukolického snu. Spíše se jeví, alespoň některým pohledům, jako stavění na poušti, na kterou vysokozdvižné vozíky přinášejí alespoň nějaký druh života.

Interior of an empty shed, CTPark Bor.
Photo: Miroslav Pazdera, 2018.

Interiér prázdné haly, CTPark Bor.
Foto: Miroslav Pazdera, 2018.

in which the intensely exploited land has been reduced to a substrate for artificial nutrients and the formerly rich inner life has been reduced to a minimum. To build over such land is very different from building over some long-lost collective bucolic dream. It appears, to some at least, more like building on a desert, to which the trucks and the forklifts will bring at least some kind of life.

Hard Rock

Now that we've established the uncertain standing of the soil which the logistics compounds replace, we can have a closer look at the physical substance of that which they replace it with. In 2001, the geologist James Ross Underwood proposed to the Geological Society of America that in addition to sedimentary, metamorphic, and igneous rocks a fourth category should be created, one which he has called the anthropic rocks, with substances like asphalt, glass, and concrete, i.e. the rocks created by the collective geological force of humans.[9] This categorization has not yet been officially implemented.

The now well-established concept of the Anthropocene, of which the anthropic rocks would form an obvious category, is a geochronological term defining the latest era of the planet's history by means of human impact on the Earth's crust. At least since the deployment of atomic weapons in the 1940s, but possibly long before that, humans had a measurable, geological influence on the substance of the planet's crust that they supposedly only inhabit, and thus qualified as a major geological force. Yet, as Bruno Latour

Tvrdá hornina

Poté, co jsme stručně popsali nejistou situaci půdy, kterou logistická centra nahrazují, můžeme se blíže podívat na materiál, jenž ji nahrazuje. V roce 2001 geolog James Ross Underwood navrhl Americké geologické společnosti, že kromě usazených, vyvřelých a přeměněných hornin by měla vzniknout ještě čtvrtá kategorie, kterou nazval antropické horniny, do které zahrnul látky jako asfalt, sklo nebo beton, tedy horniny vytvořené kolektivní geologickou silou člověka.[9] Tato kategorizace nebyla do této chvíle oficiálně zavedena.

Dnes obecně známý koncept antropocénu, jehož jsou antropické horniny zřejmou kategorií, je geochronologický termín, který popisuje poslední údobí planetární historie podle dopadu lidí na zemskou kůru. Přinejmenším od testů atomových bomb ve čtyřicátých letech, ale nejspíše již mnohem déle, vykazují lidé měřitelný, geologický dopad na látku zemské kůry, již se zdají pouze obývat. Lidská aktivita je podle tohoto konceptu v současnosti nejvýznamnější geologickou silou. Jak popsal například Bruno Latour, antropocén je užitečný i neužitečný koncept.[10] Je užitečný, protože odhaluje dopad, jaký

and others have suggested, the concept of the Anthropocene can be both helpful and unhelpful today:[10] helpful insofar as it reveals the agency humankind really has through the credible language of geology; unhelpful because it at the same time entrenches the distinction between humans as the sole subject on a planet which is but an object, one to be either preserved or destroyed by them.

The sum of all physical structures which people have built throughout history is indeed geological. At 580,000 km^2, it now covers 0.6% of habitable land, the size of France. In Europe, this value is at 2.3%, just below the size of Bulgaria. Arable soil, only somewhat (eighteen times) different in its kind of artificiality, amounts to 37.7% of the world's habitable surface, or a little over the size of Asia. In Europe, where the building stock is considered relatively old, 60% of all buildings are nonetheless no older than 50 years, and we can safely assume that even globally, most of the impermeable physical structures built to date are, in one way or another, using concrete. What we do know is that concrete, this hard anthropic rock, is now the single most used material on Earth.[11]

More than a building material, concrete is a geological force, acting both directly, through its physical impact on the Earth's crust, and indirectly, with cement as a major contributor to global warming. Cement amounts to 8% of all CO_2 production globally, more than twice as much as all air travel combined.[12] In some ways, cement is not particularly different from the "other" fossil fuels. In the chemical reaction in which it is produced, lime (that is sediments of ancient life) is burned in mere moments while the CO_2 collected over eons is instantly released into the present atmosphere. The remaining transformed substance of cement is redistributed into new, better, more predictable, more durable, human-made biomechanical sediments. Veins of infrastructure and deposits of cities are spreading faster than they ever have. The Canadian-Czech scientist Vaclav Smil, whose interdisciplinary research explores the human use of energy and materials, calculates that more concrete was used in China between 2008 and 2010 than it had been in the United States over the course of the entire 20th century.[13] For a geological illustration, we can mention another calculation by the same author, noting that every two decades humans are placing a volume of concrete equivalent to the volume of Mount Fuji onto the Earth's surface.

lidstvo na svou planetu skutečně má, a to uvěřitelným a jasným jazykem geologie, a je neužitečný, protože znovu otevírá příkop rozdělení mezi člověkem jako jediným subjektem současného světa a planetou Zemí jako objektem, jenž je člověkem tu ničen, tu chráněn.

Souhrn všech fyzických struktur, které lidé vytvořili v průběhu historie, je nesporně geologický. Se svými 580 000 kilometry čtverečními pokrývají 0,6 % veškeré obyvatelné pevniny, tedy přibližně rozlohu Francie. V Evropě je tato hodnota na 2,3 % rozlohy, tedy zhruba velikosti Bulharska. Orná půda, jen poměrně (osmnáctkrát) jiný druh umělé struktury, pokrývá 37,7 % obyvatelné pevniny neboli o něco málo více, než je rozloha celé Asie. V Evropě, kde jsou stavby relativně staršího původu než ve zbytku světa, jich 60 % není starších více než 50 let, a můžeme tedy bezpečně odhadnout, že velká většina všech zpevněných ploch používá beton. Co víme s jistotou, je, že beton, tato tvrdá antropická hornina, je dnes nejužívanějším materiálem na světě.[11]

Beton je víc než jen stavební materiál, je to geologická síla působící na planetu jak přímo, tak nepřímo. Výroba cementu je jedním z hlavních faktorů globálního oteplování. Odpovídá 8 % všeho oxidu uhličitého vyprodukovaného lidmi, což je například přibližně dvakrát více než veškerá letecká přeprava.[12] V jistém ohledu není cement natolik odlišný od „ostatních" fosilních paliv. Při chemické reakci, při níž vzniká, je vápno (neboli biomechanický sediment prastarého života) páleno a jeho společné CO_2 nastřádané za celé věky je v okamžiku vypuštěno do atmosféry. Zbylá přeměněná látka cementu je redistribuována do nových, lepších, předvídatelnějších, odolnějších, lidmi vytvořených biomechanických sedimentů. Žíly infrastruktury a ložiska měst se rozšiřují rychleji než kdy dříve. Kanadsko-český vědec Václav Smil, který se prostřednictvím interdisciplinárního výzkumu zabývá lidským využíváním energie a materiálu, spočítal, že mezi lety 2008 až 2010 bylo v Číně použito více betonu, než kolik se vyrobilo ve Spojených státech amerických za celé 20. století.[13] Pro geologickou ilustraci můžeme zmínit jiný výpočet stejného autora, v němž odhadl, že lidé vytvářejí každých dvacet let množství betonu, jež je ekvivalentem objemu hory Fidži.

Deset miliard tun betonu vyrobených na světě každý rok by mohlo pokrýt celou rozlohu Česka za pouhé čtyři roky. V tomto kontextu srovnání je 8 000 000 m^2 čisté (betonové) skladovací plochy, kterou zatím v Česku zabírají logistické haly, relativně malé číslo, jak developeři sami s oblibou připomínají. Tuto plochu si přesto můžeme představit jako betonovou desku o délce

Ten billion tons of concrete produced each year globally could cover the entire territory of Czechia with a warehouse-grade floor slab in only four years. In this context, the 8,000,000 m² of net lettable (concrete) area the warehouse and quasi-industrial sheds take up to date in Czechia, as the developers themselves are always keen to point out, is a relatively small figure. Nevertheless, it can be imagined as a concrete slab of about three kilometres per side, or the distance from Prague Castle to Vyšehrad. The comparison to the size of historical Prague is fitting, as its build-up—and partially paved—area once formed the largest impervious surface in the Czech lands up until the end of the 18th century. What is still more imposing than the overall size of all warehouses in the country is the speed and persistence of their growth. From 2004 to 2006, Czechia's A-Class logistics/industrial property doubled, it doubled again until 2008 and again in 2017. Only last year, 2,000,000 m² were taken out of the soil fund for the purposes of logistics and industrial parks.[14]

The sheds spreading in the landscape appear light and easy to disassemble. True, their structure, façade, and equipment can be relatively easily removed, although even that is costly. What is not possible to disassemble are the concrete sarcophagi underneath the sheds. They can indeed be broken down like the rock they are, but this rock-ness of concrete has implications for its demolition that go beyond solidity and hardness. The difference between demolishing a stone wall and demolishing a mountain range lays in the scale and economy of means, and it is against these that the combined area of all logistics sheds becomes practically permanent.

When the conversion from unbuildable to buildable land is complete, and after the protection of law is lifted, the transformation is finally consumed also physically. The concrete slabs penetrating the ground are likely to stay long after the sheds they support are gone and forgotten. Unlike the effects of unsustainable agriculture described earlier, which compromise only some of the soil's functions, the ground sealed with concrete loses virtually all its functions. If the shed above is removed, the flat concrete exposed to the sun forms a rock-like platform supporting only certain species of insects and reptiles. The second, dead nature, will manifest itself literally, on the hot grey surface of a former concrete slab.

hrany tři kilometry, odpovídající vzdálenosti z Pražského hradu k Vyšehradu. Srovnání s historickou Prahou je na místě, jelikož tato zastavěná – a z části dlážděná – plocha byla až do konce 18. století pravděpodobně největším nepropustným povrchem v české kotlině. Co je ještě působivější než celková rozloha hal v Česku, je rychlost, s jakou tato rozloha roste. Mezi roky 2004 a 2006 se plocha A-Class hal zdvojnásobila. Zdvojnásobila se znovu v roce 2008 a znovu v roce 2017. Jen za poslední rok bylo pro logistické a průmyslové parky vyňato z půdního fondu na 2 000 000 m².[14]

Haly rozšiřující se krajinou se zdají lehké a rozmontovatelné. Jejich nosná konstrukce, fasáda a vybavení takové dokonce i mohou být, přestože i jejich demolice je nákladná. Co snadno rozmontovatelné není, jsou betonové sarkofágy, na nichž haly stojí. Stejně jako jiné horniny mohou být tyto betonové desky sice rozbity, ale „kamennost" betonu má důsledky pro případnou demolici sahající daleko nad rámec spojitosti a tvrdosti. Rozdíl mezi zbouráním kamenné zdi a hory leží v měřítku a ekonomičnosti prostředků tohoto bourání. Je to právě vinou těchto dvou, že souhrnná rozloha logistických hal je už dnes prakticky trvalou součástí české krajiny.

Poté, co je přeměna z nezastavitelné na zastavitelnou půdu dokončena, a poté, co zmizí veškerá ochrana zákona, je transformace zkonzumována také fyzicky. Betonové desky pronikající zemí pravděpodobně zůstanou dlouho poté, co haly, které podpírají, budou dávno zapomenuty. Na rozdíl od důsledků neudržitelného zemědělství, popsaných výše, jež ohrožují jen některé z půdních funkcí, země utěsněná betonem ztrácí tyto funkce všechny. Pokud je hala nad deskou odstraněna, rovný beton vystavený slunci vytváří skalnatou platformu obývanou jen některými druhy hmyzu a plazů. Druhá, mrtvá příroda, se na rozpálených šedých plochách dřívější betonové desky ukáže doslovně.

Containers "stranded" on land at Amazon in Dobrovíz near Prague. Photo: Kateřina Frejlachová, 2019.

Kontejnery „uvízlé" na pevnině, Amazon v Dobrovízi u Prahy. Foto: Kateřina Frejlachová, 2019.

Smooth Rock

There is less sheer volume asphalt than there is concrete, but the former substance is arguably more interesting. It is cheaper, faster, smoother, and much stranger. Within the discussion on the natural history of logistics, asphalt, the smooth rock, has a special standing. Its primal substance, the one that connects the different mineral aggregates into a firm pavement, is a direct derivate of oil. The apparatus of logistics, powered by oil, is also supported by oil from underneath.

Unlike concrete, asphalt (or bitumen) does require an introduction. It is a mixture of high molecular-weight hydrocarbons of naturally oxidized or artificially processed petroleum. Technically, this amounts to only about 5% of the actual pavement, of which most consists of mineral aggregates, but colloquially it is identical with it. Thanks to its chemical properties, asphalt remains plastic and always potentially liquid. We should be grateful to our carefully poured roads that they do not simply flow away into the seas of the world, or soak into the ground. The speed and manner in which this liquid black volcanic-like anthropic rock, covers the natural ground is shocking. An automated paving machine can pave at up to 80 meters per minute. Kilometres of roads can be poured in one day and used the day after.[15] Due to this speed, asphalt can also simultaneously appear somewhat temporary, almost reversible. Its plastic seamlessness suggests it could be ripped off the face of the Earth like a patch, in one go. It can cover it just as fast.

Hladká hornina

Na světě je daleko méně asfaltu než betonu, ale asfalt je v mnoha ohledech zajímavější. Je levnější, rychlejší, hladší a mnohem podivnější. V rámci diskuze o přírodní historii logistiky má asfalt zvláštní status. Jeho primární látkou, která spojuje různá minerální kameniva do pevné plochy, je přímý derivát ropy. Aparát logistiky, poháněný ropou, je také ropou podpírán.

Na rozdíl od betonu a navzdory své všudypřítomnosti potřebuje asfalt neboli bitumen stručný úvod. Jedná se o směs těžkých uhlovodíků vzniklých přírodní oxidací nebo umělým rafinováním ropy. Technicky vzato tvoří toto pojivo pouhých 5 % vlastního materiálu vozovek, jehož většina se skládá z různých druhů kameniva, ale hovorově i tomuto výslednému materiálu říkáme asfalt. Díky tomuto pojivu zůstává asfalt plastický, vždy potenciálně tekutý. Měli bychom být vděční našim opatrně odlitým silnicím, že neodtečou do světových moří nebo se nevsáknou přímo do země. Rychlost a způsob, jakým tato tekutá, černá, snad vulkanická hornina, vařící se pod paprsky slunce, pokrývá zemský povrch, je šokující. Automatický asfaltovací stroj může pracovat rychlostí až 80 metrů za minutu. Kilometry silnic mohou být vylity za jeden den a užívány hned druhý den.[15] Zároveň právě díky této rychlosti se může asfalt zdát jaksi snímatelným. Jeho plastická bezešvost beznaznačuje, že by bylo možné ho odloupnout z povrchu zemského jedním tahem jako náplast. Stejně rychle ale může obepnout celý svět.

The widely read 1905 publication *The Modern Asphalt Pavement* lists ten merits of what was then a revolutionary new technology:

1. It does not disintegrate under impact or attrition, and consequently produces neither mud nor dust.
2. It can be kept perfectly clean if the proper efforts are made to do so.
3. It has an impervious surface and does not absorb filthy liquids, as is the case with wood blocks.
4. It affords the best foothold for horses except under occasional conditions.
5. Traction on such a surface can be carried on with a smaller expenditure of force than on any other form of pavement.
6. Its wearing properties compare more than favorably with granite and exceed that of any other form of pavement under heavy traffic.
7. Deterioration in a standard asphalt pavement is of a kind that can be readily and economically met owing to the simplicity of making repairs, something that cannot be done satisfactorily with any other form of pavement.
8. Cuts in the pavement for underground work can be replaced in a manner which makes the repairs undistinguishable from the original surface, whereas they are quite evident in the case of other pavements.
9. It increases the actual and rental value of all real estate abutting on streets where it is laid to a larger extent than any other form of pavement.
10. The wear and tear upon horses and carriages is largely reduced…[16]

When the book was first published, the new, synthetic asphalt was only just beginning to spread over the American continent, but its perfect cleanness, non-deteriorating integrity, seamless flexibility and, most of all, its wear and tear reducing smoothness already promised it a bright future. Three years later, a different kind of carriage entered the American road, the Ford Model T automobile. The flexible surface of asphalt and the rubber tires of the new machine forged a loving embrace which conceived the modern transportation system. A new kind of mobility was born, for people and for things, and logistics were thoroughly transformed along with it.

Ve své době široce čtená publikace The Modern Asphalt Pavement (Moderní asfaltová dlažba) z roku 1905 shrnuje deset předností této nové revoluční techniky:

1. Nerozpadá se nárazy nebo opotřebením a nedává tak vzniknout ani bahnu, ani prachu.
2. Pokud se o něj správně pečuje, může být udržován dokonale čistý.
3. Má nenasákavý povrch a neabsorbuje špinavé tekutiny, jako to dělají například dřevěné bloky.
4. Nabízí nejlepší oporu koním, s výjimkou zvláštních okolností.
5. Tažení na tomto povrchu může být uskutečněno s nižším vynaložením síly než u jiných dlažeb.
6. Jeho odolnost překoná žulu a pod těžkým provozem je lepší než jakákoli jiná forma dlažby.
7. Poškození standardní asfaltové dlažby bývá takové, že je snadné a ekonomické ho opravit, což se nedá říci o jiných typech dlažby.
8. Otvory v dlažbě pro podzemní práce mohou být opraveny tak, že jsou k nerozeznání, zatímco u ostatních povrchů jsou velice zřejmé.
9. Zvyšuje vlastní i nájemnou hodnotu všech pozemků a domů na ulicích, na kterých je položen více než jiné druhy dlažby.
10. Vysoce snižuje opotřebení koní a vozů…[16]

Když byla kniha poprvé publikována, nový syntetický asfalt se teprve začínal šířit po americkém kontinentu, ale jeho dokonalá čistota, jeho vysoká odolnost, spojitá flexibilita a především opotřebení snižující hladkost už mu tehdy slibovaly zářnou budoucnost. O tři roky později se na amerických silnicích objevil nový druh vozu, automobil Ford model T. Hladké povrchy asfaltu a gumových pneumatik tohoto stroje vzápětí utvořily těsné objetí, které zplodilo moderní systém přepravy. Byl zrozen nový druh mobility, pro věci i člověka, a spolu s tím byla od základů změněna také logistika.

Asfalt je dokonalým substrátem, ale také skvělým reprezentantem logistiky. Spojuje dohromady různé nesourodé látky, penetruje materiály, aniž by s nimi reagoval, je rychlý, tekutý a vyrobený z ropy. Snižuje *opotřebení koní a vozů*, ale především stále podpírá okolo dvou třetin veškeré nákladní globální dopravy.[17] V českých ocelových městech stejně jako všude jinde dává formu parkovištím, dálničním sjezdům, místním cestám a někdy i rychlostním komunikacím. Vysokozátěžová betonová podlaha skladové haly končí a začíná řadou dokovacích

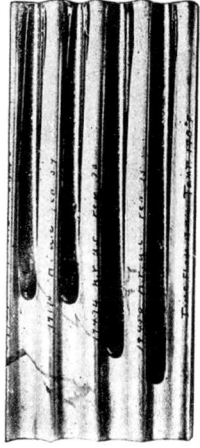

Photo of the so-called "flow test" of asphalt taken from the publication *The Modern Asphalt Pavement* by Clifford Richardson. Photo: Author's archive.

Fotografie takzvaného „flow testu" asfaltu z publikace *The Modern Asphalt Pavement* Clifforda Richardsona. Foto: archiv autora.

Asphalt is the perfect substrate but also the perfect representative of logistics: It binds together various incompatible substances, penetrates materials without interacting with them, it is fast, liquid, and petroleum-based. It reduces *wear and tear upon horses and carriages* and, most importantly, it still supports around two thirds of all global transport.[17] In the Czech Steel Cities, as elsewhere, this figure includes parking lots, highway exits, service communications, local roads, and sometimes even highways themselves. The high-grade concrete floor of the warehouse starts and ends with a row of docking gates, outside of which the external floor is lowered so that the internal floor of the truck's container becomes aligned with the finished floor level of the shed. This lowered external floor then turns into asphalt pavement. From this point on, there is not a single level change in the entire way to the harbours of Rotterdam, Antwerp, or Hamburg. There is one between the pier and the deck of the container ship and again none all the way to Shanghai, Shenzhen, and so on. Such—at first glance obvious—transcontinental smoothness is in fact extraordinary. The containers, moving collectively and almost frictionlessly upon water, need to retain this smoothness even on land. Their very origin lies in the double nature of transport on land and sea, and the company which has patented them signified this in its very name—SeaLand, today Maersk Sealand. Individualized onto the chassis of trucks, they can be almost equally seamlessly dispersed around the continents of the world. The famous proverbial smoothness of modernity has a real, if somewhat

stanic, za nimiž je venkovní podlaha snížena tak, aby úroveň vnitřku kontejneru přesně odpovídala podlaze skladu. Tato venkovní podlaha je posléze pravděpodobně pokryta asfaltem. Od tohoto bodu už neexistuje žádná další výšková bariéra, a to až k přístavům v Rotterdamu, Antverpách nebo Hamburku, kde je ještě jedna mezi přístavním molem a palubou nákladní lodi a pak znovu žádná až k přístavům v Šanghaji, Šen-čenu a tak dále. Taková na první pohled zřejmá transkontinentální hladkost je ve skutečnosti velice neobyčejná. Kontejnery, pohybující se společně a téměř bez tření na vodě, si potřebují tuto hladkost zachovat také na pevnině. Jejich samotný původ přímo pochází z tohoto dvojího způsobu přepravy a firma, která si je dala patentovat, se dokonce původně jmenovala SeaLand, dnes Maersk Sealand. Rozdělené na jednotlivé podvozky nákladních vozů se díky asfaltu mohou kontejnery téměř stejně hladce rozptýlit po všech světových kontinentech tak jako po moři. Slavná pomyslná hladkost modernity má skutečný, i když snad trochu neuspokojivý substrát: temně černou pružnou síť, jež obepíná stále otravně nerovné terény světa.

St. Brendan's ship on the back of a whale in Honorius Philoponus' *Nova typis transacta navigatio* from 1621. Photo: Author's archive.

Loď svatého Brendana na hřbetě velryby z knihy Honoria Philopona *Nova typis transacta navigatio* z roku 1621. Foto: archiv autora.

disappointing substrate: the pitch-black flexible web which wraps around the still annoyingly striated modulating uneven terrains of the world.

A Natural History of Logistics

The natural landscapes of Central and Eastern Europe are, as elsewhere, covered with different kinds of anthropic rocks and soils. More than elsewhere, endless monoculture fields spread over hills and valleys. Nothing stops the water or the wind from carrying the soil away. Restless planting drains the nutrients without leaving many, so much that the soil is becoming but a mechanical carrier of artificially added nitrogen, potassium, and phosphorous compounds.

According to more sceptical observants, some of the land already falls into the definition of a desert and, as we know, desert seems to be just the right habitat for Steel Cities.[18] Both Verne's Stahlstadts and their Czech counterparts benefit from the contentious freedoms that a desert offers. In the hostile lands of industrial agriculture, the self-apparent unsustainability of the Steel Cities is, as we have seen in the introductory quote, suddenly confused and forgotten. After all, its well-insulated windowless façades with an occasional photovoltaic panel or a group of newly planted trees can at any time prove their BREAAM-certified sustainability. The land which they replace is already "dead" anyway.[19]

This practically dead nature reminds us again of Adorno's dead second nature inevitably produced by history.

Přírodní historie logistiky

Krajina střední a východní Evropy je, tak jako jinde, pokryta různými druhy antropických hornin a půd. Více než jinde se nekonečná monokulturní pole rozlévají přes kopce a údolí. Nic nebrání vodě a větru v odnášení půdy. Neustávající pěstování odvádí živiny a mnoho jich nenechává, dokonce natolik, že půda už někdy není ničím než mechanickým nosičem dusíku, fosforu a draslíku, významných přispěvatelů globálního oteplování.

Podle některých skeptičtějších pozorovatelů spadají některé z těchto půd dokonce pod definici pouště.[18] A jak víme, poušť je pro ocelová města tím ideálním habitatem. Jak Vernovy, tak české Stahlstadty profitují ze sporných svobod, které poušť nabízí. V neutěšených krajích nekonečných monokulturních lánů je očividná neudržitelnost ocelových měst, tak jak jsme viděli v úvodním citátu, najednou zmatena a zapomenuta. Fasády hal bez oken a tepelných mostů, zato s občasným fotovoltaickým panelem nebo skupinkou nově zasazených stromů mohou svou empirickou ekologičnost kdykoli prokázat certifikátem BREAAM. Půda, kterou zabírají, je navíc už stejně „mrtvá".[19]

Tato prakticky mrtvá příroda nám připomíná Adornovu mrtvou druhou přírodu, která je podle něj nevyhnutelným produktem historie. Jeho chápání konceptu přírodní historie stojí právě na dialektickém vztahu obou částí pojmu, Přírody a Historie, a může být užito jako nástroj,

His understanding of the concept of natural history is precisely based in the dialectic relationship of these two terms, Nature and History, and in itself can be regarded as a device through which one can "comprehend an object as natural when it is most historical and historical where it appears most natural."[20] In other words, the literally dead, reified ground of logistics described on the previous pages is nothing but a particular case of how humans relate to nature universally and at the deepest level, like algae produces oxygen. This metamorphosed world sits halfway between the first, original nature and the humans for whom it, quite unnoticed, becomes *the new nature* and reminds us that the human-made layers can also be considered natural. We should ask with Adorno exactly "how it is possible to know and interpret this, alienated, reified, dead world?"[21]

This question is now asked with a renewed urgency. The slow process of reifying political history into forests and ponds, artificial islands and meadows, and naturalizing cities and roads, radioactive zones, industrial wastelands, and fields has been, for a very long time, only passively suffered by its host, the planet. What is new today is that the supposedly inert geological substrate on which this "second nature" happened to have grown is revealed to be a thin, contested layer, like the sediment on the back of the sleeping whale that Saint Brendan, an Irish saint living in the 6th century, thought an island, where he tried to rest over his long naval journey, and which he woke up by starting a fire as described later in the legend *The Voyage of Saint Brendan the Abbot*, written in the 9th century.

In our discussion on the ground shared between logistics and agriculture, I have only touched the surface of this changing situation. However, as on all surfaces, it is here where we can directly and immediately see this new relationship and begin to outline this new interpretation, asked for unanimously by the anonymous engineer of the introductory report and, in a slightly different way, by Adorno's enquiry into the idea of natural history. Maybe it is true today that it really makes no difference whether we build a warehouse shed over agricultural land. However, it is conceivable that in the near future, it will be considered shocking. More than that, the warming fire which we have long ago started on the back of Brendan's whale is coincidentally also shedding a flickering light onto the world beyond these sheds, and ourselves in it, questioning the essence of our existence among the rest of nature's history.

s jehož pomocí můžeme „chápat objekt jako přírodní, právě když je nejvíce historický, a jako historický, právě když se zdá nejvíce přírodní".[20] Jinými slovy tato doslovně mrtvá, zvěcněná půda logistiky popsaná na předchozích stranách není ničím jiným než zvláštním případem toho, jak se lidé vztahují k přírodnímu světu všeobecně a na té nejzákladnější úrovni, asi tak jako řasa produkuje kyslík. Tento metamorfovaný svět leží na půl cesty mezi první, původní přírodou a lidmi, pro které se bez povšimnutí stává *přírodou novou*, a připomíná nám tak, že vrstvy vytvořené lidmi by měly být považovány za stejné jako ty přírodní. Měli bychom se tedy společně s Adornem ptát, „jak je možné interpretovat tento odcizený, zvěcněný, mrtvý svět".[21]

Tato otázka má novou naléhavost. Pomalý proces zvěcňování politické historie do lesů a rybníků, umělých ostrovů, polí a luk a zpřírodňování měst, silnic, radioaktivních zón, průmyslových pustin a zelených předměstí byl po velice dlouhou dobu pouze pasivně trpěn svým hostitelem, tedy planetou Zemí. Co je dnes nové, je to, že tento zdánlivě inertní geologický substrát, na kterém lidstvo vypěstovalo svou „druhou" přírodu, je odhalen jako tenoučká a choulostivá vrstva, jako usazenina na hřbetu spící velryby, o níž si svatý Brendan, irský svatý žijící v 6. století, myslel, že je to ostrov pro odpočinek při jeho dlouhé plavbě, a kterou nechtěně probudil rozděláním ohně, jak je popsáno v pozdější legendě *Plavba svatého opata Brendana* z 9. století.

V naší diskuzi o zemi sdílené mezi logistikou a zemědělstvím jsem se dotkl pouhého povrchu této momentálně se měnící situace. Nicméně tak jako na každém povrchu je to právě zde, kde můžeme nejpříměji, okamžitě a nepochybně tento nový vztah pozorovat a začít tak rámcovat novou intepretaci, o níž si shodně říkají jak inženýři v úvodním citátu, tak jiným způsobem také Adorno ve svých myšlenkách o přírodní historii. Možná je dnes skutečně pravda, že v podstatě nehraje roli, zda se zemědělská půda zastaví skladovacími halami, ale je představitelné, že v blízké budoucnosti se to bude zdát šokující. Navíc oteplující oheň, který jsme už dávno rozdělali na hřbetě Brendanovy velryby, vrhá shodou okolností také mihotavé světlo na svět mimo logistické haly a na nás v něm a zpochybňuje podstatu naší existence mezi zbytkem přírodní historie.

1   Cited in a report on the project *CTPark Prague North D8.3, D8.4, D8.5, D8.6*, pp. 53–54, which is publicly available, along with all other documents, at https://portal.cenia.cz/eiasea/detail/EIA_STC2248.

2   The average greenhouse gas emissions per m² of agricultural land in Czechia is equivalent to 0.23 kg of CO_2. A very well insulated new commercial building requires 4.2 kg of CO_2 per m² per year for heating and cooling only, which is more than eighteen times more. See *Agri-environmental indicator – greenhouse gas emissions*, available at https://ec.europa.eu/eurostat/statistics-explained/pdfscache/16817.pdf.

3   Theodor Adorno, "The Idea of Natural History," *Telos: Critical Theory of the Contemporary*, no. 60 (1984), pp. 111–124.

4   Charles Waldheim and Alan Berger, "Logistics Landscape," *Landscape Journal* 27, no. 2 (2008), pp. 219–246.

5   Data of the Ministry of Agriculture of the Czech Republic for the year 2018, taken from the appendix of Jan Cibulka's article "Intenzivní zemědělství ničí českou přírodu, mnohé druhy ptáků na polích nepřežijí" [Intense Agriculture is Destroying Czech Nature, Many Bird Species Will Not Survive in the Fields], *iROZHLAS*, March 12, 2018, https://www.irozhlas.cz/zpravy-domov/intenzivni-zemedelstvi-nici-ceskou-prirodu-mnohe-druhy-ptaku-na-polich-neprezi-ji_1803120600_cib. The average size of the field is based on "Krajina v širších souvislostech" [Landscape in a Broader Context], http://www.cestyvenkova.cz/index.php?id=45.

6   For example in Poland, the average price is €0.97 per m². See "Agricultural land prices by region," https://appsso.eurostat.ec.europa.eu/nui/show.do?dataset=apri_lprc&lang=en.

7   Zákon České národní rady ze dne 12. května 1992 o ochraně zemědělského půdního fondu, část 1, § 1 [Law of the Czech National Council from May 12, 1992 on the protection of the agricultural land fund, part 1, § 1]. Available at https://www.psp.cz/sqw/sbirka.sqw?cz=334&r=1992.

8   See note 5.

9   Underwood presented the concept at two professional meetings in 1972 and 1976 and published a paper on the subject several years later. James R. Underwood, Jr., "Anthropic Rocks as a Fourth Basic Class," *Environmental and Engineering Geoscience* 7, no. 1 (2001), pp. 104–110; Idem, "Anthropic Rocks: Made, Modified, and Moved by Humans," *GSA Today* 11, no. 11 (November 2001), p. 19.

1   Citováno z oznámení o záměru *CTPark Prague North D8.3, D8.4, D8.5, D8.6*, s. 53–54, který je spolu se všemi ostatními dokumenty veřejně přístupný na https://portal.cenia.cz/eiasea/detail/EIA_STC2248.

2   Průměrná produkce skleníkových plynů na metr čtvereční zemědělské půdy v Česku je ekvivalent 0,23 kg CO_2. Velice dobře izolovaná nová budova má stopu přibližně 4,2 kg CO_2/m² za rok jen na topení a chlazení. Srov. *Agri-environmental indicator – greenhouse gas emissions*, dostupné na https://ec.europa.eu/eurostat/statistics-explained/pdfscache/16817.pdf.

3   Theodor Adorno, The Idea of Natural History, *Telos: Critical Theory of the Contemporary*, č. 60, 1984, s. 111–124.

4   Charles Waldheim – Alan Berger, Logistics Landscape, *Landscape Journal* 27, 2008, č. 2, s. 219–246.

5   Data Ministerstva zemědělství České republiky za rok 2018, převzatu z přílohy článku Jan Cibulka, Intenzivní zemědělství ničí českou přírodu, mnohé druhy ptáků na polích nepřežijí, *iROZHLAS*, 12. 3. 2018, https://www.irozhlas.cz/zpravy-domov/intenzivni-zemedelstvi-nici-ceskou-prirodu-mnohe-druhy-ptaku-na-polich-neprezi-ji_1803120600_cib. Velikost pozemků podle Krajina v širších souvislostech, http://www.cestyvenkova.cz/index.php?id=45.

6   Například v Polsku je tato cena 0,97 eura za m². Srov. Agricultural land prices by region, https://appsso.eurostat.ec.europa.eu/nui/show.do?dataset=apri_lprc&lang=en.

7   Zákon České národní rady ze dne 12. května 1992 o ochraně zemědělského půdního fondu, část 1, § 1. Dostupné na https://www.psp.cz/sqw/sbirka.sqw?cz=334&r=1992.

8   Viz pozn. 5.

9   Underwood prezentoval tento návrh na dvou setkáních v roce 1972 a 1976 a svou studii publikoval až o několik let později. James R. Underwood, Jr., Anthropic Rocks as a Fourth Basic Class, *Environmental and Engineering Geoscience* 7, 2001, č. 1, s. 104–110. – Týž, Anthropic Rocks: Made, Modified, and Moved by Humans, *GSA Today* 11, 2001, č. 11, s. 19.

10   Například Bruno Latour, *Down to Earth: Politics in the New Climatic Regime*, Polity Press, Cambridge 2019.

11   Václav Smil, *Making the Modern World: Materials and Dematerialization*, John Wiley & Sons, Chichester, West Sussex 2014, s. 56.

10 See for instance Bruno Latour, *Down to Earth: Politics in the New Climatic Regime* (Cambridge: Polity Press, 2019).

11 Vaclav Smil, *Making the Modern World: Materials and Dematerialization* (Chichester, West Sussex: John Wiley & Sons, 2014), p. 56.

12 According to the Chatham House report of 2018, cement amounts to 8% of all global CO_2 emissions. The report also puts forward strategies to reduce the ecological footprint of building materials. See Johanna Lehne – Felix Preston, *Making Concrete Change: Innovation in Low-carbon Cement and Concrete*, Chatham House, London 2018. Available at https://reader.chathamhouse.org/making-concrete-change-innovation-low-carbon-cement-and-concrete.

13 Smil (see note 11), p. 91.

14 Data provided to the author by the Ministry of the Environment.

15 Bill Wilson, "Smooth moves for Asphalt Pavers," *Roads & Bridges*, December 28, 2000, https://www.roadsbridges.com/smooth-moves-asphalt-pavers. This only describes the asphalt layer itself and is excluding the more laborious substrate build up.

16 Clifford Richardson, *The Modern Asphalt Pavement* (New York: John Wiley & Sons; London: Chapman & Hall, 1905), pp. 421–422.

17 Based on data from Europe: "Modal split of freight transport," https://ec.europa.eu/eurostat/databrowser/view/t2020_rk320/default/line?lang=en; China: "Freight traffic in China from 1980 to 2018 by transport carrier," https://www.statista.com/statistics/264809/freight-traffic-in-china; and the U.S.: "2017 North American Freight Numbers," https://www.bts.gov/newsroom/2017-north-american-freight-numbers.

18 Daniel Pitek, "Stát slibuje boj se suchem, dál ale vytváří poušť" [The State Promises to Battle Drought, but Continues to Create Deserts], *ekolist.cz*, May 10, 2019, https://ekolist.cz/cz/publicistika/nazory-a-komentare/stat-slibuje-boj-se-suchem-dal-ale-vytvari-poust.

19 The logistics/industrial developer CTP has recently established a strategic partnership with the (also private) BREAAM rating agency. See "CTP Invest & BRE Enter into Groundbreaking Portfolio Certification Partnership," https://www.breeam.com/news/ctp-invest-partnership.

20 Bob Hullot-Kentor, "Introduction to Adorno's 'Idea of Natural-History'," *Telos: Critical Theory of the Contemporary*, no. 60 (1984), p. 101.

21 Adorno (see note 3), p. 118.

12 Cement odpovídá 8 % CO_2 zplodin podle Chatham House zprávy z roku 2018, která zároveň předkládá doporučení k udržitelnější výrobě stavebních materiálů. Srov. Johanna Lehne – Felix Preston, *Making Concrete Change: Innovation in Low-carbon Cement and Concrete*, Chatham House, London 2018. Dostupné na https://reader.chathamhouse.org/making-concrete-change-innovation-low-carbon-cement-and-concrete.

13 Smil (pozn. 11), s. 91.

14 Data ministerstva životního prostředí poskytnutá autorovi textu.

15 Bill Wilson, Smooth moves for asphalt pavers, *Roads & Bridges*, 28. 12. 2000, https://www.roadsbridges.com/smooth-moves-asphalt-pavers. Tento údaj popisuje pouze samotnou asfaltovou vrstvu a nevztahuje se na pracnější souvrství pod vozovkou.

16 Clifford Richardson, *The Modern Asphalt Pavement*, John Wiley & Sons, New York – Chapman & Hall, London 1905, s. 421–422.

17 Založeno na datech z Evropy: Modal split of freight transport, https://ec.europa.eu/eurostat/databrowser/view/t2020_rk320/default/line?lang=en; Číny: Freight traffic in China from 1980 to 2018 by transport carrier, https://www.statista.com/statistics/264809/freight-traffic-in-china; a USA: 2017 North American Freight Numbers, https://www.bts.gov/newsroom/2017-north-american-freight-numbers.

18 Daniel Pitek, Stát slibuje boj se suchem, dál ale vytváří poušť, *ekolist.cz*, 10. 5. 2019, https://ekolist.cz/cz/publicistika/nazory-a-komentare/stat-slibuje-boj-se-suchem-dal-ale-vytvari-poust.

19 Developer CTP nedávno uzavřel strategické partnerství s agenturou vydávající BREAAM certifikáty. Viz CTP Invest & BRE Enter Into Groundbreaking Portfolio Certification Partnership, https://www.breeam.com/news/ctp-invest-partnership.

20 Bob Hullot-Kentor, Introduction to Adorno's "Idea of Natural-History", *Telos: Critical Theory of the Contemporary*, č. 60, 1984, s. 101.

21 Adorno (pozn. 3), s. 118.

Pavel Suchan

THE LANDSCAPE AND LIGHT POLLUTION

KRAJINA A SVĚTELNÉ ZNEČIŠTĚNÍ

It is not only in the context of the climate crisis that we have become used to hearing about different types of pollution: water, air, soil. Another, perhaps less immediately evident form of pollution is also associated with the emergence of warehouses in the natural landscape or urban fringes—or perhaps it is a form that is so prevalent that we hardly perceive it as such: pollution from excessive artificial light.

In Europe, we no longer encounter the original nighttime environment: across the entire continent there appear greater or lesser indications of light pollution. Pollution generated from the light that we produce and, at least in part, serves the purpose of allowing us to orient ourselves in city streets and to feel safe. Yet a significant part of it shines in directions where it is not needed—in the Czech Republic, the figure is around 40% of all light heading somewhere else than necessary.

That cities produce a certain level of light pollution is not too surprising a fact. Yet this phenomenon also affects natural and rural areas. Light spreads and is diffused in the earth's atmosphere across dozens of kilometres, and so today it is hard to find any landscape where there is true darkness. Instead, we find diffused light from the city over the hill or from immediate light sources—streetlights, filling stations, floodlights on factories, and warehouse complexes. And for many living organisms, nocturnal light is a significant barrier. In the natural state, we find no light in the natural landscape beyond moonlight, or an occasional flash of lightning. And, even though a full moon can easily illuminate the landscape enough for us to walk through it unaided, the

Nejen v kontextu klimatické krize jsme si zvykli slýchat o různých druzích znečištění: vody, vzduchu nebo půdy. Se sklady v krajině a na okrajích měst souvisí další, méně zřejmý způsob znečištění, nebo možná naopak způsob natolik zřejmý, že jsme si zvykli jej nevnímat: znečištění přebytečným umělým světlem.

V Evropě již původní noční prostředí nenajdeme, na celém evropském kontinentu jsou patrné větší či menší známky světelného znečištění. Všudypřítomné světlo, které jsme vyrobili a které zčásti slouží svému účelu, tedy abychom se orientovali na ulicích a cítili se bezpečně. Z velké části se však vysvítí do nepotřebných směrů – v České republice je to kolem 40 % světla, které míří jinam, než kam potřebujeme.

Že města produkují jistou míru světelného znečištění, není tak překvapivý fakt. Tento fenomén se ale týká také krajiny. Světlo se šíří a rozptyluje v zemské atmosféře desítky kilometrů, a tak dnes už jen stěží najdeme krajinu, kde by opravdu byla jen tma. Najdeme v ní rozptýlené světlo z města za kopcem nebo přímé zdroje světla – pouliční lampy, světla benzinové pumpy, osvětlení továrny nebo skladového areálu. Světlo v noci je pro mnohé živočichy bariérou. V přirozeném stavu světlo v noci v přírodě nenajdeme, až na to měsíční či občasný blesk. Měsíční úplněk dokáže zalít krajinu světlem tak, že můžeme vyrazit na pěší túru. Intenzita jeho světla je přitom jen pouhých 0,25 luxu. Kolem skladových areálů naměříme jednotky až desítky luxů, svítíme zde tedy třeba čtyřicetkrát více než při měsíci v úplňku.

Česká legislativa zatím příliš nemyslí na ochranu přírody a při vysokých intenzitách světla i na ochranu zdraví občanů při nevhodném osvětlování. V současné době je již připravena metodika v rámci

intensity of moonlight is only a mere 0.25 lumens. Around warehouse complexes, we measure figures of several dozen lumens, in other words often around forty times more than the full moon.

At present, Czech legislation pays little attention to the protection of nature or, for higher intensities of lighting, even to the protection of its citizens' health from excessive lighting. Currently, there is a prepared methodology in the process of formulating environmental impact assessments (EIA) for buildings that takes night-time illumination into account. Likewise, hope that bad light installations are never created in the first place should be offered by the new construction law. Even at present, there are extant technical standards (Czech and EU) which in their wording address minimum lighting values, but do not investigate their impact on nature and do not state maximum thresholds, but merely address in part possibly disruptive light in direct interaction e.g. with buildings. Yet a significant improvement would not be hard to achieve, and even without complex calculations. In brief: use lighting only where it is necessary. Only light as strongly as is necessary, i.e. do not over-light. And light only when it is necessary, e.g. turn out the lights after the end of the opening or working hours. Nature needs to rest. Nocturnal animals need darkness, as do the insects on which human life depends. Darkness at night is, essentially, just as important as light in the daytime.

For sustainable lighting, there are essentially four solutions. The first one is not to direct the light into the upper hemisphere, but strictly downward. Even though such lighting does cause the reflected light to rise into the atmosphere from the ground, the overall pollution levels are still quite significantly limited. Secondly – and this is an innovation from only the most recent few years – use lighting in warmer tones, i.e. with a correlated color temperature (CCT) of max. 2,700 K. This light does not contain quite so many short-wavelength blue components of light, which have much greater diffusion in the atmosphere and cause major amounts of light pollution, hence forming a greater attack in disturbing the circadian rhythms of animals and people. A third method which allows for economic savings as well as protection of our natural environment is to lower the output of lighting systems over the course of night. During a period when maximum lighting is not needed, the level can

posuzování vlivu staveb na životní prostředí (EIA) také v souvislosti s nočním svícením. Nadějí, aby špatné světelné instalace vůbec nevznikaly, by měl být nový stavební zákon. Již nyní sice existují technické normy (české i evropské), které ve svém znění řeší minimální hodnoty svícení, avšak ty se nezabývají dopady na přírodu a neobsahují maximální limity, ale pouze částečně řeší možné rušivé světlo v přímé interakci např. s budovami. Přitom výrazného zlepšení není těžké docílit, a to dokonce bez složitých vzorců. Svítit pouze tam, kam je to potřeba. Svítit jenom tak silně, jak je to potřeba, tedy nepřesvětlovat. A svítit jen tehdy, kdy je to potřeba, tedy po skončení otevírací doby či provozu zhasnout. Příroda musí odpočívat. Noční živočichové to potřebují, stejně tak hmyz, bez něhož lidstvo nepřežije. Tma v noci je zkrátka stejně důležitá jako světlo ve dne.

Pro šetrné svícení existují v podstatě čtyři řešení. Tím prvním je nesvítit do horního poloprostoru, svítit striktně dolů. I od takového osvětlování se do ovzduší dostává odražená složka světla od země, ale znečištění je tak přece jen významně omezeno. Zadruhé – a to je novinka teprve několika posledních roků – používat světlo teplejších odstínů, tedy s náhradní teplotou chromatičnosti (CCT) maximálně 2700 K. To neobsahuje tolik krátkovlnné modré složky světla, která se v mnohem více v ovzduší rozptyluje a způsobuje tak větší míru světelného znečištění a která je také větším atakem pro narušení cirkadiánních rytmů živočichů i člověka. Třetím opatřením, pomocí něhož můžeme ušetřit a zároveň ochránit přírodní prostředí okolo nás, je snížení příkonu osvětlovací soustavy v průběhu noci. V době, kdy není maximální osvit potřeba, lze tlumit třeba i na 20 % původní intenzity. Poslední možností je takzvané biodynamické osvětlení. V době zvýšeného provozu lez svítit i velmi bílým světlem, které obsahuje modrou složku světla, jež pomáhá udržovat kognitivní funkce. Pod takovým světlem jsou lidé pozornější. Mozek skrze gangliové buňky dostává informaci, že svítí slunce (ve spektru slunečního světla je právě i modrá složka světla). V době nočního klidu, tedy pokud možno mezi 22. až 6. hodinou ranní, se barva světla změní na oranžovou bez modré složky světla, příroda si odpočine a areál přitom zůstává osvětlený. Nejdůležitějším opatřením zůstává po skončení prací zhasnout a pro ochranu objektu nechat pracovat infrakamery.

Tím nejzásadnějším kritériem by měla být úvaha, co a kdy potřebujeme osvětlovat. Předpokládejme, že nutně nepotřebujeme, aby náš skladový areál byl vidět ze vzdálenosti desítek kilometrů. Že nám jde be dampened to as much as 20% of the original intensity. The final possibility is what is termed "biodynamic" lighting. During increased activity, it is possible to illuminate with extremely white light, which contains the blue component that helps to maintain cognitive functioning. Under such light, people are more aware: the brain is informed, through its ganglia cells, that the sun is shining (in the spectrum of sunlight there is in fact a significant blue component). During the nocturnal resting period, if possible assuming between 10 p.m. and 6 a.m., the color of the lighting shifts to an orange tint without blue light components; thus, nature is allowed to rest and still the lighted complex remains illuminated. The most important measure remains the simplest: turning out the lights once work is over and allowing infracameras to do their work for the object's security.

The most vital criterion should be reflecting on what needs to be illuminated, and when. We should assume that it is not vitally important for a warehouse complex to be visible from dozens of kilometres away: what is important is instead workplace safety and securing the property. With the current level of technological development and the use of infracameras, it is not necessary to keep a parking lot floodlit as if it were a stadium during a football match. There is no excuse for failing to consider the impacts of human activity and for not respecting the needs of nature around us. Appropriate technologies are already available, and moreover there are no laws or technical standards that require senseless over-lighting – simply put, we have no excuse. Irresponsible flooding of light into the natural landscape is the result of nothing more than our own incompetence.

In the Czech Republic, the theme of light pollution has at least been stipulated in two cabinet directives, and the state has expressed support for sustainable lighting. In the future, we can expect solutions that span the borders of individual European states. Many of them, such as Croatia, Slovenia, Italy, and France have already implemented laws to limit light pollution. But if we do not make radical changes in the method of outdoor lighting and the tempo of its growth, predictions suggest that in roughly ten years the situation in natural or rural areas will be comparable to that found in urban areas today.

These predictions are derived from measurements of light escaping into the upper hemisphere, performed by

o bezpečnost práce a bezpečnost majetku. V dnešní době vyspělých technologií používající infrakamery není nutné osvěcovat parkoviště jako stadion při fotbalovém utkání. Je neomluvitelné nezamyslet se nad dopady lidské činnosti a nerespektovat potřeby přírody kolem nás. Odpovídající technologie jsou už k dispozici, navíc žádný zákon ani norma nesmyslné přesvěcování nepřikazuje a nemáme se tedy na co vymlouvat. Nezodpovědné zasahování světlem do okolní krajiny je výsledkem jenom naší vlastní neschopnosti.

V České republice bylo téma světelného znečištění zaneseno už do dvou usnesení vlády a stát šetrné osvětlování podporuje. Do budoucna lze očekávat řešení propojené napříč evropskými zeměmi. Mnohé z nich jako například Chorvatsko, Slovinsko, Itálie a Francie už přijaly zákony na omezení světelného znečištění. Pokud ve způsobu venkovního osvětlování a tempu jeho nárůstu neuděláme radikální změny, předpovědi hovoří o tom, že za zhruba deset let bude situace v krajině podobná té v dnešních městech.

Předpovědi vycházejí z měření světla unikajícího do horního poloprostoru, která se provádějí z družic na oběžné dráze. Celosvětový roční nárůst světelného znečištění se pohybuje v jednotkách procent. V České republice zatím světla v noci stále přibývá, protože se rozšiřují města a jejich veřejné osvětlení, ale také stavíme další a další průmyslové podniky a skladové haly. Z družicových měření se odhaduje, že se v Česku ročně „vysvítí" nepotřebné světlo za dvě miliardy korun.[1]

orbiting satellites. The worldwide annual growth of light pollution ranges in units of percentages. For now, in the Czech Republic artificial illumination in the night hours is still increasing with the growth of urban areas and their public lighting, but also with the building of more and more industrial enterprises and warehouse halls. From satellite measurements, it is estimated that the Czech Republic annually generates "waste light" at a cost of 2 billion crowns.[1]

1   Comparisons of the state of light pollution can be found, e.g. in *The New World Atlas of Artificial Sky Brightness*, available at https://cires.colorado.edu/Artificial-light.

1   Porovnat stav světelného znečištění lze v *Atlase světelného znečištění*, jehož poslední vydání najdeme např. v odkaze na www.svetelneznecisteni.cz.

The call to contribute to the Steel Cities project was a unique challenge for us.

We thought about how to interpret the images of buildings which fundamentally and visually form not only our landscape but also our everyday lives. We observed these buildings subjected to the mandate of ergonomics, of effectivity, but we also saw that they were beyond any standard of understanding architectural beauty. We went through blocks of maximally effective architecture which almost entirely dominated the surrounding urbanism. We were conscious of the repressed images of the regular passing of the landscape from the windows of car, buses, and trains which became burned onto our retinas. Images of grey metal material taking over the surrounding land. Right-angled cuts among the rolling natural surface dominated by artificial light, extending the workday to an inhumane 24 hours, 365 days a year. A world which is not able to stop. A frequency of light which inscribes itself into its surroundings like a mirror in which we, the people, can observe ourselves—simultaneously losing and finding our own selves, forever.

Oslovení přispět do projektu Ocelová města pro nás znamenalo specifickou výzvu.

Přemýšleli jsme o tom, jak interpretovat obrazy budov, které zásadním způsobem vizuálně formují nejen naši krajinu, ale svou funkcí i naše každodenní životy. Pozorovali jsme budovy podřízené ergonomii, efektivitě, ale současně domy vymykající se jakékoli běžné představě o architektonické kráse. Projížděli jsme bloky maximálně efektivní architektury, které je okolní urbanismus podřízen takřka bezvýhradně. Uvědomovali jsme si potlačené obrazy vypálené na sítnici opakovaným míháním krajiny z okének aut, autobusů a vlaků. Obrazy šedé kovové hmoty přebírající vládu nad okolní krajinou. Pravoúhlé řezy ve zvlněném přírodním povrchu ovládaném umělým světlem prodlužujícím pracovní den na nehumánních 24 hodin, 365 dní v roce. Svět, který se neumí zastavit. Světelnou frekvenci propisující se do svého okolí jako zrcadlo, v němž my lidé můžeme pozorovat sami sebe – nekonečně se nalézat a ztrácet současně.

Chapter Two: Cities on a Map

Kapitola druhá: Města na mapě

SHELL GAMES

Jesse LeCavalier

HRA OBÁLEK

Logistics is an ascendant force shaping the built environment. While the problems of distribution and transport of goods have always been factors in urban development, changes in technology, regulation, and consumer behavior come together to bring about a phase change in the logistics industry and with it, transformations of territory. No longer confined to a peripheral industrial belt, the networks and circuits of logistics are more extensive and more granular than before. As logistics buildings act less as storehouses and more like relays or switches, how is their architectural status affected? And how do they function within their larger networks? How is the medium of building impacted when it supports endless streams of material (and few people) moving through it? To what extent is it helpful to think of these structures in infrastructural terms, even if that means reconsidering architecture in the process? How do these buildings register in larger contexts?

With this article, I suggest that scale and speed of the logistical processes accelerates the function of distribution buildings to the point of qualitative transformation. As these buildings are entangled in larger distribution networks, they necessarily exceed their status as autonomous structures. Yet their entanglement is obscured, because the conduits and edges that enact logistical networks tend to be roads and highways, which are shared and public with multiple entry points (e.g. as opposed to a rail network). As nodes in a growing network, distribution centers play an important role in that network's growth. These networks are overlaid onto existing infrastructural networks but are also superimposed

Logistika je síla, která čím dál více utváří vystavěné prostředí. Zatímco problémy s distribucí a transportem zboží vždy hrály svou roli v rámci vývoje měst, změny v technologiích, regulaci a chování spotřebitelů společně přináší fázovou změnu v logistickém průmyslu. Stejně tak přináší i změny v prostředí. Logistické sítě a obvody už nejsou pouze součástí průmyslového pásu městských periferií, ale staly se rozsáhlejší a jemnější než kdy předtím. Jakým způsobem se mění architektonický status logistických budov, když jsou čím dál tím méně využívané jako sklady a čím dál více plní roli překladišť a výhybek? A jakou roli hrají v rámci širších sítí, do nichž spadají? Jakým způsobem se mění funkce této stavby, když podporuje proud nekonečného toku materiálu (a pouze omezeného počtu lidí)? Do jaké míry lze tyto budovy chápat v kontextu infrastruktury, a to i za předpokladu, že bychom pak museli přehodnotit jejich architekturu, a jakou roli plní tyto budovy v širších souvislostech?

V této eseji bych rád ukázal, že rozsah a rychlost logistických procesů zrychluje možnosti distribuce těchto budov do té míry, že hraničí s kvalitativní transformací. Vzhledem k tomu, že jsou tyto budovy součástí větších distribučních sítí, jsou zcela jistě něčím víc než samostatnými budovami. Avšak způsob, jakým jsou provázány, není transparentní, neboť spojení a strany logistických sítí se povětšinou skládají ze silnic a dálnic, které jsou veřejné a sdílené a mají mnoho vstupních bodů (např. na rozdíl od železniční sítě). Distribuční centra tvoří vrcholy rozrůstající se sítě a jako takové hrají důležitou roli v jejím dalším růstu. Tyto sítě tedy překrývají již existující sítě infrastrukturální, ale zároveň mají překryv s politickými systémy a hranicemi. Každý z těchto objektů slouží jako imperiální on systems of political boundaries. Each of these buildings are enrolled as imperial instruments that stake out new territorial claims in an expansive logistical regime. In that process, their architectural status becomes more contingent, both in its functional distillation and in its internal configuration. As the floors of distribution centers become more automated, the storage function of architecture is decoupled from assumptions of stability or predictability. And, as these automated logistical surfaces demand substantial computing power—on top of an already significant data demand by the industry—logistics produces a data footprint that is coupled to its transportation and distribution footprint. The emergence of the data industry brings both new typologies and new challenges, not least of which is its intensive energy use and related geophysical and logistical consequences.

Logistics Buildings Deployed as Territorial Instruments

Distribution buildings are imagined as industrial buildings and tend to have a narrowly defined audience and correspondingly limited representation. As opposed, for example, to the grain elevators of an earlier industrial era, these buildings seem to offer little in the way of charismatic forms, dramatic silhouettes, or unexpected monumentality. In fulfillment centers, the pressures of the business of distribution and its actual physical requirements contribute to a mode of distillation in which the building, such as it is, is boiled down to exactly what it must do: meet code requirements, produce sufficient return on investment for its owners, and function effectively to facilitate the rapid transmission of material. Consider a large plot of unused land at the edge of a settlement, close enough to a highway. Change its legal status to allow development. Smooth it out, pave it, build a frame and put a thin metal wrapper around some portion of it. Add a roof. This land is now valuable because its owners can earn rent and its tenants can do things inside the building that will earn them money. As long as landowners receive their rent, tenants are free to take whatever risks they will. In the peripheries of urbanized areas, what provides an increasingly low risk-use for both landlords and tenants is the picking, packing, and shipping of merchandise, also known as fulfillment.

nástroj, který si v expanzivním logistickém režimu vytváří nové teritoriální nároky. V tomto procesu se jejich architektonický status stává nahodilejším jak v jejich funkčnosti, tak v jejich vnitřní konfiguraci. Jak se prostory distribučních center čím dál tím více automatizují, odděluje se funkce skladu od předpokladů týkajících se stability a předvídatelnosti. Vzhledem k tomu, že mimo stávající značnou spotřebu dat v rámci celého odvětví si tyto logistické plochy nárokují notnou výpočetní sílu, vytváří logistika datovou stopu, která je spojena s její transportní a distribuční stopou. Vznik datového průmyslu tedy přináší nové topologie a nové výzvy, například kvůli jeho značné spotřebě energie, a z ní plynoucí geofyzikální a logistické důsledky.

Logistické budovy jako teritoriální nástroje

Distribuční budovy jsou chápány jako průmyslové stavby, čímž zůstávají v zájmu jen omezené skupiny lidí a těší se tedy i omezené reprezentaci. Na rozdíl od například obilných sil dřívější průmyslové doby se zdá, že tyto stavby nabízejí pouze málo charismatických forem, dramatických obrysů či nečekané monumentality. V distribučních centrech se tlaky trhu a fyzické potřeby podílejí na jisté destilaci, která z budovy ponechá pouze to, co je třeba pro plnění svého záměru: plnit požadavky, tvořit dostatečnou návratnost investice pro své majitele a fungovat efektivně s ohledem na přenos materiálu. Vezměme si velkou plochu nevyužité země na periferii sídla, dostatečně blízko od dálnice. Změňme její právní status pro účely stavby. Srovnejte ji, vybetonujte, postavte rám a přetáhněte jeho jisté části kovem. Přidejte střechu. Tato plocha je teď cenná, protože její vlastníci mohou účtovat nájem a nájemci mohou zahájit provoz, který jim bude vydělávat. Dokud budou vlastníci dostávat nájem, mohou na sebe nájemci brát, jakákoli rizika chtějí. Na periferii městské zástavby je chystání, balení a doprava zboží neboli distribuce čím dál častěji chápána jako bezrizikové využití pozemku, a to jak pro vlastníky, tak pro nájemce.

Typické distribuční centrum je velká jednopodlažní budova, která se skládá z pravidelně rozmístěných ocelových sloupů, na nichž leží příhradové nosníky a střešní

A typical fulfillment center is a large single-story structure that consists of a grid of steel columns supporting open web joists and a light metal roof assembly. The enclosure will be variable according to local code and climate, but is likely a thin modular system, often tilt-up concrete in the less temperate parts of the United States. This enclosure is punctured on at least two sides with a row of openings comprised of rollup doors, gaskets, and adjustable floor levellers to meet incoming trailers. There is a reduction to the architectural minimum in these buildings but with little self-consciousness. They are products of equations and formulae that consider internal clearance, footprint, number of truck bays, size of trailer pad, access to transportation infrastructure, and proximity to market. As the process of building becomes axiomatic, authorship becomes more and more reduced. One is left to decide on 36 (11 meters) feet of clearance or 40 (12.2 m). Significantly, in logistics jargon, the impact of these height determinations is not connected to an area calculation but to one of volume, measured in cubic feet, or "cube." Trained to see in *cube*, a contemporary logistical vision surveys the landscape for capacity.

While four feet (1.2 m) might not seem like much, consider what goes on in a typical distribution center. Goods from suppliers arrive by trailer to one of the receiving bays. Workers inside will only see the interior of the trailer, producing an effect more like elevator doors opening and closing. Once open, the material, usually in boxes or palettes, is unloaded and sent to a location on the storage racks. These racks take up most of the warehouse and are its prime reason for existence. But since whatever is held in a fulfillment center is not meant to stay in the building very long, security and weather seem to be less of an issue. So why a building at all? Architecture's financial function is foregrounded in logistical buildings because the structures themselves act as devices that regulate supply and manage risk, ensuring that organizations are not burdened with a surplus or left scrambling because of a shortage.[1] Imagine filling a bathtub with water and then pulling the plug while leaving the water running. While a significant amount of water is draining away, the overall amount of water appears to be the same. By adjusting the rates of input and output, a desired temperature can be established and maintained. A similarly apparent stasis disguises the turbulent movement at work

konstrukce z lehkého kovu. Uzavřený prostor se mění podle místních zákonů a klimatu, ale nejspíše bude jistým typem tenkého modulárního systému či jinak prefabrikované betonové stavby, která se používá například v chladnějších částech Spojených států. Tato budova má aspoň na dvou místech řadu otvorů, které jsou vybaveny roletami, těsněním a polohovatelnými podlahami, které mají sloužit přijíždějícím kamionům. V těchto budovách je architektura redukována na bezstarostné minimum. Je to dílo rovnic a formulí, které berou v potaz vnitřní výšku stropů, její stopu, počet kójí pro kamiony, dostatek místa pro přívěs, napojení na dopravní infrastrukturu a blízkost trhu. Vzhledem k tomu, že proces stavby se stává axiomatickým, je autorství čím dál méně důležité. Někdo musí pouze rozhodnout, zda bude budova mít strop v 11 či 12,2 metru. Je příznačné, že v logistické hantýrce se tato výška neváže na výpočet plochy, ale je spíše (v americkém kontextu) měřena na krychlové stopy neboli „krychle" (*cube*). Logistický zrak je tedy cvičený vidět v krychlích a krajinu hodnotí z pohledu kapacity.

Ačkoliv se rozdíl 1,2 metru nemusí na první pohled jevit jako zásadní, tak uvažme, co se v takovém logistickém centru odehrává. Zboží od dodavatele přijede k jednomu z výkladišť. Pracovníci uvnitř uvidí pouze vnitřek přívěsu a budou mít dojem, jako by se otevřely a zavřely dveře od výtahu. Potom, co jsou dveře otevřené, je náklad, většinou ve formě krabic nebo palet, vyložen a poslán na své místo na policích. Tyto police zabírají většinu plochy skladu a jsou hlavním důvodem jeho existence. Avšak vzhledem k tomu, že vše, co je uloženo v distribučním skladu, se v budově neohřeje moc dlouho, bezpečnost a počasí už nejsou až takový problém. Takže proč vůbec stavět budovu? Finanční role architektury je u logistických staveb zvýrazněna, neboť tyto budovy fungují jako zařízení, která regulují nabídku, kontrolují riziko a zajišťují, aby společnosti nebyly zahlceny nadbytkem, nebo musely naopak řešit nedostatek.[1] Představte si, že naplníte vanu vodou a pak vytáhnete zátku, zatímco vodu z kohoutku necháváte téct. I přesto, že z vany vytéká mnoho vody, tak celkový objem se zdá pořád stejný. Tím, jak nastavíte poměry vstupů a výstupů, lze dosáhnout ideální teploty. Podobně zdánlivý status quo ve skutečnosti skrývá velmi turbulentní přesuny, které se dějí pod povrchem logistických krajin současné průmyslové distribuce, a je tedy jedním z důvodů, který dělá porozumění tomuto oboru tak problematické. Zatímco plochy staveb, které pokrývají krajinu, spravují nekonečný tok vozidel a zboží, rychlost a tempo jsou

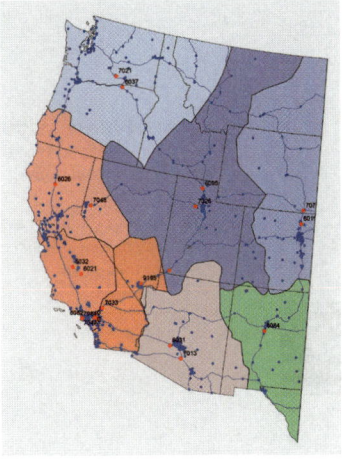

Walmart's distribution regions, 2009.
Source: Author's archive.

Distribuční oblasti Walmartu, 2009.
Zdroj: archiv autora.

in the logistics landscapes of contemporary industrial distribution and is one of the conditions that frustrate these areas' comprehensibility. While the blankets of buildings that cover the landscape regulate a relentless stream of vehicles and goods, the pace and volume is distributed over time and space. There are likewise not necessarily consistent forms of output from distribution centers as their primary task is sorting and redirecting. What kind of industry is this? While not factories, the labor in fulfillment centers is still gruelling and highly regulated as workers shepherd merchandise along its pathway from factory to consumer.[2] If distribution centers function more as transmission buildings and switch buildings, we might think of them in more infrastructural terms, albeit ones that support an arguably less essential set of functions. These buildings and the networks they structure are infrastructural in the sense that they are part of a precondition for other forms of activity but not in the sense that they form any kind of collective resource.[3] Quite the opposite, in fact, as logistics regimes around consumption, especially e-commerce, make every effort to isolate each customer as an individual market segment. E-commerce firms assert that fulfillment is a precondition for contemporary society in the same way as running water, electricity and, more recently, wireless internet. The architecture that supports this goal is correspondingly designed to disappear into the peripheral vision of daily life.

The paths and circuits of vehicles toggling between suppliers, fulfillment centers, and outlets / customers establish what we might think of as a figured logistical territory. Stuart

distribuovány napříč časem i prostorem. Stejně tak neexistují stejné formy výstupů z distribučních center, neboť jejich hlavní rolí je rozřazování a přesměrování. O jaký druh průmyslu se tu jedná? Ačkoliv se neodehrává ve výrobnách, tak je práce v distribučních centrech, kde zaměstnanci provázejí zboží po celou jeho cestu od výroby ke spotřebiteli, přesto náročná a vysoce regulovaná.[2] Pokud distribuční centra fungují spíše jako budovy pro přenos a překládání, lze na ně také nahlížet v kontextu infrastruktury, ačkoliv možná zastávají méně nezbytné funkce. Tyto budovy a sítě, které tvoří, jsou součástí infrastruktury v tom smyslu, že tvoří předpoklad pro jiné formy činností, avšak zároveň nevytvářejí žádné kolektivní zdroje.[3] Dokonce právě naopak, neboť logistický režim, který se váže převážně na spotřebu a internetový obchod, se zásadně snaží izolovat každého jednotlivého spotřebitele jako individuální část trhu. Firmy pracující v oblasti e-commerce tak tvrdí, že distribuce je předpokladem pro chod současné společnosti, stejně jako například tekoucí voda, elektřina a dnes i bezdrátový internet. Architektura, která tyto možnosti podporuje, je odpovídajícím způsobem navržena tak, aby se ztratila z periferního vidění běžného života.

Cesty a obvody, po nichž cestují vozidla, jež pendlují mezi dodavateli, distribučními centry a outlety/zákazníky, upevňují to, čemu lze říkat názorné logistické teritorium. Stuart Elden používá k popsání komplexního provázání země, hranic, obyvatelstva a kontroly termín „teritorium". Elden píše: „Teritorium nespočívá jenom v půdě, v politicko-ekonomickém smyslu práv na užívání, přivlastnění a majetku, který se váže s daným místem; ani není úzce definovanou otázkou politické strategie, která se spíše váže ke koncepci terénu. Teritorium

Automated Storage and Retrieval System (AS/RS) rack-supported structure under construction. Source: barroneq.com.

Automatický skladovací a vyhledávací systém podpíraný policovou konstrukcí ve výstavbě. Zdroj: barroneq.com.

Elden uses the term "territory" to describe the complex entanglement of ground, border, population, and control. According to Elden: "Territory is not simply land, in the political-economic sense of rights of use, appropriation, and possession attached to a place; nor is it a narrowly political-strategic question that is closer to a notion of terrain. Territory comprises techniques for measuring land and controlling terrain. Measure and control—the technical and the legal—need to be thought alongside land and terrain."[4] Measure and control are, of course, fundamental to any logistical regime and are evident in the seams that form between logistical figures, anchored as they are by their respective distribution hubs. These seams are not like the borders of a political entity because they are not agreed upon or ratified but enacted through practice and repetition. Over and over a truck makes its journey to a retail outlet for delivery and then returns over and over to the distribution hub. At the same time, a truck from another distribution center is making the same journey over and over again but from a different direction and from a different hub. These journeys have a common destination and their repeated completion stitches each edge to the center and creates the seam between the two. Such hubs create a kind of territory-in-practice that is a-statal in the sense that its concerns are not necessarily with managing a population beyond its own employees and customers (who might come to overlap completely with the public) nor with securing and maintaining a border (since the locations will continue to change). These territorial figures exist simultaneously in superimposition on the other forms of

obsahuje techniky měření země a kontroly terénu. Měření a kontrola – technika a právo – musí být chápány souběžně se zemí a terénem."[4] Měření a kontrola jsou samozřejmě zásadní pro jakýkoliv logistický režim a jsou nejlépe vidět ve švech, které se tvoří na pomezí logistických figurací a které jednotlivá distribuční centra ukotvují. Tyto švy nesplývají plně s hranicemi politických entit, protože nepotřebují nijaké schválení, ale jsou spíše generovány skrze praxi a opakování. Znovu a znovu si kamiony klestí stejnou cestu pro dodání zboží nákupnímu centru a pak se opět vracejí k distribučnímu centru. Kamion z jiného distribučního centra současně také opětovně putuje, ale z jiného směru a z jiného centra. Tyto cesty mají třeba stejnou destinaci a jejich opětovné plnění propojuje každou hranu s jejich cíli a vytváří mezi nimi šev. Taková centra tvoří jisté „teritorium v praxi", které je mimostátní ve smyslu, že se jeho zájmy nutně netýkají řízení obyvatelstva, snad kromě vlastních zaměstnanců a zákazníků (které se občas plně překrývá s jistým segmentem veřejnosti), a neřeší zajištění a udržení hranic (protože se lokality neustále mění). Tyto teritoriální figury existují souběžně a v superpozici s dalšími formami teritoriálního určení. V rámci její formální analýzy si Caroline Levine všímá, že „sítě a ohraničení se stále setkávají, občas se podporují a vzájemně upevňují, jindy si vytvářejí hrozby a překážky".[5] V teritoriálních figurách logistických systémů tvoří síť a uzavření dvě součásti jednoho systému, který pracuje souběžně a na různých úrovních tak, že jeho role sítě a jeho role překážky alternuje v závislosti na měřítku rozlišení.

territorial definition. In her analysis of form, Caroline Levine notes that "networks and enclosures are constantly meeting, sometimes sustaining and reinforcing one another, at other times creating threats and obstacles."[5] In the territorial figures of logistical systems, the network and the enclosure are two pieces of a system working together at different levels such that what is network and what is enclosure alternate depending on the level of resolution.

Logistics Destabilizes Architecture

Amazon changed the course of architecture when it acquired Kiva Systems in 2012 for $775 million in order to develop its fleet of automated distribution centers. Rather than requiring fulfillment center workers to walk to each item's location, Kiva developed a system by which small Robot Drive Units (RDUs) are programmed to deliver mobile racks to stationary pickers who then select items to assemble a larger order. The orange RDUs developed by Kiva are equipped with a threaded cam to lift inventory shelving units (pods) just enough to transport them to an available picking station and worker, all controlled by a warehouse management system (WMS). In order to have an item delivered for picking, a request is sent to all of the RDUs on the floor. According to the language of Kiva's patent, after this happens: "The mobile drive units respond to the order request with bids that represent the amount of time each mobile drive unit calculates it would take to deliver the requested item."[6] The "winning" bid then delivers its charge to the awaiting station. Once the items have been picked, the RDU brings the shelf not to its original position, but to the closest open slot. Through this process, the warehouse is continually reconfiguring itself. Kiva's breakthroughs were to granulise the system, to make storage and inventory the same thing, and to make storage mobile. Storage has often assumed to be a fixed element of distribution systems. Indeed, some storage racks serve double duty as actual structural support for their building's roof system. In these cases, the storage becomes the architecture itself, fixed in place and stable. Kiva undoes this by not insisting that storage elements remain static and by animating them with a certain kind of intelligence. Instead of machine buildings populated with robot-like humans, as

Logistika destabilizuje architekturu

Amazon změnil směřování architektury svou akvizicí Kiva Systems v roce 2012, které koupil za 775 milionů USD za účelem automatizace svých distribučních center. Než aby nechali zaměstnance distribučních center jít ke každé jednotlivé položce, Kiva přišli se systémem, v němž jsou malé jednotky, tzv. robot drive units (RDU), naprogramované tak, aby doručily pohyblivé police k zaměstnancům, kteří z nich pak vyberou jednotlivé položky, z nichž sestaví větší objednávku. Oranžové RDU vyvinuté firmou Kiva jsou vybaveny závitovou vačkou, která umožňuje zvednutí jednotlivých polic s inventářem a následné doručení na stanici k čekajícímu zaměstnanci. To vše je řízeno tzv. warehouse management system (WMS). Aby byla položka doručena pro výběr, je požadavek poslán všem RDU v centru. Podle prezentace, kde Kiva vysvětluje svůj patent, pak „mobilní jednotky odpovídají časovou nabídkou, kterou každá jednotka vypočítá, kolik času by potřebovala pro dodání požadavku".[6] Výherce této „aukce" pak dodá původní požadavek do čekající stanice. Jakmile jsou položky vybrány, RDU polici zase odveze, ale ne již na místo, kde ji původně našly, ale na nejbližší volné místo. Tímto způsobem se sklad stále přeskupuje. Průlom Kiva Systems spočíval v tom, jakým způsobem dovedli udělat z uskladnění a inventáře jediný systém, a udělat skladování mobilním. Skladování bylo často chápáno jako fixní element distribučních systémů. A opravdu jisté skladovací police zároveň slouží jako strukturální podpora střech budov. V těchto případech je skladování součástí samotné architektury, je statické a stabilní. Kiva se tohoto principu zbavuje a netrvá na tom, aby skladovací jednotky zůstávaly statické, ale spíše je udělali pohyblivé a v jistém smyslu inteligentní. Místo budov obývaných robotickými lidmi, jak nám ukazují mnohé vize science fiction, vytváří Kiva mechanické prostředí robotů, kteří jsou propojeni s budovou.

familiar science-fiction tropes might lead us to anticipate, Kiva creates a machine landscape of building-like robots.

The Kiva system's form of internal communication creates an overall organisation in which the racks with frequently requested items "drift" closer to the packing stations. Former Kiva CEO Mick Mountz describes this as a "complex adaptive system [that] demonstrates emergent system behavior."[7] He cites references like Steven Johnson's *Emergence: The Connected Lives of Ants, Brains, Cities, and Software* (2001) and Kevin Kelly's *New Rules for the New Economy: 10 Radical Strategies for a Connected World* (1998), texts also popular in architectural discourse, especially in the mid-2000s.[8] "Emergence" and swarm behavior remain tantalising for the discipline of architecture, and in this context Kiva's contribution is noteworthy because, rather than producing an image of a swarm, it uses small robots and pieces of buildings to create an actual emergent condition. Instead of a fixed form that suggests a field, here is a dynamic set of elements, each controlled by simple local feedback yet collectively creating a shifting whole whose form reflects a content we cannot understand. The map of a Kiva warehouse is a picture of our own collective consumer desires and impulsive quests for fulfillment, encrypted and presented back to us through a machine language that we cannot read. If the bar code is a language by and for machines, an Amazon automated warehouse floor, for example, is that language turned spatial. Rather than conforming to an Enlightenment model of order as in analog warehouses, Amazon's system presents a version of storage governed by priorities of speed, flexibility, and frequency of demand. This retrieval process is not registering of some kind of entropic erosion but rather is indicative of a different level of order: a machine-readable environment underpinned by the machine-readable language of the bar code.

The mute exterior of a typical distribution center obscures this dynamic and atomized interior and reinforces a kind of architectural shell game. Both the building's enclosure and the field of racks in-rearrangement that it protects are products of logistics and are restless. The warehouse location typically fixes a location in space by facilitating property control. But the importance of that node remains dependent on its location with a larger and expanding network. Within that node is another collection of points that

Způsob vnitřní komunikace systému firmy Kiva vytváří celkovou organizaci, v jejímž rámci se police s často vyhledávanými položkami posouvají stále blíže k balicím stanicím. Mick Mountz, bývalý CEO Kiva, to popisuje jako „komplexní adaptivní systém vykazující emergentní chování".[7] Cituje zdroje jako *Emergence: The Connected Lives of Ants, Brains, Cities, and Software* (2001) od Stevena Johnsona a *New Rules for the New Economy: 10 Radical Strategies for a Connected World* (1998) od Kevina Kellyho, což jsou publikace často citované v diskurzu architektury, a to zvláště v prvním desetiletí 21. století.[8] Takzvaná „emergence" a rojové chování zůstávají pro obor architektury i nadále fascinujícím tématem. V kontextu Kiva Systems stojí za pozornost, že než aby tvořili roj, používají roboty a části staveb k tvorbě emergentních podmínek. Místo stálé formy jde o dynamickou sadu součástí, kde každá je spravována jednoduchým systémem zpětné vazby, avšak dohromady tvoří dynamický celek, jehož formy reflektují obsah, který my nejsme schopni pochopit. Mapa skladu Kiva je odrazem našich kolektivních spotřebitelských tužeb a impulzivních snah o naplnění, které jsou zakódovány a nám zpětně ukázány strojovou řečí, ve které neumíme číst. Pokud je čárový kód řečí strojů, je například automatizovaný sklad Amazonu prostorovým ztvárněním této řeči. Než aby se přizpůsobilo osvícenskému modelu pořádku, jako je tomu v analogových skladech, představuje systém Amazonu způsob skladování, kde vládne priorita rychlosti, flexibility a frekvence požadavků. Tento proces tedy neregistruje nějakou entropickou erozi pořádku, ale spíše vytváří nový typ pořádku uzpůsobený pro strojově čitelný prostor, který je umožněn strojově čitelným médiem čárového kódu.

Tichý exteriér typického distribučního centra skrývá dynamický a atomizovaný interiér a upevňuje architektonickou formu hry obálek. Jak vnitřní prostor stavby, tak systém polic, které se v něm přeskupují a které chrání, jsou produkty logistiky a jsou neklidné. Umístění skladu většinou závisí na vlastnictví pozemku. Avšak důležitost tohoto uzlu zůstává závislá na jeho umístění v širší a rozrůstající se síti. V rámci tohoto uzlu existuje pak další množina bodů, které jsou také v pohybu a které se pohybují ještě rychleji. Oboje pak odkazují k trhu, který vytváří poptávku u spotřebitelů, a dále pracují na udržení této poptávky. Ani jedna z nich nepočítá se statickou a stabilní architekturou dob minulých. A proč také? Například Albert Kahn navrhoval stavby pro jinou éru. Vzhledem k tomu, že tyto logistické budovy jsou součástí operačních nákladů a fungují spíše jako is also in motion, but at a higher speed. Both index a market that creates consumer demand and works intently to maintain it. Neither suggests the staid and stable industrial architecture of the past. And why should it? Albert Kahn, for example, was designing buildings in another era. As these logistical buildings become operating expenses and function more like software, it seems the language and tools of architecture fail to acknowledge such a reality. These buildings are not industrial operands destined for a future out of sight; instead, their insidious logic will continue seeking receptive audiences.

Logistics Reshapes Territory

Having thousands of small robots shuttling millions of objects around a fulfillment center requires frequent updates about the location of each of those objects and each update, each scan of a product's bar code, creates some small quantity of data. The infrastructure necessary to manage this collective amount of data has produced one of the 21st century's truly novel building types: the data center. Like distribution centers, data centers function infrastructurally to support an expansive communication network. Rather than acting as relays in a stream of information-encoded *objects*, data centers act as relays in the transmission of *information*, storing and retrieving data as needed. Data centers have become a largely remote but key feature of the contemporary economy as data storage underpins substantial aspects of daily life. So much so that one study found that the data centers consume 3% of the world's power and generate 2% of global carbon emissions, similar to that of the airline industry.[9] Amazon has invested heavily in its "web services" division (AWS) and its clients include the CIA, NASA, and Netflix.[10] One of AWS's innovations was to offer scaling data storage, especially appealing to "growth-oriented" organizations anticipating needs for rapid expansion. Presented as a utility-like water or electricity—AWS allows subscribers to take as much data as they need and pay for it accordingly.

Data centers are buildings for computers. They need to maintain a consistent climate and prevent machines from overheating, which in turn requires energy to power climate control systems. If not located in cool climates (as many data centers increasingly are), massive chillers do this work and

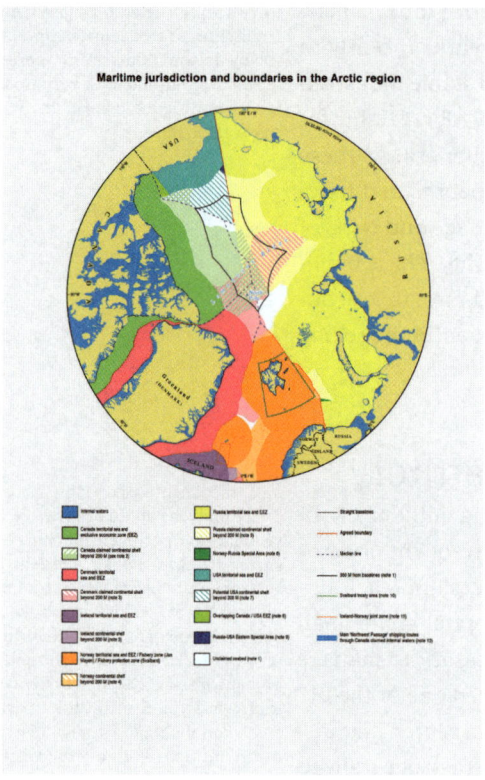

Maritime boundaries in the Arctic region indicating contested jurisdictional claims.
Source: IBRU Centre for Borders Research.

Námořní hranice v arktické oblasti naznačující boj o nároky na jurisdikci území.
Zdroj: IBRU Centre for Borders Research.

correspondingly produce their own energy demands and heat exhaust. As atomized bits of data packets are transmitted down from satellites to data centers, their immense cooling systems reciprocate by sending clouds of atomized bits back into the atmosphere. As the planet's temperatures rise, of course, polar regions are affected, including both the permanent ice cap and the seasonal pack ice. The logistics industry, one of the accelerators of global warming, seems prepared to benefit significantly from it.

The Northwest Passage and the Northern Sea Route are two shipping lanes that have been historically available in only limited ways. In September of 2018, the Maersk Venta made the journey from Busan to Bremerhaven via the Northern Sea Route.[11] This was a first passage by a commercial vessel which saved ten days of travel from the typical route. Competition for access and control of the Northern Sea Route is precipitating significant military buildup and geopolitical maneuvering. Russia's arctic military presence is the most significant, suggesting that though arctic waters

vykonávat obrovské chladicí přístroje, které vyžadují odpovídající příkon energie a produkují zplodiny. Jak jsou atomizované pakety dat posílány ze satelitů do datových center, jejich chladicí jednotky podobným způsobem vysílají mraky atomizovaných bitů v protisměru, tedy do zemské atmosféry. Jak se planeta ohřívá, má to samozřejmě dopad na polární oblasti včetně stálých ledovců i sezonního mořského ledu. Logistický průmysl je jedním ze zásadních urychlovačů globálního oteplování, avšak zároveň z něho dovede mnohé vytěžit.

Severozápadní průjezd a Severní mořská cesta jsou dvě dopravní tepny, které byly v minulosti jen omezeně přístupné. V září 2018 podnikla společnost Maersk Venta cestu z Pusanu do Bremerhavenu po Severní mořské cestě.[11] Bylo to poprvé, co takovou plavbu podnikla obchodní loď, která v porovnání s její typickou trasou ušetřila deset dnů cesty. Soutěž o přístup a vládu nad Severní mořskou cestou má na svědomí značnou vojenskou mobilizaci a geopolitické manévrování. Vojenská přítomnost Ruska v arktické oblasti je nejočividnější, což napovídá tomu, že ačkoliv arktické vody spadají pod mezinárodní are governed by international treaties, their use will remain contentious. For example, countries continue to fund studies that prove sovereign rights over the North Pole because of continental shelf claims. The thick territory described in the figure on the previous page echoes that of Walmart's distribution network. Indeed, both are graphic descriptions of physical territories shaped and reshaped by logistics. Racks, warehouses, and datacenters all contain some other form of logistical media. Each is shell at multiple levels: physically containing while simultaneously obscuring and reshuffling contents and intentions.

úmluvy, jejich užívání zůstane i nadále sporné. Jisté země například i nadále sponzorují studie, které mají na základě kontinentálních tektonických desek za úkol dokázat jejich svrchované právo na severní pól. Hutné teritorium, které je znázorněno na obrázku, je podobné distribuční síti Walmartu. A opravdu jsou obě dopravní tepny grafickými popisy fyzických teritorií, které jsou tvořeny a deformovány logistikou. Police, sklady a datová centra obsahují jistou formu logistických médií. Každé z nich je obálkou o více úrovních: fyzicky něco obsahuje a současně skrývá a přeskupuje jejich obsahy a záměry.

1   In *Modernism's Visible Hand: Architecture and Regulation in America* (Minneapolis: University of Minnesota Press, 2018), Michael Osman shows how the development of cold storage warehouses effectively allowed architecture to manipulate time by controlling the rates and which food would perish and, as a result, could also control the market value of those goods.

2   See, for example, Beth Gutelius, "Disarticulating distribution: Labor segmentation and subcontracting in global logistics," *Geoforum*, no. 60 (March 2015), pp. 53–61.

3   For additional discussion of infrastructure, see Paul N. Edwards, "Infrastructure and Modernity: Force, Time, and Social Organization in the History of Sociotechnical Systems," in Thomas J. Misa, Philip Brey, and Andrew Feenberg (eds.), *Modernity and Technology* (Cambridge, MA: MIT Press, 2003), pp. 185–225; Brian Larkin, "Promising Forms: The Political Aesthetics of Infrastructure," in Nikhil Anand, Akhil Gupta, and Hannah Appel (eds.), *The Promise of Infrastructure* (Durham: Duke University Press, 2018), pp. 175–202; Hannah Appel, "Offshore work: Oil, modularity, and the how of capitalism in Equatorial Guinea," *American Ethnologist* 39, no. 4 (November 2012), pp. 692–709.

4   Stuart Elden, *The Birth of Territory* (Chicago: University of Chicago Press, 2013), p. 116.

5   Caroline Levine, *Forms: Whole, Rhythm, Hierarchy, Network* (Princeton: Princeton University Press, 2015), p. 119.

6   Michael C. Mountz, "Material Handling System Using Autonomous Mobile Drive Units and Movable Inventory Trays," US Patent 6,748,292 B2, June 8, 2014, https://patentimages.storage.googleapis.com/cf/19/af/f4db8f47c28bd0/US6748292.pdf.

7   Ibid.

8   Steven Johnson, *Emergence: The Connected Lives of Ants, Brains, Cities, and Software* (New York: Scribner, 2001); Kevin Kelly, *New Rules for the New Economy: 10 Radical Strategies for a Connected World* (New York: Penguin, 1998). For examples of the discussion of emergence in architecture, see for example, Michael Hensel, Achim Menges, and Michael Weinstock, "Emergence in Architecture," *Architectural Design* 74, no. 3 (2004), pp. 6–10.

9   "Data Centers 'Going Green' to Reduce a Carbon Footprint Larger than the Airline Industry," *Data Economy*, January 25, 2017,

1   Michael Osman v knize *Modernism's Visible Hand: Architecture and Regulation in America* (University of Minnesota Press, Minneapolis 2018) ukazuje, jak vývoj chladicích skladů v zásadě umožnil architektuře manipulovat s časem skrze jejich určování rychlosti kažení potravin, čímž také určovaly tržní cenu tohoto zboží.

2   Srov. například Beth Gutelius, Disarticulating distribution: Labor segmentation and subcontracting in global logistics, *Geoforum*, č. 60, 2015, s. 53–61.

3   Pro zajímavou debatu na téma infrastruktury viz Paul N. Edwards, Infrastructure and Modernity: Force, Time, and Social Organization in the History of Sociotechnical Systems, in: Thomas J. Misa – Philip Brey – Andrew Feenberg (eds.), *Modernity and Technology*, MIT Press, Cambridge, MA 2003, s. 185–225. – Brian Larkin, Promising Forms: The Political Aesthetics of Infrastructure, in: Nikhil Anand – Akhil Gupta – Hannah Appel (eds.), *The Promise of Infrastructure*, Duke University Press, Durham 2018, s. 175–202. – Hannah Appel, Offshore work: Oil, modularity, and the how of capitalism in Equatorial Guinea, *American Ethnologist* 39, 2012, č. 4, s. 692–709.

4   Stuart Elden, *The Birth of Territory*, University of Chicago Press, Chicago 2013, s. 116.

5   Caroline Levine, *Forms: Whole, Rhythm, Hierarchy, Network*, Princeton University Press, Princeton 2015, s. 119.

6   Michael C. Mountz, Material Handling System Using Autonomous Mobile Drive Units and Movable Inventory Trays, US Patent 6 748 292 B2, 8. 6. 2014, https://patentimages.storage.googleapis.com/cf/19/af/f4db8f47c28bd0/US6748292.pdf.

7   Tamtéž.

8   Steven Johnson, *Emergence: The Connected Lives of Ants, Brains, Cities, and Software*, Scribner, New York 2001. – Kevin Kelly, *New Rules for the New Economy: 10 Radical Strategies for a Connected World*, Penguin, New York 1998. Pro příklady debaty ohledně emergentního chování v architektuře, viz například Michael Hensel – Achim Menges – Michael Weinstock, Emergence in Architecture, *Architectural Design* 74, 2004, č. 3, s. 6–10.

9   Data Centers 'Going Green' to Reduce a Carbon Footprint Larger than the Airline Industry, *Data Economy*, 25. 1. 2017, https://data-economy.com/data-centers-going-green-to-reduce-a-carbon-footprint-larger-than-the-airline-industry.

https://data-economy.com/data-centers-going-green-to-reduce-a-carbon-footprint-larger-than-the-airline-industry.

10   "Netflix Case Study," https://aws.amazon.com/solutions/case-studies/netflix-case-study.

11   "Venta Maersk Completes Northern Sea Route Passage," *The Maritime Executive*, September 29, 2018, https://www.maritime-executive.com/article/venta-maersk-completes-northern-sea-route-passage; Tom Embury-Dennis, "Container ship crosses Arctic route for first time in history due to melting sea ice," *Independent*, September 18, 2018, https://www.independent.co.uk/news/world/europe/maersk-container-ship-arctic-ocean-northern-sea-route-venta-global-warming-a8543431.html.

10   Netflix Case Study, https://aws.amazon.com/solutions/case-studies/netflix-case-study.

11   Venta Maersk Completes Northern Sea Route Passage, *The Maritime Executive*, 29. 9. 2018, https://www.maritime-executive.com/article/venta-maersk-completes-northern-sea-route-passage. – Tom Embury--Dennis, Container ship crosses Arctic route for first time in history due to melting sea ice, *Independent*, 18. 9. 2018, https://www.independent.co.uk/news/world/europe/maersk-container-ship-arctic-ocean-northern-sea-route-venta-global-warming-a8543431.html.

TRANSITION REDUX: GLOBAL WAREHOUSING IN EUROPE'S WESTERNMOST EAST

NEKONČÍCÍ TRANSFORMACE: GLOBÁLNÍ SKLADOVÁNÍ NA NEJZÁPADNĚJŠÍM VÝCHODĚ EVROPY

A Transition Space: Neither Western nor Eastern Europe

Czechia, Hungary, Poland, and Slovakia have been historically observed as a transition space. Located somewhere in *Zwischeneuropa* (in-between Europe), their societies and economies have always been imagined as the westernmost space of Europe's East. Not much changed during their post-1989 transitions and -2004 integrations: the postsocialist transitions to a market economy as well as the eastern enlargement of the European Union (EU) only reproduced their semi-peripheral position somewhere between the continent's East and West, if not the global North and South. After three decades, the middle-income trap accurately describes the socio-economic outcome of such processes on the ground. The now-capitalist societies remain literally entrapped at the crossroad of so-called advanced and backward developments. Yet this transition is as much of a material reality as an imaginary, which has been strategically cultivated by both foreign and domestic state and corporate managers. In this imaginary, Central and Eastern European (CEE) societies become destined to a Sisyphean striving for a relatively successful but never-ending developmental catch-up with the advancing West.

This westernmost East facilitates thus genuine conditions for the *logistical fix* of global capital in the EU. Capitalism periodically survives its crisis-prone tendencies only through reordering the variegated landscapes of planetary socio-economic life into *spatio-temporal fixes*.[1] Two basic and mutually constitutive meanings apply to such a fix: the literal and the metaphorical. The former meaning denotes physical and human infrastructures which are literally fixed

Přechodný prostor: Ani Východ, ani Západ

Česko, Maďarsko, Polsko a Slovensko byly odedávna vnímané jako jakýsi přechodný prostor. Umístněné někde v „Mezievropě" (*Zwischeneuropa*), tyto ekonomiky i společnosti byly vždy považované za nejzápadnější prostor východní Evropy. Během období transformací po roce 1989 a integrací po roce 2004 se toho zde příliš mnoho nezměnilo: postsocialistické přechody těchto zemí ze státně plánovaných na tržní ekonomiky či východní expanze Evropské unie (EU) jen zreprodukovaly jejich semiperiferní pozici kdesi mezi evropským Východem a Západem, nebo dokonce globálním Severem a Jihem. Po třech dekádách asi nejlépe popisuje společensko-ekonomické dopady těchto dvou procesů termín pasti středního příjmu. Dnes už jako kapitalistické společnosti zůstávají tyto státy doslova uvězněny na rozcestí mezi méně a nejvíce rozvinutými zeměmi. Nicméně tato transformace je stejně tak hmatatelnou skutečností jako pomyslným konstruktem, jenž je strategicky rozvíjen jak zahraničními, tak i domácími státními a korporátními manažery. V takových představách byly středo- a východoevropské společnosti odsouzeny k sisyfovskému úsilí o poměrně úspěšné, ale nikdy nekončící dohánění nadále se vzdalujícího Západu.

Tento nejzápadnější Východ tím tak vytváří neopakovatelné podmínky pro vytvoření logistického řešení (*logistical fix*) pro globální kapitál v EU. Kapitalismus opakovaně překonává své krizové tendence právě díky schopnosti přeskupovat různorodé krajiny společensko-ekonomického života na naší planetě do časoprostorových řešení (*spatio-temporal fix*).[1] Taková fixační řešení mají dva základní a navzájem se doplňující významy: jeden doslovný a druhý obrazný. Doslovný význam označuje fyzické a lidské infrastruktury, to the ground. Without highways, airports, internet cables or other components of built environment, capital cannot circulate trans-locally, -nationally or -continentally in the form of investment or trade of goods and services. Without a skilled labor force, it cannot produce and distribute these goods and services. In turn, the metaphorical fix points to the hegemonic imaginaries produced within the transnational private-public networks of global, national, and regional elite power blocs. These networks bring together political, economic, bureaucratic, and consultancy forces of various sorts, which are organized around and inside state administrations and institutions such as the EU, International Monetary Fund (IMF) or World Economic Forum. Without these governance networks and institutions, or the basic regulatory conditions such as laws, development and industrial strategies, or free trade and investment agreements, capital itself could hardly circulate. Such fixes are hierarchically ordered and so is the CEE's position within the EU's logistical fix.

Steel Cities illustrate the westernmost East's hierarchical position or, in a more economistic vocabulary, its competitive advantage not only in the logistical fix but in the EU's capitalist order as a whole. This competitive advantage renders the regional cluster a transitional hybrid between semi-Eastern costs and semi-Western conditions. Not only does CEE offer cheaper land, industrial property, and building costs: it also provides reliant transport links. Not only does it offer a cheaper and less socially protected labor force with similar human capital: it also provides a stable regulatory environment open to foreign capital-state investment partnerships. Transnational enterprises can combine similar levels of productivity with cheaper labor, while simultaneously increasing their profitability and cost competitiveness. Within the new global business model of e-commerce, the expanding mass of warehouse compounds in CEE simply reinforces the historical pattern of foreign direct investment (FDI) inflows into the region. Originating or headquartered in Western metropoles, the foreign capital arrives primarily with the aim of increasing its own cost competitiveness in its home markets and its (re-)exports around the globe. Turning CEE into new consumer markets has been always the icing on the foreign owners' cake of higher profitability.

The warehouse landscapes embody the EU as a capitalist order which has been structured through the iron logic of

které jsou hmatatelně zafixovány v zemi. Bez dálnic, letišť, internetových kabelů či dalších prvků zastavěného prostředí by kapitál nemohl cirkulovat napříč jednotlivými regiony, zeměmi či kontinenty ve formě investic nebo obchodu se zbožím a službami. Bez kvalifikované pracovní síly by toto zboží či služby nemohly vzniknout. Obrazný význam takového fixačního řešení naopak odkazuje na hegemonické představy, které jsou pomyslně vytvářeny nadnárodními soukromo-veřejnými sítěmi různých mocenských bloků na globální, státní i regionální úrovni. Tyto sítě propojují politické, ekonomické, byrokratické a poradenské síly nejrůznějších typů, které se organizují uvnitř a kolem státních aparátů a nadnárodních institucí jako EU, Mezinárodní měnový fond (MMF) nebo Světové ekonomické fórum. Bez těchto řídících sítí a institucí či základních regulačních podmínek, jako jsou zákony, rozvojové či průmyslové strategie anebo dohody o volném trhu či investicích, by kapitál sám o sobě mohl jen těžko obíhat. Uspořádání takových fixačních řešení jsou hierarchická stejně jako pozice středovýchodní Evropy v logistickém řešení EU.

Ocelová města ilustrují tuto hierarchickou pozici nejzápadnějšího Východu nejen v rámci logistického řešení EU, ale i jejího kapitalistického řádu jako celku. Ekonomistické pohledy tuto hierarchickou pozici jednoduše nazývají konkurenční výhodou. Taková výhoda činí z našeho prostoru přechodný hybrid na pomezí východních nákladů výroby a západních podmínek pro její uskutečnění. Střední a východní Evropa nabízí nejen levnější pozemky, průmyslové nemovitosti a nižší stavební náklady, ale poskytuje i spolehlivé dopravní spojení. Nejenže nabízí levnější a méně sociálně chráněnou pracovní sílu, která má podobný lidský kapitál; poskytuje také stabilní regulační prostředí, které je otevřené partnerstvím mezi místními státy a zahraničními korporacemi. Nadnárodní korporace zde tak mohou kombinovat podobnou úroveň produktivity s levnější prací, a tím současně zvyšovat svou ziskovost a nákladovou konkurenceschopnost. Rostoucí množství skladových areálů ve středovýchodní Evropě, které tvoří součást nového globálního obchodního modelu elektronického obchodování (e-commerce), pouze posiluje historický model přílivu přímých zahraničních investic (PZI) do našeho regionu. Zahraniční kapitál, který pochází ze západních metropolí nebo místních centrál nadnárodních korporací, přichází primárně s cílem zvýšit cenovou konkurenceschopnost na svých domácích trzích a (re)exportu do celého světa. Přeměna našich společností na nové global competitiveness since the end of 1980s. This iron logic transforms Europe into a transnational space of intensified mobility and interconnectivity of investment, production, and trade within the EU-centred global commodity chains. As the EU's biggest asset, the Single Market materializes this globalizing logic through its four to five freedoms, i.e., the intra-continental free movement of people, goods, services, capital, and data. The Single Market is a spatial framework which refixes old socio-economic inequalities into new competitive advantages arising between various European territories inside the hierarchically nested global commodity chains. The global commodity chains are nothing but a conjunction of (literal) supply and (metaphorical) value chains, which organize investment, production, and trade into networked nodes of global economy. The Steel Cities form one of their nodes within the Single Market. They constitute a physical part of the supply chain which intermediates the logistics between the assembly of these commodities and their delivery as goods to the final costumer. The value added by this logistics function is attributed by the corporate imaginaries which control and command the chain. Some activities are attributed as higher-value-added (IT, R&D or HR services), some of them as lower-value-added (product assembly, packaging or labelling). In this way, Steel Cities deepen the lower value-added basis of CEE's competitive advantage inside the Single Market in a manner of transition redux.

The Iron Logic of Europe's Capitalist Order

The transition redux is inherent to the dependent integration of CEE into the export-led *German space economy*.[2] This economic space encompasses the Netherlands in the West, includes Northern Italy in the South before its turns eastwards to CEE across Austria, while closing the circle around the coasts of Baltic and Nordic seas. Every region within this export-led space has a unique role in cultivating its own competitive advantage and enhancing the cost competitiveness of and in the German economy and its (re)exports to the rest of the world. The westernmost East serves primarily as an extended assembly line of EU-based industries, assembling and/or storing the goods before they are distributed to consumers back in Germany, Europe, and the world. Consider the example of trade relations. Czechia, Hungary, Poland, and Slovakia as a territory of 65 million inhabitants accounted approximately for 11% of Germany's total exports and 14% of its total imports in 2017. In comparison, France accounted for Germany's 8% of total exports and 6.5% of its total imports, the United States for 8.5% and 6% respectively. This competitive advantage is reinforced as transnational enterprises from around the globe, especially East Asia and North America, exploit CEE's locational conditions for the same strategy to service the Single Market. (Re)assemble – (re)package – (re)distribute, that is the iron logic (*eiserne Logik*) of CEE's economic position in the EU-centred global commodity chains.

This iron logic took primacy over other alternatives in the CEE's transition strategies starting in the mid-1990s. At the start, the FDI was imagined as a source of Western management practices, innovations, and much-needed investment. This transnationally-led reindustrialization aimed at giving the socialist industrial legacy a new competitive edge. At the same time, it was enforced by the Western transnational enterprises and their coalition with the domestic state managers. The CEE states either provided investment incentives or risked the departure of the investment for a neighboring country. In 2018, the inward FDI stock reached more than 40% of Polish, 55% of Slovak, 60% of Hungarian, and 65% of Czech GDP. Germany, Austria or the Netherlands belonged among the biggest investors along with East Asia and the United States. Over time, the FDI inflows sedimented into a transborder cluster of export-oriented complex manufacturing sectors—assembling parts or complete transport vehicles, electronics, metallurgy products, and other complex industrial goods. CEE thus became dependent on FDI inflows, the export success of the foreign-owned sectors, and the hope that profits will be reinvested rather than sent out in the form of dividends.

How do the Steel Cities fit into this story? First, the warehouse landscapes are both infrastructural and regulatory. Without them, the Single Market's metaphorical free movement of people, goods, services, capital, and data could not be fixed in coherent commodity chains and vice versa. Stretching around major infrastructural lines in the

zvyšování cenové konkurenceschopnosti německého (re)exportu do zbytku světa. Nejzápadnější Východ slouží primárně jako prodloužená výrobní linka (západo)evropského průmyslu, která montuje a/nebo skladuje zboží před jeho zpětnou distribucí spotřebitelům v Německu, Evropě a po celém světě. Vezměme si příklad obchodních vztahů. Česko, Maďarsko, Polsko a Slovensko, tedy území s 65 miliony obyvatel, představovalo v roce 2017 přibližně 11 % celkového vývozu Německa a 14 % jeho celkového dovozu. Francie pro srovnání představovala 8 % celkového německého vývozu a 6,5 % jeho celkového dovozu, Spojené státy 8,5 % a 6 % respektive. Tato konkurenční výhoda je posílena tím, že další nadnárodní korporace, zejména pak z východní Asie a Severní Ameriky, využívají lokalizačních podmínek středovýchodní Evropy pro stejnou strategii konkurenceschopnosti na jednotném trhu. (Opětovně) smontovat – (opětovně) zabalit – (opětovně) distribuovat: to je železná logika ekonomické pozice našich zemí v globálních komoditních řetězcích uvnitř EU.

Od poloviny devadesátých let získala tato železná logika převahu v transformačních strategiích středovýchodní Evropy nad jinými alternativami. PZI byly prvotně představovány jako modernizační zdroj západních manažerských dovedností, inovací a tolik potřebných investičních prostředků. Tato nadnárodně řízená reindustrializace měla za cíl poskytnout socialistickému průmyslovému dědictví novou konkurenční výhodu. Současně ji prosazovaly mocenské koalice západního kapitálu s tuzemskými státními a soukromými manažery. Středo- a východoevropské státy buď poskytly investiční pobídky, nebo riskovaly odchod investic do sousední země. V roce 2018 tak dosáhl objem PZI více než 40 % polského, 55 % slovenského, 60 % maďarského a 65 % českého HDP. K největším investorům patřily Německo, Rakousko či Nizozemsko spolu s východní Asií a Spojenými státy. V průběhu času se příliv PZI usadil do přeshraničního proexportního klastru, jehož zpracovatelské sektory vyrábějí díly nebo kompletují dopravní prostředky, elektroniku, ocelářské výrobky a další komplexní průmyslové zboží. Středovýchodní Evropa se tím stala závislou na přísunu PZI, exportním úspěchu zahraničně vlastněných průmyslových sektorů a na zrádné naději, že zisky budou reinvestovány, spíše než odeslány zpět zahraničním vlastníkům ve formě dividend.

Jak do tohoto příběhu zapadají ocelová města? Skladové krajiny zaprvé mají jak infrastrukturní, tak i regulační funkce. Bez nich by metafora volného pohybu osob, zboží, služeb, kapitálu a dat na jednotném

borderlands with Germany and Austria, the Steel Cities form a strategic location for assembly, storage, and free transborder distribution of goods. Capital can freely flow inward as an unrestricted investment which generates higher profit margins, while outflowing back as dividends. The free movement of data allows the expansion of e-commerce to operate but also separate the division of labor in the commodity chain between the higher value-added activities in Western offices and lower value-added activities in Eastern warehouses and assembly facilities. The free movement of people allows for variously skilled labor from EU or non-EU states and regions of lower income or higher unemployment levels. Under the free provision of services, the so-called posted workers, as analyzed in Rutvica Andrijasevic's and Tonia Novitz's chapter,[3] can be imported from these poorer localities by employment agencies operating under the wage and social standards of the workers' country of origin in the EU. The same provision of services allows then to outsource the transborder delivery to CEE freight transport firms, which regularly post their drivers to operate across the Western parts of EU under wage and social standards in CEE.

Second, the warehouses only complement the already existing globalized landscapes of *dependent market economies* in CEE.[4] Materializing the new and rapidly expanding business model of e-commerce, they differ relatively little from the past waves of greenfield investment. Their physical foundations are built in special industrial, logistics, and economic zones or parks. What is new is that their invasive expansion makes the warehouses into rapidly proliferating landmarks. Steel Cities irreversibly conquer the green outskirts of CEE urban areas or attach themselves to transport links within the transborder assembly cluster. A European parallel of the *maquiladora syndrome*, they add to the self-representation of CEE economies as a cheap assembly plant of Europe (*fabryka Europy, montážna dielňa Európy*) in domestic public discourses. The promise of future higher value-added activities in exchange for immediate lower value-added activities has been delivered only halfway even in the strategic sectors including the global brands of BMW, Hyundai, VW, Škoda, or Audi along with their many suppliers. The logistics sector, including Amazon, offered primarily lower value-added activates such as transloading – packing/packaging – compliance labelling/identification – product

assembly/customizing – inventory stocking – outbound and return processing. Their spillovers to any first-rate upgrade in value chains outside of new shared service and development centers or regional headquarters is less likely.

Following the Great Recession of the late 2000s, the iron logic started to show signs of corrosion. The IMF still praised the crisis resilience of the "German-Central European Supply Chain" cluster in its 2013 report:[5] as an integrated semi-periphery, CEE remained protected thanks to the cushion provided by German economy. However, the optimism about the FDI receded. When ascending to the post of Polish prime minister, Mateusz Morawiecki criticized this FDI-oriented development as inherent to the "middle-income trap."[6] His solution was a more dirigiste and nation-centred development strategy similar to the one announced by Hungary. In Czechia, the governmental report on the "outflow of profits" made it an annually repeating discussion in domestic media.[7] In 2016, the highest outflow of profits so far recorded the sum of 314 billion Czech crowns, which equalled almost 7% of the GDP. Germany, the Netherlands, and Luxembourg were the biggest beneficiaries. Like Slovakia, Czechia decided simply to cultivate the FDI-based strategy by reorienting it to the competition over higher value-added investment. The invasive warehouse landscapes illustrate that, despite the corrosion of the imaginaries, the iron logic of CEE competitive advantage has not changed much on the ground.

When the Machine Sets to Work

The iron logic propels an *investment promotion machine* which has traditionally consisted of a *comprador* network of high state bureaucrats, consultancies, business associations, and other types of technocratic managers.[8] The comprador position of these political and economic forces is characterized by its willingness to serve the interests of foreign investors and translate them into state or local strategies. The machine has been always contested by alternative projects of national or more regulated capitalism. Although its logic considerably corroded in the 2010s, it proved powerfully co-optive in blending foreign and national capital interests and generating social imaginaries of new developmental catch-up. The machine made these imaginaries appear a normal fact

of socio-economic life in CEE. Behind this normalization, its resilience was simply inherent to the ongoing material dependence on foreign investment. Moreover, the dependency was made more acute as all four CEE states competed among each other over the same type of investment.

The logic is simple. An enterprise announces its plan to invest in CEE and the machine sets to work. The major node connecting the comprador networks within the state are the investment promotion agencies: CzechInvest in Czechia, Polish Investment and Trade Agency (PAIH), Slovak Investment and Trade Development Agency (SARIO), and Hungarian Investment Promotion Agency (HIPA). These agencies facilitate contact between the investor and the state either on the national, regional or local level. Their job is to promote the respective states as investment locations with cheaper labor, a friendlier business environment, and more generous investment incentives. As a consequence, CzechInvest has openly offered "skilled and well-educated workers available at a fraction of the cost of those in western economies (for instance, German employees earn nearly four times more than Czech workers)."[9] SARIO recommended a labor force which "excels in [higher] productivity, [same] qualification & [lower] labour costs" than most of Slovakia's CEE neighbors.[10] HIPA highlighted that "the prime rent in Hungary is one of the lowest in the region, thanks to its low property and building costs," while the "world's largest contract logistics providers and Hungarian-owned companies" were ready to provide services at competitive prices.[11] These agencies offer also investment incentives. Since 2018, "nearly 100% of Poland's geographical area now comprises a unified zone" for tax advantages according to PAIH.[12] Besides generally low corporate taxes, long-term tax exemptions rank among many other investment incentives like the provision of customized infrastructure (highway links, railway terminals, industrial and logistics parks), securing land for greenfield complexes in special economic zones or co-funding of labor training and reskilling. Over time, the transport, retail, wholesale or warehousing activities lost eligibility for such incentives in favor of more value-added activities involving R&D and business services. Nonetheless, this state aid remained complementary with the general landscapes of Steel Cities.

What is more, the supply of new logistics and industrial parks has been already privatized by industrial estate

takto staly normální součástí společensko-ekonomického života ve středovýchodní Evropě. Za odolností těchto rozvojových představ stál navíc prostý fakt, a to pokračující materiální závislost na zahraničních investicích. Tato závislost se stávala ještě naléhavější, protože všechny čtyři středo- a východoevropské státy soutěžily o příliv stejného typu investic.

Tato logika je jednoduchá. Nadnárodní korporace oznámí svůj plán investovat ve středovýchodní Evropě a kola investiční mašinerie se začnou roztáčet. Hlavním uzlem propojujícím komprádorské sítě v rámci státu jsou agentury na podporu investic: CzechInvest v Česku, Polská agentura investic a obchodu (PAIH), Slovenská agentura pro rozvoj investic a obchodu (SARIO) a maďarská Národní investiční agentura (HIPA). Tyto agentury zprostředkovávají kontakt mezi investorem a státem na celostátní, regionální nebo místní úrovni. Jejich úkolem je propagovat příslušné státy jako místa pro investice s levnější pracovní silou, přátelštějším podnikatelským prostředím a velkorysejšími investičními pobídkami. Agentura CzechInvest tak otevřeně nabízela „kvalifikované a vzdělané pracovníky dostupné za zlomek nákladů oproti těm v západních ekonomikách (například němečtí zaměstnanci vydělávají téměř čtyřikrát více než čeští pracovníci)".[9] SARIO doporučovala pracovní sílu, která „vyniká ve [vyšší] produktivitě, [stejné] kvalifikaci a [nižších] mzdových nákladech" v porovnání s většinou sousedních zemí Slovenska ve středovýchodní Evropě.[10] HIPA zdůrazňovala, že Maďarsko nabízí „nejlukrativnější nájemné (prime rent) v regionu díky nízkým nákladům na nemovitosti a budovy", přičemž „největší poskytovatelé smluvní logistiky na světě a maďarské společnosti" jsou připraveni poskytovat služby za konkurenceschopné ceny.[11] Tyto agentury nabízejí také investiční pobídky. Podle PAIH „tvoří téměř 100 % plochy Polska sjednocenou zónu" pro daňové zvýhodnění od roku 2018.[12] Kromě jinak nízkých korporátních daní patří dlouhodobá osvobození od plateb daní k mnoha dalším investičním pobídkám, jako jsou například poskytování uzpůsobené infrastruktury (dálničních přípojek, železničních terminálů, průmyslových a logistických parků) na zakázku, zábory půdy pro komplexy na zelené louce ve zvláštních hospodářských zónách či spolufinancování školení a rekvalifikací pracovníků. Dopravní, maloobchodní, velkoobchodní či skladovací činnosti ztratily postupem času nárok na takové pobídky ve prospěch činností s vyšší přidanou hodnotou, jako je například výzkum a vývoj nebo podnikové služby. Tato státní podpora nicméně jen

development enterprises. Organizing infrastructural conditions for foreign investment, the biggest developers also have a foreign origin, although many of them are headquartered in CEE. Some are globally operating transnational enterprises, such as the American developers Panattoni and Prologis. Others are based exclusively in Europe or specializing in CEE, such as the Czech-Dutch CTP or German Goldbeck. Panattoni Europe might be headquartered in Poland but it is only a subsidiary to its American headquarters. CTP might present itself as a Czech developer, but its ownership structure is located in the Netherlands. The role of these developers was illustrated by the expansion of Amazon warehouses in CEE. In 2014, Amazon's European headquarters in Luxembourg decided to open logistics centers in Poland and Czechia. All of them were to service the German market in a situation when the German warehouses were periodically shut down through organized labor strikes. Since then, new centers have emerged in Poland and Slovakia. All the warehouses in Poland and Czechia were facilitated for Amazon by Panattoni. In Slovakia, Amazon was assisted with Goldbeck. As such, these developers formed an integral part of the machine in organizing what Tim Collins, the Amazon's CEO for Europe, appreciated in CEE: "good business environment, infrastructure, people, and speed" to be found "at all levels—national, regional, and in many cases local levels."[13]

This policy of "speed at all levels" was nonetheless deeply autocratic. In 2014, Amazon's expansion to Czechia provided a highly telling illustration. In the village of Dobrovíz near Prague, the official appeal of the local municipality and the petition of local citizens against the Amazon logistics center were immediately overruled by the regional authority of Central Bohemia. The same year in Brno, the city council declined to update the zoning map and to sell the municipal land to Amazon's developer CTP. The then Prime Minister Bohuslav Sobotka intervened to make the city council decide several times. Cooperating with the South Moravian regional authority, the national government offered Amazon new locations around Brno, while other cities such as Ostrava promoted themselves as alternatives. Meanwhile, CTP attempted to initiate the construction work before the actual sale of the municipal land. The consultancy experts argued that turning down Amazon harmed the country's image as an attractive investment location and deprived it of "big investment and new

doplňovala celkovou krajinu ocelových měst.

Vznik nových logistických a průmyslových parků byl navíc již privatizován společnostmi zabývajícími se rozvojem průmyslových nemovitostí. Největší developeři, kteří organizují infrastrukturní podmínky pro zahraniční investice, mají také zahraniční původ, jakkoli se centrály mnohých z nich nalézají v našem regionu. Někteří jsou globálně operujícími nadnárodními korporacemi jako například američtí developeři Panattoni a Prologis. Jiní sídlí výhradně v Evropě nebo se specializují přímo na region CEE, jako například česko-nizozemské CTP nebo německý Goldbeck. Panattoni Europe má sice sídlo v Polsku, ale je pouze dceřinou společností své americké centrály. CTP se prezentuje jako český developer, ale jeho vlastnická struktura se nachází v Nizozemsku. Roli těchto developerů dobře dokládá expanze skladů Amazonu ve středovýchodní Evropě. V roce 2014 se evropské sídlo Amazonu v Lucemburku rozhodlo otevřít logistická centra v Polsku a Česku. Všechna měla sloužit primárně německému trhu v situaci, kdy německé sklady byly pravidelně uzavírány organizovanými stávkami zaměstnanců. Od té doby se v Polsku a na Slovensku objevila další nová centra. Vznik skladů v Polsku a Česku byl pro Amazon zprostředkován společností Panattoni. Na Slovensku pomáhala společnost Goldbeck. Tito developeři proto tvořili nedílnou součást investiční mašinerie v organizaci toho, co Tim Collins, generální ředitel Amazonu pro Evropu, ocenil na našich státech: „dobré podnikatelské prostředí, infrastrukturu, lidi a rychlost", které tu lze nalézt „na všech úrovních – na celostátní, regionální a v mnoha případech i na lokální úrovni".[13]

Tato politika „rychlosti na všech úrovních" byla nicméně autokratická. Expanze Amazonu do Česka to velmi dobře ilustrovala. V případě malé obce Dobrovíz u Prahy byla oficiální odvolání obce a petice místních občanů proti výstavbě logistického centra Amazonu zamítnuta Krajským úřadem Středočeského kraje. Téhož roku v Brně městské zastupitelstvo odmítlo aktualizovat územní plán a prodat obecní pozemek developerovi Amazonu, společnosti CTP. Tehdejší premiér Bohuslav Sobotka nato zasáhl do situace, aby donutil zastupitelstvo rozhodovat hned několikrát. Ve spolupráci s Jihomoravským krajem nabídla vláda Amazonu nová místa v okolí Brna, zatímco další města jako Ostrava se přihlásila o svoji šanci. CTP se mezitím pokusila zahájit stavební práce před skutečným prodejem obecního pozemku. Různí konzultanti přitom začali varovat, že odmítnutí Amazonu poškodí image země jobs" in favor of neighboring countries.[14] Indeed, immediately the Slovak and Polish machines offered their countries as alternatives. Following three unsuccessful votes, the Brno city council changed the zoning map at last—yet also too late: Amazon had already decided to move the project to Slovakia. When commenting on the provided investment incentives in Dobrovíz, the then Czech Minister of Industry and Trade lamented only a "50% success."[15]

Chaining Up the Westernmost East

By its nature, the machine has been always *urban*.[16] The Steel Cities have materialized the hierarchical (re)ordering of inter-local and -regional landscapes to make them fit the logic of EU-based global commodity chains. The warehouses are fixed on the margins of Eastern metropoles and along transport links connecting them with Western metropoles. They materialize the exemplary transition space in between the metropole-periphery relations. Yet it is not the westernmost regions that are the biggest losers. Instead, they hold an intermediate position between capitals or some of the select second-tier metropoles and those peripheral regions outside of the FDI-based transregional assembly cluster. The EU cohesion report sums it up well: the westernmost regions had "a larger share of employment in foreign firms than others" given that the "proximity to the rest of the EU internal market is likely to be important" for their assembly sectors.[17] Meanwhile, the CEE capitals are "the most competitive but this has not (as yet) boosted the competitiveness of neighboring regions," while the hope was that once the "economic and transport connections between the capital and the other regions become stronger, spill-over effects are likely to emerge." The catch-up illusion is not only inter-national but -regional as well.

This westernmost East occupies the transborder, or more precisely, transregional cluster of (South-)Western Poland, most of Czechia, (South-)Western Slovakia, and (North-)Western Hungary. Amazon logistics centers illustrate this well. On the outskirts of Prague, Dobrovíz lies at the crossroad of highway lines connecting it with South-Western and North-Eastern Germany, as well as the eastward triangle of Brno, Bratislava (Sereď), and Vienna.

In Poland, a bifurcated network of Amazon centers spanned Katowice-Sosnowiec, Wrocław-Bielany and Okmiany in the south-westward direction and the north-westward direction of Łódź-Pawlikowice, Poznań-Sady, and Szczecin-Kołbaskowo. Amazon's location strategy exploits and further reproduces this infrastructural pattern of nesting the highway system with industrial and logistics parks and special zones to service primarily the owners and consumers beyond the western border.

In the Czech-German borderlands, we can trace this transborder pattern along the 150 kilometres of the D5 highway between Prague and the Czech-German border. The highway is occupied with a proliferating number of private industrial developments: private parks forming the chain of CTPark Prague-West, Prologis Park Prague-Rudná, CTPark Cerhovice, CTPark Plzeň, Prologis Park Pilsen-Štěnovice, Panattoni Pilsen Park West, CTPark Blatnice, Panattoni Park Stříbro, CTPark Bor. The E49 expressway complements the chain with Panattoni Park Cheb I and II, CTPark Cheb and CTPark Aš in the northwest direction.

In West Bohemia, the regional and local machines provide additional momentum to the catch-up illusion. With support of local and regional authorities and their development agencies, the developers take over the regional development initiative. For instance, the current Developmental Plan of the Pilsen Region praised the D5 highway as "a competitive advantage of the region" which secures its "strategic position from the view of the [inter-]connection between Eastern and Western Europe." Therefore, the continuing "localization of container transloading sites, terminals, and logistics centers" as well as "sites for localization and expansion of enterprises" remained indispensable for the region's strategies of "transregional competitiveness."[18] In its promotional brochure, CTPark Bor similarly offered an "ideal location for manufacturers in the auto supply chain and for logistics providers in e-commerce serving the Czech and/or German markets."[19] Having "the D5 nearby," CTPark Stříbro facilitated "[l]ower rents & labor costs than Plzeň & Germany."[20] Meanwhile, CTPark Plzeň promoted itself as a place for "locating high-tech, R&D and product development centers in the region."[21] There is a pattern in this hierarchical differentiation, because the closer to the Czech-German border and farther away from Prague and Pilsen (Plzeň), the lower value-added activities such as warehousing can be expected.

přes Sady u Poznaně až po Kołbaskowo u Štětína na severozápadě. Lokalizační strategie Amazonu využívá a dále reprodukuje tento infrastrukturní model osídlování dálničního systému průmyslovými a logistickými parky či specializovanými zónami, které mají obsluhovat především majitele a spotřebitele za západní hranicí.

V česko-německém pohraničí můžeme tento přeshraniční model sledovat na 150 kilometrech dálnice D5 mezi Prahou a hranicemi s Německem. D5 je postupně obsazována stále vzrůstajícím počtem soukromého průmyslového developmentu: tyto soukromé parky tvoří řetězec od CTPark Prague-West přes Prologis Park Prague-Rudná, CTPark Cerhovice, CTPark Plzeň, Prologis Park Pilsen-Štěnovice, Panattoni Pilsen Park West, CTPark Blatnice, Panattoni Park Stříbro až po CTPark Bor. Rychlostní silnice E49 doplňuje tento řetězec směrem na severozápad zónami Panattoni Park Cheb I a II, CTPark Cheb a CTPark Aš.

V západních Čechách poskytují regionální a místní investiční mašinerie další podnět iluzi dohánění Západu. S podporou místních a regionálních úřadů a jejich rozvojových agentur přebírají developeři místní rozvojovou iniciativu. Například současný Program rozvoje Plzeňského kraje ocenil dálnici D5 jako „konkurenční výhodu kraje", která zajišťuje jeho „strategickou polohu z pohledu spojení východní a západní Evropy". Pokračující „lokalizace kontejnerových překladišť, terminálů a logistického center" a lokalit pro „umisťování a expanze podniků" proto zůstaly nepostradatelnými pro regionální strategii „nadregionální konkurenceschopnost[i]".[18] CTPark Bor je tak ve své reklamní brožuře propagován jako „ideální místo pro výrobce v automobilovém dodavatelském řetězci či pro poskytovatele logistiky v elektronickém obchodování na českém a/nebo německém trhu".[19] Nalézaje se „poblíž dálnice D5", CTPark Stříbro nabízí „[n]ižší nájemní náklady a mzdy než v Plzni a Německu".[20] Paralelně s tím se CTPark Plzeň prezentoval jako místo pro „lokalizaci center pro high-tech technologie, R&D a produktový vývoj v daném regionu".[21] V této hierarchické diferenciaci je určitý vzorec, protože čím blíže k česko-německé hranici a dále od Prahy a Plzně, tím spíše lze očekávat aktivity s nižší přidanou hodnotou jako skladování.

Ocelová města jsou proto současně monotónní i různorodá, protože zhmotňují různé pozice a funkce uvnitř komoditních řetězců. Spoluvytvářejí komplexní přeskupení sociálně-prostorových vztahů od vnitroregionálních po mezinárodní

Steel Cities are thus simultaneously monotone and diverse as they materialize various positions and functions in the nested commodity chains. They co-constitute a complex reorganization of socio-spatial relations from intra-regional to inter-national inequalities. In result, the westernmost East becomes chained up into a hierarchical network wherein the highest value—labor incomes, capital profits, and tax levies—is captured in national, continental, and global metropoles. Developing industrial and logistics parks across CEE, Panattoni's European headquarters is situated in Warsaw's business district, though only a subsidiary of the American headquarters in California's Newport Beach. While its Slovak and Polish development and service centers are found in Bratislava, Gdańsk, and Warsaw, Amazon's European headquarters resides in Luxembourg and the American one in Seattle. Following Amazon's Dobrovíz center, Tchibo's warehouse in the Panattoni Park Cheb II became the second largest one in Czechia. Tchibo's national headquarters sits in Prague but is itself a subsidiary to the Hamburg headquarters. Even though the warehouse compounds might thus drive hopes for a future catch-up, the iron logic behind their chains makes this hope only an illusion.

Breaking the Iron Chains

All this reminds us of the transition redux a little too much. The Steel Cities fix the westernmost East's historical experience of a partially successful but forever catching-up region. Once again, the iron logic of CEE development is overdetermined by the socio-economic development in Western side of the EU's Single Market. Clearly, there are more than warehouses in the expanding landscapes of Steel Cities. Indeed, the sedimentary logistical fix is a new layer to the older landscapes of dependent market economies in CEE. And this layer adds nothing but a new variety of development upgrade inherent to the digital transformation of modern capitalism. Yet this new transition repeats an age-old pattern which reproduced the westernmost East's hybrid position in Europe's division of labor. In the literal sense, the logistical fix depends on the increasing demand from West European consumption centers. In the metaphorical sense, the fix depends on the foreign investors' continuing

nerovnosti. Nejzápadnější Východ je tím spoutáván do hierarchických sítí, v nichž nejvyšší hodnoty – příjmy z práce, kapitálové zisky a daňové odvody – jsou ukořistěny v národních, kontinentálních a globálních metropolích. Evropské sídlo společnosti Panattoni, developera průmyslových a logistických parků napříč střední a východní Evropou, se nachází ve varšavské obchodní čtvrti, avšak samo je pouze dceřinou společností americké centrály v kalifornském městě Newport Beach. Zatímco slovenská a polská centra vývoje a služeb Amazonu se nacházejí v Bratislavě, Gdańsku a Varšavě, jeho evropská centrála sídlí v Lucemburku a ta americká v Seattlu. Po logistickém centru Amazonu v Dobrovízi se stal sklad Tchibo v Panattoni Park Cheb II druhým největším v Česku. Národní sídlo společnosti Tchibo najdeme v Praze, ale samo o sobě je dceřinou společností centrály v Hamburku. Jakkoli by tedy mohly být skladové areály zdrojem naděje na budoucí dostižení Západu, železná logika za jejich řetězcovým spoutáváním činí tuto naději pouhou iluzí.

Rozbití železných řetězců

Nekončící transformace se tak opakuje, i když v jiné formě. Ocelová města upevňují historickou zkušenost nejzápadnějšího Východu jako částečně úspěšného regionu, který je ale ve vleku nekončící snahy o dohnání Západu. Železná logika jeho rozvoje je až přespříliš určována společensko-ekonomickým vývojem na západní straně jednotného trhu. Rozlehlé krajiny ocelových měst zajisté skrývají více než jen sklady. Usazující se logistické řešení je ve skutečnosti novou vrstvou starších krajin závislých tržních ekonomik ve středovýchodní Evropě. Tato vrstva nepřidává nic jiného než nový vývojový upgrade, který je vlastní digitální transformaci moderního kapitalismu. Tato nová transformace však jen opakuje odvěký vzor, jenž reprodukuje hybridní pozici nejzápadnějšího Východu v evropské dělbě práce. V doslovném smyslu závisí toto logistické řešení na rostoucí poptávce ze strany západoevropských konzumních center. V obrazném smyslu závisí na nadále trvajících představách zahraničních investorů o středovýchodní imagination of CEE as a space of lower-waged but skilled labor in combination with reliant infrastructures of all sorts. Once both conditions disappear, the warehouse landscapes risk becoming derelict places.

The CEE's position within the logistical fix is among the most exploitative ones. However, the more logistics become the critical node of digitizing and accelerating capitalist accumulation, the more it becomes capitalism's weak Achilles heel. The more CEE becomes the critical node of Europe's logistical fix, the more it is critical to any resistance against the practices of locational and, especially, labor exploitation. The Steel Cities can become the ideal vanguard spaces of such a resistance once the warehouse workers succeed in transnationally organizing across all nodes of these iron chains. The recurrent worker protests in the German Amazon warehouses evidence that this is not an empty call. So far, Amazon's eastern expansion aimed at undermining the German labor power, while preserving the country as its core consumption market in Europe. It's time to take control of the machine, to bring it to a halt or at least to alter its purpose.

Evropě jako o prostoru levnější, ale kvalifikované pracovní síly se spolehlivými infrastrukturními podmínkami všeho druhu. Jakmile se oba smysly tohoto fixačního řešení vytratí, tyto skladové krajiny mohou lehce zpustnout.

Postavení středovýchodní Evropy patří v rámci onoho logistického řešení k těm nejvíce vykořisťovatelským. Čím více se však logistika stává kritickým uzlem digitalizující a zrychlující se kapitalistické akumulace, tím spíše se proměňuje v Achillovu patu kapitalismu samotného. Čím více se středovýchodní Evropa stává kritickou pro evropskou logistiku, tím spíše začíná být rozhodující pro jakýkoli možný odpor vůči lokalizačním praktikám zahrnujícím vykořisťování místních pracujících. Jakmile se pracovníkům těchto skladů podaří se mezinárodně zorganizovat napříč všemi železnými články dodavatelských řetězců, stanou se ocelová města ideálním předvojem takového odporu. Opakující se stávky v německých skladech Amazonu dokazují, že to není výkřik naprázdno. Východní expanze Amazonu se prozatím zaměřovala na podkopání moci německých pracujících, zatímco Německo zůstalo v pozici jeho hlavního evropského spotřebitelského trhu. Je na čase zmocnit se kontroly nad touto mašinérií, zastavit ji anebo alespoň pozměnit její účel.

1   David Harvey, *The New Imperialism* (Oxford: Oxford University Press, 2003).

2   Bob Jessop, "Variegated Capitalism, das Modell Deutschland, and the Eurozone Crisis," *Journal of Contemporary European Studies* 22, no. 3 (2014), pp. 248–260. Available at https://doi.org/10.1080/14782804.2014.937410.

3   See the text "Transborder Mobility of Labor" in this book, pp. 272–283.

4   Andreas Nölke and Arjan Vliegenthart, "Enlarging the Varieties of Capitalism: The Emergence of Dependent Market Economies in East Central Europe," *World Politics* 61, no. 4 (2009), pp. 670–702.

5   "German-Central European Supply Chain—Cluster Report," *International Monetary Fund Country Report*, no. 13/263 (August 2013), pp. 1–19. Available at https://www.imf.org/en/Publications/CR/Issues/2016/12/31/German-Central-European-Supply-Chain-Cluster-Report-Staff-Report-First-Background-Note-40881.

6   Mateusz Morawiecki, "The Polish Case for Less Economic Liberalism," *Politico*, October 21, 2016, https://www.politico.eu/article/the-polish-case-for-economic-illiberalism-stability-development.

7   *Analýza odlivu zisků: Důsledky pro českou ekonomiku a návrhy opatření* [Analysis of Profit Outflow: Consequences for the Czech Economy and Proposed Correction Measures] (Praha: Úřad vlády České republiky, 2016). Available at https://www.vlada.cz/assets/evropske-zalezitosti/analyzy-EU/Analyza-odlivu-zisku.pdf.

8   Jan Drahokoupil, *Globalization and the State in Central and Eastern Europe: Politics of Foreign Direct Investment* (London: Routledge, 2009).

9   "Wages," https://www.czechinvest.org/en/Reasons-to-invest/Wages.

10   *Why Slovakia* (Bratislava: Slovak Investment and Trade Development Agency, 2018), p. 3. Available at https://www.sario.sk/sites/default/files/data/sario-why-slovakia-2018-08-09.pdf.

11   *Logistics & Transportation Industry in Hungary* (Budapest: Hungarian Investment Promotion Agency, 2018), pp. 32–33. Available at https://hipa.hu/images/publications/hipa-logistics-transportation-in-hungary_2018_09_20.pdf.

12   *Poland: Land of Rising Opportunities* (Warsaw: Polish Investment and Trade Agency,

2019), p. 35. Available at https://www.paih.gov.pl/files/?id_plik=35209.

13	Radek Novotný, "Šéf Amazonu pro Evropu: To, s čím jsme se setkali v Česku, je poměrně unikátní" [Amazon Head for Europe: What We Encountered in Czechia Is Somewhat Unique], *Hospodářské noviny*, April 3, 2014, https://byznys.ihned.cz/c1-61967770-amazon-brno-dobroviz-centrum-investice-protesty.

14	"Neúspěch Amazonu v Brně odradí investory, tvrdí analytici. Využije toho zahraničí" [Amazon's Failure in Brno Will Dissuade Investors, Analyists State. Other Countries to Take Advantage], *Hospodářské noviny*, April 2, 2014, https://domaci.ihned.cz/c1-61961960-neuspech-amazonu-v-brne-odradi-investory-tvrdi-analytici-vyuzije-toho-zahranici.

15	"Mládek: Investiční pobídku získalo 84 zahraničních firem" [Minister Mládek: Investment Incentives Accepted by 84 International Firms], *Česká televize*, July 16, 2014. Available at https://ct24.ceskatelevize.cz/ekonomika/1025583-investicni-pobidky-jdou-na-dracku-stat-jich-uz-rozdal-pres-stovku.

16	Oleg Golubchikov, "The Urbanization of Transition: Ideology and the Urban Experience," *Eurasian Geography and Economics* 57, no. 4–5 (2016), pp. 607–623. Available at https://doi.org/10.1080/15387216.2016.1248461.

17	*Investment for Jobs and Growth: Promoting Development and Good Governance in EU Regions and Cities. Sixth Report on Economic, Social and Territorial Cohesion* (Luxembourg: Publications Office of the European Union, 2014), pp. 49, 54. Available at https://ec.europa.eu/regional_policy/sources/docoffic/official/reports/cohesion6/6cr_en.pdf.

18	*Program rozvoje Plzeňského kraje 2014+* [Development Program of the Plzeň Region for 2014] (Plzeň: Regionální rozvojová agentura Plzeňského kraje, 2014), pp. 39, 30, 73, 70. Available at https://www.dataplan.info/img_upload/7bdb1584e3b8a53d337518d988763f8d/prpk_1.pdf.

19	*CTPark Bor* (Humpolec: CTP Invest, n.d.), p. 2. Available at https://www.ctp.eu/wp-content/uploads/2018/05/CTPark-Bor-Teaser-2017-v14-Extended.pdf.

20	*CTPark Stříbro* (Humpolec: CTP Invest, n.d.), p. 2. Available at https://www.ctp.eu/wp-content/uploads/2018/05/CTPark-Stříbro-Teaser-v01.pdf.

21	*CTPark Plzeň* (Humpolec: CTP Invest, n.d.), p. 2. Available at https://www.ctp.eu/pdf-download/?id=1557.

2019, s. 35. Dostupné na https://www.paih.gov.pl/files/?id_plik=35209.

13	Radek Novotný, Šéf Amazonu pro Evropu: To, s čím jsme se setkali v Česku, je poměrně unikátní, *Hospodářské noviny*, 3. 4. 2014, https://byznys.ihned.cz/c1-61967770-amazon-brno-dobroviz-centrum-investice-protesty.

14	Neúspěch Amazonu v Brně odradí investory, tvrdí analytici. Využije toho zahraničí, *Hospodářské noviny*, 2. 4. 2014, https://domaci.ihned.cz/c1-61961960-neuspech-amazonu-v-brne-odradi-investory-tvrdi-analytici-vyuzije-toho-zahranici.

15	Mládek: Investiční pobídku získalo 84 zahraničních firem, *Česká televize*, 16. 7. 2014. Dostupné na https://ct24.ceskatelevize.cz/ekonomika/1025583-investicni-pobidky-jdou-na-dracku-stat-jich-uz-rozdal-pres-stovku.

16	Oleg Golubchikov, The Urbanization of Transition: Ideology and the Urban Experience, *Eurasian Geography and Economics* 57, 2016, č. 4–5, s. 607–623. Dostupné na https://doi.org/10.1080/15387216.2016.1248461.

17	*Investment for Jobs and Growth: Promoting Development and Good Governance in EU Regions and Cities. Sixth Report on Economic, Social and Territorial Cohesion*, Publications Office of the European Union, Luxembourg 2014, s. 49, 54. Dostupné na https://ec.europa.eu/regional_policy/sources/docoffic/official/reports/cohesion6/6cr_en.pdf.

18	*Program rozvoje Plzeňského kraje 2014+*, Regionální rozvojová agentura Plzeňského kraje, Plzeň 2014, s. 39, 30, 73, 70. Dostupné na https://www.dataplan.info/img_upload/7bdb1584e3b8a53d337518d988763f8d/prpk_1.pdf.

19	*CTPark Bor*, CTP Invest, Humpolec, nedat., s. 2. Dostupné na https://www.ctp.eu/wp-content/uploads/2018/05/CTPark-Bor-Teaser-2017-v14-Extended.pdf.

20	*CTPark Stříbro*, CTP Invest, Humpolec, nedat., s. 2. Dostupné na https://www.ctp.eu/wp-content/uploads/2018/05/CTPark-Stříbro-Teaser-v01.pdf.

21	*CTPark Plzeň*, CTP Invest, Humpolec, nedat., s. 2. Dostupné na https://www.ctp.eu/pdf-download/?id=1557.

ATTRITION AND GRACE: LAND AND SEA AS LOGISTICAL PRINCIPLES

In her book *Gravity and Grace*, published in 1947, Simone Weil declares that "[t]wo forces rule the universe: light and gravity." These conditions apply both to the physical and the psychological realm, or what Weil calls the realm of *human mechanics*. Her mystical-philosophical writings subsequently explore *grace* as the only exception when both forces—light and gravity—are held in suspension. "Grace is the law of the descending movement,"[1] she says—contradicting the assumption that grace stands in contrast to the gravity as that which uplifts. As also observed by Elie During,[2] grace resembles "wings raised to the second power [that] can make things come down without weight."[3] In the outcome, the orchestration of forces that pull things together, let them rise up or forces them to come down helps Weil to demonstrate the principles of human relationality with the Other, the world and—ultimately—with the spiritual.

While reading Weil's prose in the times of a climate emergency, I am confronted with a persistent allusion to the forces of *global mechanics*—the elementary forces shaping logistical modernity: "stacking, packing and moving the world."[4] For this reason, my essay will investigate another force that plays a role in the terrestrial realm: the force of *attrition*. It does not concern the movements of souls, but the movements of commodities on the planetary surface—where perhaps the only soul left is the mysterious substance of exchange value. The choreographies of movements under discussion here belong to the infrastructures of logistical modernity, and with respect to attrition, they pose to me an intriguing question: *What is the grace of attrition?*

French tank Saint-Chamond, manufactured from April 1917 to July 1918. Contemporary photograph. Source: reddit.com.

Francouzský tank Saint-Chamond, který se vyráběl od dubna 1917 do července 1918. Dobový snímek. Zdroj: reddit.com.

Logistics against Attrition

John Durham Peters notes that modernity resembles a massive "proliferation of infrastructures."[5] It seems that logistical modernity can do well without attrition. The role of infrastructures is, first and foremost, to reduce or completely erase any friction that would cause any attrition to appear. In this respect, Paul Virilio described how logistics becomes the template of modern governance, and in the process of facilitating the smooth operations of the planetary logistical regime we observe a long march of those standardizing tendencies necessary for global transportation.[6] This labor of erasing friction has, in Virilio's view, a persistent military undertone. Logistical modernity is tightly related to advances in military technologies, resulting in total war against territories, smoothing them to allow for frictionless vehicular movement. Here, the tank becomes for Virilio the ultimate realization of this dream.[7] In the second half of the 20th century, the tank is followed by the *container*, which realizes the promise of standardized, intermodal transportation, the benefits of which were first fully garnered during the Vietnam War.[8]

The smooth space of global logistics has its earliest origins in the first naval transportation. The sea is an open *omnidirectional space* where bodies, commodities as well as power relations can freely move and expand.[9] This omnidirectional space can be theorized in the vocabulary of Deleuze and Guattari, who explicitly refer to *smooth space* as a kind of "vectorial space," where "space is occupied without being counted."[10] The gesture of smoothening then results in the complete abstraction and subsequent forgetting of

Logistika proti opotřebování

John Durham Peters píše, že modernita připomíná obrovské „bujení infrastruktur".[5] Zdá se, že logistická modernita by v ideálním případě pracovala bez jakéhokoliv opotřebení. Hlavní role infrastruktury totiž spočívá právě v omezení či naprostém vyhlazení jakéhokoliv tření, které by mohlo opotřebení zapříčinit. Paul Virilio popisuje, jak se logistika v tomto smyslu stává modelem pro moderní metody vládnutí a jak umožňuje hladké fungování planetárního logistického systému, u něhož lze pozorovat dlouhý pochod standardizujících procesů nezbytných pro globální dopravu.[6] Podle Virilia cíl vyhladit tření staví na vojenském základu. Logistická modernita je úzce propojena s pokroky ve vojenských technologiích, které vedou k teritoriální válce a které daná teritoria vyhlazují pro umožnění hladkého pohybu vozidel. V tomto ohledu se tank pro Virilia stává konečnou realizací tohoto snu.[7] V druhé polovině 20. století je pak tank překonán *kontejnerem*, který implementuje ideál standardizované, intermodální dopravy, jejíž výhody byly poprvé plně využity během války ve Vietnamu.[8]

Hladká místa světové logistiky mají svůj nejranější původ v námořní dopravě. Moře je otevřený *všesměrný prostor*, v němž se těla, komodity a mocenské vztahy volně pohybují a expandují.[9] Tento všesměrný prostor může být teoretizován pomocí slovníku Deleuze a Guattariho, kteří explicitně hovoří o *hladkém prostoru* jako o „vektorovém prostoru", v němž „je zaujímán prostor, aniž by byl počítán".[10] Gesto zploštění tedy vyústí v naprostou abstrakci a následné zapomenutí teritorií, které logistickou dopravu umožňují. Jak si také všiml Allan Sekula, mořské prostředí je pro logistický režim natolik zásadní, že se stává neviditelnou a analyticky potlačovanou stránkou

Shipping container in CTPark Bor, West Bohemia. Photo: Miroslav Pazdera, 2018.

Přepravní kontejner v CTParku Bor, západní Čechy. Foto: Miroslav Pazdera, 2018.

the territories that facilitates logistical transportation. As also noted by Allan Sekula, the seascape is so central to the logistical regime that it becomes the invisible and analytically supressed side of logistical modernity.[11] These observations are widely shared by writers from Peter Sloterdijk through Bruno Latour to Jodi Dean, and thus it seems as if *smoothness* were the central idea in critical theory's standard model of logistics. We can even see hints of similar thinking in Karl Marx's and Friedrich Engels' early writings about the homogenization of territories that fall victim to capitalism's expansion.[12]

The Untold Story of the Empire of Land

Deleuze and Guattari, however, think about the *smooth space* as a duality with *striated space*, defined as "metric space", where "space is counted in order to be occupied." Striating follows smoothening, the two are mutually instrumental: "One of the fundamental tasks of the State is to striate the space over which it reigns, or to utilize smooth spaces as a means of communication in the service of striated space."[13] Land and sea follow this dual matrix; they are in fact two interwoven yet distinct logistical principles. Every empire of the sea is more a speculative projection than an actual edifice. The land does not completely disappear under the smoothening operations of logistical modernity—it returns as a principle of attrition. The untold story of logistics is that of an empire of land, writing the history of slow but omnipresent attrition, best exemplified in the emerging logistical empire of the Chinese Belt and Road infrastructural megaproject. The Belt and Road might be approached as a state-run speculative design exercise, where a vast and disparate population of architectural structures is treated as belonging to a single logistical monument. It contains land infrastructures of various kinds—highways, railways, ports, intermodal transportation hubs, and so on. Yet despite its mostly land-based existence, it is treated as an abstract seascape, a virtual realm of commodity transportation.

Understanding the attritional effect of land is best possible within the framework of Virilio's *politics of speed (dromology)*. To govern speed differentials and filter out who and what can rapidly move through the filtering membranes of the global logistical metabolism, and who and what has to wait for their turn, one needs to design space according to principles of *mobilization* and *fortification*.[14] While smoothening of the operations of logistics serves the principle of mobilization, those that striate serve the principle of fortification. Crucially, fortification in Virilio's sense is not particularly about preventing someone or something from entering a territory, but to slow down, to cumulate attritional damage, to deter by liminal yet persistent violence. Hence, one should avoid reading Virilio too literally—fortification does not mean building walls and fortresses but activating and managing the attritional affordances of territories as well as designing these territories to pronounce sources of friction. The land that poses obstacles, with valleys, hills, mountains, rivers, forests, and other geological and geographical structures, is the perfect attritional agent. Sometimes we smooth these structures out, but at other times, they remain operational.

The Writing of Stones

Given these remarks, I ask once again: *What is the grace of attrition?* Is it the ultimate enemy of logistical modernity? Is it its silent servant? Or does it carry some information for political and design interventions that might help ourselves evacuate from the ecological deadlock of logistical modernity? Perhaps it is a bit of an enemy, and a bit of a servant, especially when it is utilized as a tool of violence.[15] Yet its function is also *geoglyphic*. Attrition carves out images of violence on the planetary surface—the lines of highways and railways become indices of power over commodity flows as well as consumer behavior and mass desires. As infrastructures become the cosmic background of everyday life, they cease to be visible (to the humans at least), but they can spark a set of responses from the Earth itself, mobilizing the silent messengers of the terrestrial realm. Here, attrition catalyses planetary processes that can inform us about possibilities for further evolution of our socio-economic regime. Global heating, loss of wildlife, desertification, or ocean acidification are just some of these processes.

"Stones possess a kind of *gravitas*, something ultimate and unchanging, something that will never perish or else has already done so. They attract through an intrinsic, infallible, immediate beauty," remarks Roger Caillois at the beginning of *The Writing of Stones* (1970).[16] Alluding to Weil once more, the choreography of logistical modernity "attritionally" inscribes itself in the land with the utmost gravity. And so, this is the grace we all might seek: the grounding, tethering grace of the *tabula plena* of the Earth. The Earth does not only visualize its destruction. Infrastructures are ecologies, and they write on the archival medium of the Earth the history of *accidental geopoetics*. Can we learn to write this history with the Earth, rather than against it? Can we unlearn the urge to smooth things out and appreciate the irreversible arrow of attrition, the index of time itself?[17]

Opotřebování vyrývá do zemského povrchu obrazy násilí – linie dálnic a železnic se stávají indexy vládnutí tokům komodit stejně jako moci nad chováním konzumentů a nad touhou, která vláčí masy. Tím, jak se infrastruktury stávají kosmickým pozadím každodenního života, přestávají být viditelné (aspoň pro lidi), avšak zároveň mohou zažehnout reakce Země samotné, mobilizovat tiché zprávy zemského prostoru. Zde opotřebování katalyzuje planetární procesy, které nám mohou poskytnout informace o možnostech případného dalšího vývoje našeho společensko-ekonomického režimu. Globální oteplování, vymírání druhů, desertifikace nebo kyselení oceánů jsou některé záporné příklady těchto procesů.

„Kameny v sobě obsahují něco ultimátního a neměnného, něco, co nikdy nezmizí, anebo už dávno zmizelo. Přitahují nás svou niterní, nezlomnou, okamžitou krásou," píše Roger Caillois v úvodu svého díla *L'ecriture des Perres* (1970).[16] Když opět přihlédneme k dílu Weil, lze říci, že choreografie logistické modernity se vpisuje do země svou nezměrnou tíží a skrze procesy „opotřebování". A v tom tkví ta milost, kterou můžeme všichni hledat: uzemnění a přikování milosti k *tabula plena* Země. Země nevykazuje pouze zničení. Infrastruktury jsou ekologie, které vpisují do archivního média Země celé dějiny *akcidentální geopoetiky*. Můžeme se naučit psát tyto dějiny společně se Zemí spíše než proti ní? Jsme schopni se odnaučit potřebě svět vyhlazovat a spíše si vážit nevratného směřování opotřebování jako ukazatele samotného času?[17]

1   Simone Weil, *Gravity and Grace* (London: Routledge, 2002), pp. 1, 5, 1, 4.

2   Elie During, "Evening Lecture: Philosophy in Zero G 2," *YouTube*, 56:07, posted by European Graduate School Video Lectures, August 3, 2018, https://www.youtube.com/watch?v=g_GaFggZl7s.

3   Weil (see note 1), p. 4.

4   Charmaine Chua, "The Container. Stacking: Packing, and Moving The World," *Funambulist*, no. 6 (July–August 2016), pp. 40–45.

5   John Durham Peters, "Infrastructuralism" (2015), in Walead Beshty (ed.), *Picture Industry: A Provisional History of Technical Image, 1844–2018* (Feldmeilen: Luma Foundation; Annandale-on-Hudson, NY; Center for Curatorial Studies, Bard College, 2018), p. 768.

6   Benjamin Bratton, "Logistics of Habitable Circulation," in Paul Virilio, *Speed and Politics* (Los Angeles: Semiotext(e), 2006), p. 9.

7   Virilio (see note 9), p. 106. See also ibid., 78: "With it [tank], earth no longer exists. [...] [I]t climbs embankments, runs over trees, paddles through the mud, rips out shrubs and pieces of wall on its way, breaks down doors. It escapes the old linear trajectory of the road or the railway."

8   Chua (see note 4).

9   Bratton (see note 6), p. 8.

10 Gilles Deleuze and Félix Guattari, *A Thousand Plateaus: Capitalism and Schizophrenia* (Minneapolis: University of Minnesota Press, 1987), pp. 361–362.

11 Allan Sekula, *Fish Story* (Düsseldorf, Richter Verlag: 2002).

12 See Karl Marx and Friedrich Engels, *Manifesto of the Communist Party* (New York: International Publishers, 1948). Originally published in 1848.

13 Deleuze and Guattari (see note 10), pp. 361–362, 385.

14 Bratton (see note 6), pp. 11–12.

15 See e.g. Achille Mbembe, "Necropolitics," *Public Culture* 15, no. 1 (Winter 2003), pp. 11–40.

16 Roger Caillois, *The Writing of Stones* (Charlottesville: University Press of Virginia, 1970), pp. 1–2.

17 This essay has been written as an afterthought to chapter "The Globe" from author's recently published *Introduction to Comparative Planetology* (Moscow: Strelka Press, 2019).

1   Simone Weil, *Gravity and Grace*, Routledge, London 2002, s. 1, 5, 1, 4.

2   Elie During, Evening Lecture: Philosophy in Zero G 2, *YouTube*, 56:07, European Graduate School Video Lectures, 3. 8. 2018, https://www.youtube.com/watch?v=g_GaFggZl7s.

3   Weil (pozn. 1), s. 4.

4   Charmaine Chua, The Container. Stacking: Packing, and Moving The World, *Funambulist*, č. 6, 2016, s. 40–45.

5   John Durham Peters, Infrastructuralism (2015), in: Walead Beshty (ed.), *Picture Industry: A Provisional History of Technical Image, 1844–2018*, Luma Foundation – Center for Curatorial Studies, Bard College, Annandale-on-Hudson, NY 2018, s. 768.

6   Benjamin Bratton, Logistics of Habitable Circulation, in: Paul Virilio, *Speed and Politics*, Semiotext(e), Los Angeles 2006, s. 9.

7   Virilio (pozn. 9), s. 106. Viz také s. 78: „S [tankem] přestává země existovat. [...] Stoupá do svahu, drtí stromy, pádluje skrz bahno, na své cestě vytrhává keře a kusy zdí, proráží dveře. Uniká staré lineární trajektorii silnice a železnice."

8   Chua (pozn. 4).

9   Bratton (pozn. 6), s. 8.

10 Gilles Deleuze – Félix Guattari, *Tisíc plošin*, Herrmann & synové, Praha 2010, s. 410.

11 Allan Sekula, *Fish Story*, Richter Verlag, Düsseldorf 2002.

12 Viz Karl Marx – Friedrich Engels, *Manifest Komunistické strany*, Svoboda, Praha 1972. Původně publikováno v roce 1848.

13 Deleuze – Guattari (pozn. 10), s. 410, 440.

14 Bratton (pozn. 6), s. 11–12.

15 Viz např. Achille Mbembe, Necropolitics, *Public Culture 15, 2003*, č. 1, s. 11–40.

16 Roger Caillois, *The Writing of Stones*, University Press of Virginia, Charlottesville 1970, s. 1–2.

17 Tato esej byla koncipována jako doplnění kapitoly The Globe z autorovy nedávno publikované knihy *Introduction to Comparative Planetology*, Strelka Press, Moscow 2019.

CORRIDOR D8: CIVIC ENGAGEMENT ALONG THE HIGHWAY

KORIDOR D8:
OBČANSKÝ VZDOR PODÉL DÁLNICE

Two Central Bohemian towns, fourteen villages and eight civic organizations. All signers of a memorandum with the goal of cooperation and a unified approach toward problematic plans "in the wider corridor of the D8 highway, this meaning ca. 5 km on both sides from the roadway axis from the cadastre of the village of Zdiby… up to the cadastre of the village Nová Ves,"[1] in other words a territory of area roughly 10 × 20 kilometres defined by nothing beyond its adjacency to one of the main Czech highways. Corridor D8. In recent decades, many people have moved out of Prague's city limits, in search of fulfillment of their dreams of middle-class life in a private house with a garden. Yet some of them were unpleasantly shocked out of their imagined hopes of a dwelling in rural quiet and fresh air. Central Bohemia in the area surrounding Prague has long ceased to be a bucolic and quiet countryside, but now forms a specific environment with every possible, often annoying manifestation of commercial suburbanization. An exurban landscape, where city merges with country and cultivated farmland clashes with high-capacity infrastructures. As such, there appear among the local residents outspoken individuals disturbed by the development around them and its negative impact on the quality of their lives, who enter into the struggle to improve the conditions or halt certain projects influencing the local community and environment. On a similar, essentially NIMBY[2] basis, the alliance has emerged between communities and associations known as Koridor D8 (Corridor D8).

In August 2017, the Czech media announced plans to construct a distribution center to the north of Prague for

Dvě středočeská města, čtrnáct obcí a osm občanských spolků. Signatáři memoranda, jehož cílem je spolupráce a společný postup v oblasti problematických záměrů „v širším koridoru dálnice D8, a to cca 5 km na obě strany od osy dálnice od katastru obce Zdiby… po katastr obce Nová Ves",[1] tedy na území o rozloze zhruba 10 × 20 kilometrů definované ničím jiným než sousedstvím jedné z hlavních českých dálnic. Koridor D8.

Za Prahu se v posledních desetiletích odstěhovala řada lidí, kteří zde hledají naplnění svých středostavovských snů o vlastním domku se zahradou. Z představy bydlení v klidu a na čerstvém vzduchu však někteří brzy vystřízliví. Střední Čechy v okolí Prahy již dávno nejsou pokojným venkovem, ale specifickým prostředím se všemožnými a často nepříjemnými projevy komerční suburbanizace. Příměstskou krajinou, v níž se mísí město s venkovem a obdělávaná krajina se střetává s velkokapacitními infrastrukturami. Z místních obyvatel se tak postupně rekrutují jednotlivci znepokojení vývojem okolí, jež má dopad na kvalitu jejich života, a kteří se pouštějí do boje za zlepšení podmínek či zastavení některých projektů s vlivem na místní komunitu a prostředí. Na podobném NIMBY[2] základu se postupně zformovalo také sdružení obcí a spolků Koridor D8.

V srpnu 2017 proběhly tiskem informace o tom, že na sever od Prahy má vzniknout distribuční centrum německého koncernu Daimler. Centrální sklad autodílů značky Mercedes-Benz na pozemcích developerské společnosti CTP se měl se svou rozlohou 229 000 m² stát největší logistickou halou v České republice, tedy téměř dvojnásobkem Amazonu v Dobrovízi u Prahy. Od Krajského úřadu Středočeského kraje získal záměr v procesu posuzování vlivů na the German corporation Daimler. Serving as a central warehouse for authorized Mercedes-Benz components and built on the land belonging to the development company CTP, the project would, at 229,000 m², have become the largest logistics hall in the Czech Republic, nearly twice the dimensions of Amazon in Dobrovíz on Prague's northwest edge. The Regional Office of Central Bohemia granted the proposal a positive evaluation in its environmental impact assessment. Yet the construction was finally refused permission. Less than two years later, the Ministry of the Environment issued its binding refusal for the request to remove arable land from the national agrarian land fund, with the justification that the area involved was so extensive that "construction would mean the irreversible devastation and loss of the productive as well as extra-productive soil functions. Moreover, the realization of the plan would cause disruption of the area's hydrological functioning."[3] A share in the somewhat unusual outcome of the Daimler case was also held by the previously discussed association Corridor D8. Already, there are many sheds in logistics clusters standing along the D8 highway. Further investment plans for these lucrative sites less than 100 km from the German border yet close to the Czech capitol are in the planning stage. Yet they are matched by fears of worsened air quality, increased noise, growing traffic, damage to the water function of the landscape, degraded groundwater, and other irreversible changes to the natural environment. And the association Corridor D8 plans to bring up each of these aspects.

Local activists usually enter into the process of approving construction plans as part of the environmental impact assessment. By law, an investor is required to apply for an official EIA[4] in all cases when the plan for construction of a storage hall exceeds the area of 10,000 m². EIA documentation often reaches, whether influenced by legal requirements or investor preferences, several hundreds or even thousands of pages. Reviewing the material to its full extent consumes much of the working days of public officials and qualified experts. For the lay public—a local government, association or individual who would like to know more about the plan—it is nearly impossible. Moreover, in looking more carefully at the contents, it becomes clear that the formulations are continually being recycled. Errors of fact, "copy/paste" typos or relics of previous documentation are hardly exceptional.

životní prostředí kladné stanovisko. Stavba ale nakonec povolena nebyla. O necelé dva roky později totiž ministerstvo životního prostředí vydalo nesouhlasné závazné stanovisko k žádosti o vynětí půdy ze zemědělského půdního fondu s odůvodněním, že jde o tak rozsáhlou plochu, jejíž „zastavění by znamenalo nevratnou devastaci a ztrátu produkčních, ale i mimoprodukčních funkcí půdy. Navíc by realizací záměru došlo k narušení hydrologického režimu území."[3] Svůj podíl na poměrně výjimečném výsledku kauzy Daimler má i zmiňované sdružení Koridor D8. Množství hal už v logistických klastrech kolem dálnice D8 stojí. Další investiční záměry na lukrativních pozemcích necelých 100 kilometrů od Německa a zároveň v blízkosti hlavního města jsou v procesu přípravy. Provázejí je však obavy ze zhoršení kvality ovzduší, zvýšení hluku, nárůstu dopravy, zhoršení vodního režimu krajiny, kvality spodních vod a dalších nevratných změn v krajině. Sdružení Koridor D8 plánuje vyjádřit se ke každému z nich.

Místní aktivisté do procesu povolování záměrů vstupují nejčastěji v rámci posuzování vlivu na životní prostředí. Investor totiž musí o EIA[4] požádat vždy, když záměr výstavby skladovací haly přesahuje plochu 10 000 m². Dokumentace EIA mívají ať už vlivem zákonných požadavků, nebo investorů stovky až tisíce stránek. Projít materiál v celém rozsahu zahlcuje úředníky i odborné posudkáře. Pro laika – samosprávy, spolky nebo každého, kdo by se chtěl se záměrem seznámit – je to téměř nemožné. Při bližším zkoumání obsahu je navíc zjevné, že se formulace neustále recyklují. Faktické chyby, „copy/paste" překlepy či relikty z předchozích dokumentací nejsou výjimkou. Obrovská množství textu mají za následek to, že úředník leccos přehlédne nebo nedohlédne. Data o dopravních intenzitách, hluku apod. bývají (ať už záměrně, či nezáměrně) ohýbána ve prospěch žadatele. O tom, do jaké míry jde o vypočítavost developerů, laxnost veřejných institucí, nízkou kvalitu zpracovatelů dokumentací nebo jen byrokracii, kterou není možné při současných kapacitách zkrotit, lze bez zevrubnější analýzy jen spekulovat. Zřejmý ale zůstává fakt, že aktuální stav není optimální. Proces posuzování vlivu na životní prostředí se stává pouhou formalitou, po cestě se poněkud vytrácí obsah a v konečném důsledku není dostatečně chráněn veřejný zájem. „Celé je to prostě tak trochu jenom hra na posuzování vlivu na životní prostředí," komentuje situaci na základě vlastních zkušeností bývalá občanská aktivistka a současná starostka obce Zdiby Eva Slavíková.[5]

Na jedné straně jsou spolky produktem a na straně druhé indikátorem toho,

Map of plans. The joint overprinting of individual land-use plans within Corridor D8 territory, depicting areas already built up with warehouses (blue) and planned areas yet to be built up (pink). Source: Tomáš Lohniský, Koridor D8.

Mapa záměrů. Soutisk územních plánů v oblasti Koridoru D8 zobrazuje plochy již zastavěné skladovými areály (modře) a plochy, na kterých se výstavba teprve plánuje (růžově). Zdroj: Tomáš Lohniský, Koridor D8.

And the massive quantity of text often has the result that the public officials could overlook something. Data on traffic intensity, noise etc. tend to be shifted (whether intentionally or not) to favor the applicant. To what degree this is caused by the calculations of developers, laxness of public institutions, low standards of the preparers of documentation, or simple bureaucracy resistant to any attempts to restrain it, is—without detailed analysis—only a matter of speculation. What is, however, undoubtable is that the current state is not optimal. The process of environmental impact assessment has become a mere formality, along the way losing something of its content and, in the final result, providing insufficient protection to public interests. "All this is just kind of playing at evaluating the environmental impact" is the comment, based on much personal experience, of former civic activist and current mayor of the village of Zdiby, Eva Slavíková.[5]

These associations are both a product and an indicator of how the system now does not function as it should. Indeed, civic activism to a definite extent is forced to supplement the low action capabilities of public institutions themselves charged with representing the public interest. Key to the success of local activists, as a result, is not only their personal enthusiasm but their possibility of engaging—i.e. finding and hiring—experts who have a familiarity with the given problems, and are able to uncover mistakes or discrepancies in the documentation and write an expert standpoint. "We were lucky that in our village we have a transport specialist, a hydrogeologist, an acoustician from the Academy of Sciences. Two or three times, we nearly threw out these

že systém nefunguje tak, jak má. Je to právě občanský aktivismus, který do jisté míry supluje nízkou akceschopnost veřejných institucí, jež by samy měly veřejný zájem reprezentovat. Klíčem k úspěchu lokálních aktivistů je proto kromě osobního nasazení také možnost angažovat – tj. znát a zaplatit – experty –, kteří se orientují v daných problematikách, jsou schopni odhalit chyby nebo nejasnosti v dokumentacích a sepsat odborný posudek. „My jsme měli štěstí, že tu máme dopravního specialistu, hydrogeologa, akustika z Akademie věd. Dvakrát nebo třikrát jsme tu bezmála tisícistránkovou dokumentaci shodili. Vždycky jsme to rozebrali do úplných detailů díky odborníkům v našem týmu," popisuje výhodu sociálního kapitálu místní komunity Slavíková.[6] Tlak, erudovaná a jasná argumentace dává do pohybu i soukolí úředního aparátu. „Když vám přijde jedno vyjádření, tak nad tím ještě mávnete rukou. Když jich ale na úřad přijde několik, tak už je těžší odůvodňovat, proč bylo vydáno kladné rozhodnutí a nezabývali jste se došlými připomínkami," vysvětluje dále Klára Rothová, koordinátorka sdružení Koridor D8.

Místnímu „vzdoru proti halám" pomáhá také to, že benefity z výstavby jsou v porovnání s rizikem spíše v nevýhodě. Daň z nemovitosti, která putuje do kasy příslušných obcí, na jejichž katastru haly stojí, může být lákadlem a je pravděpodobně vůbec jedním z hlavních důvodů, proč se plochy pro skladování do územních plánů dostaly. Přísliby o navýšení počtu pracovních míst jsou však pro obce v dosahu velkoměsta irelevantní, naopak vzbuzují obavy z přílivu zahraničních dělníků. A tak na odpor místní veřejnosti (a svých potenciálních voličů) čím dál častěji slyší také mnozí starostové.

nearly thousand pages of documents. We always took it apart down to the smallest details thanks to these experts on our team" is how Slavíková noted the advantages of the social capital in the local community.[6] Pressure, combined with erudite and clear argumentation can even put into motion an otherwise immobile public apparatus. "If you get only one statement, then you can just wave it aside. But if the office receives several at once, then it is much harder to justify your issuing a positive ruling and not addressing all the objections sent in" explains Klára Rothová, coordinator of Corridor D8.

Local "resistance to the storage sheds" is also helped by an awareness that the benefits from construction are, in comparison with the risks, usually at a disadvantage. The property tax arriving in the municipal coffers of the locality where the sheds stand could be attractive and is likely one of the reasons why these storage areas were included in the land-use plans. Yet the promise of increased jobs is usually irrelevant for towns in commuting distance of the metropolis, in fact often stimulating fears of an influx of workers from abroad. And for this reason, many elected officials are increasingly listening to the refusals of the local public (and their potential voters).

Starting as the activity of a few solitary fighters, Corridor D8 has gradually worked its way up to the institutional level. And it is thanks to the principle of conjoining forces that naturally occurred between civil society and local government that their story is important. It reveals that in the often confusing setting of official announcements and development statements, a citizens' group can have a practical role in mutual conveyance of information, transmission of experiences, and conserving energy and finances. The significance of shared platforms and networking, though, relied primarily on the representation of larger numbers of towns and residents. Quantity, i.e. the sharing of a common goal and multiplied resistance, is a key weapon in the fight against large corporations and intractable officialdom. Yet the endless arguing within the EIA process is not, in the long run, sustainable for Corridor whether in terms of the energy of the people involved nor in the overall financial demands. Renewed local governing bodies, often elected from former activists, are now tending to assume a more active position. "We need to look for more consistent measures, which we view as implying that the towns should create their own construction

Z činnosti několika osamělých bojovníků se tak sdružení Koridor D8 postupně vypracovalo na institucionální úroveň. Právě díky principu spojení sil, ke kterému spolky a místní samosprávy přirozeně došly, je jejich příběh důležitý. Ukazuje, že v nepřehledném prostředí úředních desek a zveřejňování záměrů má sdružení praktickou roli ve vzájemném informování se, předávání zkušeností a šetření kapacit i financí. Význam společné platformy a síťování ale spočívá především v zastupování většího počtu obcí a obyvatel. Kvantita, tedy sdílení společného postoje a multiplikování rezistence, je v boji proti velkým korporacím a nedobytným úřadům klíčovou zbraní. Nekonečné zápolení v rámci procesu EIA ale není pro Koridor D8 udržitelné jak z hlediska energie lidí, kteří se na jeho aktivitách podílejí, tak vzhledem k celkové finanční náročnosti. Obrozené samosprávy, často poskládané z bývalých aktivistů, proto postupně zaujímají ofenzivnější pozice. „Potřebujeme jít po důslednějších opatřeních, což vnímám tak, že by obce měly dělat stavební uzávěry, pořizovat nové územní plány a jednat s investory i za cenu dílčích ztrát," tvrdí starostka Slavíková, která v podobném duchu také rozeslala výzvu okolním obcím. Konflikt pomalu přechází do konstruktivního dialogu.

Na stránkách sdružení pak v tomto kontextu upoutá pozornost na první pohled banální, ve svém obsahu však unikátní drobnost. Společný soutisk stávajících územních plánů jednotlivých obcí, který zobrazuje dílčí záměry výstavby průmyslových hal a zhmotňuje tak jejich dopad na území koridoru, představuje zárodek něčeho, co zoufale chybí nejen v otázce komerčně-industriální výstavby – totiž koordinace a koncepční uvažování v měřítku krajiny.

standpoints, prepare new land-use plans and negotiate with the actual investors even at the cost of minor losses," states local mayor Slavíková, who has sent an appeal in the same spirit to other towns nearby. Slowly, the struggle is shifting from confrontation to constructive dialogue.

On the website of the association, one is struck by a detail that may at first sight appear commonplace but is in fact unique. The joint overprinting of the current land-use plans of individual towns, depicting partial aims for the construction of industrial halls and thus materializes their impact on the territory of the corridor, represents the emergence of something that has long proven sorely lacking not only in terms of commercial-industrial construction—in brief, coordination and conceptual thinking on the scale of the landscape.

1. Quoted from the memorandum of the association Corridor D8, available at http://www.koridord8.cz/p/kontakty.html.

2. NIMBY: Not In My Back Yard—the stance of public refusal of construction close to people's own homes.

3. ČTK [Czech News Agency], "Daimler největší logistickou halu v Česku nepostaví, podle ministerstva by stavba zdevastovala půdu" [Daimler Not to Build Largest Logistics Hall in Czechia, Ministry Says Building Will Devastate Soil], *Hospodářské noviny*, May 21, 2019, https://byznys.ihned.cz/c1-66575680-ministerstvo-zamitlo-plan-daimleru-na-vybudovani-nejvetsi-logisticke-haly-v-cesku-poskodila-by-zivotni-prostredi.

4. EIA (Environmental Impact Assessment): the process of judging the influence of construction on the natural environment and public health. The goal is to establish whether the construction project is realizable with regard to these factors, and if so under what conditions. The EIA process is part of the legislation of all EU member states, and in the Czech Republic is currently addressed by Act no. 100/2001 Coll. on environmental impact assessment.

5. Authors' interview with Eva Slavíková. Also quoted below is our interview with s Klára Rothová, Coordinator of the alliance of municipalities and associations Corridor D8.

6. The documentation mentioned in the quote concerns the "Goodman case," respectively the EIA documentation for the proposed Goodman Zdiby Logistics Centre. Available at https://portal.cenia.cz/eiasea/detail/EIA_STC1980 and along with other information also at http://www.stophaly.nazory.cz.

1. Převzato ze znění memoranda sdružení Koridor D8, dostupné na http://www.koridord8.cz/p/kontakty.html.

2. Spojení písmen NIMBY je zkratkou hesla Not In My Back Yard (česky přeloženo jako „ne na mém dvorku"). Jde o označení odmítavého postoje lidí vůči výstavbě v blízkosti jejich domova.

3. ČTK, Daimler největší logistickou halu v Česku nepostaví, podle ministerstva by stavba zdevastovala půdu, *Hospodářské noviny*, 21. 5. 2019, https://byznys.ihned.cz/c1-66575680-ministerstvo-zamitlo-plan-daimleru-na-vybudovani-nejvetsi-logisticke-haly-v-cesku-poskodila-by-zivotni-prostredi.

4. EIA (Environmental Impact Assessment) je označení procesu, při němž se hodnotí vliv stavby na životní prostředí a veřejné zdraví. Cílem je posoudit, zda je stavba v tomto ohledu realizovatelná, popř. za jakých podmínek. Proces EIA je součástí legislativy všech států Evropské unie, v České republice jej v současnosti upravuje zákon č. 100/2001 Sb., o posuzování vlivů na životní prostředí.

5. Rozhovor autorů s Evou Slavíkovou. V textu dále citujeme z rozhovoru s Klárou Rothovou, koordinátorkou sdružení obcí a spolků Koridor D8.

6. V citaci zmiňovaná dokumentace se týká tzv. kauzy Goodman, resp. dokumentace EIA k záměru Goodman Zdiby Logistics Centre. Dostupné na https://portal.cenia.cz/eiasea/detail/EIA_STC1980 a spolu s dalšími informacemi také na http://www.stophaly.nazory.cz.

WHO BUILDS THE STEEL CITIES? ON THE RELATIONSHIP BETWEEN FINANCE, LAW, AND INDUSTRIAL ZONES IN CEE

Production and manufacturing have shaped nations, cities, and urban environments worldwide. The rise of China as the leading global industrial power, the phenomenon of radical automation or the new cutting-edge developments in Silicon Valley, California, has attracted the attention of academia for some time already. Contrastingly, the form of industrial development occurring in Central and Eastern Europe (CEE) is taking place without much discussion, although it constitutes a major transformation. Europe's industrial heartland, once depicted as a "Blue Banana" stretching from Manchester to Milan, has now moved East.[1] Since the first eastward expansion of the European Union in 2004, a whole new territory of production has emerged literally in the European backyard, with numerous industrial and special economic zones (SEZs) having been built in Eastern Europe in the past 20 years.[2]

The accession of the East European economies to the EU in 2004 has led to an increased pace of delocalization of economic activities out of the old member states, as industries began to transfer their capacities from the UK, France, and Germany to the new member states in the East. As the consulting firm Deloitte noted in a report last December, the "core" countries of the region such as Poland, Hungary, Czechia, Slovakia, and Romania are "growing faster than any region in the world with the exception of Asia Pacific."[3] However, what is not explicitly stated is what forms this growth assumes. The number of special economic zones in CEE has quadrupled over the past ten years as some economies expanded their existing zone networks and others created their own for the first time.[4]

Unlike the special industrial zones in Asia and particularly China, which are often entirely planned and programmed by the government as functional cities with adjacent social infrastructure, the new industrial territories in CEE vary in their planning, management, and ownership. SEZs range from predominantly state-owned and centrally run undertakings to—more often—highly decentralized public-private partnerships in fully private zones. With more and more economic zones created in Eastern Europe and the rise of the logistics sector, we can only expect more of the European hinterland to be affected by this type of hermetic economic development.

The Economic "Pill" for Direct Growth

The United Nations Industrial Development Organization (UNIDO), which first endorsed the special economic zones in Asia, characterizes them as a prescription to developing countries to "jump-start their economies." It also stated that "the zone would be a losing proposition if it remained distinct from the rest of the host economy" while realizing the disconnection will likely persist, due to the lack of better alternatives.[5] Regardless of the local specificities of a particular host country, the process of absorbing an economic boosting zone and building modern industrial sites has changed little in recent years. Over the past two decades, industrial parks have proliferated globally, and because of their size they have a significant impact on the operation of the cities and countryside. By their sheer critical mass, they almost become quasi-cities in terms of how many people they attract as their workforce, the resources they consume, or the range of transport and public services they require.

Rather than one production site being dedicated to a specific sector as in the old-fashioned industrial cities, these new areas of production and storage still occupy a significant area but contain smaller industrial or logistics buildings catering for different sectors. The result is an area of closed boxes, which are at once inconspicuous by the nature of their anonymous architecture, yet at the same time they effectively reshape the spatial relations between the countryside, suburbia, and cities. These "factories" are conceived as service architecture whose sole purpose is the production, distribution, and storage of goods. They function as hermetically closed systems for which the outside environment is of little importance. Although located in different contexts, these environments present a blueprint of the same typology which could be described as "black box urbanism".

While representing the globalized production in space, in order for us to be able to decipher their significance, we need to understand their underlying infrastructure. How are these disconnected spaces created on a local scale? Who are the stakeholders behind these developments and who are their users? Who is building these Steel Cities?

The Dynamic Constellation of Actors behind the Steel Cities

Special economic zones globally require financing for on-site infrastructure, including power and other utilities, internal roads, common facilities, as well as for off-site infrastructure, including access roads. They also require financing for private companies, in the form of governmental incentives, and for management and operations of the zones. Infrastructure is typically financed either from public resources alone or through public–private partnerships. Public financial sources for SEZs tend to be both governmental and municipal, while the private financing, as with any development, is funded by banks. There also exists a third kind, that of largely international bodies, multilateral development banks such as the African Development Bank (AfDB) or the European Investment Bank (EIB), which provide technical advice and financing for SEZs of up to 100 million USD worldwide and, of course, the EU funding.[6]

The concept of "commodity chains" was initially introduced in the context of World-Systems Theory in the late 1970s in order to reveal how the spatial division of labor and exploitative trade relationships resulted in the categorizing of places to be situated either in the "cores" or "peripheries" of the world.[7] Special economic zones, industrial parks, and logistics facilities in CEE form an example of such "peripheries." They were created as a direct response to the need for global manufacturing and value chains for cheap labor and available land. In addition to international trade agreements and global corporations, a set of local stakeholders is involved in the building of these industrial landscapes. The process results in a dynamic constellation of actors and sets of regulations. In the case of European cities, the main actors involved in the process are the European structural funds, governmental incentives and real estate, manufacturing and logistics companies.

Competitiveness at All Costs

The countries which are still in some ways defined as "peripheries" see global industrial investment as a way to kick-start their own economies, taking the UNIDO economic boost prescription with immediate effect. In order to attract global companies, many countries in CEE have their own laws for the explicit purpose of stimulating investment. In the Czech Republic, for instance, the Investment and Business Development Agency CzechInvest was established in 1992 as a government agency entrusted with the task of contributing to strengthening the competitiveness of the national economy through the support of small and medium-sized enterprises, business infrastructure, and innovation, and by attracting foreign investment in the areas of manufacturing, business support services, and technology centers. Investment incentives were designed as follows: financial support for creating new jobs, financial support for the training and retraining new employees, corporate income tax relief for new companies, financial support for new production, financial support for the expansion of production or for the modernization of production. The eligibility criteria for incentives in manufacturing consist in the minimum investment of 25 to 50 million Czech crowns depending on the region, of which at least 50% must be invested in new machinery.[8]

In neighboring Slovakia, the "Act on Investment Support" offers similar incentives as well as the additional benefit of public land transfers. A special law, the "Industrial Parks Act," addresses the complex regulation of industrial parks, including the special procedural rules for the transfer of land to municipalities or regional authorities as well. The form of financial support is very similar to the regulations in the Czech Republic. In the area of manufacturing investment, a high-value test should be passed, meeting two criteria in particular: a) a certain threshold of employees' wages needs

a hodnotových řetězců shánějících levnou pracovní sílu a dostupné pozemky. Kromě partnerství mezinárodních obchodních dohod a globálních korporací je do budování těchto průmyslových krajin zapojena řada zainteresovaných stran. Výsledkem tohoto procesu je poté dynamická konstelace aktérů a nařízení. V případě evropských měst jsou hlavními aktéry zapojenými do tohoto procesu evropské strukturální fondy, vládní pobídky a realitní, výrobní a logistické společnosti.

Konkurenceschopnost za každou cenu

Země, které jsou stále v jistém smyslu vnímány jako "okrajové", spatřují v globálních investicích do průmyslu cestu, jak nastartovat své ekonomiky, a automaticky přijímají recept UNIDO k jejich oživení. Aby přilákaly globální společnosti, má mnoho zemí v regionu CEE zavedeno své vlastní zákony přímo za účelem povzbuzení investic. Například v České republice byla založena v roce 1992 Agentura pro podporu podnikání a investic CzechInvest jako vládní agentura, které byl svěřen úkol přispívat k posilování konkurenceschopnosti národní ekonomiky prostřednictvím podpory středních a menších podniků, obchodní infrastruktury a inovací a lákání zahraničních investic směřujících do oblastí výroby, podpůrných služeb obchodu a technologických center. Investiční pobídky byly navrženy následovně: finanční podpora za účelem vytváření nových pracovních míst, finanční podpora výcviku a rekvalifikace nových zaměstnanců, slevy na dani z příjmů právnických osob pro nové společnosti, finanční podpora nové výroby, finanční podpora rozšiřování výroby či modernizace výroby. Kritéria formální způsobilosti k získání pobídek v oblasti výrobního průmyslu jsou minimální investice mezi 25 a 50 miliony Kč v závislosti na daném regionu, z čehož musí být minimálně 50 % investováno do nového strojního vybavení.[8]

V sousedním Slovensku nabízí „zákon o investičnej pomoci" podobné pobídky a navíc i výhodu převodu veřejných pozemků. Speciální „zákon o podpore na zriadenie priemyselných parkov" se zabývá komplexní problematikou regulace průmyslových parků a obsahuje také speciální procesní pravidla pro převod pozemků na obce a územní samosprávní celky. Forma finanční podpory je velice podobná nařízením v České republice. V oblasti investic do výroby musí žadatel projít kvalifikačním testem a zejména splnit dvě kritéria: a) musí dosáhnout určité hodnoty mezd svých zaměstnanců a b) určité množství zaměstnanců musí mít univerzitní vzdělání to be achieved, and b) a certain number of employees need to have university-level education and be employed in the area of research and development (R&D), otherwise the employer needs to cooperate with specified organizations specializing in the R&D area.[9]

Further south in the Balkans, the quest for global investment leads to fierce competition between Turkey and Bulgaria, most recently, for instance, in an effort to acquire a new manufacturing facility of the automobile giant Volkswagen.[10] Both countries have offered enormous incentives to the German company, including tax reduction, free land, and even public purchasing of products from the company. The automotive sector is regarded as the highest value sector in manufacturing, as it triggers a wider economy of numerous subcontractors and stimulates a high demand for qualified engineers. While the case of such a high-profile investor as Volkswagen is an exception from the general laws on incentives, the manufacturing and logistics sectors still receive a broad portfolio of public-sector technical, constructional, and financial support. In order to access these funds, companies need to invest a certain amount of money and fulfill a defined threshold in the creation of new jobs.[11] However, criteria such as the quality of the constructed space and social inclusion are not part of these incentive requirements. The industrial zones are perceived merely as infrastructure spaces, without the need to provide any other added value to their host cities.

The Role of the European Union

In order to be able to offer generous incentives, municipalities use different economic tools to finance industrial and logistics parks. The European Regional Development Fund (ERDF) states in their 2009 structural funds report that it financed improvements in transport and broadband infrastructure and helped develop industrial zones, science and technology parks, and innovation hubs—developments which created a more attractive business environment to facilitate the installation of large foreign companies in the Czech Republic.[12] Other type of programs are operational programs such as "Industry and Services" and "Competitiveness and Growth" which provided non-returnable grants in the amount of 102 million euros for the construction of 25 industrial parks in Slovakia.[13]

In 2007, the European Commission introduced JESSICA – Joint European Support for Sustainable Investment in City Areas, which supports integrated, sustainable urban-renewal projects applicable to industrial zones, business, trade and entertainment centers, sports facilities, and other public-private partnerships and urban projects. In principle, the eligible projects should be capable of generating revenue and form part of integrated plans for the cities. In the case of Bulgaria, 80% of the projects funded by JESSICA are industrial and logistics parks, while only 20% consist of public projects. There is no general set of criteria for evaluating the projects and each project is evaluated individually using a complex methodology As explained by Alice Magurdichiyan, director of the JESSICA Fund in Bulgaria, the fund is a financial institution and can only evaluate applications based on their economic feasibility. There exist no options to include soft criteria, such as integration in the urban environment, added value or appearance, which remain solely in the hands of the applying institution, either public (municipality) or private (investor).[14]

The corporation CTP (Central Trade Park) is currently the self-proclaimed biggest industrial developer in CEE. Operating across five countries—Czechia, Hungary, Poland, Serbia, Romania, and Slovakia—, they offer a broad range of services from location search and financing to client services and construction. In examining their immense portfolio of built and proposed parks, it becomes more and more evident that each park is created as a separate organism and does in no way take the existing context into account—essentially an example of "black box urbanism" dispersed across a vast rural landscape. Moreover, the industrial parks strongly resemble each other both on the national and international level. The CTPark Brno, for example, bears a striking resemblance to the Trakiya Economic Zone (TEZ), the biggest industrial park of Bulgaria. One could almost mistake the zone in Plovdiv for the one in Brno. Both parks are built next to a small village, both make use of a network of roads frequented only by the trucks and cars that transport people and goods in and out of the park. Both are used by the same clients, such as the Swiss technological company ABB. However, while the CTP operates transnationally, TEZ tends to be a local phenomenon. The operation and functioning of the zone in Plovdiv is largely managed by Sienit Holding, providing the following services to industrial clients: property sale, planning and construction, property rentals, legal services, facility management and assistance when applying for bank funding. Originally solely a construction company, Sienit discovered the lucrative side of industrial development already in 2008 through the construction of a factory for the Ferrero corporation. Since then, it has purchased lots in the region of Plovdiv, approached investors, and expanded the industrial park. The company even built its own factory for prefab concrete panels, which it then uses in the construction of the buildings in the park. This striking similarity of urban development should come as no surprise. Both the global and the local companies operate in a "closed circuit" mode. They produce, assemble, and prepare for delivery the final products but they do so within the network comprised of suppliers of components spread in similarly enclosed islands around the globe.

Nor is it any surprise that these spaces are isolated and closed off. After all, they are the product of governmental incentives and companies focused solely on generating profit. More problematic, though, is the way these developments are marketed and evaluated. TEZ, for instance, has been labeled the most successful investment project of Bulgaria and the Bulgarian national industrial park association is currently copying its model as an ideal template. *The EIB in the City*, a recent EIB publication, claims that the multilateral bank aims at "building a greater, more focused role in urban development that takes it into truly innovative areas."[15] Since the European Investment Bank still finances the CEE industrial parks, this assertion suggests the bank perceives them as innovative projects of good quality. Such a closed narrative circle of universal success legitimizes these spaces and leaves little room for improvement and transformation. Since few involved actors have yet performed any genuine critical evaluation of these zones, there is very little chance of any improvement, not to speak of a substantial change.

Conclusion

The current scheme of developing industrial parks is focused on growth. CTP alone has more than fifty warehouse parks planned in the near future. The German logistics giant Schenker is expanding heavily in Southeast Europe and Turkey, and the Bulgarian industrial park TEZ is planning to double its size by 2030. But with parts of CEE facing a demographic crisis and with the rising wages, the future of these zones seems rather unclear.

The economic zones are designed as a temporary boost to local economies: physical spaces that can extend and migrate to different countries, further east, or further south, when there are no resources, mostly cheap labor, left in the current location. This process results in a global industry specialized in the exporting of entire manufacturing compounds across oceans and continents. The effect of this migration on the host countries, cities, villages, and landscapes is yet to be evaluated, as the process is still relatively recent. Yet even an overview of governmental practices, international organization and real-estate management in logistics and industry shows a lack of understanding of the true qualitative impact, both on the people in the vicinity of the SEZ and within it. The success or failure of the projects is only evaluated by numbers—the number of new jobs, the degree of investment, the level of profit, the amount of taxes paid. However, even if these zones are considered disposable or temporary, the physical effects of soil sealing and land use they bring are difficult to reverse, if even possible. In the stated high-value criteria of the public government incentives or equally the public European Union funds, any added value of design and social inclusion is missing. A new set of criteria of evaluation is required on both local and international levels to redefine the infrastructure space of temporary production and develop a local embedded framework that can host change and foster transformation.

The role of globalized networks and large-scale infrastructure projects in urban planning is slowly but steadily rising in architectural discourse. Rem Koolhaas's research on the countryside, Keller Easterling's book *Extrastatecraft*,[16] and Milica Topalović's research "Land as Project"[17] place the focus on the invisible power of technology, geo-political relations, and international legislation on spatial planning and architecture. Because of their quasi-urban scale, special economic zones infrastructure projects can be analyzed as urban systems. In order to understand their potential and necessity, and to harness that potential and address that necessity, a different kind of development should be imagined. This issue will only become more urgent in the years to come given the steady increase of large infrastructural projects

TEZ se plánuje do roku 2030 rozrůst na dvojnásobek své současné rozlohy. Nicméně vzhledem k tomu, že části regionu CEE čelí demografické krizi a mzdy v oblasti vzrůstají, je budoucnost těchto zón poměrně nejistá.

Ekonomické zóny jsou navrženy jako dočasná posílení lokálních ekonomik – jako fyzické prostory, které se mohou rozšiřovat a migrovat do dalších zemí, dále na východ či dále na jih, když jsou v původní oblasti vyčerpány zdroje, zejména levná pracovní síla. Tento proces vede ke globálnímu průmyslu, který se specializuje na vývoz celých výrobních komplexů přes oceány a kontinenty. Jelikož je tento proces stále relativně nedávný, nebyly ještě dopady této migrace na hostující země, města, vesnice a krajinu řádně zhodnoceny. Avšak jen letmý přehled vládních postupů, přístupů mezinárodních organizací a společností spravujících nemovitosti v oblasti logistiky a průmyslu odhalí nedostatky v porozumění skutečným kvalitativním dopadům jak na lidi žijící v dané oblasti, tak na ty působící uvnitř dané ZEZ. Úspěch či neúspěch těchto projektů je hodnocen jen pomocí čísel – čísel vyjadřujících počet nových pracovních míst, míru investic, úroveň zisku, částku zaplacených daní. Nicméně i když jsou tyto zóny považovány za jednorázové či dočasné projekty, fyzické dopady zakrývání a využití půdy, které s sebou přinášejí, jsou jen stěží zvratitelné, je-li jejich náprava vůbec možná. V uvedených kritériích veřejných vládních pobídek či fondů Evropské unie postavených na vysokých hodnotách chybí jakákoliv přidaná hodnota návrhu či rovina sociální inkluze. K přehodnocení infrastrukturních prostorů dočasné výroby a k vyvinutí lokálně zakotvené struktury, která může iniciovat změnu a napomoci transformaci, je nutné vytvořit nový soubor hodnoticích kritérií na lokální i mezinárodní úrovni.

Role globalizovaných sítí a rozsáhlých infrastrukturních projektů v městském plánování začíná pomalu, ale jistě získávat na významu v architektonickém diskurzu. Výzkum Rema Koolhaase zaměřený na venkovské oblasti, kniha Keller Easterling *Extrastatecraft*[16] a výzkumná práce Milicy Topalović Land as Project[17] se zaměřují na neviditelnou sílu technologie, geopolitické vztahy a mezinárodní legislativu o prostorovém plánování a architektuře. Díky svému kvaziměstskému rozsahu mohou být infrastrukturní projekty zvláštních ekonomických zón analyzovány jako městské systémy. K tomu, abychom pochopili jejich potenciál a nutnost a následně jejich potenciál využili a nutnost podrobili kritice, měli bychom přijít s představou jiné formy rozvoje. Naléhavost tohoto tématu bude worldwide, machine landscapes, data centers, and robotic agriculture. To face this process, urban professionals need to adapt their language and thinking from object-specific to process-related. A significant question about the production of these spaces is how they are created and who is responsible for their size, shape, and form. In the case of industrial parks, architects and designers have little influence over the outcomes and functionality, and it is instead the lawmakers, international banking, and transnational agreements and investment programs who are the actual responsible actors. Corporate firms are usually blamed for abusing these territories and resources, but often other agents have laid the ground for this exploitation. Urban theory still needs to define a critical response and methods of analysis not only to keep track of these fundamental changes, but to anticipate and document their impending consequences so that law-makers, local governments, and other crucial public agents responsible for the built environment can steer development in ways that are socially meaningful. We should realize that our territories are way too precious to be relegated to mere service landscapes and keep in mind that even service landscapes need to be designed for users and inhabitants.

v nejbližších letech jen přibývat v důsledku rychlého nárůstu velkých infrastrukturních projektů po celém světě jakož i strojních krajin, datových center a robotického zemědělství. Aby se tomuto procesu mohli postavit čelem, musí odborníci přes urbanismus přizpůsobit svůj jazyk a uvažování z objektově specifického přístupu na procesně orientovaný. Důležitá otázka týkající se zrodu těchto prostorů je, jak vůbec vznikají a kdo je zodpovědný za jejich velikost, tvar a formu. V případě průmyslových parků mají architekti a designéři jen malý vliv na řešení a funkčnost těchto objektů a místo nich zaujímají roli hlavních aktérů zodpovědných za výsledky těchto projektů zákonodárci, mezinárodní bankovní instituce a nadnárodní sdružení a investiční programy. Ačkoli vina za zneužívání těchto oblastí a jejich zdrojů bývá většinou dávána korporacím, často se zapomíná na to, že podmínky pro toto vykořisťování vytvořili jiní aktéři. Je na teorii urbanismu, aby přišla s kritickou reflexí tohoto fenoménu a blíže vymezila metody jeho analýzy, a to nejen za účelem sledování zásadních změn, které s sebou přináší, ale i k předjímání a zdokumentování jejich bezprostředních dopadů. Pomocí nich by poté zákonodárci, místní samosprávné celky a ostatní klíčoví veřejní aktéři, kteří jsou zodpovědní za takto vznikající prostředí, mohli stočit vývoj směrem, který bude společensky smysluplný. Měli bychom si uvědomit, že naše prostředí jsou až příliš vzácná na to, abychom jen tak dopustili, že se před našima očima promění v krajinu, jejímž jediným cílem je zajišťovat služby. Nakonec i tyto krajiny mají své uživatele a obyvatele, s nimiž se musí v návrhu počítat.

1   Paul Taylor, "No More Blue Banana, Europe's industrial heart moves east," *Reuters*, March 15, 2015, https://www.reuters.com/article/us-eu-industry-analysis/no-more-blue-banana-europes-industrial-heart-moves-east-idUSKBN0MB0AC20150315.

2   Anders Åslund, *How Capitalism Was Built: The Transformation of Central and Eastern Europe, Russia, the Caucasus, and Central Asia* (Cambridge: Cambridge University Press, 2013).

3   *Investing in Central Europe: Your Move in the Right Direction* (s.l., Deloitte Central Europe, 2016), p. 4. Available at https://www2.deloitte.com/content/dam/Deloitte/rs/Documents/about-deloitte/investing-in-central-europe-2016%20(3).PDF.

4   *Tracking Special Economic Zones in the Western Balkans: Objectives, Features and Key Challenges* (Paris: OECD, 2017), p. 12. Available at http://www.oecd.org/south-east-europe/SEZ_WB_2017.pdf.

5   Keller Easterling, *Extrastatecraft: The Power of Infrastructure Space* (London and New York: Verso, 2014), p. 32, 35. See "Export Processing Zones in Developing Countries," *UNIDO Working Papers on Structural Changes*, no. 19 (August 1980), prepared by the Global and Conceptual Studies Section, International Centre for Industrial Studies. Available at https://open.unido.org/assets/data/publications/1980.html.

6   Judith E. Tyson, *Financing Special Economic Zones: Different Models of Financing and Public Policy Support* (working paper), 2018, p. 1. Available at https://set.odi.org/wp-content/uploads/2018/09/SET_Financing-Models-for-SEZs_Final.pdf.

7   Terence K. Hopkins and Immanuel Wallerstein, "Commodity Chains in the World-Economy Prior to 1800," *Review (Fernand Braudel Center)* 10, no. 1 (Summer 1986), pp. 157–170.

8   Miroslava Cedidlová, "The Effectiveness of Investment Incentives in Certain Foreign Companies Operating in the Czech Republic," *Journal of Competitiveness* 5, no. 1 (March 2013), pp. 108–120. Available at https://www.cjournal.cz/files/129.pdf.

9   "Investment Incentives," https://www.sario.sk/en/invest/investment-incentives.

10   "Bulgaria ready to sweeten its bid to win Volkswagen plant: Lobby group," *Reuters*, October 16, 2019, https://www.reuters.com/article/us-volkswagen-turkey-bulgaria/

bulgaria-ready-to-sweeten-its-bid-to-win-volkswagen-plant-lobby-group-idUSKBN-1WV1NX.

11   "Investment Incentives," http://www.investbg.government.bg/en/pages/11-investment-incentives-184.html.

12   *European Cohesion Policy in the Czech Republic*, available at https://ec.europa.eu/regional_policy/sources/docgener/informat/country2009/cs_en.pdf.

13   "Industrial parks and Industrial zones," https://www.eurofound.europa.eu/observatories/emcc/erm/support-instrument/industrial-parks-and-industrial-zones.

14   Interview with Alice Magurdichiyan, investment manager of JESSICA Fund in Bulgaria, taken by the author on October 29, 2019.

15   Greg Clark, Tim Moonen, and Jake Nunley, *The EID in the City: Investment on the Agenda* (Luxembourg: European Investment Bank, 2019), p. 5. Available at https://www.elb.org/en/publications/city-transformed-the-eib-in-the-city.

16   Easterling (see note 5).

17   Milica Topalović, "Land as Project: On Territorial Construction," in Ilka Ruby and Andreas Ruby (eds.), *Infrastructure Space* (Berlin: Ruby Press, 2017), pp. 132–160.

11   Investment Incentives, http://www.investbg.government.bg/en/pages/11-investment-incentives-184.html.

12   *European Cohesion Policy in the Czech Republic*, dostupné na https://ec.europa.eu/regional_policy/sources/docgener/informat/country2009/cs_en.pdf.

13   Industrial parks and Industrial zones, https://www.eurofound.europa.eu/observatories/emcc/erm/support-instrument/industrial-parks-and-industrial-zones.

14   Rozhovor s Alice Magurdichiyan, manažerkou investic JESSICA Fund v Bulharsku, vedený autorkou dne 29. 10. 2019.

15   Greg Clark – Tim Moonen – Jake Nunley, *The EID in the City: Investment on the Agenda*, European Investment Bank, Luxembourg 2019, s. 5. Dostupné na https://www.eib.org/en/publications/city-transformed-the-eib-in-the-city.

16   Easterling (pozn. 5).

17   Milica Topalović, Land as Project: On Territorial Construction, in: Ilka Ruby – Andreas Ruby (eds.), *Infrastructure Space*, Ruby Press, Berlin 2017, s. 132–160.

BORDERS AND ADJACENCIES

HRANICE A SOUSEDSTVÍ

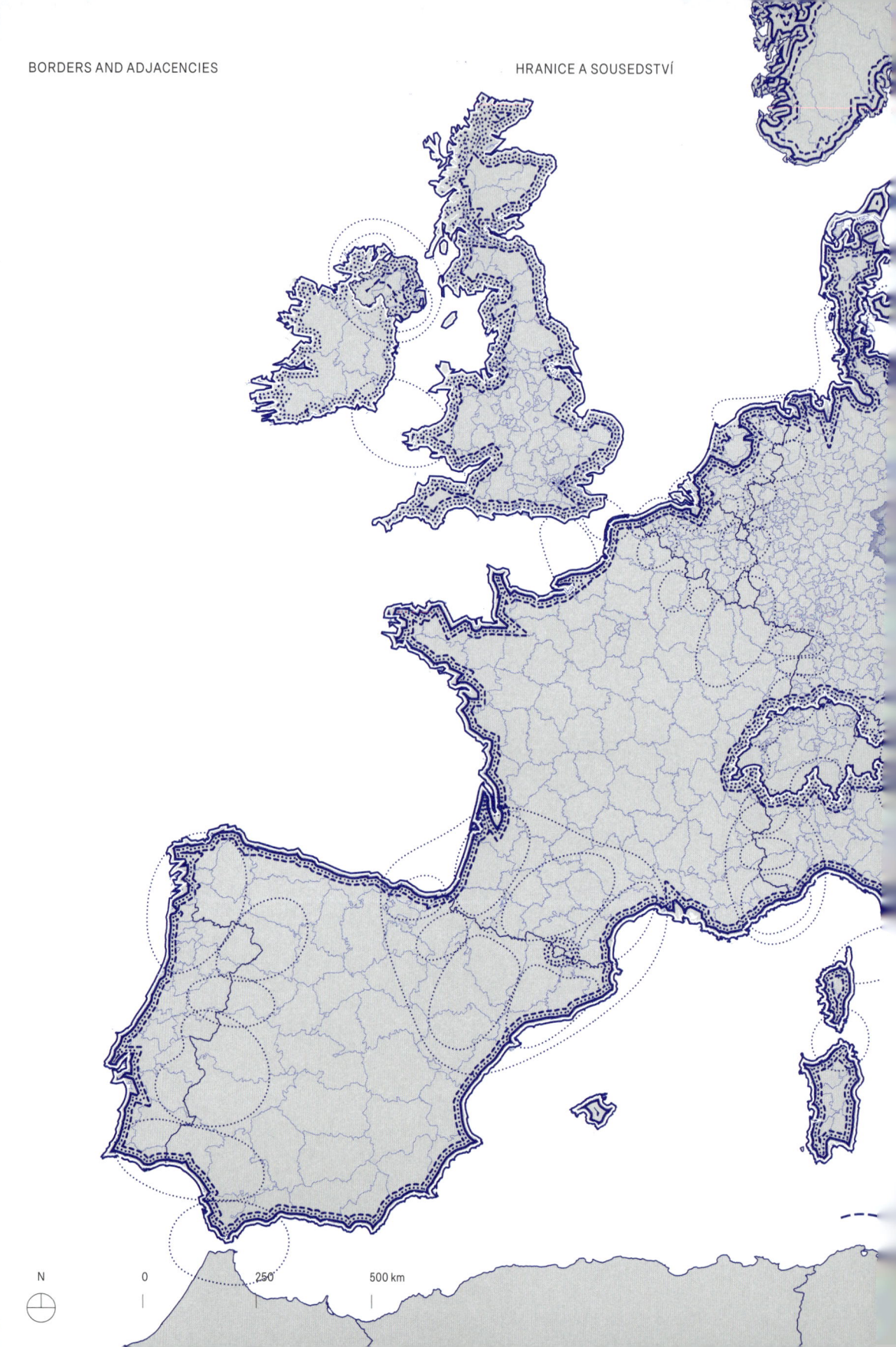

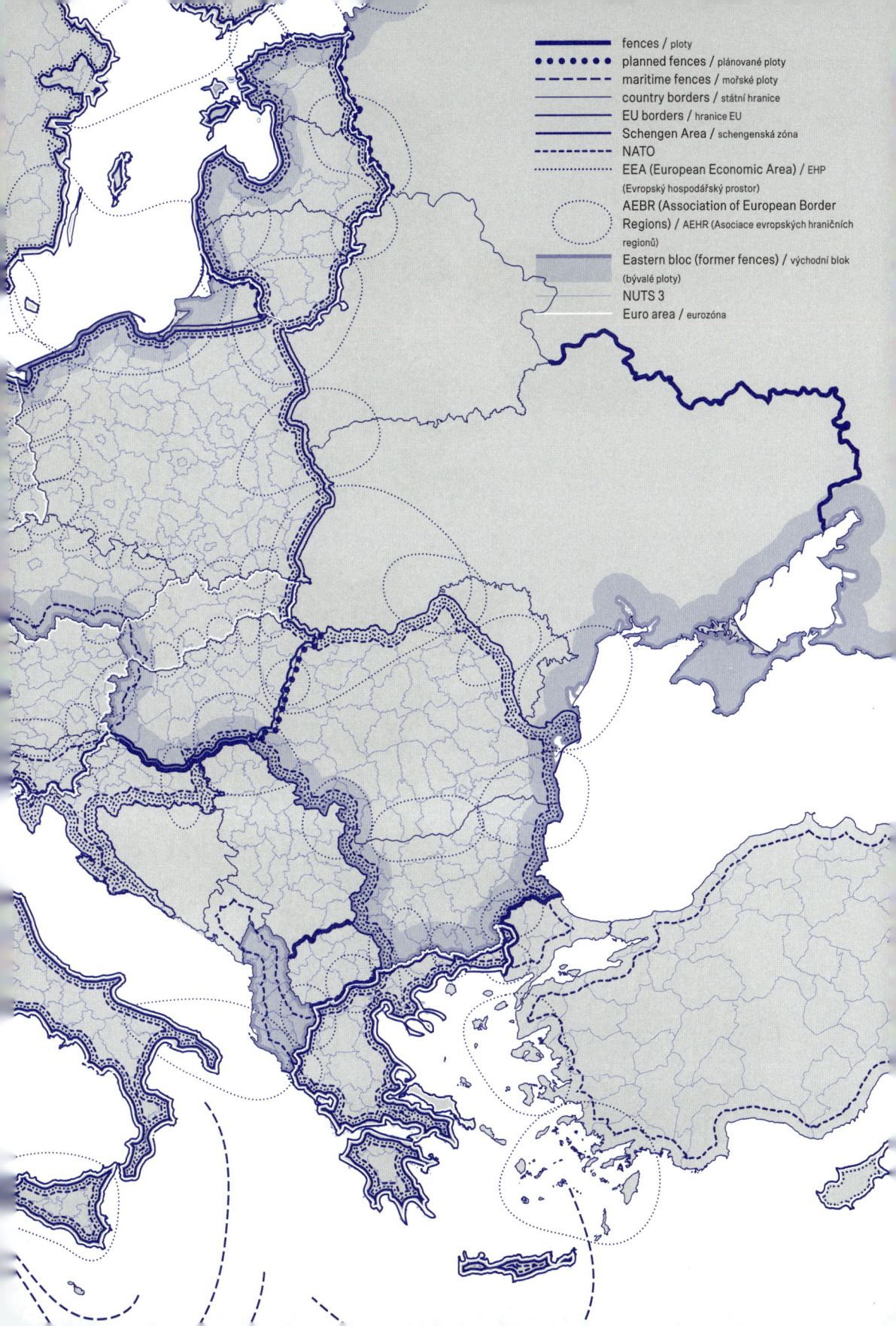

PERFORMANCES   VÝKONNOSTI

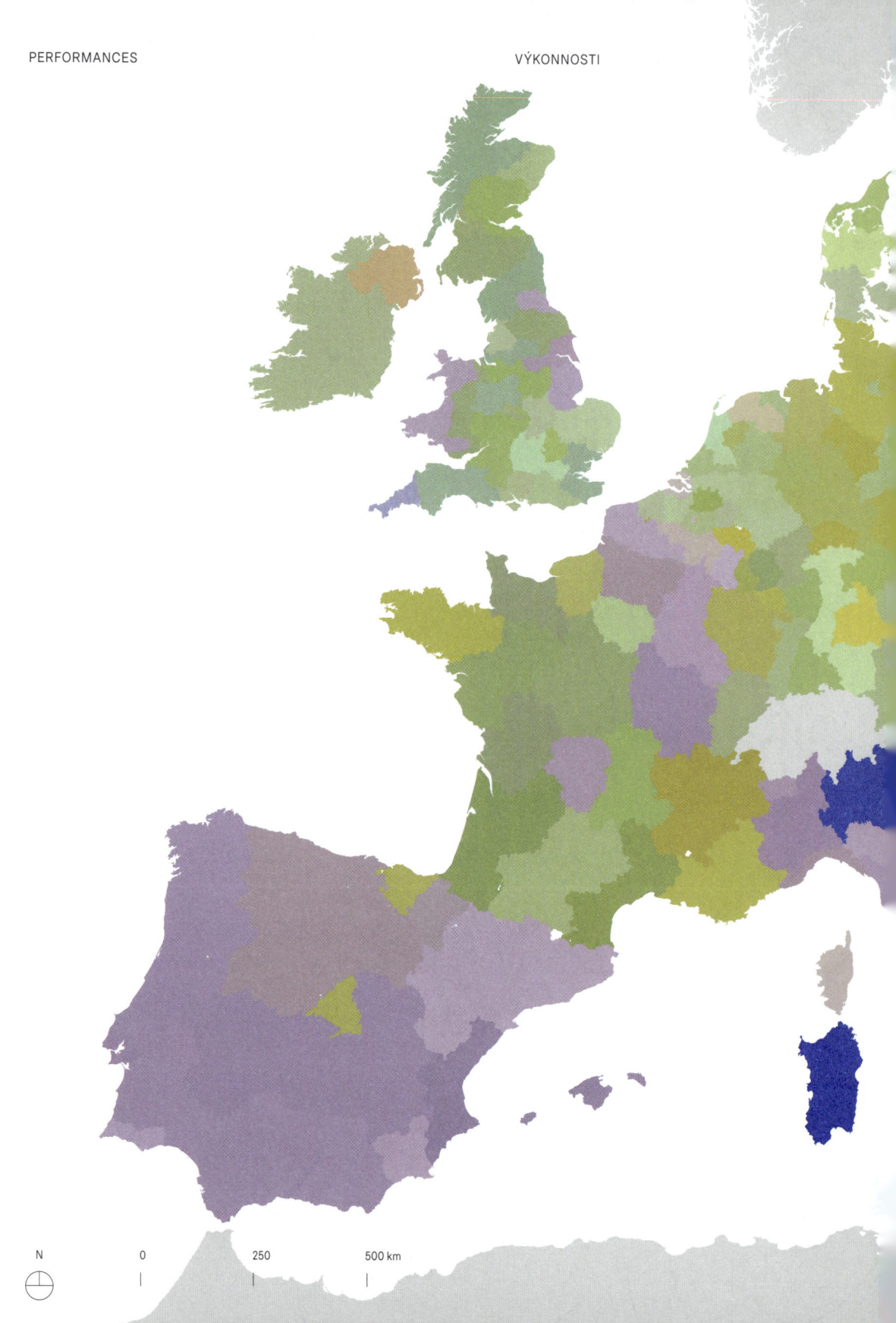

The map consists of twelve selected socio-economic measures of statistical data for NUTS 2 EU regions, sorted from positive to negative. / Mapa znázorňuje dvanáct socioekonomických ukazatelů statistických dat pro EU regiony NUTS 2, které jsou seřazeny od pozitivních po negativní.

labor productivity per person employed and hour worked, 2018 / produktivita práce za hodinu na osobu, 2018

gross domestic product per capita, 2018 / hrubý domácí produkt na hlavu, 2018

compensation of employee per hour worked, 2018 / ohodnocení za hodinu práce, 2018

public sector meritocracy, 2013 / meritokracie ve veřejném sektoru, 2013

quality of government, 2017 / kvalita vlády, 2017

population aged 25–64 with tertiary education, 2016 / obyvatelstvo ve věku 25–64 s vysokoškolským vzděláním, 2016

EU social progress index, 2017 / index sociálního rozvoje EU, 2017

regional Competitiveness Index, 2016 / index regionální konkurenceschopnosti, 2016

regional innovation performance, 2017 / regionální inovační výkonnosti, 2017

total expenditure on R&D, 2014 / celkové vynaložené prostředky na výzkum a vývoj, 2014

patent applications to the EPO, 2011 / počet patentů přihlášených do EPO, 2011

risk factors linked to globalization, 2016 / rizikové faktory spojené s globalizací, 2016

PUBLIC INFRASTRUCTURE OF LOGISTICS — VEŘEJNÁ INFRASTRUKTURA LOGISTIKY

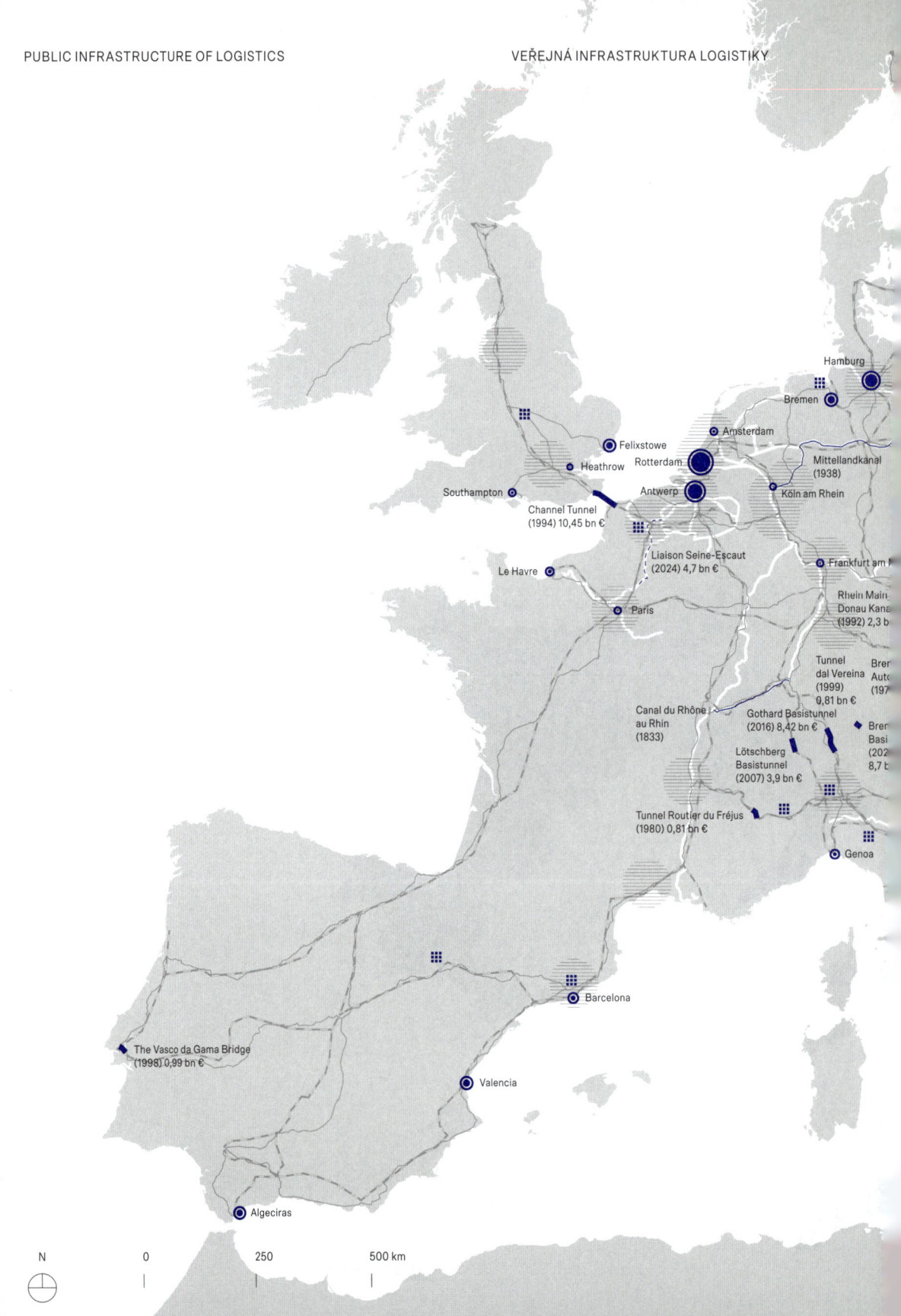

PRIVATE INFRASTRUCTURE OF LOGISTICS — SOUKROMÁ INFRASTRUKTURA LOGISTIKY

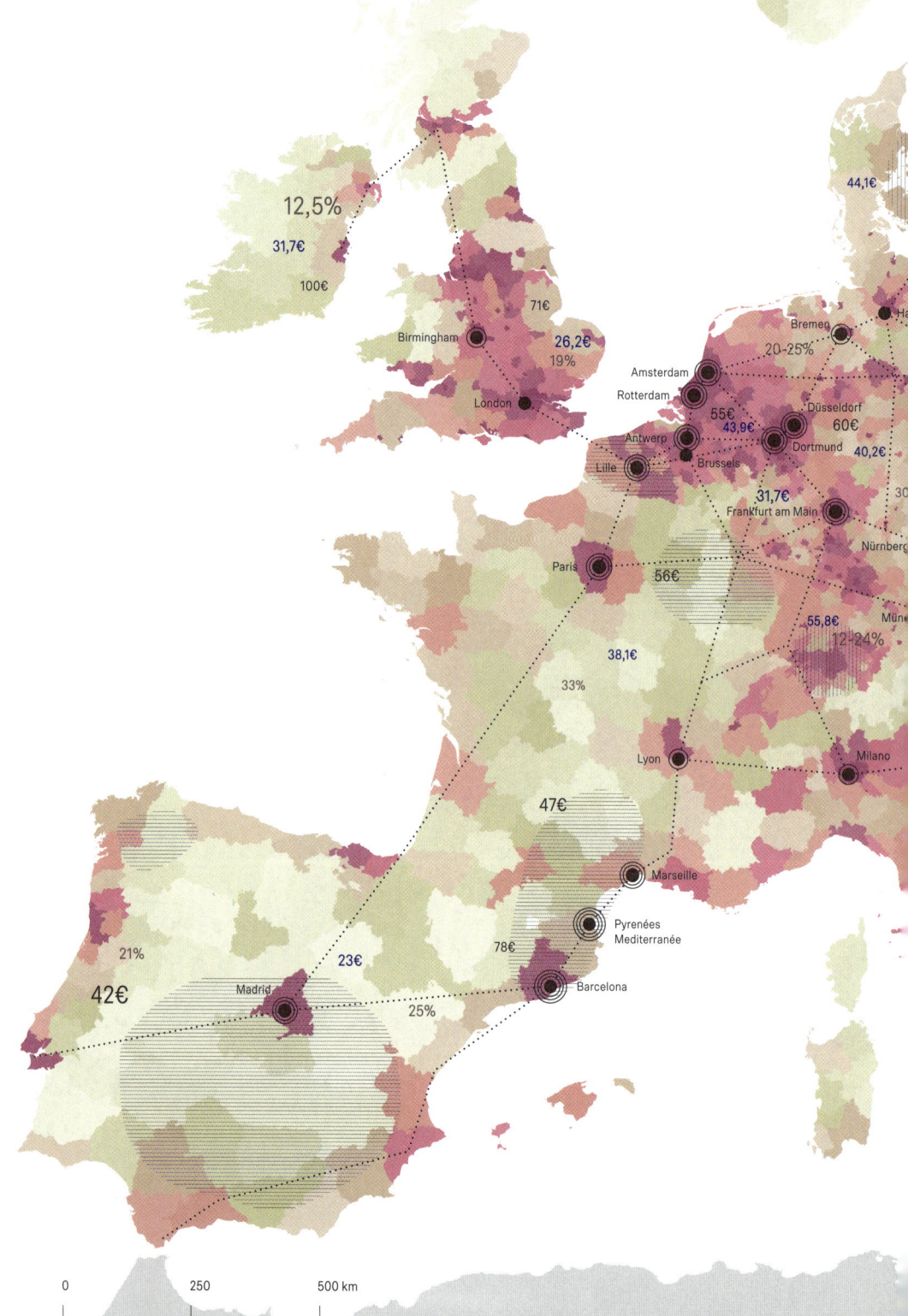

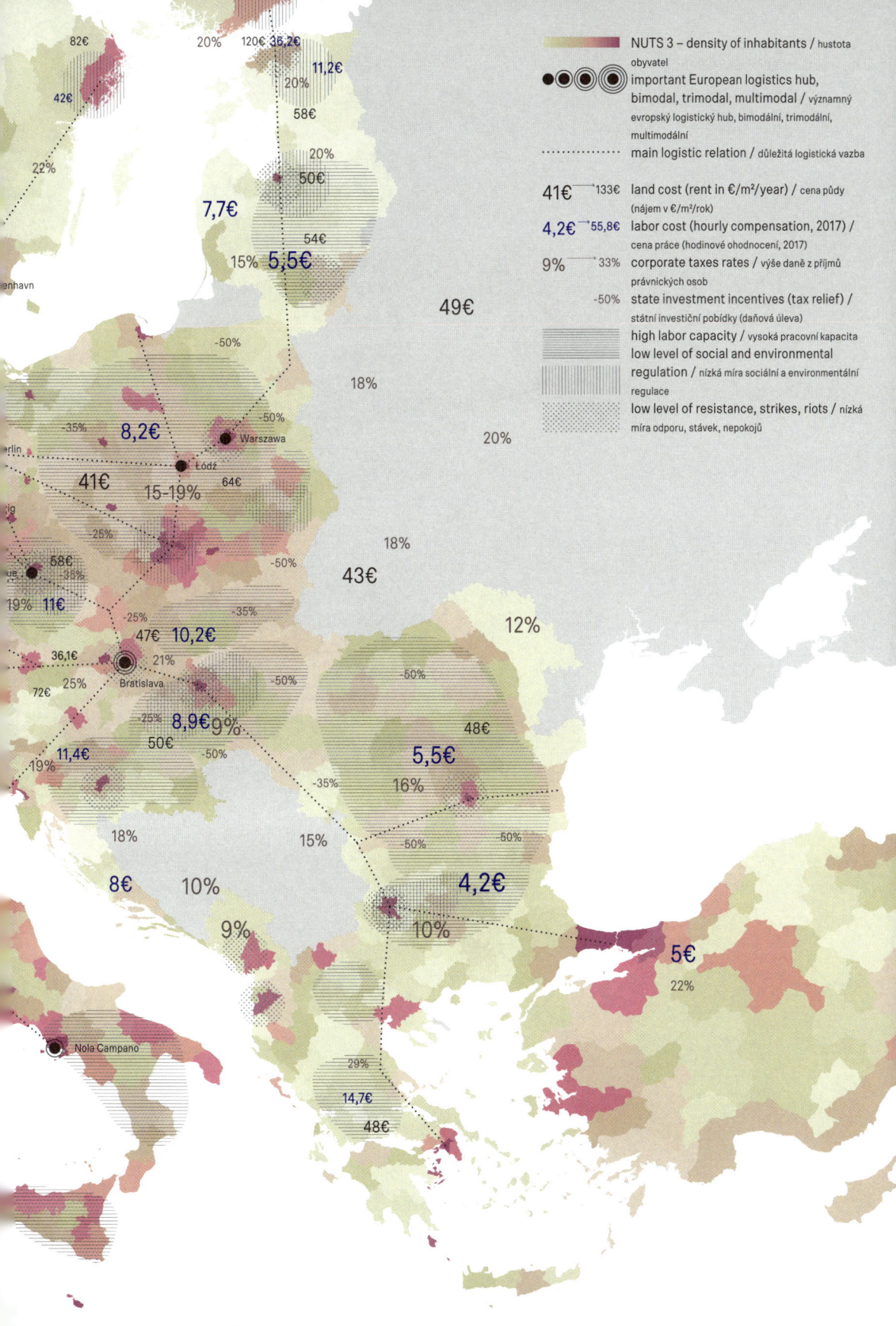

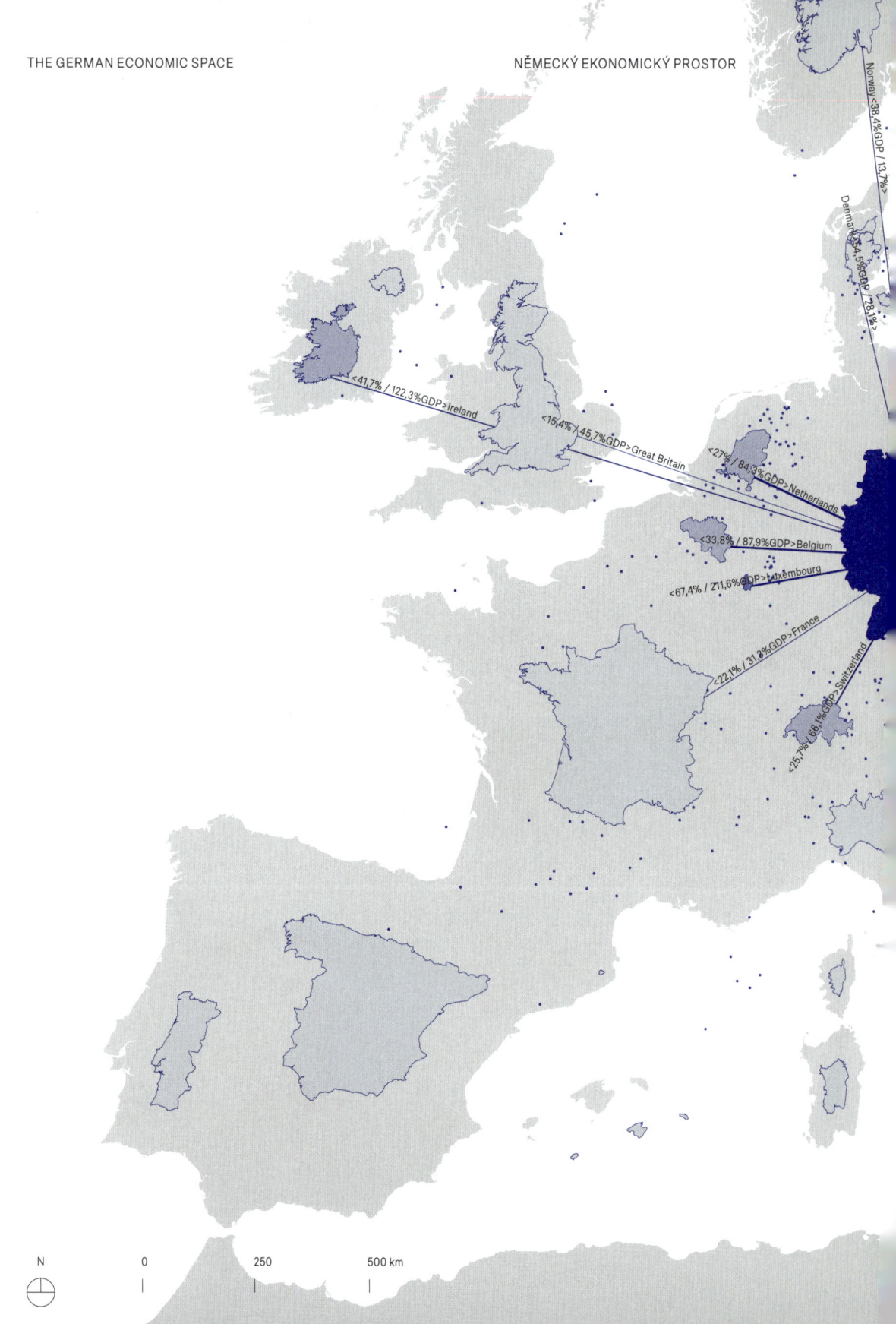

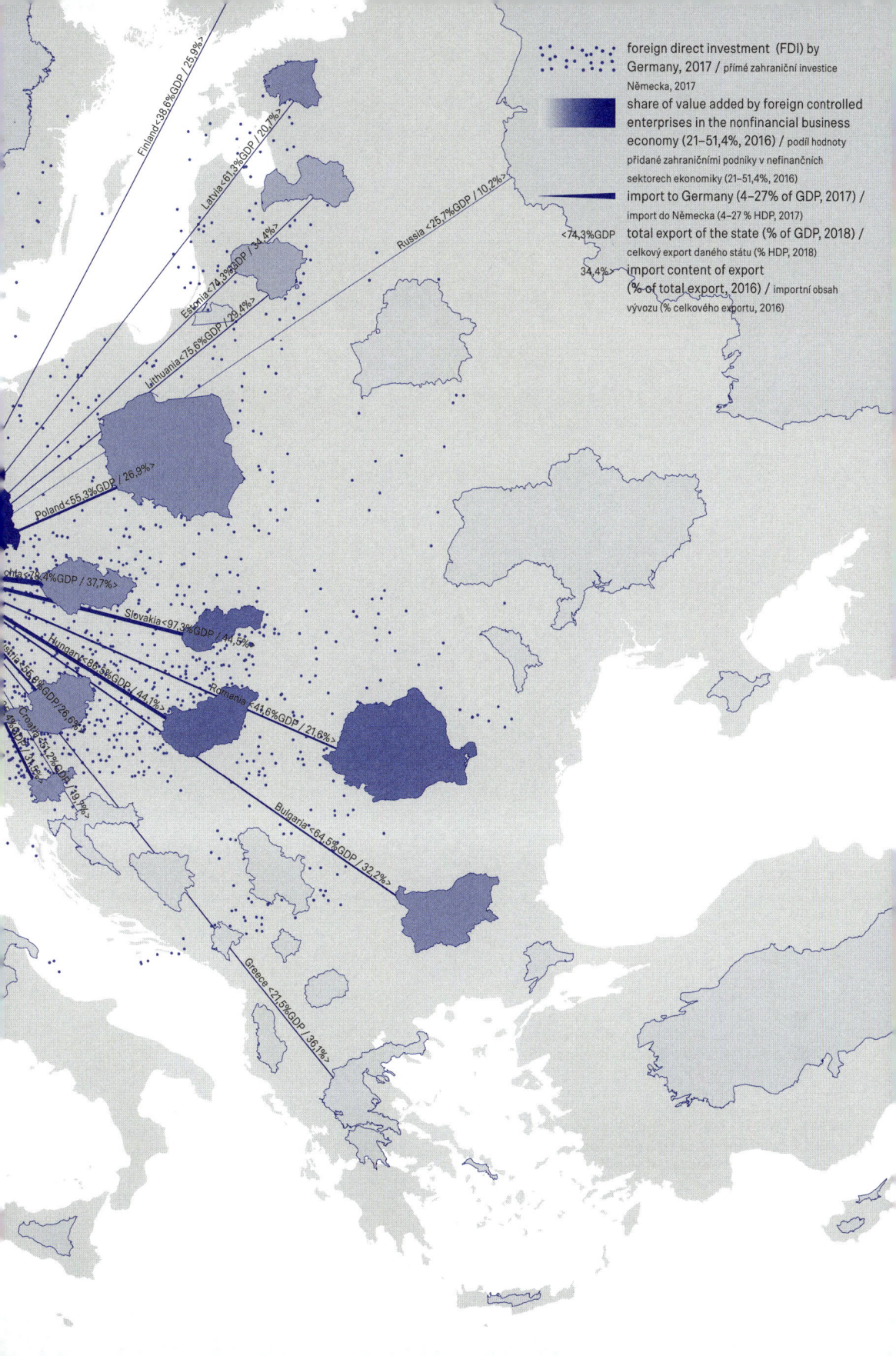

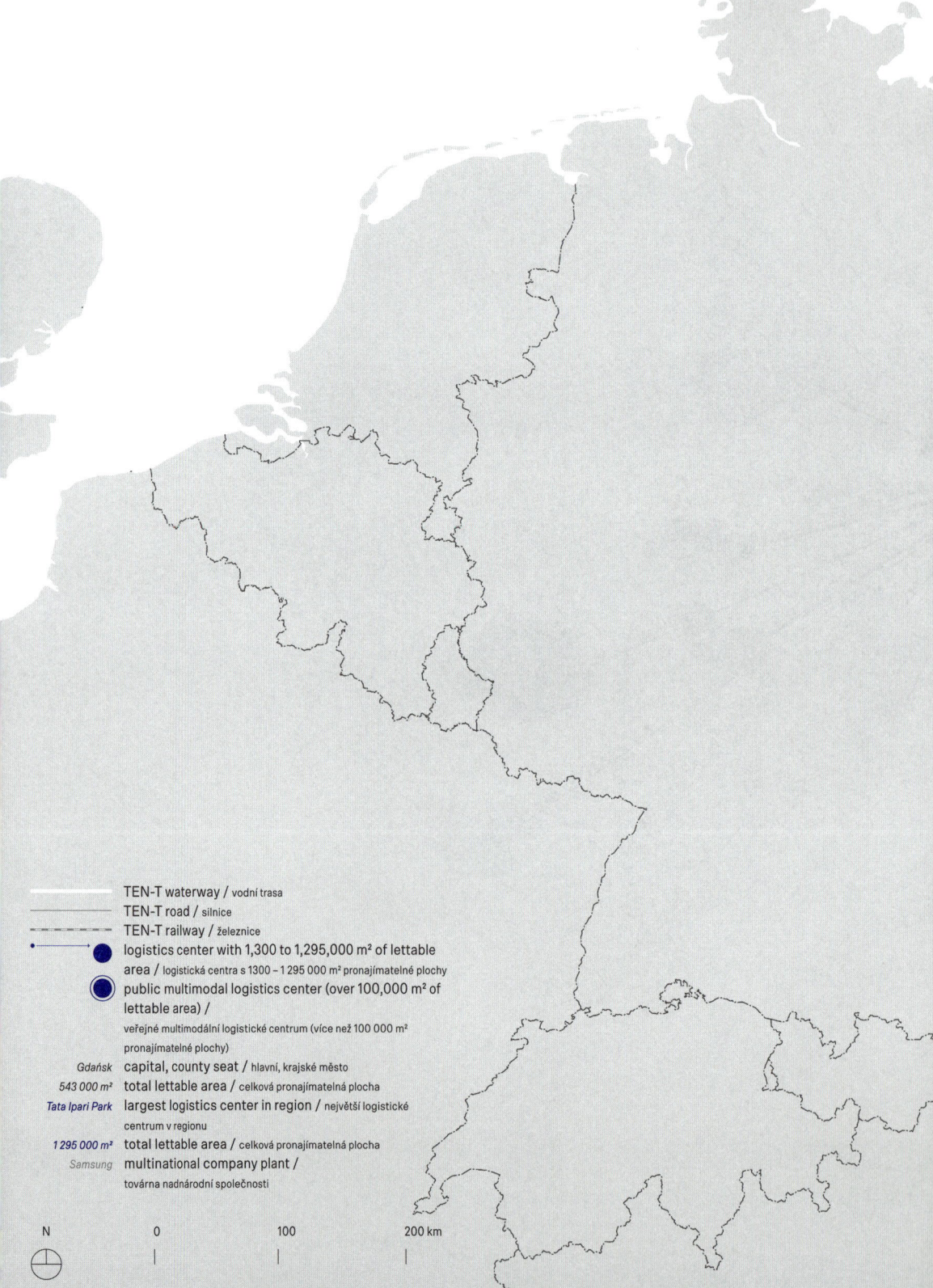

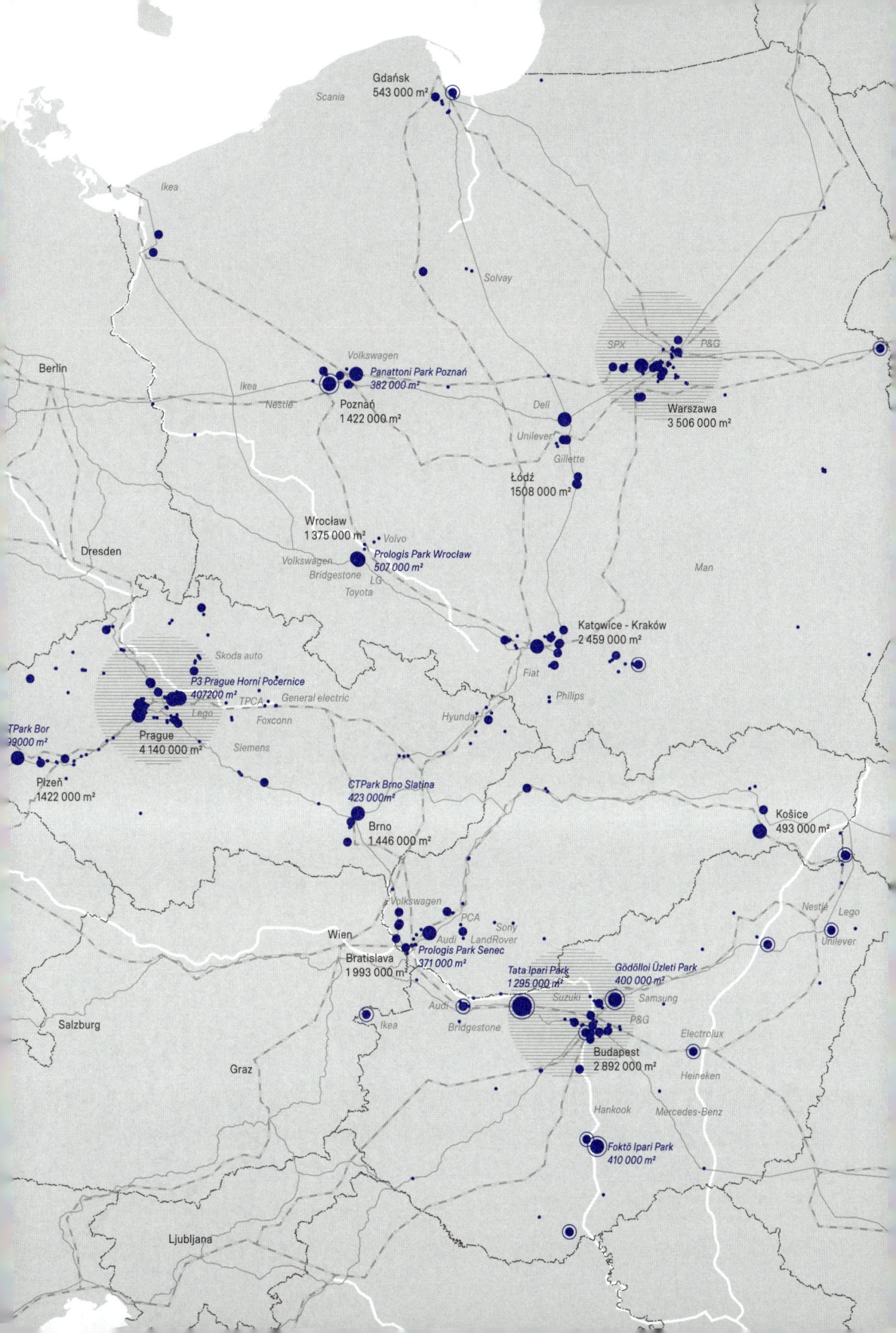

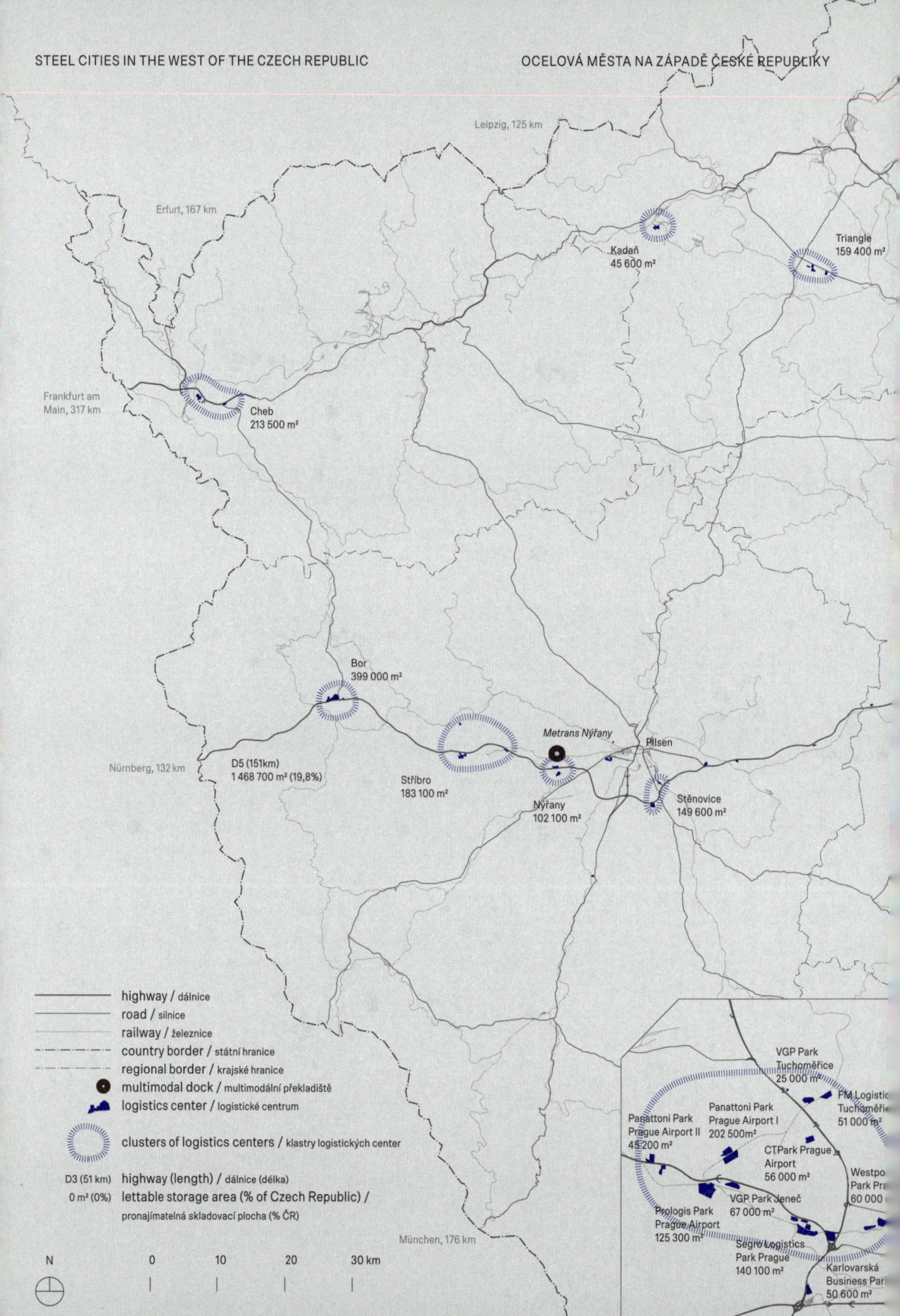

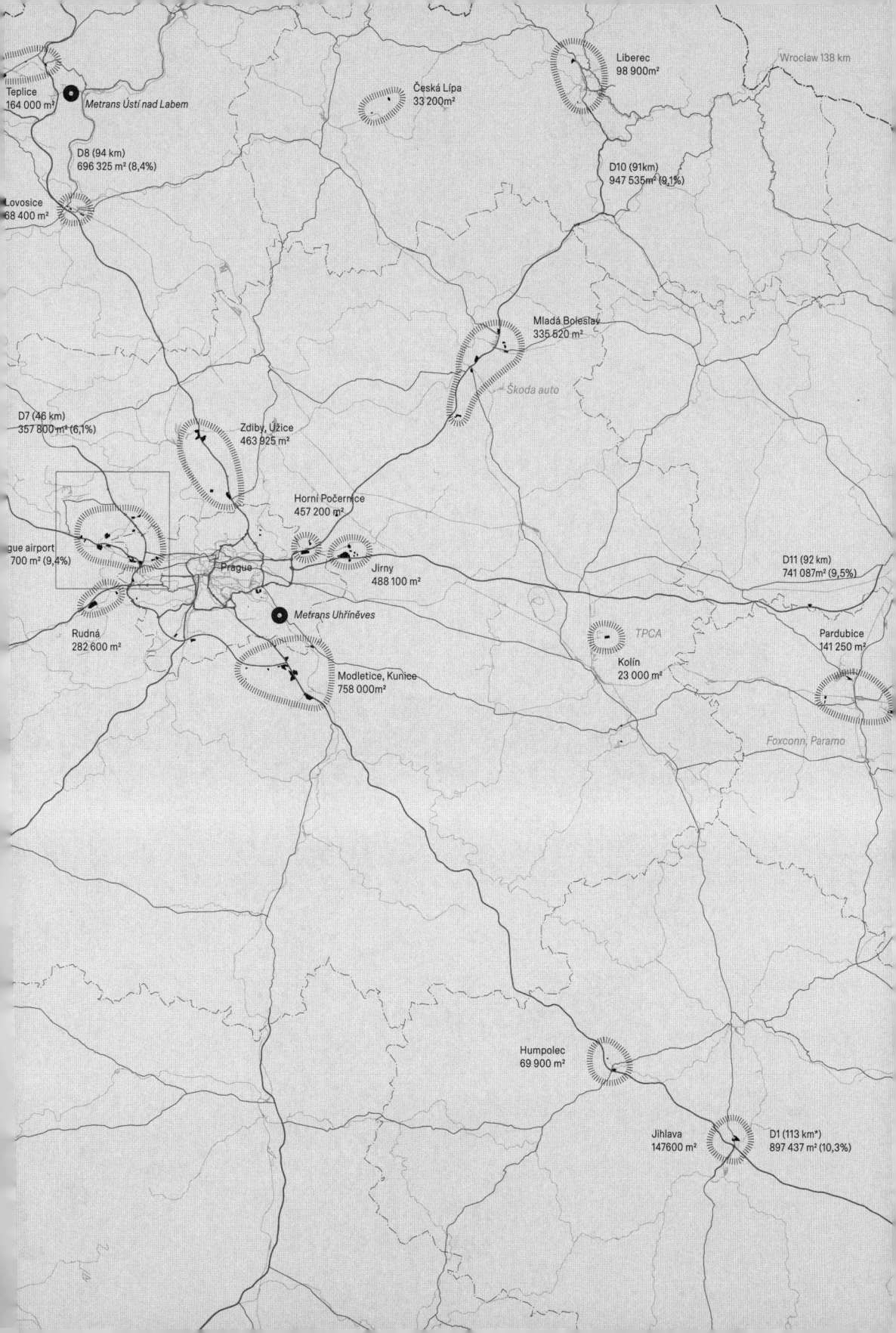

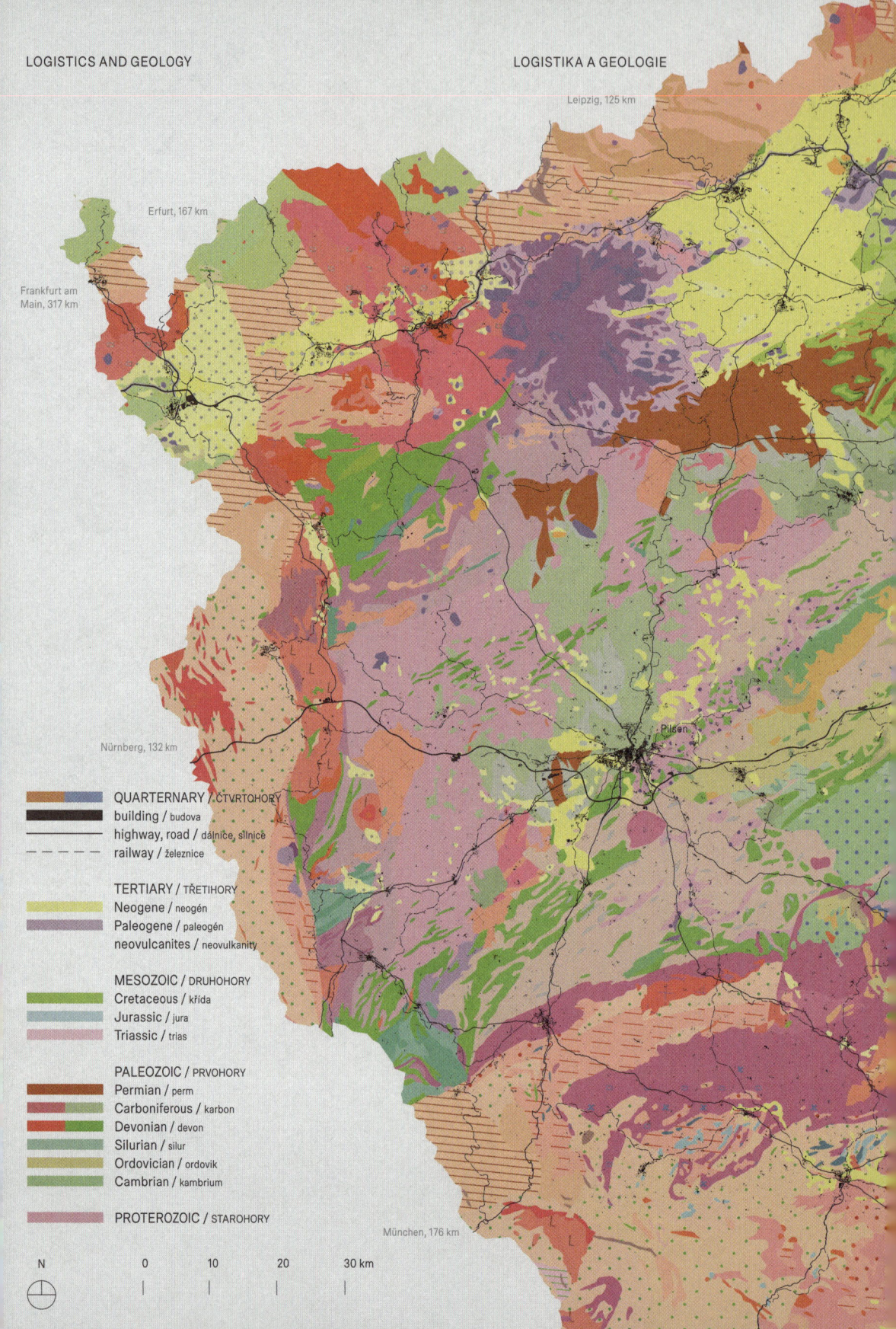

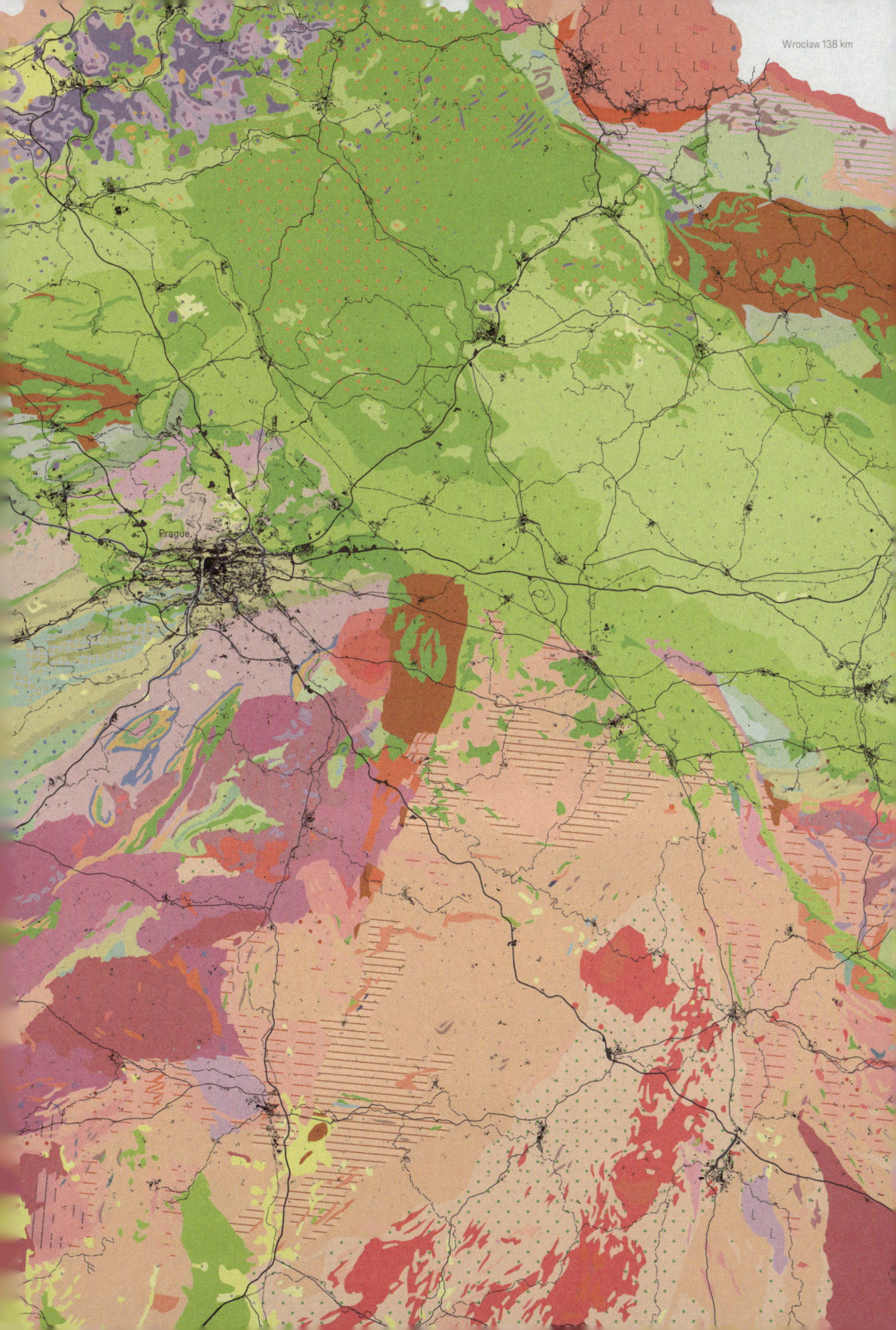

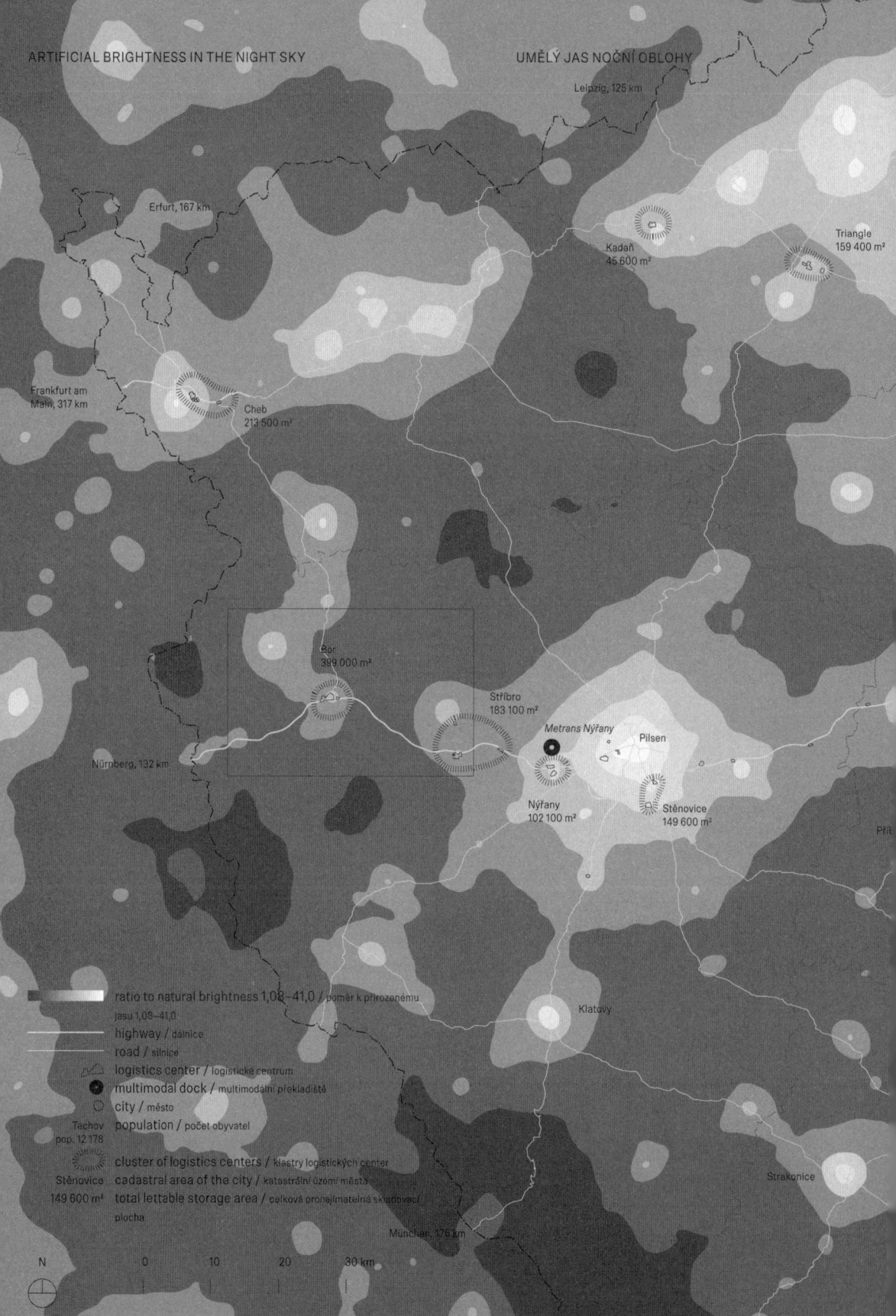

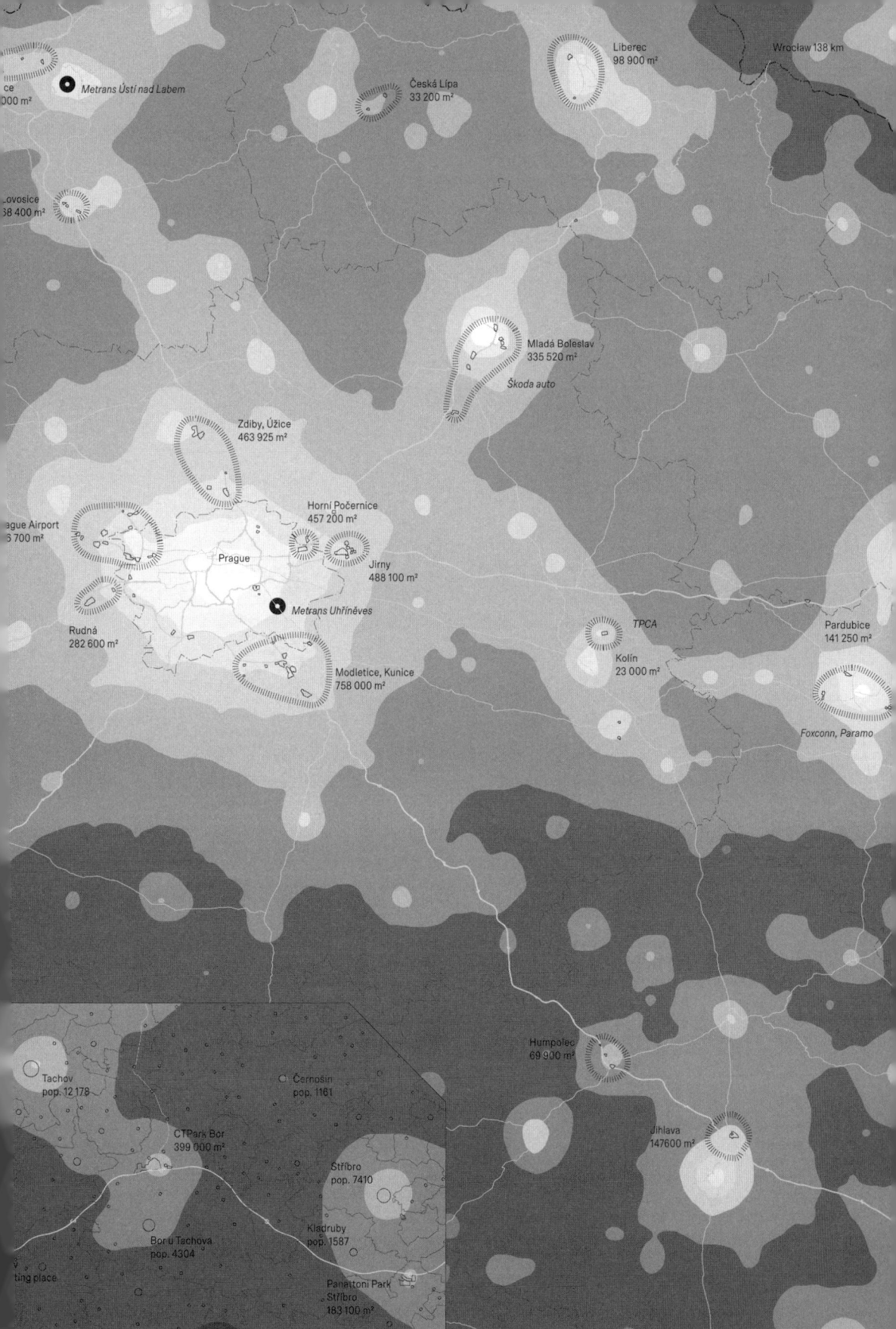

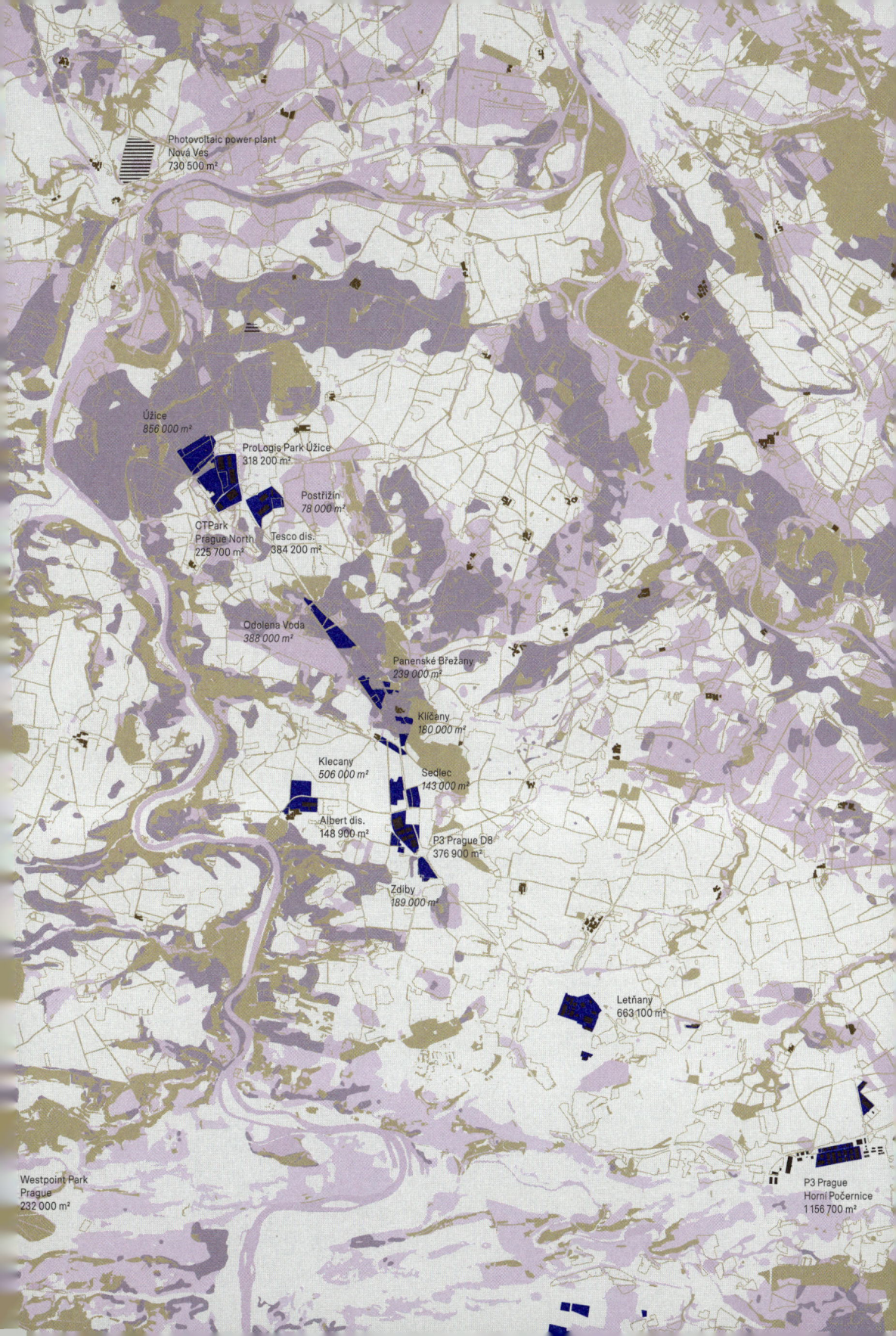

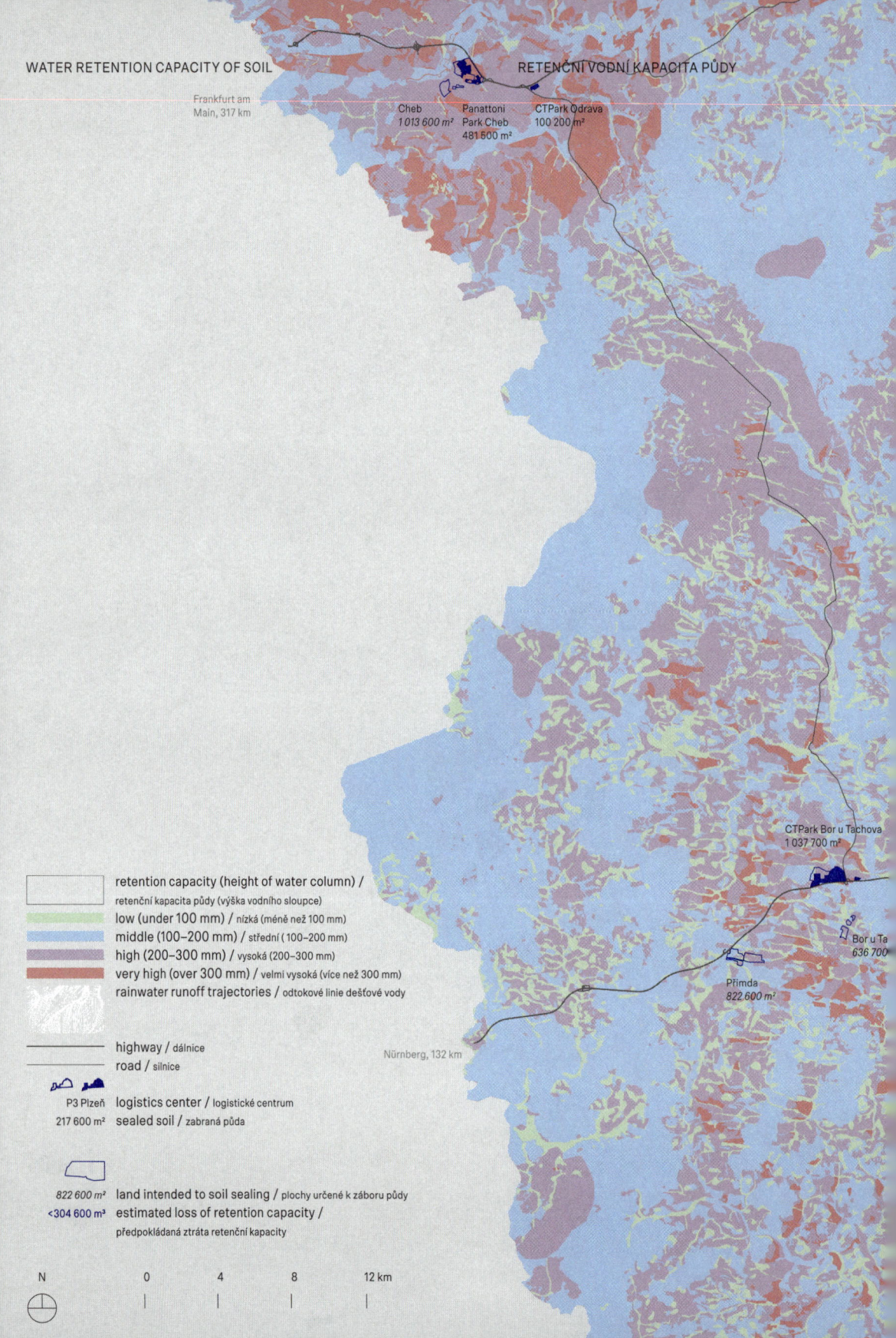

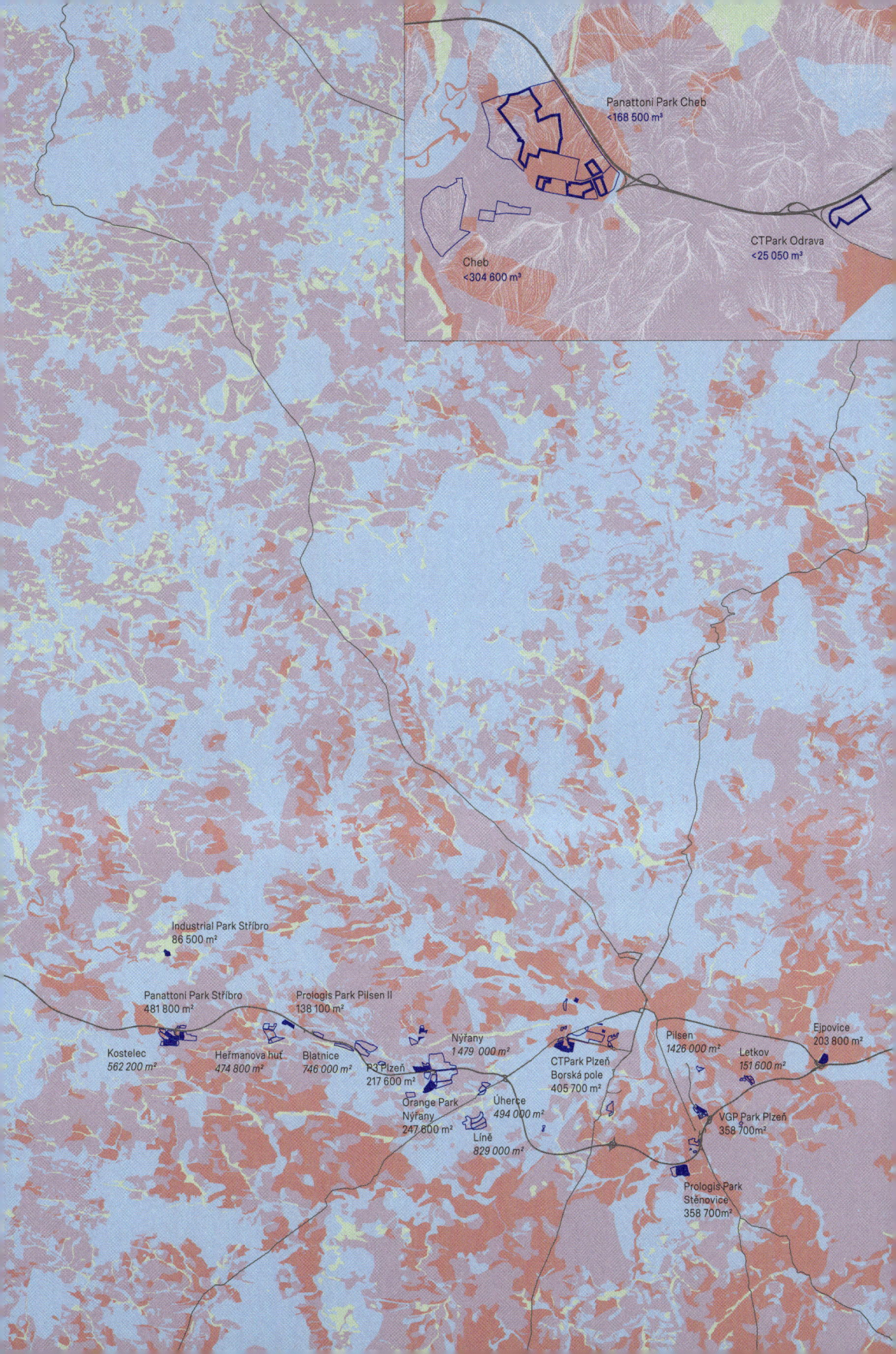

ATLAS OF LOGISTICS

At first sight, the warehouse areas which we inadvertently see on our way to other destinations seem to be a part of infrastructure which is somehow unassuming, necessary, and bland. Despite their imposing dimensions, it seems as if they didn't want us to pay too much attention to them, and so we pass them by without taking much interest.

But these large halls are merely a small part of a much larger logistical apparatus which uniquely allows us our contemporary lifestyle. And it is continually expanding and accelerating its operations. It gradually swells and makes itself indispensable. Inconspicuously but constantly, the planet is being bound together by container ships the size of skyscrapers at sea, by ports on the coasts which match the size of the largest metropolises, by millions of freight trucks on land, and warehouse compounds which could store whole cities.

The atlas of logistics shows selected elements displaying the global movement of goods: for example national borders, infrastructure, multinational corporations, and economic indicators on thirteen cartographic plates. It also pays attention to those topics which are influenced by the global movement of goods, for example territorial development, agriculture, water retention, and light pollution. Occasionally, even this bare visualization of facts about the spatial relationships—sometimes simple, but more often quite complex—of contemporary logistics observed through the prism of various fields and disciplines can give us certain disconcerting signals and warnings.

ATLAS LOGISTIKY

Skladové areály, které mimoděk vídáme cestou k jiným cílům, se tváří jako k čemusi nutná, upozaděná a všední infrastruktura. I přes své značné rozměry jako by dávaly najevo, že si jich nemáme moc všímat, a tak je také míjíme bez většího zájmu.

Obrovské haly jsou přitom jen drobnou součástí mnohem rozsáhlejšího aparátu logistiky, který jediný umožňuje náš současný způsob života. Roste a zrychluje svůj chod. Postupně bobtná a znezbytňuje sám sebe. Planetu nenápadně, ale setrvale sešněrovávají na moři kontejnerové lodě velikosti největších mrakodrapů, na pobřeží námořní přístavy velikosti největších metropolí, na pevnině miliony nákladních vozů a skladovací areály, do nichž by se vešla celá města.

Atlas logistiky na třinácti mapových dílech zobrazuje vybrané elementy globálního pohybu zboží, jakými jsou např. hranice, infrastruktura, nadnárodní korporace či ekonomické indikátory. Na druhé straně si všímá tematických oblastí, které jsou globálním pohybem zboží ovlivňovány, např. územní rozvoj, zemědělství, vodní režim nebo tma v krajině. Obnažená vizualizace faktů pohledem různých disciplín ukazuje někdy varovné a znepokojující signály, někdy prosté, ale jinak obtížně čitelné prostorové souvislosti logistiky.

Sources:
State Geological Survey, Prague; Research Institute for Soil and Water Conservation, Prague; Czech Astronomical Society, Prague; DMP 1G © Czech Office for Surveying, Mapping and Cadastre; *Eurostat Regional Yearbook* (Luxembourg: Publication Office of the European Union, 2018), pp. 65, 87, 89, 117; Xenie Lukoszová and Ondrej Stopka, *Logistická centra na globálním trhu* (Jesenice: Ekopress, 2019), pp. 59–65, 79–114; *Supply Chain Magazine*, no. 7 (2018), p. 15.

Collaboration: David Kuncl

Zdroje map:
Česká geologická služba, Praha; Výzkumný ústav meliorací a ochrany půdy, v.v.i., Praha; Česká astronomická společnost, Praha; DMP 1G © Český úřad zeměměřický a katastrální; *Eurostat Regional Yearbook*, Publication Office of the European Union, Luxembourg 2018, s. 65, 87, 89, 117; Xenie Lukoszová – Ondrej Stopka, *Logistická centra na globálním trhu*, Ekopress, Jesenice 2019, s. 59–65, 79–114; *Supply Chain Magazine*, č. 7, 2018, s. 15.

Spolupráce: David Kuncl

Borders and Adjacencies

This section of the European continent depicted on the map shows selected contemporary borders, recent histories, as well as near futures which have direct impact on business and the transfer of goods. We include even the dismantled borders which remain part of the non-physical, mental map of Europe and still influence it. The external borders of the EU, NATO, Schengen, and EEA (European Economic Area) today comprise the national borders of the Baltic states, Poland, Slovakia, and Hungary. Even though the well-guarded wall physically shifted further east, the traces of the dismantled Iron Curtain still after 60 years divide Europe and Germany into the rich and developed West and the developing East. It is not only the Schengen area which serves as an example of the strategic elimination of borders in favor of industrial cooperation and mobility, but the European border regions (Euroregions/AEBR) are equally representative of the EU's drive to repress borders within state clusters through transformation of the peripheries into centers.

Performances

This section of the European continent shows the so-called administrative units (NUTS 2) which are determined by twelve socioeconomic parameters, such as work productivity, labor cost, GDP per capita, indicators of the scale and quality of innovation, investment, education, level of meritocracy in the public sector, ability to compete, and risks associated with globalization. The resulting color of the region is the result of the synthesis of the values of the individual parameters. The largest differences can be seen in labor productivity, which translates to lower financial compensation of employees. The eastern states, but also some Southern European states, also have a lower quality of public administration, which allows for easier neglect of legislation and the public good. One of the outcomes is a more unrestrained and chaotic development of logistical infrastructure.

Public Infrastructure of Logistics

Geomorphological obstacles and distance have limited international trade since time immemorial. Infrastructure building is one of the EU's main tools for ensuring the five basic freedoms—free movement of people, goods, services, capital, and information—and ultimately leads to an increase in the competitiveness of European states on the global market. That is why a number of infrastructural works have been constructed in Western Europe which testify to the strong motivation to overcome these obstacles to commerce.

Hranice a sousedství

Mapový výřez evropského kontinentu zobrazuje vybrané hranice současnosti, nedávné historie i blízké budoucnosti, které mají rozhodující vliv pro obchod a pohyb zboží. Zahrnuty jsou i zrušené hranice, které zůstávají součástí nefyzické, mentální mapy Evropy a nadále ovlivňují dění. Vnější hranici EU, NATO, Schengenu a EHP (Evropského hospodářského prostoru) dnes tvoří státní hranice pobaltských států, Polska, Slovenska a Maďarska. Přestože se silně střežená překážka fyzicky posunula dál na východ, stopa zrušené železné opony i po 60 letech od svého vzniku stále rozděluje nejen Evropu, ale i samotné Německo na bohatý a vyspělý Západ a zaostávající Východ. Příkladem strategické eliminace hranic ve prospěch hospodářské spolupráce a mobility není jen schengenský prostor, ale také evropské hraniční regiony (Euroregiony/AEBR) reprezentující snahu EU hranice uvnitř soustátí potlačit pomocí přetváření periferií na centra.

Výkonnosti

Mapový výřez evropského kontinentu zobrazuje tzv. regiony soudržnosti (NUTS 2), do nichž se promítl soutisk dvanácti socioekonomických ukazatelů, jako je produktivita práce, cena práce, HDP na osobu či indikátory míry a kvality inovací, investic, vzdělání, úrovně meritokracie ve veřejné správě, konkurenceschopnosti nebo rizik spojených s globalizací. Výsledná barva regionu je syntézou hodnot jednotlivých ukazatelů. Největší rozdíly lze pozorovat v produktivitě práce, která se promítá do nízkých mezd (*compensation of employees*). Státy východní, ale i některé státy jižní Evropy mají také nižší úroveň kvality veřejné správy, což umožňuje snáze obcházet legislativu a veřejný zájem. Jedním z důsledků je také živelnější a chaotičtější rozvoj logistické infrastruktury.

Veřejná infrastruktura logistiky

Vzdálenosti a geomorfologické překážky od nepaměti limitovaly mezinárodní obchod. Budování infrastruktury je jedním z hlavních nástrojů EU k dosažení pěti základních svobod – volného pohybu lidí, zboží, služeb, kapitálu a informací – a v konečném důsledku vede ke zvýšení konkurenceschopnosti evropských států na globálním trhu. V západní Evropě proto postupně vzniklo několik velkých infrastrukturních děl, která jsou dokladem silné motivace překážky obchodu překonat. Nejnákladnější stavbou tohoto typu je eurotunel mezi Francií a Velkou Británií, který byl otevřen v roce 1994 a stál 10,45 miliardy eur. Že se takto vysoká investice „vyplatí", dokládá fakt, že tento tunel usnadňuje pohyb zboží v celkové

The most expensive structure of this type is the Channel Tunnel between France and Great Britain, which was opened in 1994 and cost 10.45 billion EUR. Proof that such an investment pays off can be seen in how this tunnel facilitates the movement of goods totaling 140 billion EUR per year. The added value of the Rotterdam port, which yearly services 14,513,000 TEU (twenty-foot equivalent unit) with goods of a total of 469 million tons, is estimated at 45.6 billion EUR. The construction of infrastructure in Eastern Europe requires subsidies from European structural funds. Some projects, like the 80 km-long tunnel between Helsinki and Tallinn (the Helsinki–Tallinn Tunnel), have also been financially sponsored by the People's Republic of China.

Private Infrastructure of Logistics

This section of the European continent shows the private infrastructure through which multinational corporations very effectively use and influence public infrastructure. Corporations split their activities into those with higher or lower added value, and geographically spread them out according to the benefits which the individual places offer them. In this way, they create a value chain which maximizes the profit margin on the product produced. Naturally, the production capacities are required where there is the largest concentration of inhabitants—customers. Allocating production with lower added value into these expensive localities, such as assembling various components and their packing and storage, simply doesn't pay. Despite their distance and their less developed infrastructure, the east (and south) of Europe still offers better conditions in terms of expenses per labor cost and corporate tax. Through specialized government agencies for supporting investment, states in these regions compete against one another over which one will offer the foreign firms better investment conditions and tax exemptions. Furthermore, the CEE region is equally attractive because of its weaker protection of the public good, the natural environment, and worker's rights.

The German Economic Space

Germany is the largest and most productive European economy, yet the competitiveness of the German market is largely made possible by its neighboring states. In this context, Central and Eastern Europe mostly serve as an extended assembly plant and storage space for German industry. Some economically developed states of Western Europe, such as Belgium, the Netherlands, and Ireland, function as tax havens. Known as economic satellites, these neighboring states are marked by large

hodnotě cca 140 miliard eur ročně. Přidaná hodnota přístavu Rotterdam, přes nějž ročně projde 14 513 000 TEU (twenty-foot equivalent unit, tedy 1 TEU je ekvivalentem jednoho dvacetistopého kontejneru) se zbožím o celkové hmotnosti 469 milionů tun, je odhadována na 45,6 miliardy eur. Výstavbu infrastruktury ve východní Evropě je nutné subvencovat z evropských strukturálních fondů. Na některých projektech, jako je např. 80 km dlouhý tunel mezi Helsinkami a Tallinnem, se finančně podílí také Čínská lidová republika.

Soukromá infrastruktura logistiky

Mapový výřez evropského kontinentu zobrazuje soukromou infrastrukturu, s jejíž pomocí nadnárodní společnosti velmi efektivně využívají a ovlivňují infrastrukturu veřejnou. Korporace dělí své činnosti na ty s vyšší a ty s nižší přidanou hodnotou a geograficky je rozprostírají podle výhod, které jednotlivá místa nabízejí. Vytvářejí tak hodnotový řetězec (value chain), který maximalizuje marži na vyrobeném produktu. Výrobní kapacity jsou přirozeně potřeba tam, kde je největší hustota obyvatel – zákazníků. Alokovat do těchto drahých lokalit výrobu s nižší přidanou hodnotou, jako je montáž různých součástek, jejich balení a skladování, se jednoduše nevyplácí. Východ (a jih) Evropy proto i přes určitou vzdálenost a méně kvalitní infrastrukturu stále nabízí celkově výhodnější podmínky z hlediska nákladů na cenu práce nebo korporátní daně. Státy v těchto regionech skrze specializované vládní agentury na podporu investic mezi sebou soutěží o to, kdo poskytne zahraničním firmám atraktivnější investiční pobídky a úlevy na daních. Region CEE je navíc atraktivní i díky slabší ochraně veřejného zájmu, životního prostředí či pracovníků.

Německý ekonomický prostor

Německo je největší a nejvýkonnější evropskou ekonomikou. Na zachování konkurenceschopnosti německého trhu se významnou měrou podílejí jeho sousední státy. Střední a východní Evropa v tomto kontextu fungují především jako rozšířená montovna a skladiště německého průmyslu před distribucí hotových výrobků zpět německým spotřebitelům a exportem do zbytku světa. Některé ekonomicky vyspělé státy západní Evropy, jako např. Belgie, Nizozemsko nebo Irsko, zase slouží jako daňové ráje. Tzv. ekonomické satelity se vyznačují velkým rozsahem investic německých společností v daném státě (Rakousko 29,1 % z celkového FDI), vysokým podílem zahraničních firem na přidané hodnotě ve výrobním sektoru (Maďarsko 51,4 %), vysokým podílem exportu do Německa (Česká republika 26,98 % HDP) nebo vysokým importním obsahem vývozu (Slovensko 44,5 % z celkového exportu).

foreign direct investments (FDI) by German companies (Austria 29.1% of overall FDI), high share of value added by foreign-controlled enterprises in the production sector of economy (Hungary 51.4%), a large proportion of exports to Germany (Czech Republic 26.95% of GDP) or a high import content of exports (Slovakia 44.5% of overall export).

Steel Cities in the V4 Countries

The famous multinational brands drawn by tax incentives and ample quantities of low-paid workers to the countries known as the Visegrád Group (V4) usually do not create branches or headquarters there, but instead entire hectares of metal halls where components are assembled, stored, and repacked before their completion and distribution back onto the domestic market. In less than 20 years, these countries have seen the growth of a logistics infrastructure which offers more than 35,000,000 m² of storage space. This process is similar to what happened in the West in the previous century, but it is happening at an even faster tempo. The first wave saw the boom in the relatively accessible Czech Republic and western regions of Poland, while recent years have seen the activity shift further east to Hungary, Slovakia, and the rest of Poland. The acceleration of construction at the end of the decade is most palpable in Poland where, during the third quarter of 2019, a total of 17,750,000 m² of storage space was being used. In 2013, only half of that volume existed.

Steel Cities in the West of the Czech Republic

This map section of the western parts of the Czech Republic shows the physical structures of logistical centers. In our country, the network of logistical centers is not constructed according to a detailed plan, but is formed based on the maxims of the market environment. The warehouses are naturally concentrated in clusters around the Czech highway networks because they are largely serviced by freight trucks. The more ecologically sustainable multimodal centers, which are much more frequent in Western Europe, tend to be a rarity in our region. The logistical centers appear in the vicinity of the capital city, but also near the western borders of Czech Republic. Almost all logistical compounds are built from scratch on greenfield where the construction is not as demanding as in the case of reconstructing brownfields. The map image shows the logistical structures throughout the period of their major expansion. At the time of publication, the space occupied by warehouses and dock relays is expanding at a rate of 15–20% per year.

Ocelová města v zemích V4

Známé nadnárodní značky, které do zemí tzv. Visegrádské skupiny (V4) přilákaly daňové pobídky či dostatečné množství levné pracovní síly, zde ve většině případů nebudují své pobočky a zastoupení, ale hektary hal, v nichž jsou montovány, skladovány a přebalovány součástky před jejich kompletací a distribucí zpět na domácí trh. Za necelých 20 let v těchto čtyřech zemích vyrostla logistická infrastruktura, která nabízí více než 35 000 000 m² skladovacích ploch. Poněkud zrychleně se tak kopíruje to, co se odehrálo v minulém století na Západě. V první vlně nastal boom v relativně dostupnějším Česku a na západě Polska, v posledních letech se pak aktivita přesouvá dál na Východ do Maďarska, Slovenska a zbytku Polska. Akcelerace výstavby ke konci dekády je nejvíce patrná právě v Polsku, kde na konci třetího čtvrtletí roku 2019 stálo už 17 750 000 m² skladovacích ploch. Ještě na konci roku 2013 to přitom byla polovina.

Ocelová města na západě České republiky

Mapový výřez západní části České republiky zobrazuje fyzickou strukturu logistických center. Síť logistických center v měřítku našeho státu nevzniká podle propracované koncepce. Formuje ji tržní prostředí. Sklady se přirozeně koncentrují do klastrů kolem české dálniční sítě především proto, že jsou primárně obsluhovány nákladními automobily. Ekologičtější multimodální centra, mnohem obvyklejší na západě Evropy, jsou v regionu spíše vzácností. Logistická centra se objevují v blízkosti hlavního města, ale také nedaleko západních hranic České republiky. Téměř všechny logistické areály jsou budovány na zelené louce, kde výstavba není tak náročná jako přestavba brownfieldů. Mapový snímek zachycuje logistickou strukturu v průběhu jejího výrazného rozvoje. V době vydání publikace se plocha zastavěná sklady a překladišti zvětšuje o 15–20 % ročně.

Ocelová města v územních plánech

Řada obcí v okolí české dálniční sítě desítky let umísťuje do svých územních plánů na místo nezastavitelných zemědělských ploch funkci „výroba a skladování". V některých případech jim to doporučila vládní agentura pro podporu průmyslu, jindy tak rozhodly samy s vidinou příjmů do rozpočtu nebo snížení nezaměstnanosti. Zahrnuté plochy je zpravidla velmi obtížné z územních plánů vyjmout, mapový výřez je tedy jakýmsi okénkem do budoucnosti. Kromě již realizovaných staveb zobrazuje ještě nezastavěné funkční plochy „výroby a skladování" tak, jak jsou zakresleny v jednotlivých územních plánech obcí. Zobrazuje tedy, kam

Steel Cities in the Land-Use Plans

Rather than adding agricultural zones where construction is forbidden, many municipalities around the Czech highway network have been bringing into their land-use plans the function of "production and storage." In some cases, the government agency responsible for supporting industry has advised them to do so, while other times it was their own initiative, driven by the vision of increased income into their budgets and lower unemployment. In this sense, the map section offers a kind of window onto the future. Apart from the structures already built, it also shows the still undeveloped spaces intended for "production and storage" as they are logged in the individual land-use plans of the municipalities involved. It thus shows where and to what extent the structure of logistical centers and industrial sheds will be spreading in the next few years.

Logistics and Geology

This map section of the southwest parts of the Czech Republic shows the physical impact of human construction in the context of the complete geological history of the Earth's surface. This imprint characterizes the epoch when the human stopped organizing the landscape by natural means and materials and started opting for artificial ones. The sealed surfaces of buildings, streets, roads, and railroads (excluding parks and other non-paved surfaces in cities) constitute almost 10% of Czech Republic's total area, and 99% of these surfaces were built-up in the last 150 years.

Artificial Brightness in the Night Sky

Logistical and industrial sheds also influence their surroundings simply by means of the light which they emit at night. This map section of the northern and western Czech Republic shows the impact of artificial light sources on the night sky. The largest source of artificial light comes from densely inhabited settlements. They can increase the nighttime light levels up to 3,500 µcd/m² (where natural brightness levels are at 174 µcd/m²). Permanently settled hectares of parking spaces and hundreds of meters of storage hall façades are able to glow as intensely as a district town. The night sky above the CTPark logistical center near Tachov gives off as much as 500 µcd/m². Yet, since logistical centers are built in open country, as opposed to towns, they have a directly negative impact on the night life of both flora and fauna.

The History of Soil

In pre-industrial times, working the land was closely connected to ownership. The map section of the Central Bohemian region shows a v jaké míře se může struktura logistických center a průmyslových hal v nejbližších letech rozšiřovat.

Logistika a geologie

Mapový výřez severozápadní části České republiky zobrazuje fyzický otisk veškeré lidské stavební produkce na podkladu kompletní geologické historie zemského povrchu. Tento otisk charakterizuje epochu, kdy člověk přestal uspořádávat krajinu přírodními prostředky a materiály, ale začal volit vlastní. Zpevněné plochy budov, ulic, silnic, dálnic a železnic (při zanedbání parků a jiných nezpevněných ploch ve městech) představují téměř 10 % rozlohy České republiky, přičemž 99 % z těchto ploch bylo zastavěno až během posledních 150 let.

Umělý jas noční oblohy

Logistické a průmyslové haly ovlivňují své okolí jednoduše také světlem, které v noci vydávají. Mapový výřez severní a západní části České republiky zobrazuje vliv zdrojů umělého osvětlení na jas noční oblohy. Nejvýznamnějším zdrojem umělého osvětlení jsou hustě obydlená sídla. Noční jas mohou zvýšit až na 3500 µcd/m² (přirozený jas 174 µcd/m²). Trvale osvětlené hektary parkovacích ploch a stovky metrů fasád skladových hal jsou však schopné „svítit" podobně intenzivně jako okresní město. Noční obloha nad logistickým centrem CTPark Bor u Tachova má jas až 500 µcd/m². Logistická centra přitom leží ve volné krajině, proto mají na rozdíl od měst bezprostřední negativní vliv na noční život zvěře i vegetace.

Historie půdy

V předprůmyslovém období bylo obdělávání půdy úzce svázané s jejím vlastnictvím. Mapový výřez části středočeského kraje zobrazuje stopy významných hospodářských milníků v české zemědělské krajině, které postupně a (do jisté míry) nezávisle na sobě narušily vztah člověka a půdy. Ve 20. století v rychlém sledu došlo ke znárodňování pozemků šlechty a vysídlení německých obyvatel z pohraničí (po roce 1918 a 1945), ke kolektivizaci zemědělství (po roce 1949), k restitucím, jež mnohé vyústily ve spekulativní prodej a zábory půdy (po roce 1989) a nakonec k čerpání evropských dotací, které paradoxně při jejich často chybné interpretaci přispěly k rozvoji těžkotonážního a chemického zemědělství (po roce 2004).

Retenční vodní kapacita půdy

Zábory zemědělské půdy za účelem výstavby či těžby nerostů se významně podílejí na tom, že krajina ztrácí přirozené prostředí pro akumulaci dešťové vody. Rychlý odtok dešťové

important economic milestones in the Czech agricultural landscape, which gradually (each in its own way and to a certain extent) damaged the relationship of the human and the land. The 20th century saw, in quick succession, the nationalizing of aristocratic lands and the eviction of the German population from the borderlands (after 1918 and 1945), the collectivization of agriculture (after 1949), restitutions, many of which led to speculative sales and land acquisition (after 1989), and finally the drawing of European subsidies which, paradoxically and because of their erroneous interpretation, contributed to the further development of heavy-duty and chemically-intense agriculture (after 2004).

Water Retention Capacity of Soil

Soil sealing for the purposes of construction or the mining of minerals is a large contributor to the landscape's loss of its natural capacity for rainwater retention. The quick drainage of rainwater precipitates flash floods as well as devastating droughts. The result of these processes is erosion and overall degradation of the land. Additionally, the loss of organic matter worsens the soil's retentive capacities which in turn leads to further erosion and further loss of organic matter. This map section of the Plzeň (Pilsen) Region in West Bohemia shows the agricultural land based on the land's capacity for retention and the land built up by warehouse compounds or intended for their further development. For example, the warehouse compound of Bor near Tachov, with an overall area of ca. 100 ha, robs the landscape of land which may naturally accumulate up to 350,000 m³ of water, more than the yearly consumption of 10,000 households.

Surface Temperature

Logistical and industrial complexes also play a role in the warming of the surrounding environment. This map section shows the Pilsen Region in the western part of the Czech Republic through the perspective of the TIRS sensor (Thermal Infrared Sensor), which is part of the American satellite Landsat 8. TIRS measures the thermal energy given off by the planet's surface, mostly comprised of sun rays which are either absorbed or reflected back by the material on the surface. It thus allows us to measure the approximate temperature on or near the surface. Dozens of hectares of warehouses and paved asphalt surfaces in logistical compounds often warm the environment as much as, or even more than, densely inhabited cities. In extreme cases, the temperatures near aluminum panels on façades and roofs can reach up to 50 °C, and the air just above the asphalt surface up to 60 °C.

vody způsobuje bleskové povodně i ničivá období sucha. Důsledkem těchto procesů je eroze a celková degradace půdy. Ztráta organické hmoty přitom dále zhoršuje retenční schopnosti půdy, které zase přispějí k větší erozi a dalším ztrátám organické hmoty. Mapový výřez Plzeňska na západě České republiky zobrazuje zemědělskou krajinu podle úrovně retenční schopnosti půdy a plochy zastavěné skladovými areály nebo určené pro jejich další výstavbu. Například skladový areál Bor u Tachova o výměře záboru přibližně 100 ha připraví krajinu o půdu, která může přirozeně akumulovat až 350 000 m³ vody, což je více než roční spotřeba 10 000 domácností.

Teplota povrchu

Logistické a průmyslové areály se podílejí také na ohřívání okolního prostředí. Mapový výřez zobrazuje Plzeňsko na západě České republiky pohledem senzoru TIRS (Thermal Infrared Sensor), který je součástí americké družice Landsat 8. TIRS měří termální energii, kterou vyzařuje zemský povrch, tedy především dopadající sluneční paprsky pohlcované nebo odražené materiálem na povrchu. Umožňuje tak odhadnout přibližnou teplotu na nebo v blízkosti povrchu. Desítky hektarů skladů a zpevněných asfaltových ploch v logistických areálech v mnoha případech ohřívají prostředí srovnatelně, nebo dokonce více než hustě osídlená města. Teplota v blízkosti hliníkových fasádních a střešních panelů se může v extrémních případech pohybovat kolem 50 °C, vzduch těsně nad asfaltovým povrchem pak může mít dokonce 60 °C.

Chapter Three: Citizens

Kapitola třetí: Obyvatelé

BEING OR NOT BEING

Flexibility

Agencies developed to stretch the duping of those who do the work. This is the essence of flexibility: the keyword in the fundamentals of modern management. You've got to be highly flexible so that you can be stretched into infinity. So that your seams don't rip, honey bunny. So the agency stretches us, and we stretch upholstery onto the seats in Škoda cars. Mladá Boleslav, central Bohemia. A seemingly sluggish and lethargic town, nonetheless, the Japanese standards of production management have already reached the local factories and done their job. *Just-in-time*: makes you work without a breather, and it even steals the time you need to pee. Better not to get your bladder overfull before your shift. Everything is done by hand to beat the costs of the competitors. It's a known thing that the work of human hands is cheaper than that of a machine. A machine needs care, regular overhauls, lubrication, steam-cleaning, maintenance. Its life-cycle is usually counted in many long years. It cost an arm and a leg, so it's got to serve as long as it can. And a pair of human hands can only be replaced with another one. Never mind whether in a year, in a month, or why not today. The trick is that the hands are cheap, and when you are a dime a dozen, quick wear and tear is your second name. I didn't even have to pass the physical in that labour agency. What for, if my life expectancy is not taken into any account?

So we go on with swollen fingers, stretching all those fabrics for a discerning client to deposit their bottom on them. The more discerning the client, the greater the pain in the fingers, because stretching leather upholstery is the hardest work. Just as if these additional sores and lacerations on

the hands were to revive our class awareness. You get your rest with the broadcloth upholstery for the underprivileged: this is your humble fellow, putting aside Czech crowns for 10-year hire purchase of the cheapest model, leaning his head over you. The work crew is international: Czechs, Slovaks, Ukrainians, Hungarians, Bulgarians, Romanians, Poles— practically the whole Central and Eastern Europe, although it could be better to say that this is the Europe that sees the middle finger outstretched by Western Europe. And you, after the work that consists in manual stretching of the leather upholstery for some John-François-Helmut, have no strength left to straighten that finger.

Your work goes like this: you stretch the upholstery with the fingers of both hands, press it over the foam and the frame, hooking the plastic tabs of the upholstery against the metal skeleton, supporting it with your forearm, from palm up to the elbow, pressing the whole with all your body's weight, and then you pummel along and across it with a rubber mallet to get the two frameworks together. In that hard work, you are entertained by music coming from the loudspeakers suspended over the production line. Hit Radio Pop-Rock. Everyone will find something to suit their taste. Sweet pulp for the honey bunny. So we drown our pain in the song, as the slaves used to do in cotton plantations. Our backdrop is Hozer's *Take Me to Church*: "I was born sick, but I love it. Command me to be well," the Irish singer goes, and we respond with a choral "Amen!," and beat the rhythm with our rubber mallets on the black leather devoted to John--François-Helmut. We were born sick, we were born in the worse Europe, and we love it. Put us through that healthy wringer. This is our workers' spiritual.

She-Boss of All the Bosses

There are just under three thousand employment agencies in the Czech market, some of them named with remarkable flair, often in English too: Joker's Work, Winning People, Mutual Coexistence, The Well of Human Sources, Samba Partners, People and Potential, Hobbyhorse, Chance for You, PeopleGuru, Nomen Omen Group, New Age Agency, Maria Rosa Mystica, Jobinn & Hostessinn, ISomeone, Instinct, HotBelly, Himalaya Human Resources, Handarbeit, Freight People, First & Last, Honest Work,

enigma business, Hardworking and Eager, CoolPeople, Best Ideal, and AnyJob.

In the previous agency I worked for, its owner, a retired teacher of around 70, did not pay the premiums for our health insurance. I realized it when she withheld my insurance card for over three weeks and blamed the delay on the officials, who were allegedly reactivating it due to the change of employer. In turn, she offered me a lift to a doctor she knew and who could see me without insurance. My work mates considered such lifts a standard. She-Boss does everything herself. Most of the crew were foreigners. She persuaded them that they needed no card whatsoever, as the agency has their own doctor, who will always see them, and she, attentive to their health, will always give the lift. She had a deal with that doctor. He wrote the prescriptions in her name, making her the patient. She played the role of a good granny pampering her grandchildren. She'd drop small change into the vending machine to buy us coffee, sometimes sandwiches. Nobody knew she did it out of our health premiums.

I learned the whole truth from her former employee, who used to work for her as a coordinator and then moved to another agency. I shared that knowledge with a handful of *brigádniks*, who lived with me in the *ubytovna* (dormitory), and on the following day in all due solidarity, we tended in our resignations. When the good granny arrived with the driver by minibus to collect us as she did day in day out at 4 a.m., there was no one to greet her in front of the building. As was her custom, she began banging at the doors of the rooms we lived in with a fist. She must have thought we overslept, which did actually happen before, and then she used to wake us up that way. Sometimes, if one of the boys got too plastered a day earlier and didn't want to pop one out, he'd preventively put a key into the lock from the inside. She-Boss had her set of keys from our rooms, and when the banging of the fist elicited no response, she opened the doors herself. However, when she dragged her feet to my room and started the banging, she didn't have to reach into the pockets for her spares, because I immediately turned the key in the lock and pressed the knob. Asked why I wasn't yet waiting downstairs in my overalls, I answered that I had found a better job, one that duly pays premiums for the workers. She stood there still as a figure for a couple of seconds, only to hiss quietly that I shall regret. On that day the minibus left empty from the

V předchozí agentuře, kde jsem pracoval, za nás její majitelka, asi sedmdesátiletá učitelka v důchodu, neodváděla zdravotní pojištění. Zjistil jsem to, když si déle než tři týdny nechala moji kartičku pojištěnce a vymlouvala se na pomalé úředníky, kteří ji prý mají nově aktivovat kvůli změně zaměstnavatele. Na oplátku mi nabídla, že mě zaveze ke svému známému lékaři, který mě přijme i bez pojištění. Chlapi z práce mi řekli, že to je běžné. Šéfová všechno zařizuje sama. Většinu brigády tvořili cizinci, kterým tvrdila, že kartičku vůbec nepotřebují, že agentura má vlastního lékaře, který je vždycky ošetří, a ona je tam ze zájmu o jejich zdraví vždycky odveze. S lékařem byla domluvená – recepty vykazoval na její jméno. Hrála roli hodné babičky, která rozmazluje svoje vnuky. Kupovala nám za drobné kafe v automatu, někdy i chlebíčky. Nikdo netušil, že to dělá za naše pojistné.

Celou pravdu jsem se dozvěděl od její bývalé podřízené, která u ní pracovala jako koordinátorka a později přešla do jiné agentury. O zjištění jsem se podělil s několika brigádníky, kteří se mnou bydleli v ubytovně, a další den jsme všichni solidárně podali výpověď. Když hodná babička přijela spolu s minibusem, který nás měl jako každý den ve čtyři ráno odvézt do práce, před budovou nikdo nečekal. Jak měla ve zvyku, začala bušit pěstí na dveře našich pokojů. Určitě si myslela, že jsme zaspali, což se někdy stávalo. Takhle nás budívala pravidelně. Občas si někdo z chlapů večer pořádně přihnul, a když se chtěl vyhnout nepříjemnostem, preventivně nechal zevnitř klíč v zámku. Šéfová měla totiž vlastní sadu klíčů od našich pokojů, a když se údery pěstí nesetkaly s odezvou, neváhala si sama otevřít. Poté, co dorazila k mému pokoji a začala se na mě dobývat, do kapsy pro klíče ani nestačila sáhnout, protože jsem téměř okamžitě odemkl a vzal za kliku. Na otázku, proč nejsem v montérkách a nečekám dole, jsem jí odpověděl, že jsem si našel lepší práci, ve které se za zaměstnance platí pojištění. Několik sekund stála jako opařená a potom zasyčela pod nosem, že toho budu ještě litovat. Onoho dne odjel minibus od ubytovny prázdný, ačkoli většinou býval přeplněný a někteří z nás se museli krčit v kufru. To je bonus – buď rád, že ti agentura zajišťuje odvoz. Jestli se ti to nelíbí, můžeš jít klidně pěšky.

Po polední vtrhla šéfová všech šéfů do ubytovny s policistou. Pokusila se mě donutit opustit pokoj, ale za ten už zaplatila jiná agentura, se kterou jsem podepsal pracovní smlouvu. Rozpoutala se hádka. Hluk vylákal na chodbu Władka, bývalého profesionálního vojáka, kterému po misi v Bosně dočista přeskočilo. Skoro nahý, jen v boxerkách, se rozběhl k policistovi,

doors of the *ubytovna*, although it was as a rule overloaded, and some of us had to huddle in the boot. A bonus: enjoy the shuttle provided by the agency, and if you don't like it, then why not, leg the whole distance.

In the afternoon, the boss of all bosses burst into the *ubytovna* with a policeman. She tried forcing me out from the room, yet it had already been paid for by the other agency I signed my job contract with. The quarrel that ensued drew Władek to the corridor. An ex-serviceman, whose psyche went haywire after his mission in Bosnia. Only in his boxer shorts, he ran up to the policeman, and shaking his fist, he bellowed: "Gestapo, Gestapo! Fuck off us Poles!" I tried to calm everything down, curbing the furious neighbour and peacefully explaining that only my new employer has the right to evict me from the room, because it's the new one that pays for it. The She-Boss, the old granny now purple in the face, warned me menacingly that I would never find employment in Czechia again.

Barb Wire

On the following day my two roommates and I were moved to a new *ubytovna*. From a makeshift cardboard-and-plaster barrack to a brick barn, what's that if not upward mobility? Honza and Pavel, two young Czechs who worked with me previously, also delivered a resignation. The building we were transferred to used to be a hangar for agricultural tractors, combine harvesters, and small agricultural equipment. The developments brought to mind the PGR collective farms of communist Poland. A handful of residential bedsits were arranged on the upper story from what must have been toolrooms.

Ubytovna is like a shelter, cheap lodging, although it usually plays the role of a bunkhouse for workers. In Mladá Boleslav, home to Škoda and one of Czechia's most industrialized cities, owning one of these is a real goldmine. There are 22,000 people employed solely by Škoda, with a few thousand more working for the factories providing the components. All this in a town of no more than 44,000. Unlike hotels for tourists, *ubytovnas* are nearly always full. Summer and winter are irrelevant categories, since the high season never stops among this endless shortage of hands in the country with EU's lowest unemployment. Full house at a minimum outlay, as the living standard in most of the local *ubytovnas* is far from overwhelming. Enough to say, that it brings to mind the conditions you expect in Poland after you've been forcibly evicted. Owners furnish such shelters with the bare minimum in terms of facilities: old gas cookers, sanitary fittings that perhaps remember the Husák regime, and army surplus beds. Unwanted guests, whether mice, cockroaches or bedbugs, often swarm the rooms.

After the first night spent at the new place, Honza sprang up from his bed screaming that he'd got ants walking over him. He lodged his complaint by phone to the daughter of the owner of both of the *ubytovnas*, the barrack and the barn. Several minutes later we could hear the characteristic patter of the heels. Marketa, the owner's twenty-something daughter who arranged all the matters related to your stay, entered our room on high heels, walking at least six inches over the floor. Wearing a tight latex mini dress with a deep cut, tied with a lace, she looked like Pamela Anderson in *Barbed Wire*. A femme fatale dress to kill from the wet dreams of college students. She leaned over the bed occupied by ant-bitten Honzik aligning her breasts precisely with the height of his face.

"Such a big boy, afraid of such a small ant," she said, lifting a single insect she collected from the bedsheets on the hand. Hypnotized by the drawstrings over her cleavage, Honza only blushed, unable to utter a syllable.

Pure Health

Honza is 20. He comes from a broken family, like most of his peers wallowing in worker bunkhouses. Mother cheated on his father, so they separated when Honza was 12. He stayed with father, and two younger brothers went away with mother. The street drew him in quickly. Not more than a year ago, he was still addicted to methamphetamine. "Now I don't even touch the shit," he brags. "Now it's only pure weed. Pure health. It won't fuck your brain up."

This immaculate medication is *skero*, the Czech slang counterpart of the English "skunk" and the Polish *skun*: cannabis with the highest concentration of THC, releasing a potent aroma. Next to methamphetamine, generally known as *piko*, the most popular medication against the traumatic past, grungy present, and uncertain future. Honza invests more than half of his salary in dope, and has a trusted dealer. He bought quite a stash immediately on the payday and presented it to me proudly, like some spoils of war. He only

která zřejmě pamatuje Husákovy časy, postele z armádního výprodeje. V pokojích se často vyskytují nezvaní hosté: myši, švábi nebo štěnice.

Po první noci strávené v novém bydlišti vyskočil Honza z postele s křikem, že po něm lezou mravenci. Svou stížnost zatelefonoval dceři majitele obou ubytoven, jak baráku, tak stodoly. O čtvrt hodiny později jsme uslyšeli charakteristický klapot podpatků. Dvacátnice Markéta, se kterou se vyřizovaly všechny ubytovací záležitosti, vstoupila do našeho pokoje v lodičkách na minimálně patnácticentimetrové platformě. Měla na sobě upnuté latexové minišaty s hlubokým výstřihem na šněrování. Vypadala jako Pamela Anderson ve filmu *Barb Wire*. Vražedná femme fatale z mokrých snů děváťáka. Sklonila se k posteli, na níž seděl mravenci pokousaný Honzík, a její prsa se ocitla přesně na úrovni jeho hlavy.

„Takový velký chlap a bojí se malého mravenečka," řekla a zvedla ruku s osamělým exemplářem zmíněného hmyzu, který předtím odchytila na prostěradle. Honza hypnotizovaný šňůrkami ve výstřihu jen celý zrudl. Nedostal ze sebe ani slovo.

Mega zdravá

Honzovi je dvacet let. Jako většina jeho vrstevníků, kteří se toulají po dělnických ubytovnách, pochází z rozpadlé rodiny. Matka podváděla otce, rozešli se, když bylo Honzovi dvanáct. On zůstal s otcem, dva mladší bratři s matkou. Rychle ho pohltila ulice. Ještě před rokem byl závislý na metamfetaminu. „Teď už tu sračku neberu," chlubí se. „Teď jenom čisťoučká tráva. Mega zdravá. Nedělá ti bordel v palici."

Ten mimořádný medikament se nazývá *skéro* – to je český slangový ekvivalent anglického *skunk* nebo polského *skun*, tedy marihuany s nejvyšším obsahem THC a velmi pronikavou vůní. Vedle metamfetaminu zvaného lidově *piko* je to nejpopulárnější lék na traumatickou minulost, mizernou přítomnost a nejistou budoucnost. Honza do tohoto zboží investuje víc než polovinu příjmu, má osvědčeného dealera. Hned po výplatě si nakoupí pořádnou zásobu a pyšně mi ji předvádí jako nějakou válečnou kořist. Trávu kouří z provizorního bongu vyrobeného z plastové lahve. Šlukuje oblak vodní páry a marihuanového kouře, potom smokes weed from a makeshift bong made from a plastic bottle. He inhales the solution of water vapour and marijuana smoke deeply, which is followed by a few seconds' worth of very intense coughing that nearly suffocates him, and brings him to the verge of throwing up. Each such ritual is crowned with a thumbs-up to mean that the weed was good and it did kick in.

Drugs are more frequent guests than insects in the *ubytovna* rooms. Young, addicted people who often come for work to an agency straight from the street find refuge here: a roof, a bed, and the blessed piece. Police officers hardly ever visit the worker bunkhouses that are nothing but ghettos, and the personnel coordinators turn a blind eye to dealing, because they know how these young people who lost themselves in life and contracted for hard work against little remuneration are the ones who pay for their positions. Agencies give them company cars, smartphones, passes to the sauna, swimming pools, and gyms. That's a non-written compact: we pretend we don't see all the pathology, and you don't complain when agreeing to be stopgaps toiling for the great corporations that need more additional hands to work when production and sales are on the rise. Many agency hirelings fall into debt. That is why certain agencies, caring for their staff, provide an alternative salary option: instead of an account transfer, immediately seized by the bailiff, a cheque is issued to be cashed in the bank. Then the money is paid directly from the agency's special account. Even though the pay is lousy, it covers the cost of the *piko* and the *skero*, so everyone's happy.

Pact with the Devil

After the three weeks of working as a *brigádnik*-upholsterer, when the fingers of my both hands had swollen to look almost like *špekáčky*, I again decided to change my employer. The two lost orphans, Honza and Pavel, followed me this time again. With no regrets, we left Mladá Boleslav behind to set off for Prague in search of a better life. We managed to find a job where the *ubytovna* was provided by the agency, which was not easy at all. Considering the exhorbitant rental prices in the capital city, truly a boon that only a handful of agencies could grant. We took the metro to Opatov, the one but last station on line C. The agency had its office in a twenty-one-storey prefab-concrete moloch rising high over the rest of the concrete jungle, across from the ghostly bulk of the abandoned hotel of similar height. The agency rented two floors of the building, the fourth and the fifth, which they arranged into an *ubytovna*. The process of recruitment was limited to a test that required finding differences between two aligned sequences of letters and numbers. Those who found the task difficult were helped by the coordinator. The job was in a ginormous warehouse outside Prague, where they stored Apple branded equipment. Work with a scanner: reading codes, comparing those on packaging with those on the shelf. To shelve the box in its proper place, the two had to match. One of the recruited found it difficult to sign the contract. His hand shook so badly he could not hit the sheet with the ball pen. He looked as if experiencing an attack of delirium tremens. The coordinator patiently waited, looking elsewhere. Other candidates, including myself, Honza, and Pavel were joined in silent solidarity. Perhaps some deep down in their hearts were cheering him: "Go on, man, you can fucking do it! Try to hit, hit that fucking sheet!" Finally, after a few failed attempts, the trembling cadet put an awkward signature at the foot of the pact with the devil.

When the recruitment was over, we walked out of the building to smoke. All the low walls around the skyscraper were filled with its inhabitants. A mix of assorted nations, not even Africans or Asians absent. Some passed a bottle, others a joint. The intensive fragrance of marijuana permeated the air. A group of dark-skinned Gypsies played music from a boombox. The place was all chatter: countless tongues of this world mingled at the foot of that concrete tower of Babel. One of the recruited drew a bottle of *tuzemák*, the local rum, from the backpack, another one rolled a spliff. Induction into the new home ran smoothly into the accustomed channels.

Honza and Pavel did not last long under these conditions. They quickly got caught up with dubious friends and stopped going to work. They actually did not stick their noses beyond the walls of the *ubytovna*, drifting from room to room in search for companions to the bong. When they ran out of money and their stash of *skero*, they tried to save the day by donating blood plasma, which gets you paid in Czechia. However, they provided the address of the *ubytovna* as their residence, and in response were told that samples from donors from such shady places are inacceptable due to the

hotelem obdobné výšky dominoval nad ostatními paneláky. Agentura si v budově pronajímala dvě patra, čtvrté a páté, v nichž provozovala ubytovnu. Samotný náborový proces se omezoval na test, při němž měl člověk hledat rozdíly ve dvou spárovaných řadách písmen a čísel. Těm, kteří měli s úkolem problém, pomáhal koordinátor. Šlo o práci v obrovském skladu přístrojů firmy Apple za Prahou. Práce se skenerem – načítání kódů a porovnávání těch, co jsou na obalech, s těmi, co jsou na policích. Musí se oba shodovat, jinak se krabice ocitne na nesprávném místě. Jeden z uchazečů měl problém podepsat smlouvu. Ruka se mu třásla tak silně, že se nedokázal trefit propiskou na papír. Vypadal, jako by právě prodělával záchvat deliria tremens. Koordinátor trpělivě čekal, odvracel hlavu na druhou stranu. Zbývající kandidáti včetně Honzy, Pavla a mě solidárně mlčeli. Někdo mu možná dokonce v duchu fandil: „Dělej, vole, to zmákneš! Miř na ten zkurvenej papír!" Po několika neúspěšných pokusech rozechvělý kandidát konečně úpis podepsal.

Když přijímací řízení skončilo, vyšli jsme si před budovu zakouřit. Zídky obklopující věžák byly plné místních. Směs rozmanitých národností od imigrantů tmavé pleti z Afriky po šikmooké příchozí z Asie. Někteří si podávali z ruky do ruky flašku, jiní jointa. Ve vzduchu se vznášela intenzivní vůně marihuany. Skupinka snědých Cikánů pouštěla hudbu z boomboxu. Bylo tu rušno – nespočetné jazyky světa se mísily pod betonovou babylonskou věží. Někdo z kandidátů vytáhl z batohu lahev tuzemáku, jiný ubalil brko. Aklimatizace v novém bydlišti proběhla vzorově.

Honza a Pavel v těchto podmínkách moc dlouho nevydrželi. Rychle se chytili pochybné společnosti a přestali chodit do práce. Téměř nevystrčili nos z ubytovny, pohybovali se maximálně z pokoje do pokoje ve snaze najít kumpány k bongu. Když jim došly peníze a zásoby skéra, snažili se zachránit situaci darováním krevní plazmy, což je v Česku placená služba. Když však při registraci nahlásili adresu ubytovny, řekli jim, že odběry dárců z takto podezřelých míst neprovádějí kvůli riziku infekce. Pavel začal s drobnými krádežemi – kradl drahé čokolády nebo sprchové gely, které potom přeprodával za poloviční cenu vietnamským majitelům obchůdku v přízemí. Tímhle způsobem si prý přivydělávala polovina ubytovny. To vše pod bedlivým dozorem policistů, kteří městský věžák pravidelně kontrolovali.

risk of infection. Pavel got involved in petty theft: top-shelf chocolates and shower gels that he later sold at half price in the little shop on the ground floor of the building, run by a married couple from Vietnam. They say that every other resident of the *ubytovna* made their ends meet this way. All that under the watchful eye of the police who regularly patrolled the skyscraper, itself owned by the city.

Twin Towers

The decision to turn the concrete moloch into a cheap worker *ubytovna* was reached late in 2013, after the Municipal District of Prague 11 purchased the building. The intention was to provide cheap housing for young families, yet when the purchase had been concluded, the building proved too expensive to retrofit. The purchase practically depleted the budget of the district and resulted in shortages of funds for the most urgent investments, to mention education. The building had previously counted as a property asset of Prague 11, however, in 2008 it had been sold for 151,200,000 crowns to TTP Invest investment fund. It only later came out that the transaction should never have been concluded, as the premises were put on sale as the bankruptcy assets of a housing cooperative which did not legally own it. Five years later, the Municipal District of Prague 11 repurchased the tower from the same fund, but this time for more than twice the price tag: 336 million Czech crowns. The owners of the fund, who thus made a profit of nearly 185 million, had previously been involved in many other criminal cases. At the helm of TTP Invest are as members of the board of management Tomislav Procházka Sr. and Tomislav Procházka Jr.: father and son. The Procházka family came to their fortune in the first half of the 1990s, at the time of voucher privatization. The elder of the family, that is Procházka the grandfather and Tomislav Procházka Sr., already attracted police attention through their fraudulent practices during public auctions; frauds during the privatization process sent them both to prison for a time. Besides that, the second one was detained as a suspect in the case of the brutal murder of Ludvík Petružela, director of meat-processing company from Liberec, but was acquitted for the lack of evidence. He was nearly killed himself as well, when an entrepreneur of the name of Marcel Minařík, owing the family 4.5 million crowns, hired an assassin, which got him behind the bars for 12 years. In 2013, police discovered an illegal marijuana plantation and growing equipment worth at least 5 million crowns, on the premises of a former slaughterhouse owned by Procházka Sr. in Česká Lípa.

In its history spanning more than three decades, the concrete skyscraper changed its name twice. Before it was purchased by the city to be turned into Ubytovna Sandra, it had been known as Hotel Veritas and Hotel Twin. As Twin, with the neighboring Hotel Opatov, it made up the Twin Towers complex. Two towers soaring high above the local skyline, only not in the Manhattan but in Jižní Město. As Sandra, it frequently made its way to the crime news: reasons including rape, suicide leaps, knife brawls and duels, and setting fire to cars in the nearby car park. A local legend mentioned two Bulgarians who cast out their mate from the 17th-floor window for the 500 crowns he owed them.

The Procházkas made both the transactions—the purchasc and the sales of the tower—while the district mayor of Prague 11 was Dalibor Mlejnský of the ODS political party. In his days, the district earned the name of Prague's Palermo. When the headman was accused of plagiarizing his masters' degree thesis, his line of defence was that nothing new could be written on the subject he tackled. When a police dragnet sent an anti-mafia squad to raid his home, they discovered 4 million crowns in cash hoarded at home and another 25 million deposited in foreign accounts. Soon the district mayor admitted to the journalists of *MF Dnes* that yes, a trifle had been found.

Nosferatu from the Skyscraper

Arrivals at an *ubytovna* hardly ever have any suitcases or other baggage packed full of clothing, yet nearly all drag a heavy life's load behind them. When Honza and Pavel returned to their home ground, Ondra moved into my room in the *ubytovna*. As he soon told me, he travelled to Prague from Plzeň, yet he looked as if he had covered the 80 km separating the two cities on foot, if not actually on his knees. His trousers were torn in many places and liberally splattered with mud. His face resembled Max Schreck in the make-up for the part of Dracula in *Nosferatu* the movie: deep dark eye sockets and deathly pale complexion. The only luggage

Betonový věžák za svou více než třicetiletou historii dvakrát změnil název – než ho odkoupilo město a stal se ubytovnou Sandra, jmenoval se hotel Veritas a hotel Twin. Coby Twin tvořil se sousedním hotelem Opatov komplex Twin Towers. Dvě věže vyčnívající nad okolní zástavbu, jenomže nikoli na Manhattanu, nýbrž na Jižním Městě. Coby Sandra se mnohokrát objevil na stránkách černé kroniky. Došlo tu ke znásilněním, sebevražedným skokům, rvačkám na nože nebo zapalování aut na blízkém parkovišti. Místní fáma říká, že tu svého času dva Bulhaři vyhodili z okna v sedmnáctém patře kámoše, který jim dlužil pětistovku.

Obě transakce, jak koupi, tak prodej věžáku, Procházkovi uskutečnili v době, kdy byl starostou městské části Praha 11 politik ODS Dalibor Mlejnský. Za jeho vlády se této části města říkalo „pražské Palermo". Když byl starosta obviněn, že opisoval ve své diplomové práci, hájil se, že k tématu, o kterém psal, se nedá dodat nic nového. A když v rámci rozsáhlé policejní akce objevil protimafiánský útvar v jeho domě čtyři miliony korun v hotovosti a dalších pětadvacet milionů se našlo na zahraničních kontech, svěřil se starosta novinářům *MF Dnes*, že u něj „něco málo doma našli".

Nosferatu z mrakodrapu

Příchozí na ubytovnu s sebou obvykle nemají žádné kufry nebo cestovní tašky nacpané oblečením, většinou zato ale vlečou pořádnou životní zátěž. Když se Honza a Pavel vrátili na svou rodnou hroudu, nastěhoval se ke mně do pokoje Ondra. Z toho, co řekl na úvod, plynulo, že do Prahy přijel z Plzně; vypadal však, jako by těch osmdesát kilometrů dělících obě města urazil pěšky, možná dokonce po čtyřech. Kalhoty měl na několika místech děravé a pořádně pocákané od bláta. V obličeji připomínal Maxe Schrecka v roli Drákuly ve filmu *Nosferatu* – hluboké sinalé oční důlky a mrtvolně bledá pleť. Jediné zavazadlo, které u sebe měl, představovala značně již zchátralá igelitka.

he had on him was a severely battered plastic bag. He was penniless when he turned up at the *ubytovna*. I tried to feed him as far as possible. He used to disappear for long hours after work. He took the same rugged plastic bag and left, and if I asked him if he were going shopping, he only shook his head. On his return, the bag was full of cigarette butts collected from the pavements. One day he offered me a joint pasted together from these trophies, and when I thanked him kindly, he asked if I had 20 crowns. I answered that I did, but there weren't any kinds of tobacco or cigarettes you could buy for that little. Then Ondra told me about a lifehack he once learnt from the homeless: you pay two tenners for a carton of filter tips, cut them up into tiny bits, and roll in a paper. He claimed that these make fucking strong fags and you will be satisfied with two or three a day. I told him that it's quite obvious that the sensations of burning just paper discourage you from smoking for many long hours. Unfazed, Ondra disregarded my comment and continued "Dude, I used to live with dirtbags who had done a term in the pound. You even smoked tea with them!"

Then he told me the story of his life:

"When I was 17, I, too, had my equipment and a fan-fucking-tastic collection of vinyls," he said. "Everything went pear-shaped, dude, when mother departed. I found her dead in bed. She still comes to me in dreams. As soon as I came of age, my elder brother kicked me out from home taking advantage of my naivety: he gave me some papers to sign, saying it was some kind of estate tax we had to pay. I believed him, and never read what I signed when I actually renounced my rights to that house. Then he fucking sold the turntables, the mixer, the amplifier, loudspeakers, and the LPs. I wanted to kill him. I wanted to hire gangsters, and when this failed, I bought myself a Magnum for seven grand on the black market. But I had no courage to do that and threw the gun into a river. I hate the bastard, so I only have a sister left, he's dead to me, even though I didn't kill him."

Ondra cannot fall asleep without having the TV on, and once he's succeeded, he tosses nervously from side to side, kicking his feet and moaning quietly. Allegedly, the psychiatrist who heard his story claimed that there's enough psychic anguish in him pain of his existence to burden a whole gang of people. So he tried alcohol and drugs as a solution. He overspent, which got him into bad debts. He now has a bailiff

Když se na ubytovně zjevil, neměl ani floka. Snažil jsem se ho v rámci možností přikrmovat. Po práci obvykle na dlouhé hodiny mizel. Bral si tutéž odrbanou igelitku a odcházel; když jsem se ho ptal, jestli jde nakupovat, jen odmítavě zavrtěl hlavou. Vracel se s pytlíkem plným starých vajglů posbíraných na chodníku. Jednou mi nabídl balenou cigaretu vyrobenou z ukořistěných trofejí, a když jsem zdvořile odmítl, zeptal se, jestli nemám dvacet korun. Odpověděl jsem, že to sice mám, ale že za takové drobné se tabák ani cigarety stejně koupit nedají. Ondra ovšem kontroval, že dají, a prezentoval mi vynález, se kterým ho kdysi seznámili bezdomovci: za dvacku se koupí karton dutinek, nastříhají se na malé kousky a zabalí do papírku. Tvrdil, že jsou z toho kurevsky silný cíga, že se člověk může zkouřit dvěma třemi kousky denně. Řekl jsem mu, že na tom není nic zvláštního, protože po zážitku z kouření samotného papíru člověka chuť na cíga určitě na dlouhé hodiny přejde. Ale Ondra mé poznámce nevěnoval pozornost a odhodlaně pokračoval: „Vole, kdysi jsem bydlel s frajerama, který za sebou měli pobyt v base. S těma se kouřil dokonce i čaj!"

Později mi vyprávěl svůj příběh:

„Když mi bylo sedmnáct, měl jsem taky svůj gramec a skvělou sbírku vinylů," řekl. „Kámo, všechno se posralo, když odešla máma. Našel jsem ji mrtvou v posteli. Dodneška se mi o ní zdá. Jakmile mi bylo osmnáct, starší brácha mě vyhodil z baráku. Zneužil moji naivitu – dal mi podepsat nějaký papíry a řekl, že to je nějaká daň z nemovitosti, kterou musíme zaplatit. Věřil jsem mu na slovo, nečetl jsem to. Jenže ve skutečnosti to bylo zřeknutí se nároku na barák. Potom zatáhl gramce, mixák, zesilovač, bedny i desky. Myslel jsem, že ho zabiju. Zkusil jsem si najmout gangstery, a když to nevyšlo, koupil jsem si na černým trhu magnum za sedm klacků. Ale neměl jsem odvahu to udělat, hodil jsem ten kvér do řeky. Toho hajzla nenávidím, vlastně už mám jenom ségru, on je pro mě mrtvej, i když jsem ho nakonec nezabil."

Ondra nedokáže usnout bez zapnuté televize, a když už se mu to povede, neuroticky se převaluje z boku na bok, škube při tom nohama a tiše sténá. Psychiatr, který si vyslechl jeho příběh, prý konstatoval, že o existenciální utrpení, jaké zažil, by se směle mohlo podělit několik lidí. Problémy zkoušel řešit alkoholem a drogami. Protože si žil nad poměry, je dnes solidně zadlužený. Exekutor mu sedí za krkem; každý měsíc mu sebere většinu výplaty a nechá mu jen drobky, které vzhledem k Ondrovým závislostem nestačí ani na jídlo. V prezidentských volbách volil Zemana, v parlamentních Babiše. Říká, že jen oni se dokážou vypořádat s mafií, která tuhle zemi rozkradla.

on his payroll, taking most of it and leaving only scraps that, considering his addictions, won't even cover Ondra's food. He voted Zeman in the presidential elections, and Babiš in the Parliamentary ones. He believes they are the only who deal with the mafia that stole the country.

We Fit Your Life

A mini Czech-Russian glossary in a booth reminiscent of the fitting rooms in chain clothes stores. Key phrases, helpful in the work of a security officer, printed on an A5 sheet. The last bilingual pair is also the last means of prevention the security body-searching warehouse staff leaving job will not go beyond: "Sundejte kalhoty – snimitě štany," which is "take off the trousers" in Czech and in Russian in Czech phonetic transcription. They can undress you down to the pants, legal rights be damned. Even despite that, the trade in freshly pilfered brand clothing flourishes in the men's changing room. These are mostly the temporary staff who steal and trade: nomads walking from *ubytovna* to *ubytovna*, from one job to another. Employment agency coordinators appropriate some of the workers' wages, and the proles get back what they can in stealing from the employer.

When we are changing in the dressing room, Gábor, a Hungarian Rom who arrived in Prague from Slovakia, gets out a pair of jeans he had tucked under clothes. "Lady's. I didn't manage to fucking steal any other. But you can take them for your bitch. I offer the best prices," he encouragingly presents a pair of slim-fit trousers to me. "All in all, if you have no bitch, you can take them for yourself. They may be ladies', but that's the height of fashion now," he adds seeing my lack of interest and trying to make a bargain despite it.

The spacious warehouse hall is crowned with the slogan *We Fit Your Life*. And the employer ensures a fitness regime for your life: in that work, you go on a relentless jog. The fastest runners are the permanent staff, who get bonuses paid depending on the number of courses with the cart. Close on their heels are those who want to prove themselves, hoping to be switched from an agency contract to an employment contract: the ones who are after permanent employment. They are quite busy. Stealing stealthily among all those hustling and bustling workaholics are the nomad *brigádniks*: quiet, slow and almost invisible. The awareness that they are only

We Fit Your Life

V budce připomínající kabinku v módním řetězci je vyvěšen česko-ruský minislovník. Na papír formátu A5 někdo vytiskl nejdůležitější obraty, které zdejší ochranka potřebuje při práci. Poslední dvojjazyčný pár je zároveň poslední preventivní opatření – dál už ochrana prohledávající zaměstnance skladu při odchodu z práce nesmí zajít. „Sundejte kalhoty – snimitě štany", stojí tu česky a rusky v české transkripci. Svlékají člověka do spodního prádla, čímž překračují svá služební oprávnění. Navzdory tomu však v pánské šatně obchod s čerstvě vynesenými značkovými hadry jen kvete. Kradou a obchodují tu hlavně agenturní zaměstnanci – nomádi putující z ubytovny na ubytovnu, z jedné práce do druhé. Koordinátoři z agentur si přivlastňují část peněz, které dělníci za odvedenou práci dostávají, a pracanti se potom hojí tím, že okrádají zaměstnavatele.

Zatímco se převlékáme, Gábor, maďarský Rom, který do Prahy přišel ze Slovenska, odněkud vykouzlí džíny. „Dámský, jiný se mi zatáhnout nepovedlo. Ale můžeš je vzít pro starou, já mám nejlepší ceny," vemlouvá se a předvádí mi ukořistěné slimky. „Jestli seš bez starý, můžeš je vzít pro sebe. Jsou jakoby dámský, ale takhle se to teďka nosí," dodává, když vidí můj nezájem a snaží se přesto ještě něco uhrát.

Ohromnou skladovou halu zdobí heslo *We Fit Your Life*. Zaměstnavatel dbá na sportovní vyžití pracovníků – v téhle práci se totiž neustále běhá. Nejrychleji běhají stálí zaměstnanci, protože v závislosti na tom, kolik cest s vozíkem zvládnou, dostávají příplatky. Hned za nimi se umisťují ti, kteří se chtějí předvést v nejlepším světle, aby přešli z agenturní smlouvy na tu firemní; lidé, kteří tu usilují o stálé angažmá, si také dávají dost do těla. Mezi všemi těmi workoholiky v rozletu se nenápadně pohybují brigádničtí nomádi – tiší, pomalí a téměř neviditelní. Vědomí, že si tady odpracují jen měsíc nebo dva a jakmile opadne sváteční nákupní horečka, uslyší lakonické „na shledanou", je k běhání příliš nemotivuje. Při čekání na zpáteční autobus z práce na velkém parkovišti před logistickou zónou poslouchám rozhovor dvou Ukrajinek:

going to work here for a month or two, and once the seasonal shopping mania has abated they will hear a terse "goodbye" won't motivate them to running. Waiting for the return bus in the huge car park in front of the logistics section, I eavesdrop on a conversation between two Ukrainians:

– "Today I made over 26,000 steps in the hall."

– "How come? How would you know?"

– "I downloaded a special app that does the counting for you."

The warehouse belongs to an American clothing tycoon, owner of such brands as Vans, The North Face, and Timberland. Work is highly monotonous, and whatever you do is simplified to the maximum. There is no time for thinking. The idea is that Santa Claus's little helpers prepare the dispatches as quickly as possible. Wendy from Amsterdam ordered a white cap with a pink peak and a motif of Snoopy dancing with Charlie Brown from Peanuts. Instead of a pilgrim's sandals, we are shipping trainers, model Old School 5, to Santiago de Compostela. Dieneba from Paris is waiting for the glittering brocaded tennis shoes in pink she ordered. Nine pairs of white ballet shoes with a motif of a unicorn and a rainbow will go to the 50 Years of October Revolution Avenue in Saratov. The white T-shirt reading NASA is earmarked for Warsaw, the street of John Paul II, and 13 pairs of tennis shoes from the David Bowie Black Star series—to Merlin Way in Newcastle. Andrea Mario from Turin ordered a black wind stopper, XL size, with scenes from Marvel's *Black Panther*, and Emir from Omagh—large, men's tennis shoes with Mickey Mouse. They are all waiting impatiently for their deliveries, and Santa's little helpers are there to help to deliver them quickly.

You first take out cartons of products shipped from the factories in Vietnam, Pakistan, China, and the Philippines. You load them onto carts, dividing by type and size. Collecting the cart, you scan the barcode, and see localizations, each denoted with two letters, on your screen. You go to a given spot, and then scan the code from the shelf to which the scanner sent you, and the screen displays box type and the number of pieces that you need to take and unpack to the shelf. In turn, on the other side of the hall, there is a conveyor with empty cartons that are already addressed to clients. These cartons are placed on other carts, and the workers scan the codes attached and the code of the zone they leave with the

„Dneska jsem po hale nachodila přes dvacet tisíc kroků."

„Cože? Jak to víš?"

„Stáhla jsem si do mobilu takovou apku, která to počítá."

Sklad patří americkému potentátovi oděvního průmyslu, majiteli značek Vans, The North Face nebo Timberland. Samotná práce je velmi monotónní, vykonávané činnosti jsou maximálně zjednodušené. Není tu prostor na přemýšlení, jde o to, aby Santa Clausovi pomocníci chystali balíčky co nejrychleji. Wendy z Amsterdamu si objednala bílou čepici s růžovým kšiltem a motivem tančícího Snoopyho a Charlieho Browna, hrdinů animáku *Peanuts*. Do Santiaga de Compostela posíláme místo poutnických sandálů plátěnky, model Old School 5. Dieneba z Paříže čeká na objednané třpytivé tenisky s růžovými flitry. Devět párů bílých balerín s motivem duhy a jednorožce pojede na bulvár 50. výročí Říjnové revoluce v Saratově. Bílé tričko s potiskem NASA směřuje do Varšavy na třídu Jana Pavla II., zatímco třináct párů tenisek ze série David Bowie Black Star do Merlin Way v Newcastlu. Andrea Mario z Turína si objednal černou větrovku velikosti XL s obrázky z marvelovského komiksu *Black Panther* a Emir z Omaghu velké pánské tenisky s Mickey Mousem. Všichni netrpělivě čekají na svoje balíčky a Santovi pomocníci jsou tu od toho, aby jim je rychle dodali.

Nejdřív se vykládají krabice s výrobky poslanými z továren ve Vietnamu, Pákistánu, Číně a na Filipínách. Třídí se podle druhu a rozměru a nakládají na vozíky. Pracovník převezme vozík a skenerem načte na něm umístěný čárový kód. Na displeji se zobrazí umístění, každé je označené dvěma písmeny. Pracovník dorazí na dané místo, pak naskenuje kód z police, ke které ho poslal skener, a na displeji se mu zobrazí typ krabice a počet kusů, které je třeba vzít z vozíku a vybalit do regálu. Na druhé straně haly se nachází pás s prázdnými krabicemi s adresami zákazníků. Tyhle krabice se nakládají na jiné vozíky. Zaměstnanci z nich skenují nalepené kódy a kód zóny, ze které s vozíkem vyjíždějí. Tentokrát jim displej skeneru ukáže, kam mají jet pro výrobky určené danému zákazníkům. Na místě se každý výrobek zvlášť naskenuje, skener ho přiřadí k příslušné krabici, a když je krabice plná, uzavře se plastovým klipsem. Jedna objednávka se někdy skládá i z několika desítek kusů nějakého výrobku a člověk má pocit, že načítání kódů nikdy neskončí. Cítí se jako nějaký odstřelovač, který pálí hlava nehlava. Plechová skříň, z níž si zaměstnanci před směnou berou skenery, je na plánku haly ostatně označena jako Gun Wall. Název doslova jako z počítačové střílečky. Rozdíl mezi hrou

cart. This time the scanner's screen shows the location they should arrive at to collect products that are later shipped to the clients. Once at the destination, you scan each product separately with a scanner, assigning it to the appropriate box, and when the box is full, you clip it with a plastic clip. Sometimes an individual order consists of several dozen items of a product and you feel like the scanning of codes will never end. You feel like some frenzied sniper shooting. By the way, the metal rack the staff collect their scanners from before starting work is Gun Wall on the hall diagram. A term copied literally from real video shooter games. The difference between the game and the warehouse reality is that you only have one life here, and you are currently wasting it.

The Customer Is Always Right

I got to know Gábor in the new *ubytovna*, where all the staff were moved after the Municipal District 11 terminated the employment agency's contract in the Opatov skyscraper. In 2018, the councillors eventually obtained funds for a general overhaul of the building to turn it into flats for families, as initially assumed, and the *ubytovna* was locked up for good. Workers were transferred to its twin: another multi-storey moloch-tower in Prague's district of Modřany. Gábor made his home in the room next door, sharing the toilet and bathroom. Every day, at 4 a.m. we met in the miniature kitchen annexe doubling as our hall, shared between the two rooms. To manage to get to work at six, you needed to rise two hours earlier, to take a city bus from the *ubytovna* to metro station Kačerov, to change to C line and go as far as Kobylisy, where you need to catch a bus to Zdiby, the village where the clothing warehouse stood.

    One day I had been waiting a long while in the hall, and Gabor was still not there. The last bus was leaving in five minutes. I thought he must have overslept, so I knocked at the door. He opened it and immediately shut, only leaving a narrow slit through which he warned me:

    – "Don't come too close, I don't want you to get that shit too."

    – "But why? What is it?" – I wanted to know.

    – "Bedbugs. My room is full of that vermin. I'm all covered in bites."

    – "So what? You're not going, are you?"

– "Not today, I can't show like that at work."

He was absent on the following day as well, he organized himself a doctor's leave and tried to solve the problem with the coordinator. The chap offered his help in laundering all Gábor's things, as the insects die at 60 °C. However, Gábor found an excuse and somehow wheedled himself out of that. He was afraid of being caught with the clothing he stole from the warehouse. "That vermin is everywhere, and most of it on the clothing," he complained in the last conversation with me. "Where will I now sell all these shirts, blouses, trousers? No one is buying even the top brands when bedbugs come as a bonus."

He never returned to work and disappeared from the *ubytovna* a few days later. Some people told me later he moved all his business to Mladá Boleslav. Perhaps he changed business and now deals in car parts. These must be harder to lift from work and store at the *ubytovna*, but what won't you do for the prospective buyer. The principle that we follow the client's wish still holds, and Gábor knows it perfectly well.

s vypráním všech věcí, protože teplota 60 °C hmyz zabíjí, ale Gábor se nějak vykroutil. Bál se, aby u něj neobjevili oblečení ukradené ze skladu. „Ty potvory jsou všude, a v hadrech nejvíc," bědoval při našem posledním rozhovoru. „Co já teď se všema těma trikama, mikinama a kalhotama? Nikdo si přece nekoupí ani ty nejznačkovější hadry, když jsou k nim jako bonus štěnice."

Do práce se už nevrátil a o několik dní později zmizel z ubytovny. Zanedlouho jsem se od známých dozvěděl, že celý svůj podnik přesunul do Mladé Boleslavi. Určitě pro dobro zákazníků. Možná dokonce změnil obor na autodíly. Ty je rozhodně těžší vynášet z práce a skladovat na ubytovně, ale co by člověk pro kupce neudělal. Náš zákazník, náš pán, říká staré pravidlo a Gábor to moc dobře ví.

DORMITORIES: SPATIO-TEMPORALITIES OF LIFE-WORK

UBYTOVNY: ČASOPROSTOROVOST ŽIVOTA A PRÁCE

Showing me the cca. 26 meters squared dormitory room he shared with three other Bulgarian men, Aleksandar[1] stood amidst the four beds, one wardrobe, table, chair, chests of drawers, kettle, sink, and electric hobs which crowded the claustrophobic space. Having arrived back to the dormitory that morning following a night shift at a near-by electronics factory, and about to go back to work for another 12-hour shift that evening, Aleksandar had spent the day "just sleeping, then eating something, then sleeping again, then eating something." In his late thirties and from Bulgaria, Aleksandar was employed through a work agency which had recruited and transported him from Bulgaria, and supplied the dormitory as worker accommodation. The dormitory has a capacity for 730 people in 182 rooms. Talking about the cramped dynamics of dormitory life Aleksandar remarked: "You need space. Everyone needs space."

Dormitories are a core component of the export-oriented manufacturing and logistics sectors in the Czech Republic. Historically a form of socialist-era infrastructure, workers' dormitories played a part in labor exchange programs housing Vietnamese, Cuban, and Polish workers in Czechoslovakia in the 1970s and 1980s.[2] Today, worker dormitories are a ubiquitous feature of the industrial landscape, housing male and female migrant and agency workers from Czechia, Slovakia, Bulgaria, Romania, Poland, Ukraine, Vietnam, Mongolia, and Serbia in a diversity of buildings: from retrofitted commercial properties and repurposed hotels, to purpose-built tower blocks and prefab buildings. Migrant workers in the manufacturing and logistics sectors,

Když mi ukazoval těch asi 26 metrů čtverečních tvořících jeho pokoj v ubytovně, sdílený s dalšími třemi Bulhary, stál Aleksandar[1] v klaustrofobickém prostoru, zaplněném čtyřmi postelemi, skříní, stolem, židlí, komodou, rychlovarnou konvicí, dřezem a elektrickou plotýnkou. Poté, co se ráno vrátil na ubytovnu po noční směně v blízké továrně na elektroniku, přičemž týž večer se měl zase vrátit do práce na další dvanáctihodinovou směnu, Aleksandar strávil den tak, že se „jen prospal, pak něco snědl, pak znovu usnul a pak si ještě něco dal". Aleksandarovi se blíží čtyřicítka a pochází z Bulharska. Práci si našel přes pracovní agenturu, která ho najala, přivezla z Bulharska a zajistila mu ubytovnu, tedy noclehárnu pro pracovníky. Ubytovna má kapacitu 730 osob při 182 pokojích. Když hovořil o stísněné dynamice života na ubytovně, Aleksandar poznamenal: „Potřebuješ prostor. Každý potřebuje prostor."

Ubytovny jsou klíčovou součástí výrobního a logistického sektoru v České republice, orientovaného na vývoz. V minulosti tvořily součást infrastruktury socialistické éry; v sedmdesátých a osmdesátých letech hrály roli v programech výměny pracujících, kdy v nich byli ubytováni vietnamští, kubánští a polští pracovníci zaměstnaní v Československu.[2] Dnes jsou ubytovny všudypřítomným rysem průmyslové krajiny, přičemž migranti a agenturní pracovníci z Česka, Slovenska, Bulharska, Rumunska, Polska, Ukrajiny, Vietnamu, Mongolska a Srbska zde žijí v různých typech budov: od modernizovaných komerčních nemovitostí a přestavěných hotelů až po pro tyto účely vystavěné věžáky a montované budovy. Migrující pracovníci ve výrobním a logistickém sektoru, a to jak příslušníci států EU, tak i třetích zemí, žijí

The common room of a purpose built dormitory in West Bohemia.
Photo: Martin Špičák, 2019.

Společenská místnost nově postavené ubytovny v západních Čechách.
Foto: Martin Špičák, 2019.

both EU and third country nationals, overwhelmingly live in employer-provided dormitories, either for "free"[3] or with subsidized rent deducted directly from wages. Dormitories are owned by work agencies or by private third parties from whom agencies rent bed space for their workers, and are offered by agencies as a means to attract migrant workers to the Czech Republic's comparatively low wages in the EU context.[4] As such, work agencies do much more than mediate workers' access to the labor market.[5]

Not only recruiting and transporting workers from country of origin, agencies operate as direct employers, entrench labor "flexibility," ensure daily delivery of labor to the factory or warehouse and labor management within the dormitory, and directly organize workers' social reproduction within a dormitory labor regime. For workers, dormitory accommodation means that work agencies can often represent a means to access housing itself—and not only a job. But this direct organization by employers of workers' daily life simultaneously represents existential risks for workers: losing or leaving the job brings immediate eviction from the dormitory.

Export-oriented manufacturing dominates the contemporary Czech economic landscape. In turn, *just-in-time* production centers the temporalities of labor as a core terrain of profit maximization.[6] *Just-in-time* production demands the management of a labor force within highly "flexible" work intermixing day and night shifts, which is exploitable when needed but "disappears" without cost when not, and is a crucial means through which manufacturers deal with intense

převážně v ubytovnách poskytovaných zaměstnavatelem; buď „zdarma",[3] nebo se sníženým nájemným, sráženým přímo ze mzdy. Ubytovny jsou vlastněny pracovními agenturami nebo soukromými třetími stranami, od nichž agentury pronajímají svým pracovníkům jednotlivá lůžka a nabízejí je jako prostředek k přilákání migrujících pracovníků do České republiky, vyznačující se v kontextu EU relativně nízkými mzdami.[4] Pracovní agentury tak vykonávají mnohem víc než jen zprostředkování přístupu pracovníků na trh práce.[5]

Agentury nejenže zajišťují nábor a přepravu pracovníků ze země původu, ale fungují i jako přímí zaměstnavatelé, zajišťují „flexibilitu" pracovní síly a její každodenní přísun do továren či skladů, řídí jejich pobyt na ubytovnách a také přímo organizují proces sociální reprodukce v rámci pracovního režimu na ubytovně. Pro pracovníky místo na ubytovně znamená, že pracovní agentury často představují prostředek pro přístup k bydlení jako takovému – tedy ne pouze k práci. Přímé zapojení zaměstnavatele v organizaci každodenního života pracovníků však zároveň představuje existenciální riziko pro pracovníky: ztráta nebo opuštění pracovního místa vede k okamžitému vystěhování z ubytovny.

Současné české ekonomice dominuje výroba orientovaná na vývoz. Důsledkem toho je výroba „právě včas" (*just in time* nebo také JIT), která se soustředí na dočasnost pracovních sil jakožto na klíč k maximalizaci zisku.[6] JIT výroba vyžaduje takové řízení pracovních sil, které umožňuje vysoce „flexibilní" směšování denních a nočních směn. Využívá k tomu pracovníky, kteří jsou v případě potřeby k dispozici, ale když tato potřeba pomine, „zmizí" bez nákladů i oni; flexibilní pracovní síla je klíčovým prostředkem, s jehož pomocí se

competition and tight profit margins. Life within the workers' dormitory highlights the central role played by workers' social reproduction within the production of such laboring "disposability." The dormitory is a central mechanism of labor control, oriented towards the (re)production and regulation of a precarious, "just-in-time" workforce always "available" for work, easily fired, and regularly fluctuating in size.[7]

In this context workers' life is not only impacted by the precarization of work, but the precarity embedded in the organization of daily life in the dormitory itself is directly utilized as a means to facilitate the production of a workforce valuable because of its "disposability." The dormitory highlights the necessity of centring the *relationality* of value production and social reproduction—agency labor's "work" *and* "life," waged *and* unwaged time—in understanding the uneven landscapes of the contemporary Czech political economy.

Centring and Subsuming Social Reproduction

Labor is not a self-sustaining input into production, but labor power requires daily and generational reproduction and repair, and this typically takes place within social life and social relations beyond the "factory floor." As a theoretical frame, social reproduction has classically hinged upon exploring the relations between capitalist value "production" and the relations of social "reproduction" which comprise the conditions of possibility for value production. Such analytic separation of "production" and "reproduction" has tended to rely upon the visibility of other binaries: waged and unwaged labor time, and the domains of "home" and "work." The traditional staple of social reproduction analysis has been to focus on how unwaged domestic and caring work, undertaken by women within "private" households, relates to capitalist exploitation and value production.

However, the workers' dormitory disrupts such binary conceptions of "home" and "work." For migrant workers in the dormitory, "home" exists across multiple geographical sites, and encompasses social relations which stretch across them.[8] Children and elderly parents are typically "left behind" in the country of origin, receiving remittances sent by mobile workers. Moreover, relations of "work" are also tightly interwoven into the dormitory as an infrastructure of workers' daily reproduction. Colleagues are also roommates sharing the intimate spaces of "personal life" in dormitory bedrooms; relatives, friends, lovers, husbands and wives work together in the industrial zone, before negotiating use of the dormitory's shared kitchen with non-familial work colleagues.

The dormitory is a space into which employers frequently reach. Workers are typically grouped by nationality and/or workplace and assigned to an agency coordinator who undertakes daily management. Agency coordinators make daily visits to find people who have not turned up for work, move people in and out of the dormitory, and hang up work timetables. Beyond the fact of dormitories as employer-provided accommodation, where it is possible to live only as long as one remains an ("unproblematic") employee, work agency coordinators are responsible for exercising disciplinary control to manage "problematic behavior" within dormitory spaces. This means workers face fines for things like smoking in bedrooms, making noise after 10 p.m., or letting guests stay over, with dormitory staff calling in agency coordinators to resolve disputes or disruptions. Whilst fines are paid to the dormitory owners, they are administered by the work agency, which deducts the money directly from workers' wages. Workers themselves also frequently turn to agency coordinators for help with life in the city: finding doctors, opening bank accounts, translation when dealing with authorities, and so on. The agency does not simply operate as an employer but assumes more comprehensive control over workers' non-waged time, environment, and life.[9] In turn, the dormitory consequently raises fundamental questions about how workers social reproduction is itself mobilized as terrain of labor discipline and control.

Integrating life outside of work into the rhythms and logics of waged time, and blurring the boundaries of "work" and "life," the dormitory extends the working day, facilitates the complex and depleting everyday (bio-)rhythms of "flexible" shift scheduling combining day and night shifts. The dormitory reduces sick leave, holidays, and maternity/parental leave. This is underpinned by the additional layers of management within the unwaged time and space away from the workplace, and conditions a readily available pool of "waiting workers." Such "availability for work" hinges upon the organization and management of life outside of waged time—sleep, food, relaxation, camaraderie, etc.—which in

intimní prostory „osobního života"; příbuzní, přátelé, milenci, manželé a manželky pracují pospolu v průmyslové zóně, aby si pak se svými kolegy z práce, kteří nepatří mezi jejich rodinné příslušníky, šli vyjednat použití společné kuchyně v ubytovně.

Ubytovna je prostor, do kterého zaměstnavatelé často zasahují. Pracovníci jsou obvykle seskupeni podle státní příslušnosti a/nebo pracoviště a jsou přiděleni koordinátorovi agentury, který má na starosti každodenní organizaci. Koordinátoři denně vykonávají návštěvy, aby našli ty, kdo se neukázali v práci, nastěhovávají a vystěhovávají lidi a vyvěšují pracovní harmonogramy. Kromě skutečnosti, že ubytovny představují ubytování poskytované zaměstnavatelem, kde je možné žít pouze tak dlouho, dokud dotyčný zůstává (bezproblémovým) zaměstnancem, jsou koordinátoři pracovních agentur zodpovědní za provádění disciplinárních kontrol, aby měli pod kontrolou „problematické chování" v ubytovnách. To znamená, že pracovníci čelí pokutám za věci, jako jsou kouření v ložnicích, hluk po desáté večer či přespávání hostů, přičemž pracovníci ubytoven volají koordinátory agentur také kvůli řešení osobních sporů či vyrušování. Přestože jsou pokuty vypláceny majitelům ubytoven, jsou administrovány pracovní agenturou, která odečítá peníze přímo ze mzdy dotyčných pracovníků. Samotní pracovníci se také často obracejí na koordinátory agentur, aby jim pomohli s fungováním ve městě: vyhledávají jim lékaře, otevírají bankovní účty, zajišťují překlady či tlumočení při jednání s úřady atd. Agentura nepůsobí jen jako zaměstnavatel, ale přebírá komplexnější kontrolu nad neplaceným časem pracovníků, jejich prostředím a životem.[9] V důsledku toho ubytovna vyvolává zásadní otázky o tom, jak je sociální reprodukce pracovníků sama o sobě mobilizována jakožto prostor pracovní disciplíny a kontroly.

Tím, že integruje mimopracovní život do rytmů a logiky placeného času a rozmazává hranici mezi „prací" a „životem", prodlužuje ubytovna pracovní den a usnadňuje komplexní a vyčerpávající plánování každodenních (bio)rytmů „pružných" směn, kombinujících denní a noční provoz. Ubytovna umenšuje čas pracovní neschopnosti, dovolené, a to včetně mateřských/rodičovských dovolených. To je posilováno dalšími vrstvami organizace neplaceného času a prostoru mimo pracoviště, což vytváří podmínky pro existenci snadno dostupného zástupu „pracovníků na čekané". Takováto „dostupnost pro práci" závisí na managementu osobního života mimo pracovní dobu – spánku, jídla, relaxace, kamarádství atd. –, který je v pracovním

A dormitory built directly in the logistics park with the adjacent grocery store in West Bohemia. Photo: Martin Špičák, 2019.

the dormitory labor regime is dictated by the timetables of production. Workers reflect this through discourses of "work" and "life": expressing both the experience of spatial separation from "life" existing in distant places and simultaneously the subordination of "life" to "work" in the dormitory–factory system. As one 50-year-old Bulgarian worker explained to me: "They just treat us like machines here. But we're people, we're not animals. We need a life outside of work. There are places to go, but we don't have the time or money to go there… You have work and you have sleep. Other than that, you have beer and tobacco. That is it. Life is back in Bulgaria."

Producing "Temporary Workers"

A mechanism for tightly subsuming migrant and agency workers' everyday life and social reproduction into the labor regime, the dormitory is simultaneously an infrastructure of socio-spatial segmentation and exclusion. The organization of social reproduction as terrain of labor control is predicated upon social exclusions, differential inclusions,[10] and the shaping of the "migrant/foreign/agency worker" as a social subject. Labor is not simply an "input" into production: living labor holds full subjectivity and identity. Employment relations, labor markets, and exploitation encompass these questions of subjectivity and social categorization.

Differentiated workers are not simply "found" by capital, but produced through social relations, immigration controls, and intersecting material and discursive social processes of gendering and racialization.[11] As the boundary between "life" and "work" is blurred for workers in dormitories, so simultaneously other borders and boundaries are established and reproduced at the walls of the dormitory itself.

Sending money to his children in Bulgaria whilst also trying to accrue some savings, Aleksandar was highly aware of the difficulties of moving out of the dormitory and into private rental accommodation. His fluctuating monthly wage was starkly incompatible with the rigorous routine of monthly rental payments. Moreover, encounters with letting agents and private landlords brought painful awareness of the endemic xenophobia and racism in the housing market, and confrontation with himself as a "foreigner." Whilst the dormitory Aleksandar lived in is located just 10 minutes' walk from the city center, in the middle of a housing estate, the dormitory walls carve out a space of difference and separation. Whilst not necessarily in a "remote" *spatial* location, the dormitory can produce other forms of *social* "remoteness" for those living within. A recurring refrain among workers was to describe their dormitories as "like a prison." This phrase was repeated both by those located at the remote edges of industrial zones, and those in the heart of urban centers.

As an infrastructure of social reproduction central to the regulation of migrant labor as temporary and precarious, the dormitory is simultaneously a "space of enclosure" in which the *locating* or *placement* of bodies is embedded in the production of their gendered and racialized "difference."[12] Katherine McKittrick has powerfully articulated this as "the classificatory *where* of race."[13] Space "matters" in the production of uneven social differentiation. The body is irreducibly both spatial and social. The naturalization of socially produced racialized and gendered hierarchies operates through spatialized categories and mechanisms of control.

At the same time as being socially and spatially separated in the dormitory, long-term settlement is blocked for many migrant agency workers. Workers' dormitories typically exclude children which, combined with barriers to accessing private rental accommodation, renders generational reproduction a matter of temporal deferral or dislocation into distant places. Familial relations are stretched across locations. This circumstance promotes circulatory forms of labor migration, preventing longer-term practices of settlement and "life making" in the Czech Republic. Alongside the precarity of agency employment, this circulating status

vztahů, kontroly imigrace, vytvářející jinou pozici pro cizince z EU a ze třetích zemí a intersekcionality materiálních a diskurzivních sociálních procesů genderového a rasového zařazování.[11] Jak se hranice mezi „životem" a „prací" pro pracovníky v ubytovnách stírá, tak současně stěny samotných ubytoven začínají další hranice a meze vytvářet a reprodukovat.

Aleksandar, který posílal peníze svým dětem do Bulharska a zároveň se snažil něco naspořit, si byl velmi dobře vědom obtíží, které by po odstěhování z ubytovny a nastěhování se do soukromého pronájmu přišly. Jeho kolísající měsíční mzda byla zcela neslučitelná s přísnou rutinou měsíčních plateb nájemného. Kromě toho mu setkání s pronajímateli a soukromými majiteli bytů přinesla bolestivé uvědomění si zakořeněné xenofobie a rasismu na trhu s bydlením a konfrontaci se sebou samým jakožto s „cizincem". Ubytovna, ve které Aleksandar bydlel, se nachází uprostřed sídliště, pouhých deset minut chůze od centra města, její zdi ale přitom vymezují segregovaný prostor odlišnosti. Ubytovna nemusí nutně stát na *prostorově* „odlehlém" místě, aby pro ty, kdo v ní žijí, vytvářela jiné podoby *společenské* „vzdálenosti". Mezi pracovníky opakovaně zaznívalo, že jim jejich ubytovna připadá „jako vězení". Tuto větu opakovali jak ti, kteří bydleli v odlehlých okrajích průmyslových zón, tak i ti, kdo žili v samém srdci měst.

Ubytovna jakožto infrastruktura společenské reprodukce, ústřední pro regulaci migrující pracovní síly tak, aby byla dočasná a prekarizovaná, je zároveň i „uzavřeným prostorem", v němž jsou *lokalizace* nebo *umísťování* osob zakomponovány do tvorby jejich genderově a rasově definované „rozdílnosti".[12] Katherine McKittrick to výstižně vyjádřila jako „ono *odkud*, které definuje rasu".[13] Při tvorbě nerovnoměrné sociální diferenciace „na prostoru záleží". Tělo je neredukovatelně prostorové i společenské. Naturalizace společensky produkovaných rasově a genderově formovaných hierarchií funguje prostřednictvím prostorových kategorií a mechanismů kontroly.

Kromě toho, že v ubytovně jsou migrující agenturní pracovníci společensky a prostorově separováni, je mnohým z nich dlouhodobé pobývání znemožněno. Ubytovny pro pracovníky obvykle nepřipouštějí pobyt dětí, což v kombinaci s překážkami v přístupu k ubytování v soukromém pronájmu způsobuje, že obměna generací se stává záležitostí dočasného odkladu nebo přesunutí na vzdálená místa. Rodinné vztahy se klenou mezi různými lokacemi. Tato okolnost podporuje cirkulační podoby pracovní migrace a brání praxi trvalého usídlení a „založení žití" v Česku.

Interior of a dormitory used mainly by workers from Ukraine and Romania in Bor, West Bohemia. Photo: Martin Špičák, 2019.

entrenches migrant workers as "permanently-temporary,"[14] and facilitates a dormitory labor regime in which the availability and low-cost "disappearance" of workers is managed in capital's favor. To understand the socio-spatiality of the workers dormitory, we need to recognize its operations as a *temporal* infrastructure: regulating the timetables of "work" and "life," but also the *presence* of the very workers central to the manufacturing and logistics sectors.

Migrant and agency workers frequently quit or are made redundant, which entrenches a disciplinary insecurity into dormitory life, creating a persistent sense of instability and impermanence, and making it hard to build lasting solidarities and sustained, collective labor organizing. As one younger Slovak woman living in the previously mentioned dormitory remarked to me: "It's hard to say what it's like here, it changes every week, every day, every minute. There's huge changeover of people." This high turnover is not particularly surprising, given dormitory conditions, the regime of work, and relatively low wages. As Julian, a 25-year old Romanian worker described: "Stress is everywhere, you know, everywhere you work, everyone is stressed, but not like that. Every day—'do it do it do it', everyday same shit. The pain—your feet, your hands…you 'go boom' [gestures with his hand to his head]. There's only so long you can stay, before you just need to get out of here."

The dormitory as a spatial infrastructure of precarious, "just-in-time" social *reproduction* is intimately implicated in the production of the labor "disposability" demanded by capital. Whilst workers housed in dormitories are central to the political-economy of export-oriented manufacturing and the logistics sector, they are made socially peripheral through the dormitory. The reproduction of laboring "disposability" is conditioned by the subcontracted employment relations of work agencies but made possible by the organization of workers' social reproduction through the dormitory system. The dormitory integrates labor's social reproduction into the disciplinary control mechanisms of the work regime: extending the working day, facilitating management in workers' "time off," and regulating "flexible" lived rhythms to match "flexible" shift work. It does so through blurring the boundary between "work" and "life," "production" and "reproduction." The unwaged time of "life outside of work" is transformed into the unwaged labors of "waiting for work." The dormitory operates as an infrastructure of segmentation and separation in both time and space: reproducing gendered and racialized naturalizations of which bodies get to live what lives.

orientovaných na vývoz ústřední, v ubytovnách se ocitají na společenské periferii. Tvoření „jednorázovosti pracovníků" je podmíněno subdodavatelskými pracovními vztahy pracovních agentur, ale umožněno organizací sociální reprodukce pracovníků prostřednictvím systému ubytoven. Ubytovna včleňuje sociální reprodukci pracovníků do disciplinárních ovládacích mechanismů pracovního režimu: prodlužuje pracovní den, usnadňuje řízení během „volna" pracovníků a reguluje „pružné" životní rytmy tak, aby odpovídaly „pružnému" směnnému provozu. Děje se tak prostřednictvím stírání hranice mezi „prací" a „životem", „produkcí" a „reprodukcí". Neplacená doba „života mimo pracovní dobu" se proměňuje v neplacené pracovníky „čekající na práci". Ubytovna funguje jako infrastruktura segmentace a separace jak v čase, tak v prostoru: reprodukuje genderově a rasově definovanou naturalizaci toho, jaké lidé smějí žít životy.

1   All names have been changed. This chapter is based on one year of ethnographic research in workers' dormitories in the Czech Republic across 2016–2017. The photographs of dormitories were taken by the editors of the publication and do not represent the specific locations visited by the author of the text.

2   Alena K. Alamgir, "Labor and Labor Migration in State Socialism," *Labor History* 59, no. 3 (2018), pp. 271–276; Ondřej Klípa, *Polští pracovníci v ČSSR: Nevítaná družba. Specifika dočasné zahraniční pracovní migrace v socialistickém systému* [Polish Workers in Czechoslovakia: Unwelcome Friendship. Specific Features of Temporary Labor Migration in the Socialist System] (PhD diss., Praha: Faculty of Social Sciences, Charles University, 2013). Available at https://dspace.cuni.cz/handle/20.500.11956/52936.

3   Where dormitories are advertised as "free," in cases of absence such as sick days, workers typically pay for the dormitory per night.

4   Martin Myant and Jan Drahokoupil, *Trade Unions in Transformation: "An End to Cheap Labor" – How a Public Campaign May Become a Turning Point for Czech Unions' Strength* (Berlin: Friedrich-Ebert-Stiftung, 2017). Available at http://library.fes.de/pdf-files/iez/13816.pdf.

5   Rutvica Andrijasevic and Devi Sacchetto, "'Disappearing Workers': Foxconn in Europe and the Changing Role of Temporary Work Agencies," *Work, Employment and Society* 31, no. 1 (2017), pp. 54–70.

6   Petra Lupták Burzová, "Být naplánován: Geografie „nekvalifikovaných dělníků a dělnic"" [Being Planned: The Geography of "Male and Female Unqualified Workers"], in Robert Osman and Lucie Pospíšilová (eds.), *Geografie „okrajem": Každodenní časoprostorové zkušenosti* [Geography "Through the Margin": Everyday Experience of Time and Space] (Praha: Karolinum, 2019), pp. 91–110.

7   Chris Smith and Ngai Pun, "The dormitory labor regime in China as a site for control and resistance," *The International Journal of Human Resource Management* 17, no. 8 (2006), pp. 1456–1470.

8   Michael Burawoy, "The Functions and Reproduction of Migrant Labor: Comparative Material from Southern Africa and the United States," *American Journal of Sociology* 81, no. 5 (March 1976), pp. 1050–1087; Pierrette Hondagneu-Sotelo and Ernestine Avila, ""I'm Here, But I'm There": The Meanings of Latina Transnational Motherhood," *Gender and Society* 11, no. 5 (October 1997), pp. 548–571.

9   Andrijasevic and Sacchetto (see note 5).

10   Maribel Casas-Cortes, Sebastian Cobarrubias, Nicholas De Genova, Glenda Garelli, Giorgio Grappi, Charles Heller, Sabine Hess, Bernd Kasparek, Sandro Mezzadra, Brett Neilson, Irene Peano, Lorenzo Pezzani, John Pickles, Federico Rahola, Lisa Riedner, Stephan Scheel, and Martina Tazzioli, "New Keywords: Migration and Borders," *Cultural Studies* 29, no. 1 (2015), pp. 55–87.

11   Bridget Anderson, "Migration, Immigration Controls and the Fashioning of Precarious Workers," *Work, Employment and Society* 24, no. 2 (2010), pp. 300–317; Jennifer Bair, "On Difference and Capital: Gender and the Globalisation of Production," *Signs* 36, no. 1 (Autumn 2010), pp. 203–226; Linda McDowell, "Roepke Lecture in Economic Geography—The Lives of Others: Body Work, the Production of Difference, and Labor Geographies," *Economic Geography* 91, no. 1 (2015), pp. 1–23.

12   Nicholas De Genova, *Working the Boundaries: Race, Space, and "Illegality" in Mexican Chicago* (Durham: Duke University Press, 2005); Ruth Wilson Gilmore, "Fatal Couplings of Power and Difference: Notes on Racism and Geography," *The Professional Geographer* 54, no. 1 (February 2002), pp. 15–24.

13   Katherine McKittrick, *Demonic Grounds: Black Women and the Cartographies of Struggle* (Minneapolis: University of Minnesota Press, 2006), p. xiv.

14   Deepa Rajkumar, Laurel Berkowitz, Leah F. Vosko, Valerie Preston, and Robert Latham, "At the temporary–permanent divide: How Canada produces temporariness and makes citizens through its security, work, and settlement policies," *Citizenship Studies* 16, no. 3–4 (2012), pp. 483–510.

Hess – Bernd Kasparek – Sandro Mezzadra – Brett Neilson – Irene Peano – Lorenzo Pezzani – John Pickles – Federico Rahola – Lisa Riedner – Stephan Scheel – Martina Tazzioli, New Keywords: Migration and Borders, *Cultural Studies* 29, 2015, č. 1, s. 55–87.

11   Bridget Anderson, Migration, Immigration Controls and the Fashioning of Precarious Workers, *Work, Employment and Society* 24, 2010, č. 2, s. 300–317. – Jennifer Bair, On Difference and Capital: Gender and the Globalisation of Production, *Signs* 36, 2010, č. 1, s. 203–226. – Linda McDowell, Roepke Lecture in Economic Geography—The Lives of Others: Body Work, the Production of Difference, and Labor Geographies, *Economic Geography* 91, 2015, č. 1, s. 1–23.

12   Nicholas De Genova, *Working the Boundaries: Race, Space, and "Illegality" in Mexican Chicago*, Duke University Press, Durham 2005. – Ruth Wilson Gilmore, Fatal Couplings of Power and Difference: Notes on Racism and Geography, *The Professional Geographer* 54, 2002, č. 1, s. 15–24.

13   Katherine McKittrick, *Demonic Grounds: Black Women and the Cartographies of Struggle*, University of Minnesota Press, Minneapolis 2006, s. xiv.

14   Deepa Rajkumar – Laurel Berkowitz – Leah F. Vosko – Valerie Preston – Robert Latham, At the temporary–permanent divide: How Canada produces temporariness and makes citizens through its security, work, and settlement policies, *Citizenship Studies* 16, 2012, č. 3–4, s. 483–510.

TRANSBORDER MOBILITY OF LABOR: SERBIAN POSTED WORKERS IN SLOVAKIA

Rutvica Andrijasevic, Tonia Novitz

PŘESHRANIČNÍ MOBILITA PRÁCE: SRBŠTÍ VYSLANÍ PRACOVNÍCI NA SLOVENSKU

Introduction

This is a story of Serbian workers in the electronics supply chain in Slovakia. We will discuss how these workers got to work in Slovakia, the conditions of their engagement there, and the legal framework that simultaneously allows them to work in Slovakia yet at the same time places them in a situation of heightened legal vulnerability and workplace exploitation. In the present contribution, we have two objectives. First, we aim to show, in opposition to the idea that the mobility of people is confined while mobility of goods flows without major obstacles, that labor mobility is promoted too. Second, we will show that such mobility is, however, encouraged only when it occurs within a specific legal framework, that of so-called service mobility or what is known as posting of workers. In discussing the case of Serbian workers in Slovakia, we wish to show that the presence of these workers in the electronics supply chain is not incidental but instead structural to the globalized organization of production and forms an integral element of the European labor market.

Úvod

Toto je příběh srbských pracovníků v dodavatelských řetězcích elektroniky na Slovensku. Poukazuje na to, jakým způsobem získali Srbové na Slovensku práci, na jejich pracovní podmínky a právní rámec, který jim práci na Slovensku umožnil, ale zároveň je postavil do situace zvýšené právní bezbrannosti a pracovního vykořisťování. Náš příspěvek má dva cíle. Zaprvé bychom chtěli demonstrovat, že na rozdíl od představy, že lidská mobilita je omezená a pohyb zboží plyne bez větších překážek, pracovní mobilita je také podporována. Zadruhé bychom chtěli ukázat, že se tato mobilita podporuje pouze za určitých právních podmínek. Jedná se o takzvanou mobilitu služeb, také známou jako vyslání pracovní síly. Na příkladu srbských pracovníků na Slovensku bychom rádi předvedli, že jejich přítomnost v dodavatelských řetězcích elektroniky není náhodná, nýbrž je součástí struktury globalizované organizace produkce, a vytváří tak nedílný prvek evropského pracovního trhu.

Barriers to Mobility

In Šaľa, on October 17, 2017, the Slovak Foreign Police arrested and detained 23 Serbian workers for "illegal" work at Shin Heung Precision, a Korean electronics manufacturer that supplies Samsung, Sony, JVC, LG, and Toshiba. A total of 72 workers were arrested. Apart from the Serbian workers, the other detainees were from Ukraine, Macedonia, and Bosnia and Herzegovina; all those arrested were placed in the

Bariéry mobility

Dne 17. října 2017 zadržela slovenská cizinecká policie ve městě Šaľa 23 srbských pracovníků za „nelegální" práci ve firmě Shin Heung Precision, která je korejským výrobcem elektroniky zásobující Samsung, Sony, JVC, LG a Toshibu. Zatčeno bylo celkem 72 pracovníků. Vedle Srbů byli zadrženi také Ukrajinci, Makedonci a pracovníci z Bosny a Hercegoviny; všichni byli umístěni do detenčního zařízení detention center in Medveďov. The Serbian workers, who form the focus of our story, faced deportation: some were told that they needed to leave Slovakia within seven days and some were prohibited from returning to Slovakia for a period between one to three years.[1] It was the Slovak Labor Inspectorate in Nitra that alerted police to the "illegal" work taking place at Shin Heung Precision.[2] The use of the term "illegal" work implies both that the workers are undocumented and that they have no contracts with Shin Heung Precision. Indeed, the workers had no documentable connection to Shin Heung Precision, as they were employed by a temporary work agency (TWA) and then leased to Shin Heung Precision as the final employer.

The arrests at Šaľa were not the only episodes where the national labor inspectorate and/or trade union representatives not only failed to assist foreign workers, but in fact supported actions that heightened their vulnerability. In Sereď, where the 342 Serbian agency workers outnumbered the 300 Slovak workers, the trade union OZ KOVO organized a strike in which the local Slovak workers protested against the hiring of agency workers and the violation of the collective agreement.[3] In Voderady, the trade union supported a petition by local residents who feared that Serbian workers would replace the Slovak workers a private company takeover of a large estate for use as a dormitory for foreign workers, who provide the key workforce for a number of multinational companies in the region.[4]

Mobility of Services: Posted Work

What does it mean to state that Serbian workers are agency workers and have no contract for the firm they work for? Serbian workers in Slovakia predominantly hold the status known as "posted workers." Posted work is a form of work widespread in Europe in construction, shipbuilding, hospitality, meat packing, and manufacturing. Under EU law, posted work refers to a worker sent by their employer to work temporarily in another EU member state. Consequently, workers are only temporarily "posted" from one state to another with the intention that they will briefly perform certain services (for the agreed service provider) in the host state and then return to their home state. While they are referred to as workers in the wording of the legislation, posted workers are not, under law, exercising their right to the freedom of movement as workers, the legal right that entitles EU citizens to look for a job in another EU country, stay there even after employment has finished and enjoy equal treatment with nationals in access to employment, working conditions, and all other social and tax advantages. Instead, their mobility is better described as free service mobility and is regulated by the "Posting of Workers Directive" (PDW),[5] in which the objective is to remove legal and administrative barriers to temporary movement of services by employers within the EU. In other words: to facilitate the transborder mobility of workers through specifically identifying human beings (workers) as "services."

Insofar as posting is considered a movement of services rather than workers, posted workers are notionally regarded as not provided with access to the labor market of the state to which they move. In other words, being identified as services "disembeds" posted workers from the host country's institutional employment framework and from collective channels of representation.[6] This circumstance might help explain—at least in part—why OZ KOVO and Nitra Labor Inspectorate displayed such open disregard towards the working conditions of Serbian agency workers. Paradoxically, while working in Slovakia alongside Slovak workers, Serbian workers were not part of the Slovak institutional labor framework or its channels of representation.

Given the emphasis placed in Slovakia on "illegal" labor, neither the trade unions, nor the labor inspectorate or border police, pay much attention to the situations of labor exploitation or unfreedom that agency workers often experience. As Chudžíková and Bargerová put it, this fact shows that the "concept of negative protection is very strong in Slovakia, which means that the state (and its institutions in charge of protecting labor rights) assumes that it is the victims of labour exploitation who are the ones who should seek remedies to their situation. Such an interpretation of labour rights is problematic due to the vulnerability of migrant workers."[7]

This situation is also the outcome of the ambivalent legal situation confronting Serbian posted workers once they arrive in Slovakia. Under the 1996 PWD, the capacity of non-EU nationals to exercise labor mobility is not explicitly defined. Serbian nationals residing in Serbia should not be covered by the posting of workers regime unless they are lawfully employed by a service provider established in another Member State. If, however, this is the case, then they do not need a work permit and should not be regarded as undocumented.[8] Keeping this legal ambivalence in mind, lets us discuss now in practical terms how Serbian workers arrive and find work in Slovakia.

Recruitment

The Serbian workers were recruited for work in Slovakia through a TWA in Serbia. The TWA in question, one of many, is called (using an acronym) LP. Its headquarters are in Slovakia and it operates through subsidiaries in Serbia and Hungary. Jobs in Slovakia for which LP recruited workers were in the food, automotive, and electronics industry. On their Facebook page, LP provided quite detailed information regarding recruitment and working conditions. The pay would be €2.20 per hour with the expectation that enough working hours would be available to earn €500 or more per month, although the responsibility to provide work would lie not with the Serbian but the Slovak agency. Non-EU workers were informed they could only stay for up to 90 days and could return to work in Slovakia again only after 90 days in Serbia. Payment of wages would take place on the 16th day of every month. Shifts would be twelve hours with a thirty-minute unpaid break, but permitted only if the line managers allowed for it. Food could be prepared at the dormitory or bought from the factory canteen for approximately €3. If workers were to leave before the end of the contractual 90 days, they would lose the Samsung bonus (25%), the LP bonus (10%), and would have to pay an additional fine of €30.

Transport by coach from Serbia to Slovakia was free. When boarding the bus, workers needed to buy seven days' worth of mandatory travel insurance for approximately €11, as requested by Hungarian authorities when entering the country. The work contract, covering injuries at work, would be signed in Slovakia and the terms of the contract were to be discussed with the Slovak branch. If ill, workers were to report to the Slovak branch and were solely responsible for covering their own hospital treatment costs. If the workers did not perform satisfactorily during their initial 10 days probation period, switched agencies during their contract, or were made redundant, they could be sent back to Serbia and were to arrange and pay for their own transportation.

Consequently, LP recommended that workers should always have €30–50 ready in cash. In Slovakia, Serbian workers were to be provided with "free" accommodation and transport to the assembly plant. If workers did not work or were fired, they had to pay for the accommodation themselves and were required to leave the dormitory immediately.

Deception: Unfree Labor Relations

Once in Slovakia, many workers realized that they had been the subject of fraud and deception. The deception consisted in the fact that workers earned less than they were originally promised, not because they were not paid the notified hourly rates, but because of the inaccurate information that LP provided about the quantity of work. While there was work during high season, lasting from November to March, allowing for reasonable weekly wages if working twelve hours a day, six days a week, in the low season one could only work four days and earn €350–400 per month maximum.

While workers were indeed not charged for accommodation and transport to the worksite, these costs were *de facto* deducted from their salaries. The standard practice is to deduct about €165 from the workers' wages, depending on the quality of the dormitory. In addition, some workers reported that often they did not get the promised 25% bonus from Samsung or the 10% bonus from the agency for regular work attendance. Instead, they had to take on overtime work, as otherwise they could face dismissal. If workers were absent three times, even in case of illness, they were let go. Holiday entitlements and rest break entitlements were rarely observed. No worker seemed to be paid in accordance with deductions for social security or was provided with health coverage. In addition, the contract the workers signed once in Slovakia specified that if they left during the notice period (presumably the ten days' probation but not clarified in the contract), workers would have to pay damages to the employer totalling their entire pay.

Salaries were paid in cash once a week at the dormitories and, since no worker was provided with a pay slip or bank transfer, it was impossible to challenge any deductions or non-payment. The dormitory in which the workers were accommodated was in the middle of a deserted industrial site. It was difficult for workers to go into town as to do so one needed to cross the fields or walk on the highway. When they did so, police would fine them, as pedestrians are not allowed onto the highway. In addition to spatial isolation, workers also experienced social isolation as they were not allowed to bring friends to the dormitories.

Workers referred to their work at Samsung as "black work," by which they meant that it was illegal work and that they were not registered back in Serbia as employed. They reported that, at the border, they were instructed by LP staff to say they were visiting relatives and not mention work or the recruiting agency. For workers, this meant that their social security contributions back home were not paid, because they were officially registered as unemployed by the Serbian state while at the same time unprotected in the Slovak host state.

Workers were also unclear whom to contact in case of irregularities, since they were recruited by the Serbian agency, signed the contract with the Hungarian agency (thus being formally "posted" from another EU member state), and then effectively worked in Slovakia and were paid by the Slovak agency. For some workers, the situation grew even more complicated when LP in Serbia was shut down and they were told to sign a new contract immediately (no translation was provided) with a Romanian branch, as they would otherwise receive no pay.

Overall, this is a workforce trapped within a labor engagement that they have entered voluntarily but found difficult to exit, tied into a contract with a particular employer, under the threat of a financial penalty and/or non-payment of wages, subject to illicit deductions from pay, vulnerable to deportation, risking homelessness because of tied accommodation, isolated by geography and language, and distant from any meaningful legal protections. In other words, the severe limits to regulatory protection and to collective representation resulted in substantial labor violations such as lack of employment security, payment below the host country's minimum wage and working times, bogus deductions for social insurance, and non-payment of holiday and overtime.[9]

Temporary Flows of Labor

Given the seriousness of the labor exploitation experienced by this group of workers, and their lack of labor protection and/or collective representation, it is necessary to ask

prostorového odloučení zažívali pracovníci také sociální izolaci, jelikož si na ubytovnu nemohli pozvat žádné přátele.

Pracovníci o své práci pro Samsung sami mluvili jako o „práci načerno", čímž měli na mysli, že se jedná o nelegální práci a že v Srbsku nebyli registrováni jako zaměstnanci. Vyprávěli, že je zaměstnanci LP na hranicích naváděli, aby řekli, že zde pouze navštěvují příbuzné, a nezmiňovali se o žádné náborové agentuře. Pro pracovníky to znamenalo, že jejich příspěvky na sociální pojištění nebyly doma placeny, protože byli srbským státem oficiálně registrováni jako nezaměstnaní a tím pádem nebyli na Slovensku nijak chráněni.

Pracovníci také nevěděli, koho mají kontaktovat v případě jakýchkoli nesrovnalostí, protože byli nabíráni srbskou agenturou, smlouvu podepsali s maďarskou agenturou (tedy byli formálně „vysláni" z jiného členského státu EU) a pak v konečném důsledku pracovali na Slovensku a byli placeni slovenskou agenturou. Situace některých pracovníků se ještě více zkomplikovala, když se LP v Srbsku zavřela a bylo jim řečeno, že musejí okamžitě podepsat novou smlouvu (bez poskytnutí překladu) s rumunskou pobočkou. V opačném případě by nedostali žádnou výplatu.

Celkově se jedná o pracovní sílu chycenou v rámci pracovního závazku, do kterého sice pracovníci vstupují dobrovolně, ale mají problémy z něj odejít, jsou vázáni smlouvou s určitým zaměstnavatelem pod hrozbou finanční pokuty či nevyplacení mzdy, jsou předmětem nezákonných srážek z platu, vystaveni vypovězení ze země, risku, že zůstanou bez domova, izolováni geograficky i jazykově a bez jakékoli smysluplné právní ochrany.

Jinými slovy z těchto striktních omezení předepsané ochrany a kolektivního zastoupení vyplývají zásadní porušení pracovního zákona, jako je nedostatek zaměstnanecké ochrany, výplaty nižší než minimální mzda a pracovní doba hostující země, podvodné strhávání za sociální pojištění a nevyplácení dovolené a přesčasů.[9]

Dočasný příliv práce

S ohledem na vážnost pracovního vykořisťování zmiňované skupiny pracovníků a nedostatku jejich pracovní ochrany a kolektivního zastoupení je důležité položit si whether this group represents a significant proportion of overall workers. Neither the Slovak nor Serbian governments hold reliable evidence of numbers. Hence, a different way of approach is to consider the relevance of agency workers for the industries in which they work, in this case electronics. What we do know is that in Czechia, agency workers working at the biggest electronics assembler in the world, Foxconn, constitute from 40 to 60% of the total workforce.[10] In January 2017, at the Samsung plant in Voderady in Slovakia, the ratio was even higher: 1000 agency workers to 570 directly employed workers.[11] In order to understand such a high ratio of foreign agency workers, it is necessary to make a brief examination of the organization of production in the electronics industry.

Central and Eastern Europe (CEE) has emerged as the second-tier global location in the electronics industry, just behind East Asia, thanks to regional comparative advantages such as proximity to the EU market, a skilled labor force, and low labor costs. Importantly, CEE provides a sought-after flexibility in terms of the ability to bring in migrant workers, usually on a temporary basis, from the wider region. The neo-liberal growth coalitions composed of national, regional and local state actors that Drahokoupil called "investment-promotion machines"[12] have facilitated greenfield investment in manufacturing and led to increased location of electronics assembly.[13]

The electronics industry is characterized by a significant imbalance of power between larger brands (i.e. lead-firms) and their manufacturers, in that only the lead firms decide what goods are produced and where. Sourcing by larger brands is increasingly routed into supply chains, usually in geographically dispersed locations. Lead firms outsource higher-cost and higher-risk aspects of production and distribution to the manufacturers. The low profit margins available to the manufacturers, in turn, place downward pressure on wages and working conditions and give rise to various forms of exploitative work.[14]

In order to minimize the costs of production and respond to fluctuations of orders, industries segment their workforce into directly employed and temporary workers. The former are in a contractual relationship with the producer while the latter are contracted by a labor contractor, usually a TWA, and fulfill the industries' need for an "on demand" workforce that can be "assembled" on short notice when orders are high and can be let go when order are low.¹⁵ As contractors are often unable to find workers in sufficient numbers locally, this demand is met by the migrant workforce. One telling instance is given by the example of a Serbian female worker we spoke to. In the past four years (October 2015 to June 2019), she was recruited eight times by different TWAs in Serbia for temporary engagements in Slovakia and Czechia. During this period, she never worked in Serbia but only abroad in Slovakia and Czechia. She worked in electronics, white goods and logistics for brands ranging from Shin Hueng Precision, to Samsung and Honeywell, over periods ranging from several weeks to several months.

Agency workers, forming a temporary and non-unionized workforce, are dependent on TWAs for providing them with work and lodging. In fact, as we have seen in the case of Serbian workers at Samsung recruited via LP, the agency organized recruitment, transportation from Serbia to Slovakia, accommodation, transport to and from work, work contacts, and cash payment to workers. Some scholars have called this arrangement "labor chains"[16] and "human supply chains"[17] to indicate the transnational process through which labor is recruited, put to work and confined. How this procedure works in capital's favor and keeps workers in poverty is conveyed best by Phillips and Mieres[18] who speak of "adverse incorporation" to highlight the circular dynamic of these processes: global organization of production, being dependent on labor exploitation, produces and reproduces poverty while poverty, in turn, generates the structural conditions in which capital can avail itself of an unprotected labor force.

To conclude, we would like to suggest that short-term service mobility of non-EU workers is an integral element of the European labor market. This is due to the globalized organization of production relying on short-term mobility of labor as well as the legal framework that encourages mobility of workers but deprives them of protections or collective representation enjoyed by the national workforce. Nor is this occurrence unique to CEE. On the contrary, data shows that from 2010 onwards, the incidence of posted work increased dramatically across the EU by an estimated 49%, while posted workers were often paid less than 50% of previous wages for the same job.[19] Similarly, recent studies indicate that exports of short-term services are more prevalent than long-term labor migration through free movement.[20]

tato poptávka uspokojena právě přistěhovaleckou pracovní silou. Vypovídajícím příkladem je případ srbské pracovnice, se kterou jsme mluvili. Za poslední čtyři roky (od října 2015 do června 2019) byla přijata do zaměstnání celkem osmkrát různými TWA agenturami v Srbsku na dočasný úvazek na Slovensku a v Česku. Během této doby pracovala pouze na Slovensku a v Česku, nikoli v Srbsku. Byla zaměstnána v odvětví elektroniky, u výrobců bílého zboží a v logistice pro značky jako Shin Heung Precision, Samsung a Honeywell, vždy na dobu mezi několika týdny až několika měsíci.

Agenturní zaměstnanci tvořící dočasnou a odborově neorganizovanou pracovní sílu jsou závislí na TWA agenturách, které jim mají poskytovat práci a ubytování. Jak jsme viděli na příkladu srbských pracovníků Samsungu přijatých skrze LP, agentura zorganizovala nábor, dopravu ze Srbska na Slovensko, ubytování, dopravu na a z pracoviště, pracovní smlouvy a vyplácení mzdy v hotovosti. Někteří akademici nazývají tyto dohody „pracovním řetězcem"[16] a „lidským zásobovacím řetězcem",[17] aby poukázali na nadnárodní proces pracovního přijímání, nasazení do práce a její omezování. Tento postup nabírání pracovní síly a udržování pracovníků v chudobě nejlépe vystihli Phillips a Mieres,[18] které hovoří o „nepřátelském začleňování" a podtrhují cirkulární dynamiku těchto procesů: globální organizace výroby, závislost na pracovním vykořisťování vytváří a reprodukuje chudobu, zatímco chudoba generuje strukturální podmínky, v nichž se kapitál obohacuje nechráněnou pracovní silou.

Nakonec bychom chtěli podotknout, že krátkodobá mobilita služeb pracovníků z nečlenských států EU je integrální součástí evropského pracovního trhu; především přičiněním globalizované organizace výroby, která spoléhá na krátkodobou mobilitu práce a také na právní rámec, který podporuje mobilitu pracovníků, ale zároveň je zbavuje ochrany nebo kolektivního zastoupení, které se těší národní pracovní síla. Nejedná se pouze o situaci specifickou pro CEE. Naopak, data ukazují, že od roku 2010 se výskyt vyslaných pracovníků dramaticky zvýšil o odhadovaných 49 % napříč EU a vyslaným pracovníkům byla často za stejnou práci vyplacena mzda nižší než 50 % původní mzdy.[19] Stejně tak nedávné studie naznačují, že vývoz krátkodobých služeb převažuje nad dlouhodobou pracovní migrací v rámci volného pohybu.[20]

Předložený případ srbských pracovníků na Slovensku dokazuje, že vyslaná práce (a mobilita občanů zemí mimo EU) není výjimečnou situací, ale spíše podstatnou částí struktury evropských pracovních vztahů. Rozlišování mezi občany

The case presented here of Serbian workers in Slovakia shows that posted work (and mobility of non-EU nationals) is not an exceptional occurrence but rather a fundamental part of the structure of European labor relations. Drawing a line between national and posted agency workers not only facilitates serious abuse of labor rights for agency workers but also seems to lose sight that short-term mobility of labor is integral to the flexible commercial functioning of the transnational organization of production.

a vyslanými agenturními zaměstnanci nejenže usnadňuje vážné zneužití pracovních práv agenturních zaměstnanců, ale také nebere v úvahu, že krátkodobá mobilita práce je nedílnou součástí flexibilního komerčního fungování nadnárodní organizace výroby.

1	Tanjug and eta, "Policija Slovačke: Srpski radnici bez dozvole, neki i bez pasoša" [Slovak Police: Serbian Workers without Permission, Some Even without Passports], *Portal 021*, October 19, 2017, http://www.021.rs/story/Info/Srbija/173988/Srpski-radnici-uhapseni-u-Slovackoj-radili-nelegalno-za-korejsku-firmu.html.

2	Alena H. Chudžíková and Zuzana Bargerová, *Victims of Labor Exploitation or "Illegal" Migrants? Ukrainian Workers' Labor Rights in Slovakia* (Bratislava: Centrum pre výskum etnicity a kultúry, 2018), p. 13. Available at http://cvek.sk/wp-content/uploads/2018/02/WEB_EN.pdf.

3	"Zamestnanci FM Slovenská protestovali proti uprednostňovaniu srbských brigádnikov" [FM Slovenska Employees Protest against Priority for Serbian Temporary Workers], *MY Nitra*, November 23, 2017, https://mynitra.sme.sk/c/20702672/zamestnanci-fm-slovenska-protestovali-proti-uprednostnovaniu-srbskych-brigadnikov.html.

4	Beta, "U Slovačkoj potpisuju peticiju protiv srpskih radnika" [In Slovakia, Petitions Signed against Serbian Workers], *N1*, May 26, 2017, http://rs.n1info.com/Svet/a251475/Slovacka-Peticija-protiv-srpski-radnika.html.

5	Directive 96/71/EC of the European Parliament and of the Council of 16. 12. 96 concerning the posting of workers in the framework of the provision of services [1997] OJ L18/1 (PWD). Note further regulation by virtue of Directive 2014/67/EU of the European Parliament and of the Council of 15 May 2014 on the enforcement of Dir 96/71/EC concerning the posting of workers in the framework of the provision of services and amending Regulation (EU) No 1024/2012 on administrative cooperation through the Internal Market Information System; and (while not yet in force) Directive 2018/957/EU of the European Parliament and of the Council of 28 June 2018 amending Dir 96/71 concerning the posting of workers in the framework of the provision of services.

6	Tonia Novitz, "Evolutionary Trajectories for Transnational Labor Law: Trade in Goods to Trade in Services?," *Current Legal Problems* 67, no. 1 (2014), pp. 239–271.

7	Chudžíková and Bargerová (see note 2), p. 15.

8	Tonia Novitz and Rutvica Andrijasevic, "Reform of the Posting of Workers Regime: An Assessment of the Practical Impact on Unfree Labor Relations," *Journal of Common Market Studies* (forthcoming 2020).

9 Gabriella Alberti and Sonila Danaj, "Posting and Agency Work in British Construction and Hospitality: The Role of Regulation in Differentiating the Experiences of Migrants," *The International Journal of Human Resource Management* 28, no. 21 (2017), pp. 3065–3088; Lisa Berntsen and Nathan Lillie, "Hyper-mobile Migrant Workers and Dutch Trade Union Representation Strategies at the Eemshaven Construction Sites," *Economic and Industrial Democracy* 37, no. 1 (February 2016), pp. 171–187; Ines Wagner, *Workers without Borders: Posted Work and Precarity in the EU* (Ithaca, NY: Cornell University Press, ILR Press, 2018).

10 Rutvica Andrijasevic and Devi Sacchetto, "'Disappearing Workers': Foxconn in Europe and the Changing Role of Temporary Work Agencies," *Work, Employment and Society* 31, no. 1 (February 2017), pp. 54–70.

11 "Samsung will shut down its Slovak plant," *The Slovak Spectator*, January 29, 2018, https://spectator.sme.sk/c/20748727/samsung-will-shut-down-its-slovak-plant.html.

12 Jan Drahokoupil, "The Investment-Promotion Machines: The Politics of Foreign Direct Investment Promotion in Central and Eastern Europe," *Europe-Asia Studies* 60, no. 2 (2008), pp. 197–225, here p. 206.

13 Magdolna Sass, "FDI Trends and Patterns in Electronics," in Béla Galgóczi, Jan Drahokoupil, and Magdalena Bernaciak (eds.), *Foreign Investment in Eastern and Southern Europe after 2008: Still a Lever of Growth?* (Brussels: European Trade Union Institute, 2015), pp. 257–295.

14 Frederick W. Mayer and Nicola Phillips, "Outsourcing Governance: States and the Politics of a 'Global Value Chain World'," *New Political Economy* 22, no. 2 (2017), pp. 134–152.

15 Andrijasevic and Sacchetto (see note 10).

16 Stephanie Ware Barrientos, "'Labor Chains': Analysing the Role of Labor Contractors in Global Production Networks," *The Journal of Development Studies* 49, no. 8 (2013), pp. 1058–1071.

17 Jennifer Gordon, "Regulating the Human Supply Chain," *Iowa Law Review* 102, no. 2 (January 2017), pp. 445–503.

18 Nicola Phillips and Fabiola Mieres, "The Governance of Forced Labor in the Global Economy," *Globalizations* 12, no. 12 (2015), pp. 244–260.

The International Journal of Human Resource Management 28, 2017, č. 21, s. 3065–3088. – Lisa Berntsen – Nathan Lillie, Hyper-mobile Migrant Workers and Dutch Trade Union Representation Strategies at the Eemshaven Construction Sites, *Economic and Industrial Democracy* 37, 2016, č. 1, s. 171–187. – Ines Wagner, *Workers without Borders: Posted Work and Precarity in the EU*, Cornell University Press – ILR Press, Ithaca, NY 2018.

10 Rutvica Andrijasevic – Devi Sacchetto, 'Disappearing Workers': Foxconn in Europe and the Changing Role of Temporary Work Agencies, *Work, Employment and Society* 31, 2017, č. 1, s. 54–70.

11 Samsung will shut down its Slovak plant, *The Slovak Spectator*, 29. 1. 2018, https://spectator.sme.sk/c/20748727/samsung-will-shut-down-its-slovak-plant.html.

12 Jan Drahokoupil, The Investment-Promotion Machines: The Politics of Foreign Direct Investment Promotion in Central and Eastern Europe, *Europe-Asia Studies* 60, 2008, č. 2, s. 197–225, zde s. 206.

13 Magdolna Sass, FDI Trends and Patterns in Electronics, in: Béla Galgóczi – Jan Drahokoupil – Magdalena Bernaciak (eds.), *Foreign Investment in Eastern and Southern Europe after 2008: Still a Lever of Growth?*, European Trade Union Institute, Brussels 2015, s. 257–295.

14 Frederick W. Mayer – Nicola Phillips, Outsourcing Governance: States and the Politics of a 'Global Value Chain World', *New Political Economy* 22, 2017, č. 2, s. 134–152.

15 Andrijasevic – Sacchetto (pozn. 10).

16 Stephanie Ware Barrientos, 'Labor Chains': Analysing the Role of Labor Contractors in Global Production Networks, *The Journal of Development Studies* 49, 2013, č. 8, s. 1058–1071.

17 Jennifer Gordon, Regulating the Human Supply Chain, *Iowa Law Review* 102, 2017, č. 2, s. 445–503.

18 Nicola Phillips – Fabiola Mieres, The Governance of Forced Labor in the Global Economy, *Globalizations* 12, 2015, č. 2, s. 244–260.

19 *Commission Staff Working Document, Impact Assessment*, Strasbourg, 8. 3. 2016, SWD(2016) 52 final, s. 13, 36. Dostupné na https://ec.europa.eu/social/BlobServlet?docId=15295&langId=en.

19   *Commission Staff Working Document, Impact Assessment*, Strasbourg, 8. 3. 2016, SWD(2016) 52 final, pp. 13, 36. Available at https://ec.europa.eu/social/BlobServlet?docId=15295&langId=en.

20   Ninke Mussche, Vincent Corluy, and Ive Marx, "How Posting Shapes a Hybrid Single European Labor Market," *European Journal of Industrial Relations* 24, no. 2 (June 2018), pp. 113–127.

20   Ninke Mussche – Vincent Corluy – Ive Marx, How Posting Shapes a Hybrid Single European Labor Market, *European Journal of Industrial Relations* 24, 2018, č. 2, s. 113–127.

AGENCY AND REGULAR WORKERS: INTERVIEW WITH THE TENANTS OF AN UNOFFICIAL DORMITORY

Come on, come on. There's a meeting, number twelve, five. Does anyone want coffee? How much sugar?

We are entering an unofficial accommodation facility of one of the logistic centers. It is a normal one-floor family house, not in the best condition but still comparable in size to the other houses located on the edge of a small village in North Bohemia. Only a couple of details betray the impression that this is definitely not an ordinary dwelling: the terrace temporarily converted into a smoking room, different curtains at each window, a surprisingly high number of shoes in the remarkably large entrance hall. One of the tenants, let us call her Mrs. Jana, ushers us in the kitchen in the first floor which also serves as a dining and living room.

Despite her initial distrust toward the purpose of our visit, she soon takes charge of the entire meeting, passes every room in the house and calls the tenants one by one to the kitchen. A young couple with a child from Moravia, a middle-aged man from Slovakia and a man who comes from North Africa take turns speaking to us in the kitchen. It is Jana, rather than us, who is asking the questions.[1]

Come into the kitchen, you'll answer some questions. What's it like at work, what are the things you're satisfied and dissatisfied with. They're preparing an exhibition and a book about us. Come here so we can finish up with it.

There are two fridges and a table for four in the kitchen. Each person has a couple of shelves, just like in a hostel or student flat. There's a TV here and an entrance to the terrace – two large rubber plants and a stereo.

Between 15 and 20 people live in the house, almost all of whom are agency workers; only three of them are "regulars," i.e. people who are directly employed by the tenant of the warehouse. This is a considerable difference we encounter over and over again from this moment on.

First, we speak with Ondřej, a man of around thirty, who right now happens to be washing dishes with his wife Radka. One day he decided to move from South Moravia to North Bohemia to find a job and after a couple of months, his wife with their small son followed him. The couple both work in a large shed located approximately one kilometer from here, where returned electronic devices are repaired and tested for the German market and warranty claims are handled. Ondřej and Radka take turns on morning and afternoon shifts to be able to take care of their son.

From this old junk, we make stuff that kinda looks like it's new.

Right after that, our guide Jana presents to us a young man who originally comes from Libya as if he was a rare catch. The young man tells us first in broken Czech, then in good English, that he has nothing but praise for life in the small village. Compared to Prague, where he had also worked in warehouses and lived in employee housing, he feels much happier in the north. Because there are fewer people around, he gets to know more of them and thus has found more friends here. Already, he has lived in the small village located close to the warehouses for four years. He found this job on his own on the internet after he had been employed in Prague by one of the global employment agencies.

There are other foreigners here as well, but these are European foreigners. I'm not like the other foreigners, but actually it doesn't really make a difference to me. I have much more friends here than before when I lived in Prague.

Jana herself is quite satisfied with her job. There are no "picking" operations performed at her worksite (scanning small deliveries and placing them in their proper places in shelf racks). She works at the packing table. She would not like to do the more physically demanding works that her colleagues perform.

She has to take care of two children and deal with two collection orders. Thus, she and her partner are each forced

za prací do severních Čech a za několik měsíců za ním přijela i manželka s malým synem. Oba manželé pracují ve velké hale asi kilometr odsud, kde se pro německý trh opravuje a testuje vrácená elektronika a vyřizují se reklamace. Ondřej a Radka si střídají ranní a odpolední směny, aby měli čas na péči o syna.

Ze starých krámů děláme na oko nový jako by.

Naše průvodkyně paní Jana hned potom přichází s mladíkem původem z Libye jako s cenným úlovkem. Lámanou češtinou a později dobrou angličtinou si mladý muž život v malé vesnici nemůže vynachválit. Ve srovnání s Prahou, kde rovněž pracoval ve skladech a bydlel v ubytovnách, se na severu cítí mnohem příjemněji. Protože se kolem něj vyskytuje méně lidí, pozná jich víc a s více z nich se spřátelí. V maličké vesnici u skladů už bydlí čtyři roky. Práci si našel sám na internetu, potom co ho v Praze zaměstnávala jedna z globálních pracovních agentur.

Jsou tu sice taky cizinci, ale to jsou evropský cizinci. Jsem jiný než ostatní cizinci, ale vlastně mi to tak ani nepřipadá. Mám tu mnohem víc přátel než dřív, když jsem byl v Praze.

Samotná paní Jana je s prací celkem spokojená. Na jejím pracovišti se nepickuje, tedy neskenují se malé dodávky a neukládají na přesné místo v policových regálech. Pracuje u balicího stolu. Nerada by dělala některé fyzicky náročnější druhy prací, které dělají její kolegové.

Stará se o dvě děti a vypořádává se se dvěma exekucemi. Na měsíc jí a jejímu partnerovi zbývá každému přibližně 5000 korun. Její manžel je šéf směny, pracuje u počítače a má vyšší plat, po exekučních srážkách jsou na tom ale stejně. Po odečtení nákladů na bydlení, daní a poplatku agentuře, zbyde prý paní Janě a jejím agenturním kolegům jen třetina platu, z které teprve odečítají náklady na exekuce.

S ubytováním je paní Jana spokojená. Líbí se jí, že může bydlet na venkově, že to má blízko do práce, že si může za domem pěstovat kedlubny. Do větších a komfortněji zařízených oficiálních ubytoven, které firmy nabízejí jinde, někdy dokonce přímo v blízkosti hal, by nechtěla kvůli lidem, kteří v nich bydlí.

Stěžuje si především na firmu, která jí zprostředkovává zaměstnání a přes niž sehnala i bydlení. Je to pracovní agentura se sídlem v centru Prahy.[2] Firma se specializuje na personální leasing, tedy pronajímání zaměstnanců podnikům, které tak mohou bez rizika dlouhodobého závazku pokrýt fluktuující poptávku.

to live on approximately 5,000 Czech crowns every month. Her husband is a shift leader; he works on a computer and has a higher income, but after the debt collections deductions, he's left with the same money she has. After deducting the accommodation expenses, taxes and agency fees, Jana and her agency colleagues reportedly end up with only a third of their earned income, which are further subject to distraint deductions.

Jana is satisfied with their accommodation. She enjoys living in the country, where she can grow cabbages behind the house, which is just a short walk from work. She would not like to live in larger, more comfortably equipped official dormitories, which the companies offer in different locations, sometimes even right in the vicinity of the halls, because of the people who live in these facilities.

Her complaints are mainly about the company which arranged her job and which found her accommodation. It is an employment agency registered in the center of Prague.[2] The company specializes in personal leasing, i.e. the leasing of employees to companies, allowing them to cover fluctuating demand without any long-term obligations.

We are recording the interview right after Christmas, so Jana tells us about how she made refreshments for the Christmas party with her "regular" colleagues, who, however, did not even want to talk to the "agency" staff. Both groups ended up having separate parties. There seems to be a major difference between the agency and regular workers here, which, according to Jana, can be felt from the sense of superiority shown by the regular workers, who often look down on their agency-employed colleagues. The personal quota and bonus systems only emphasize these differences.

The regular guys just know they're regular.

Jana is looking for some more respondents in the hallway.

A middle-aged man who goes by the name of Petr approaches us. He's been working at the site for six years already. He comes from East Slovakia, but he hasn't had enough money to go back there for the last four years. He says he's a Czechoslovak. The job was recommended to him by some friend of his and, for several years, he had been employed as an agency worker. Still, recently he moved a step up in the hierarchy and assumed the position of a regular employee.

Rozhovor děláme těsně po Vánocích a paní Jana nám vypráví, jak pro své „kmenové" kolegy udělala občerstvení na vánoční večírek, ale oni se s „agenturníma" nechtěli vůbec bavit. Každý měl nakonec oslavu svou. Mezi agenturními a kmenovými je tu vidět velký rozdíl, podle paní Jany zvlášť z pohledu těch kmenových, kteří se na své často se měnící agenturní kolegy dívají spatra. Systémy osobních kvót a prémií všechny rozdíly ještě zvýrazňují.

Kmenový prostě vědí, že jsou kmenový.

Paní Jana se na chodbě shání po dalších respondentech.

Přichází pan Petr, muž ve středním věku. V areálu pracuje už šest let. Pochází z východního Slovenska, ale už čtyři roky nemá peníze na to, aby se podíval domů. Říká o sobě, že je Čechoslovák. Areál mu někdo doporučil a několik prvních let pracoval pod agenturou, nedávno se ale na žebříčku posunul o stupínek výš, na post kmenového zaměstnance. Pracuje pro německý internetový obchod, který prodává všechny možné druhy zboží, jak říká od skateboardu po podprsenky. Má na starosti odnášení registrovaných zásilek na jejich místo ve skladu. Podle krokoměru, který si jednou vypůjčil, ten den ušel 56 kilometrů. Práce je fyzicky náročná, ale pan Petr by neměnil za jiné práce ve skladech. U počítače nebo skenovacích stanic by prý nevydržel.

Problémy mu dělají spíš zvyšující se elektronicky měřené kvóty. Popisuje, jak je práce čím dál tím náročnější. Kvóty prý bývaly 30, 40, 50 a dnes je to 110 zásilek za hodinu. Splnění nebo nesplnění těchto kvót ovlivňuje výplatu prémií, a pokud kvóty nejsou naplňovány delší dobu, může to vést i ke ztrátě zaměstnání.

Rivalitu dělaj mezi lidma. Dřív to bylo kolektivně ty normy, na sklad, nebo na úsek. Teď je to každej sám na sebe. Lidi se hádaj. Jsou udřený. Odpadávaj. Bouchaj, co můžou, a pak vodpadnou. Každej sám na sebe. 110 zásilek na hodinu.

Situace agenturních zaměstnanců je složitá z důvodu platu sníženého o agenturní poplatky, ale také nejistého postavení, které se projeví například v případě nemoci. Pokud je pracovník nemocný, prostě nedostane nic. Poplatek za ubytování se samozřejmě strhává z platu dál.

Oni si seberou všechno, co potřebujou, a ten zbytek vám nechají. To je jasný. To je agentura. Živí se na vás.

Přechod z agenturního do kmenového pracovního poměru není podmíněn jen

Mrs. Jana and Mr. Petr in the common kitchen.
Photo: Miroslav Pazdera, 2019.

Paní Jana a pan Petr ve společné kuchyni.
Foto: Miroslav Pazdera, 2019.

He works for a German internet store which sells all kinds of goods, as he says – from skateboards to bras. His job consists of carrying registered deliveries over to their designated location in the warehouse. According to the pedometer which he once borrowed, he walked 56 kilometers that day. The work is physically demanding, but Petr wouldn't change it for any other role in the sheds. He would not, he said, have the patience to work with a computer or at the scanning stations.

What worries him more are the increasing electronically measured quotas. He describes how the work is becoming more and more demanding. The quotas used to be 30, 40, then 50 and now it is 110 deliveries per hour. The success or failure in meeting these quotas affects the payout of bonuses and if the quotas are not met over a longer period, it can lead to the termination of employment.

They make people compete with one another. In the past, these standards were set up collectively, for a warehouse or division. Now everyone shifts for himself. People fight with one another. They're worn down to the bone. They drop off. They work their asses off until they can't go on any longer and quit. Each for himself. 110 deliveries per hour.

The situation of agency employees is difficult not only through the agency fees that are deducted from their income, but also through their insecure position which manifests itself, for example, when they fall ill. If the workers are ill, they simply do not get paid at all. And still, the accommodation fee is deducted from the income.

nabídkou ze strany zaměstnavatele, ale také dostupností bydlení. Ubytovny často provozují ať už přímo, nebo nepřímo samy agentury, bez nichž bývá velice složité nějaké ubytování najít.

Tři roky sem byl zaměstnanej agenturou a furt jsme chtěli pod kmen. Jenže když nemáme ubytování…

Oni to vědí. Ty agentury to vědí.

Agentury to nejenom vědí, ale aktivně takové prostředí vytvářejí. Flexibilita, kterou nabízejí firmám v rámci „personálního leasingu", se projevuje jako nejistota v životech „pronajímaných" lidí. Všichni, se kterými jsme dnes mluvili, se shodli, že práce ve skladech není tak špatná, i když je těžká. Je to ale právě systém pracovních agentur, o kterém říkají prostě:

To je zlodějina!

Paní Jana a její spolunájemníci se s námi loučí o poznání srdečněji, než jak nás přijali. Omlouvají se, že nás dovnitř nepozvali dříve, museli jsme totiž předtím zvonit několikrát. „Omlouvám se za ty lži, já nevěděl, že je doma," říká Petr, který Janu předtím ve dveřích dvakrát zapřel. Projíždíme ještě vesnici, v níž nemůže být víc než dvacet domů, snad ne víc než padesát obyvatel, a vidíme, že na návsi se staví jakási další velká ubytovna, násobně větší než ta, kterou jsme právě opustili. Vypadá pořád trochu jako podivně velký rodinný dům, ale jen na první pohled a zdálky, zblízka nám zámková dlažba a řada bočních plastových oken napovídá něco jiného. Až se dostaví, bude tu víc lidí v ubytovnách než stálých obyvatel vesnice. Ale ti ve skladech pracují také.

They take everything they need and give you what's left. It's as clear as day. It's an agency. They thrive off of you.

The transition from agency work to regular employment is not only subject to the offer from the employer, but also to the availability of accommodation. The staff quarters are usually run, directly or indirectly, by the agencies themselves, and it is usually very difficult to find accommodation without them.

I have been employed by an agency for three years and we all wanted to go regular. But if you don't have accommodation…
    They know it. The agencies know it.

Not only do the agencies know it, but they actively create this environment. The flexibility they offer to the companies within "personal leasing" is manifested in the insecurity of the "leased" people. Everyone we talked to today agreed that the work in the warehouses is not that bad, even if it is hard. But it is precisely the system of employment agencies that they all condemn by saying:

It's a rip-off!

Jana and her co-tenants part with us much more warmly than they welcomed us. They apologize for not letting us in sooner, since we had to ring the bell several times. "I apologize for lying to you, I didn't know she's in," says Petr, who previously denied knowing Jana was in two times as he was opening the door. Again, we're passing through a village which has 20 houses at most, probably not more than fifty inhabitants, and we can see some large employee housing being built on the village square, many times larger than the one we have just left. It still looks like some strangely big family house, but only at first sight from a distance: as we get closer, the interlocking pavement and the row of plastic windows on the side tells us otherwise. When it is finished, there will be more dormitory residents in the village than permanent inhabitants. But the "permanents" work in the warehouses too.

1   The names and some details in the interview were altered to preserve the anonymity of the respondents.

2   This agency has several interesting reviews on the internet, such as: "A dishonest agency which enriches itself from people who cannot find a job" or "they treat people like cattle," but also: "Good work conditions. The hostel where we stayed was very good, everything was clean and tidy. They pay on time."

1   Jména a některé detaily z rozhovoru byly pozměněny pro zachování anonymity respondentů.

2   Na internetu má tato agentura několik zajímavých recenzí, například: „neseriózní agentura, která se obohacuje na úkor lidí, kteří nemohou najít práci" nebo „postoj k lidem jako k dobytku". Ale také: „Pracovní podmínky jsou dobré. Hostel, kde jsme žili, byl velmi dobrý, vše bylo čisté a uklizené. Plat se vyplácí včas."

MAIN SUPPORTING CHARACTERS

V HLAVNÍ VEDLEJŠÍ ROLI...

Radical innovations in automation and artificial intelligence suggest that we are heading toward a future of work without human workers. *The Singularity Is Near*,[1] hence experts have rushed in to register the phenomenon. Call it *The Second Machine Age*,[2] *The Third Industrial Revolution*,[3] *The Fourth Industrial Revolution*,[4] the era of *The Rise of the Robots*,[5] or simply, *The Inevitable*;[6] whatever angle of interpretation is taken, these authors speak of looming transformations in how we live and work.

Certainly, our imaginary of contemporary production and logistics is being built by seductive discourses of de-dramatized, frictionless industry. Reminiscent of science-fiction fantasies, reports of automated container port terminals, smart factories, warehouse and delivery robots for retail, data centers, farming, and indoor horticulture project us into a world where automated mass production and logistics are framed within slick, laboratory-like decors, lit by yellow or pink LED lighting systems. Most interestingly, these images circulate across media showing no trace of labor-intensive activities in sight. Indeed, read on a superficial level, these spaces can easily be hailed as emblematic of a Post-anthropocentric turn in architecture.[7]

As predicted by Marx in his "Fragment on Machines" (1857), the changing relation between workers and machines brought about by automation definitely seems to lead to a condition in which the former are no longer the main actors of the production process. Yet, human beings did not disappear in Marx's picture, but were instead turned into "conscious linkages" embedded in an automatic system of

Radikální inovace v automatizaci a umělé inteligenci nás posouvají blíže budoucnosti práce bez lidských pracovníků. Singularita je blízko[1] a experti spěchají tento fenomén zpracovat. Říkejme tomu druhý věk strojů,[2] třetí průmyslová revoluce,[3] čtvrtá průmyslová revoluce,[4] éra nástupu robotů[5] či jednoduše něco „nevyhnutelného",[6] ať připustíme jakýkoliv úhel pohledu, autoři hovoří o přicházejících proměnách našeho způsobu života i práce.

Naše představa o současných metodách výroby a logistiky se zcela jistě povětšinou zakládá na svůdných diskurzech, které hovoří o hladkém a nedramatickém chodu průmyslu. Podobně jako vize science fiction, i zprávy o automatizovaných kontejnerových terminálech, chytrých továrnách, robotech pracujících ve skladech i v obchodech, datových centrech, zemědělství a pokojovém zahradničení nám poodhalují svět, v němž je automatizovaná velkovýroba a logistika vsazena do úhledných, zdánlivě laboratorních prostředí, povětšinou nasvícených žlutými či růžovými LED světelnými systémy. Ze všeho nejzajímavější je, že tyto obrazy kolující v médiích neukazují ani jedinou známku pracovně náročných úkonů. Kdybychom tento fakt měli chápat povrchně, tak lze tyto prostory pojímat jako zářný příklad postantropocentrického obratu v architektuře.[7]

Jak předpověděl Marx ve svém Fragmentu o strojích (1857), měnící se vztah mezi dělníky a stroji jako důsledek automatizace přináší stav, ve kterém dělníci již nejsou hlavními aktéry výrobního procesu. Lidé však z Marxova obrazu tak docela nezmizeli, spíše z nich staly „uvědomělé články" integrované do automatického systému různých „mechanických a intelektuálních orgánů".[8] Do jaké míry znovunalezený fetiš robotické vynalézavosti, společně se diverse "mechanical and intellectual organs."[8] To what extent does the proliferation of statistical projections of job losses due to automation and the renewing of the fetish of robotic ingenuity in the second decade of the 21st century reinforce the myth of human obsolescence,[9] and therefore, de facto renders human workers invisible?

To address this question, in this essay I will discuss modalities of human-machine assemblages, communication, and reconfigurations within automated landscapes of horticultural logistics and production. After providing a brief overview of how automation technologies are being deployed at both the core and edge of the Central and Eastern European (CEE) logistical space—also read as the German space-economy—I will put the focus on the later, in particular the Dutch horticultural cluster of Westland in the Netherlands, where Polish migrant workers and their everyday life are embedded within the large technical systems which mirror the conditions in logistics warehouses presented in this volume. I will conclude with a reflection on what is at stake when, in contemporary narratives of automation, the omission persists of those human beings who, even today, are still their main supporting characters.

From Steel Cities to the Glass City

Seen on a continental scale, logistical spaces form a multinational infrastructure system linking the CEE region and its burgeoning industry of warehousing and logistics to the main productive and logistical hubs in Western Europe. Of the later, the South Wing (Zuidvleugel) of the Randstad in the Netherlands, without doubt, stands out for its strategic position and role: home of the number one European port, Rotterdam, gate to the Meuse-Rhein and other transnational logistic systems, and containing one of the most important regions in the world for greenhouse horticulture, the Westland. The spaces along this logistical chain have become testbeds for automation technologies in the search for higher efficiency, reliability, and lower labor costs. However, in the background of those stories of reportedly high-tech environments, the question of human labor seems to be the elephant in the room—challenging all efforts to make it invisible in terms of its impact beyond the productive space.

Although from time to time videos of roomba-like robots frantically moving boxes in so-called fulfillment centers, the warehouse logistics for retail and e-commerce, including those in CEE countries, largely rely on hybrid human-machine systems. Workers are embedded in an assembly of algorithms, smart shelves, and a collection of wearables and other devices for "enhancing" productivity. Reports on the working conditions of Amazon warehouse employees in Poland reveal non-stop workdays, standing and walking several kilometers, enacting repetitive movements, lifting and carrying heavy goods and pushing heavy carts.[10] Performance is monitored through scanners, with Amazon's system tracking "the rates of each individual associate's productivity and automatically generates any warnings or terminations regarding quality or productivity without input from supervisors," internal documents revealed.[11] To soften what Suchman identified as asymmetries between humans and control devices as "interactional partners,"[12] the warehouse systems' way of reducing the active time of work in making sense of the interface of these devices is to deny workers' interactional competences: using non-language-dependant platforms, haptic technologies, or voice commands. Such denial of workers' agency in certain automated environments highlights the use of alienation and deskilling to limit workers' capacity to resist subordination—emptying labor of meaning and autonomy—and keep the machine running and communication flowing. In the words of a Polish Amazon worker: " People are treated like machines. But even machines fail and stand still. We are not allowed to do that."[13]

At the point of entry for many of the goods eventually reaching those warehouses, In the port of Rotterdam, traditional container-port terminals are being replaced by automated ones. Located in the latest port extension, Maasvlakte 2, these terminals are the flagship projects for the city's larger ambition, namely to become the smartest and greenest port in the world.

Strict demands for sustainability and efficiency imposed on the companies operating these terminals have rendered the use of automation technologies inevitable. In this automated infrastructure, self-driving vehicles, automated cranes, are supervised by office workers seated in control rooms. In contrast to the warehouse workers at the end of the logistical chain, in the port terminal control room the decisions affecting materials, spatial organization, and furniture are based on ergonomic studies and high standards for environmental comfort. "Operators are not static robots…"—a commercial document by their supplier ABB reads—"…they are human beings who thrive on variety, stimulation, activity and choice"[14] and as such, they will eventually be able to personalize their workspace with the touch of a RFID wristband.[15] The apparently smooth entrance of automation in the port was rapidly challenged by unresolved labor issues. Port workers whose position was made obsolete went on strike for a more fair transition to unemployment. After long negotiations, temporary measures were taken to avoid forced layoffs in the container sector before 2020, estimated at a cost of around 53 to 60 million euros.[16]

Adjacent to the port, in the municipality of Westland—also known as the "Glass City"—greenhouse horticultural production employs all kinds of automated systems of environmental control and other machines. Yet, similarly to the CEE warehouses, this industry is ultimately sustained by routinized human work, increasingly carried out since the last ten years by foreign workers, in particular from Poland. With labor practices notably mirroring their aluminum and steel counterparts in the European hinterland, the study of the organization and management of human and machine labor within Dutch horticultural production that follows will show how, interestingly, at both ends of the CEE logistical space—core and periphery—high and low tech merge in stories of the "automation," and the exploitation, of a common pool of human labor.

Hybrid Automatons Under Glass Sheds

Dutch agricultural and farming practices have been praised, presented, and promoted worldwide, through articles, online movies, research projects, and exhibitions as a blueprint for the future of food production.[17] Like insects attracted to a light bulb, cameras mainly turn their attention towards the bright, endless and rather featureless spaces where Dutch horticulture takes place. Enclosed under a succession of glass gable roofs and white metallic structures, rows of plants on mechanically moving pots and trays extend ad infinitum—pieces of nature brought inside an artificial world where they are automatically irrigated, fed with fertilizers and carbon

Overhead crane transporting a container in the orchid growing area of an automated glasshouse. Photo: Author, 2018.

Vysutý jeřáb zdvihající kontejner v prostorách pěstírny orchidejí automatizovaného skleníku. Foto: autor, 2018.

dioxide, thermally regulated, and lit day and night. From time to time, a person appears in these deserted landscapes. Sometimes it is the business owner, walking alone with pride as the camera zooms out and pans, to enhance the epic nature of his undertaking. In other occasions, it is an intriguing character, wearing a white coat, white bouffant cap, latex gloves, and protective eyewear as they examine with clinical precision the growing crops.

Without question, the collection of mechanical and digital systems in automated greenhouses reduce the need for labor, and optimize production and internal logistics. The shading and openings in the building envelope, and the control of energy and substance flowing into the wiring and piping are equally automated to create the perfect interior environment for plants. Ventilation, temperature, lighting, fertilization, and irrigation can be totally controlled by the grower at the click of a mouse or via a smartphone app.[18] Flower and ornamental plants grow in pots—of hexagonal shape, to be more space-efficient—which are placed by automated potting equipment on rolling benches, that is, platforms sliding on tracks that allow for movement in two dimensions impulsed by automated shuttles. Overhead cranes streamline the transport of both empty and full of plant containers. Their movement in three dimensions allows for rearranging the metallic trays as needed, bringing them in and out of the growing space, or from one climate compartment to the other during different growth phases.

Multiple complex logistics flows can quickly react to flexible supply and customers' demands, giving the manager

Občas se v těchto opuštěných místech objeví i člověk. Někdy jde o vlastníka, jenž hrdě kráčí prostorem, zatímco ho kamera sleduje a zaměřuje tak, aby dala vyniknout vpravdě epické povaze celého podniku. Jindy jde o zajímavou postavu oděnou v bílém plášti, bílé igelitové čepici, latexových rukavicích a ochranných brýlích, která s klinickou přesností zkoumá rostoucí plodiny.

Soubor mechanických a digitálních systémů v těchto automatizovaných sklenících zcela jistě omezuje potřebu práce a optimalizuje výrobu a interní logistiku. Zastínění a světelnost této budovy stejně jako tok energií a látek, které kolují v jejích rozvodech a trubkách, jsou automatizované a mají za úkol vytvořit v interiéru co možná nejlepší podmínky pro růst plodin. Ventilace, teplota, světelnost, hnojení a zavodňování mohou být také plně pod kontrolou pěstitelky, a to třeba i skrze aplikaci v jejím chytrém telefonu.[18] Aby se šetřilo místem, rostou květiny a okrasné rostliny v šestistěnných květináčích, které jsou pokládány pomocí dynamických polic, tedy platforem, které jezdí po kolejnicích a ve dvou dimenzích s nimi lze pohybovat za pomoci automatizovaných dopravníků. Visuté jeřáby pak přepravu prázdných i plných květináčů ještě zefektivňují, neboť jejich schopnost hýbat se ve třech dimenzích umožňuje kladení kovových táců tam, kde jsou potřeba – ať už do haly, kde rostliny dorůstají, či do různých pěstíren, které ošetřují jejich jednotlivé růstové fáze.

Mnohačetné a komplexní logistiky jsou schopny rychle reagovat na flexibilní dodávku a zákaznickou poptávku a umožňují manažerovi okamžitý přístup ke všem kontejnerům, které jsou na dosah ramene jeřábu, což umožňuje splnění objednávky. Systém vede k nalezení optimálního využití prostoru ve skleníku, kde tácy plné immediate access to all the containers within the cranes' reach to fulfill a specific order. The system leads to an optimal space usage in the greenhouse, where trays full of flowers and plants form a continuous horizontal surface floating above the actual ground. Walking aisles at ground level are unnecessary; catwalks running parallel to the trajectories of the cranes are the only way for a person to get somewhat close to the growing plants. Transport lines or conveyor belts are used to move pots from the large trays to the sorting and packaging areas. Automated sorting systems, mostly used in orchid and annual potted plant production, classify products based on their height, color, number of buds, stems, blooms, and branches. This categorization is based on the automated 3D scanning of pots by specialized phenotyping machines—"Sorting pot plants calls for a very precise [and probably expensive] eye. Growers who set high sorting standards therefore prefer an automatic eye."[19]

Yet, in spite of the unceasing growths in productivity enabled by such automated systems, human workers are still a fundamental component participating in the great productive assemblage. While most of the heavy and labor-intensive work is taken off human hands, at either ends of the many conveyor belts, stationary human operators sit or stand in workstations performing numerous repetitive tasks: juvenile shoots are planted in trays and placed manually; viable shoots are transferred and planted manually in pots; sticks are manually fixed to support the growth of the stem; pots are later manually packed in preparation for their delivery to auction houses and clients.

In fact, despite advances in artificial intelligence, machine learning, and robotic systems, at the present moment it is only humans that can handle unexpected incidents or carefully and swiftly manipulate the delicate specimens growing in a greenhouse. Physical flexibility, dexterity, and sensorimotor skills are constraints that computing power and mechanical limitations cannot yet overcome. The quotidian, non-described character of activities as deleafing, attaching a stem to a stick, deciding whether a tomato is ripe or of good quality, handling it without damage, and placing it in a box exemplify the challenges for systems designers in automating human abilities. These difficulties can be related to Michael Polanyi's notion of tacit knowledge. As such, the activities dependent on sensorimotor skills, decision-making,

květu a rostlin tvoří nepřetržitý horizontální povrch, který se zdánlivě vznáší nad opravdovou podlahou. Uličky pro chození na úrovni podlahy jsou zbytečné; visuté můstky, které vedou rovnoběžně k trajektoriím jeřábů, však lidem umožňují se aspoň trochu přiblížit k rostlinám. Pro přesun květináčů z velkých táců do míst, kde jsou pak roztříděny a baleny, se používají transportní koridory a běžící pásy. Automatické rozřazovací systémy, které se převážně používají pro orchideje a jednoleté květináčové rostliny, rozřazují produkt podle výšky, barvy, počtu pupenů, stonků, květin a větví. Tuto kategorizaci umožňují specializované fenotypické stroje, které pořizují automatizovaný 3D snímek květináčů – „Třídění rostlin v květináčích si žádá velmi přesný [a nejspíše také drahý] zrak. I proto pěstitelé, kteří mají vysoké nároky na třídění, preferují automatizované oko."[19]

Navzdory pokrokům v produktivitě umožněnými takto automatizovanými systémy jsou lidští pracovníci stále nezbytnou součástí celé produktivní asambláže. Zatímco většina těžké a náročné práce je z lidských rukou odňata, na každém konci mnoha běžících pásů stojí nebo sedí na pracovištích s mnoha druhy stále se opakujících úkolů lidé: mladé výhonky jsou manuálně sázeny a přesouvány, živoucí výhonky jsou manuálně přesazovány, podpůrné tyčky jsou manuálně připevňovány jako podpora ke stonkům a květináče jsou později manuálně baleny za účelem doručení do aukčních sálů a ke klientům.

I přes pokroky v oblasti umělé inteligence, strojového učení a robotických systémů jsou to momentálně především stále lidé, kteří jako jediní mohou řešit nepředvídatelné problémy, nebo opatrně a rychle hýbat s jemnými druhy, které ve skleníku rostou. Fyzická flexibilita, mrštnost a senzomotorické dovednosti jsou hlavní omezení, která komputační procesy a mechanická omezení ještě nedovedou překonat. Všední a často opomíjené práce, jako je odlišťování, přivázání stonku k laťce, rozhodnutí, zda je rajče již zralé, nebo zda má správnou kvalitu, a pak schopnost ho nepoškodit při manipulaci a vkládání do krabice, to vše jsou výzvy, kterým systémoví designéři v pokusu o automatizaci lidských dovedností musí čelit. Tyto těžkosti jsou úzce provázané s tím, co Michael Polanyi nazval implicitním věděním. To předpokládá, že úkony, které se spoléhají na senzomotorické dovednosti, rozhodování a originalitu, se dějí bez schopnosti je vysvětlit, tedy implicitně; konkrétní procesy, které umožňují je splnit, jsou povětšinou skryté – lidé prostě vědí, jak daný úkon vykonat, ale nedovedou ho racionálně vysvětlit, a proto není možné ho ani bez nesmírné výpočetní

Workstations where sticks are manually fixed to support the growth of the stem of an orchid. Photo: Author, 2018.

Pracovní stanoviště, kde se stonky orchidejí manuálně vážou k laťkám, aby se podpořil jejich růst. Foto: autor, 2018.

and originality are performed tacitly; the actual processes of how they are accomplished are actually unknown—humans simply know how to do the activity, but cannot explain it rationally, and therefore it cannot be scripted and automated without enormous complexity.[20] Put simply: "we can know more than we can tell," especially to a robotics engineer.[21]

While this could be seen as a defeat for both science and capitalists, paradoxically, it leads to economic success. The truth is that "tasks that cannot be substituted by automation are generally complemented by it," and artifacts in general, to improve productivity and optimize work processes. "If so, productivity improvements in one set of [not yet automatable] tasks almost necessarily increase the economic value of the remaining tasks."[22] Feasibility studies are done prior to an investment to determine the profitability and layout of automated workplaces, accounting for costs and equipment and determining the return on investment: verifying the extent to which these solutions lead to reduced process time of human and machine labor and fixed costs, and thus an increase in productivity. Given this paradox and the risks associated with high investments, fully automated greenhouses are currently unlikely.

komplexity naprogramovat a automatizovat.[20] Jednoduše řečeno: „Víme víc, než jsme schopni sdělit," a to zvláště inženýrovi pracujícímu v odvětví robotiky.[21]

Zatímco tento fakt lze chápat jako prohru pro vědce i pro kapitalisty, je paradoxní, že to spíše vede k ekonomickému úspěchu. Pravdou zůstává, že „ty úkoly, které nelze automatizací nahradit, ji velmi často využívají aspoň částečně", a to za účelem zvýšení produktivity a optimalizace výrobních procesů. „Pokud tomu tak je, zvýšení produktivity v jedné sadě [ještě neautomatizovaných] úkolů zcela jistě zvýší ekonomickou hodnotu úkolů zbylých."[22] Investicím vždy předchází studie proveditelnosti, které mají za úkol zjistit výnosnost a rozvržení automatizovaných pracovišť a zohlednit v nich budoucí výdaje a výbavu, stejně jako zjistit návratnost investice. Tato data se pak používají ke zjištění a zrychlení lidské a strojové práce stejně jako ke snížení fixních nákladů, což pak vede ke zvýšené produktivitě. S přihlédnutím k tomuto paradoxu a k rizikům, která jsou s takto vysokými investicemi spojená, tak zůstává možnost plně automatizovaných skleníků velmi nepravděpodobná.

Tagging, Tracking

Tagování, sledování

Increasing efficiency and maximizing the exploitation of the value of human labor, and, as a result, maximizing the economic value added to the automated system, have resulted

Zvýšení efektivity a maximalizace hodnoty lidské práce a s tím spojená maximalizace ekonomické hodnoty automatizovaného systému se dále odráží v zavedení mnoha in the deployment of several strategies for cost-cutting, time-saving and control. Companies providing such services, for instance WPS or Priva, perpetuate Taylorist logics in the production floor. To undertake efficiency analysis, companies are expected to disassemble the processes into its separate activities, which then must be evaluated individually. This minute subdivision of tasks—isolating human action within the assembly of machines—is the "most effective way to see whether any improvements can be implemented," either "by applying a more efficient method, by adapting internal or external logistics or by [further] automating specific operations."[23]

A gain of two seconds of processing time per plant per person can mean thousands of euros saved, the white papers published by these companies state. However, the systems perspective is never abandoned: potential efficiency gains in potting workstations may be hindered by slower processing times in packing, thus, for example, planning buffers must be considered. In the end, the problem could well be in the sequence of actions, the inefficient layout of the workplace, poor coordination and communication, lengthy or overlapping logistics routes, or even in environmental factors (light, temperature, sound), ergonomics or failure to address the disposition of personnel to certain tasks. In the end, it is not about increasing the overall speed of the production line, but achieving seamless and unobstructed continuity.

It does not matter whether human workers are stationary or moving: technological solutions have been developed to track and control them. While employees are processing pot plants sitting in their "ergonomic" working positions,[24] information on their contribution to the system is collected via the common element passing through all workstations: the plants. The pots have Radio Frequency Identification-tags (RFID-tags) that collect all sort of information, both about the plant itself (based on 3D scans) and about the position of the plant with respect to the process in a given time. Once it is transferred to the registration software, the manager can gain a real-time, detailed and reliable picture of space utilization, stocks, and potential bottlenecks.

When workers are not stationary, mostly in vegetable growing undertakings, productivity is assessed via devices that register and supervise performance and working time. For example, with the Priva FS Reader, a non

strategií pro snižování nákladů, šetření času a zlepšení kontroly. Firmy, které nabízejí podobné služby, například WPS či Priva, posouvají tayloristickou logiku výrobní linky ještě dále. Často se od firem očekává, že ve snaze přezkoumat svou efektivitu rozeberou celistvé procesy na jejich dílčí úkony, které pak jednotlivě vyhodnotí. Toto jemné rozdělení úkolů – které izoluje lidskou aktivitu od práce strojů – je „nejefektivnější způsob, jak zjistit, zda lze docílit zlepšení", a to buď „implementací efektivnější metody adaptace vnitřní či vnější logistiky, nebo skrze [další] automatizaci konkrétních operací."[23]

Podle projektových specifik těchto firem může zrychlení o dvě sekundy na jednom úkonu na rostlinu znamenat ušetření tisíců eur. Avšak systémový pohled na věc se nikdy nevytrácí: případné zvýšení efektivity ve fázi sázení do květináčů může být vykoupeno pomalejším balením, takže je třeba v rámci výroby například zvážit zavedení vyrovnávacích procesů. Ve výsledku může problém spočívat spíše v posloupnosti úkonů, neefektivním navržení pracoviště, špatné koordinaci a komunikaci, pomalých a překrývajících se logistických cestách, v parametrech prostředí (světlo, teplota, zvuk), ergonomice nebo neschopnosti určit, kdo z personálu má předpoklady k jakým činnostem. Nakonec nejde ani tolik o zvýšení celkové rychlosti výrobní linky jako spíše o docílení její hladké a ničím nerušené plynulosti.

Nezáleží na tom, zda lidští pracovníci zůstávají na místě či se hýbou po prostoru: existují technologická řešení, která je sledují a kontrolují. Zatímco zaměstnanci usazení ve svých „ergonomických" pracovištích vkládají rostliny do květináčů,[24] jsou informace ohledně jejich vkladu do systému sbírány skrze rostliny samotné, tedy skrze jedinou položku, která putuje přes všechna pracoviště. Květináče mají totiž markery pro identifikaci na rádiové frekvenci neboli RFID, které sbírají všechny možné informace jak o rostlině samotné (na základě 3D snímání), tak o její pozici v rámci daných procesů v čase. Jakmile jsou tyto informace zaneseny do registračního softwaru, získává manažer okamžitý, spolehlivý a velmi detailní přehled o využívání prostoru, zásob a případných problémech.

Když pracovníci nestojí na místě, tedy převážně ve chvílích, kdy se věnují vegetačnímu růstu, je jejich produktivita vyhodnocována pomocí zařízení, které zaznamenává a dohlíží na výkon a čas strávený na daném úkolu. Například Priva FS Reader, což je jednoduchý RFID skener, který není závislý na řečových znacích, umožňuje pracovníkům zaznamenat své

language-dependent, easy to operate RFID scanner, workers tag their employee ID, activity, location on the planting row, container used, the start and end of a break, etc. Sent wirelessly to a central computer, the data allows management to monitor real-time labor and production. The WiFi network in the greenhouse becomes an infrastructure as important as the light, ventilation, and water systems. Human activity is disaggregated into a series of parameters to be compared against an average in "tactical reports" retrieved by the manager from a smartphone. If traditionally those desirable traits of the good employee were spotted, with subjectivity, by floor managers, in this increasingly non-human process it is algorithms that decide who should be higher up in the rankings.[25]

Instead of assessing workers by subjective parameters, such as collegiality or positive attitude, their value is matched to the amount of tomatoes or peppers picked, as measured in crates of five or ten kilograms, per hectare, per square meter, in absolute numbers and by percentage, in relation to the season, crop type, and to what is planned and expected per day and week versus what is achieved—and similarly for leaf cutting and removal, hanging hooks, or clipping plants. With the help of the same device, workers also need to report the presence of fungus, faulty produce or mal-functioning drainage and watering systems. Crossed with environmental data, with these data the machine assesses the progress, performance, and quality of their work per hour.

The collected data is shared and displayed qualitatively and quantitatively in the screens, urging workers to improve their performance and increase their efforts. The system automatically recalculates the pay of each worker based on performance or volume of collected produce. In the narrative of the entrepreneurs, data can motivate workers to do their best, as much as possible. Nonetheless, under the guise of a motivational purpose, the recording real-time of labor and harvesting times and output in the management information systems allows identification of mistakes and underperforming laborers throughout the process.[26] Humans become akin to robots measured only by performance indicators on dashboards on the computer. The system will warn the manager of the presence of any "faulty unit" to, on the one hand to recalculate the forecasts of production, and, on the other to make an informed decision on who will, and will not, be rehired the following harvesting season.

identifikační parametry, činnost, pozici na pracovišti, užívaný kontejner, začátek a konec pauzy atd. Tato data se pak bezdrátově posílají do centrálního počítače a umožňují manažerům v reálném čase sledovat pracovní procesy a výrobu. Síť WiFi se pak ve skleníku stává stejně zásadní položkou infrastruktury, jako je třeba světlo, ventilace a vodní systémy. Lidská aktivita je rozložena na sérii parametrů, které jsou porovnány s průměrem zaneseným v „taktických zprávách", k nimž má manažer přístup skrze svůj smartphone. V tomto čím dál více odlidštěnějším prostředí je algoritmus také první, co začne pozorovat tradičně pozitivní kvality jistého zaměstnance, čímž tedy potažmo rozhoduje, kdo by měl být povýšen.[25]

Místo toho, aby byli zaměstnanci hodnoceni na základě subjektivních parametrů, jako je třeba kolegialita či pozitivní přístup, je jejich hodnota přímo propojena s objemem rajčat či paprik, které nasbírají a naskládají do beden po pěti až deseti kilogramech, na hektar, na metr čtvereční, v absolutních číslech a procentech, v návaznosti na roční období, typ plodiny a v porovnání s předpokládaným výnosem pro ten daný den či týden – a totéž platí pro stříhání a trhání listů, věšení či zastříhávání. Pomocí stejného přístroje mohou pak zaměstnanci hlásit přítomnost plísně, špatného plodu či nefungujícího odtoku či zavodňovacího systému. Stroj pak v porovnání s daty o prostředí vyhodnotí jejich pokrok, výkon a kvalitu jejich práce na jednotky na hodinu.

Nasbíraná data jsou sdílena a kvalitativně i kvantitativně znázorněna na obrazovkách, které nabádají pracovníky k větší aktivitě a zlepšení jejich výkonnosti. Systém pak automaticky znovu spočítá výplatu každého jednotlivého pracovníka na základě jeho výkonu a nasbíraných plodin. Podnikatelský narativ říká, že data mohou motivovat pracovníky k nejlepším výkonům. Avšak pod slupkou zdánlivé motivace umožňuje okamžitý časový záznam práce, sklizně a výkonu managementu vyhodnotit chyby a identifikovat ty pracovníky, kteří nesplňují v rámci celého procesu kvótu.[26] Lidé se tedy tímto způsobem podobají robotům a jsou hodnoceni pouze ukazateli výkonu sdělovanými počítačovými monitory. Systém pak manažera upozorňuje na jakýkoli „vadný článek", a to nejen proto, aby mohl znovu přepočítat předpokládaný výnos, ale také vyhodnotit, kdo bude na příští sklizeň znovu zaměstnán a kdo ne.

Tlak na zpracování co největšího počtu rostlin na hodinu je vidět i na způsobu, jakým se pracovníci hýbou skrze prostor skleníku. Pracují v budovách, které často měří přes sedmnáct hektarů, a toalety

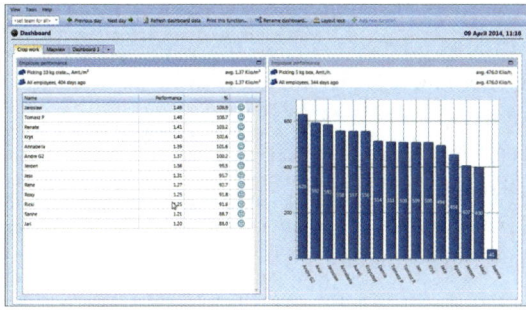

Screen capture of "Priva FS Performance correction and validation function English," *YouTube*, May 13, 2014.

Screenshot z videa Priva FS Performance correction and validation function English, *YouTube*, 13. 5 2014.

The pressure for processing more plants per hour is evident in how operators move in the space of the greenhouse. Working in buildings sometimes larger than seventeen hectares and maybe having to reach a toilet or lunch break spot 600 meters away, cycling along alleys to go back and forth becomes the only way of keeping the expected working pace.

či oběd od nich mohou být vzdáleny až 600 metrů. Naplánovat si trasu tak, aby člověk chodil tam a zpět, může být tedy jediný způsob, jak docílit vyžadovaného pracovního tempa.

Proszę Zawsze Zamykać Drzwi

"Please keep the door closed" written in both Polish and Dutch reads on the paper fixed to the large gate separating the light-filled visitor's reception and flower store from an improvised coffee corner adjoining the manipulation and packaging area of the automated greenhouse of one of the largest orchid growers in Westland. White-boards with tasks distributions and screen recordings of labor performance software show spreadsheets with Jarosławs, Tomaszs, Renatas, Krys, or Anabellas, among very few Jeroens, or Jens. Around 12,000 Polish citizens work in Westland, particularly in greenhouse horticulture—logistics and packaging being the other jobs they come for. Workers from Romania, Ukraine or Moldova are also on the rise (thus the non-language dependent devices mentioned above). The reasons for this are threefold: lower labor costs, easy movement of labor across European countries, and the difficulty companies have with recruiting cheap Dutch labor.

To avoid labor shortages, horticultural, and related logistics companies subcontract recruitment agencies. These

Proszę Zawsze Zamykać Drzwi
Na ceduli pověšené na velké bráně, která rozděluje prosvětlené centrum pro návštěvníky a obchod s květinami, je napsáno „Prosím zavírejte dveře" nizozemsky i polsky. Improvizovaný stánek s kávou stojí na rohu vedle manipulační a balicí zóny automatizovaného skleníku patřícímu jednomu z největších pěstitelů orchidejí ve Westlandu. Bílé tabule, na nichž je vypsán harmonogram práce, a obrazovky se softwarem monitorujícím pracovní výkon jsou plné jmen, jako Jarosław, Tomasz, Renata, Krys či Anabella, a lze vidět jen pár Jeroenů či Jensů. Ve Westlandu pracuje asi 12 000 Poláků převážně ve skleníkovém zemědělství – logistika a balení jsou další typy práce, které je sem často přivedou. Pracovníků z Rumunska, Ukrajiny či Moldávie také přibývá (i z tohoto důvodu nejsou užívána zařízení závislá na jazyce, jak už bylo zmíněno výše). Jsou pro to tři důvody: nižší pracovní náklady, jednoduchý přesun pracovní síly v rámci Evropy a nesnáze nizozemských firem zaměstnat levnou nizozemskou pracovní sílu.

Aby se předešlo nedostatku pracovníků, tak si zemědělské a příbuzné logistické firmy najímají subdodavatele ve formě

act as intermediaries connecting foreign workers, through the internet or their offices abroad, with jobs offered in horticulture, agriculture, production, logistics and technic. Jobs in a "solid workplace" are offered under quite a complex scheme of temporary contracts.[27] Besides taking care of arranging health insurance, agencies like NL Jobs offer to take care of transportation—to and from the country of origin, as well as and daily commuting—and accommodation needs. A scheduling smartphone app gathers all information on payslips and contracts, directs workers to where they will be working that day, in the case of having multiple part-time jobs, and informs at what time transportation is planned.

Conclusion

Cyborg-like dreams of human-robot cooperation are far removed from the reality of work in automated landscapes. On the contrary, automated workplaces follow an assembly system where humans and machines operate autonomously through a sequential division of tasks. Ultimately, the presence of human operators sorting pots or picking vegetables forces the dynamics in greenhouses to remain in continuity with previous paradigms of mass production, deskilling, and human labor exploitation. Highlighting the human labor that continues to be involved in so-called automated environments is critical in challenging the "fantasy of the perfect, invisible infrastructure" that permeates contemporary discourses on information technology and autonomous systems.[28]

As Donna Haraway already warned back in 1985, the "New Industrial Revolution" is redefining work in terms of new collectivities, sexualities and ethnicities. Work is requalified "as both literally female and feminized, whether performed by men or women. To be feminized means to be made extremely vulnerable; able to be disassembled, reassembled, exploited as a reserve labor force; seen less as workers than as servers; subjected to time arrangements on and off the paid job that make a mockery of a limited workday; leading an existence that always borders on being obscene…"[29] In the end, with the redesigning and relegating of the human user within such aggregation of machines, algorithms, and infrastructure, what is at stake is "the displacement of the soft humanism from the conceptual center of the design *for* the *User*-subject position and toward a design *of* the *User*-subject position," as Benjamin Bratton argues in *The Stack*, and thus the materialization of new systems of control and oppression.[30] Yet, at the same time, perhaps these spaces could provide architecture with the opportunity to reimagine new areas of political action, where the relationship of the human with large technical systems may acquire new meanings and moments of mutual "enchantment."

To s sebou přináší materializaci nových systémů kontroly a útisku.[30] Tato místa ale zároveň poskytují architektuře příležitost znovu se zamyslet nad možnostmi politické aktivity, v jejímž rámci může vtah mezi člověkem a velkými technickými systémy nabýt nových významů a snad i najít momenty vzájemného „okouzlení".

1 Ray Kurzweil, *The Singularity Is Near: When Humans Transcend Biology* (New York: Penguin, 2006).

2 Erik Brynjolfsson and Andrew McAfee, *The Second Machine Age: Work, Progress, and Prosperity in a Time of Brilliant Technologies* (New York: W.W. Norton & Company, 2014).

3 Jeremy Rifkin, *The Third Industrial Revolution: How Lateral Power Is Transforming Energy, the Economy, and the World* (New York: Palgrave Macmillan, 2011).

4 Klaus Schwab, *The Fourth Industrial Revolution* (New York: Crown Business, 2016).

5 Martin Ford, *Rise of the Robots: Technology and the Threat of a Jobless Future* (New York: Basic Books, 2015).

6 Kevin Kelly, *The Inevitable: Understanding the 12 Technological Forces That Will Shape Our Future* (New York: Viking, 2016).

7 Liam Young, "Introduction," in Liam Young (ed.), *Machine Landscapes: Architectures of the Post-Anthropocene* (Architectural Design, Profile No. 257, January/February 2019) (Oxford: John Wiley & Sons, 2019), pp. 6–13.

8 Karl Marx, *Grundrisse: Foundations of the Critique of Political Economy* (London: Penguin Books, 1973), p. 692.

9 "The Myth of Human Obsolescense – Jaron Lanier on AI, VR, and Humans," *YouTube*, 2:31, posted by IRL Server, July 30, 2018, https://www.youtube.com/watch?v=-4F4ysSunjsM; Astra Taylor, "The Automation Charade," *Logic Magazine*, no. 5 (August 2018), https://logicmag.io/failure/the-automation-charade; Víctor Muñoz Sanz, "Polanyi in the Garden," in *Más allá de lo humano* (A Coruña: Bartlebooth, 2018), pp. 169–179.

10 Amazon Workers and Supporters, "'Stop Treating Us Like Dogs!': Worker Resistance at Amazon in Poland," in *Jake Alimahomed-Wilson and Immanuel Ness (eds.), Choke Points: Logistics Workers Disrupting the Global Supply Chain* (London: Pluto Press, 2018), pp. 96–109. Available also at https://www.plutobooks.com/blog/worker-resistance-amazon-poland.

11 Colin Lecher, "How Amazon automatically tracks and fires warehouse workers for 'productivity'," *The Verge*, April 25, 2019, https://www.theverge.com/2019/4/25/18516004/amazon-warehouse-fulfillment-centers-productivity-firing-terminations.

1 Ray Kurzweil, *The Singularity Is Near: When Humans Transcend Biology*, Penguin, New York 2006.

2 Erik Brynjolfsson – Andrew McAfee, *Druhý věk strojů: Práce, pokrok a prosperita v éře špičkových technologií*, Jan Melvil Publishing, Brno 2015.

3 Jeremy Rifkin, *The Third Industrial Revolution: How Lateral Power Is Transforming Energy, the Economy, and the World*, Palgrave Macmillan, New York 2011.

4 Klaus Schwab, *The Fourth Industrial Revolution*, Crown Business, New York 2016.

5 Martin Ford, *Roboti nastupují*, Rybka Publishers, Praha 2017.

6 Kevin Kelly, *The Inevitable: Understanding the 12 Technological Forces That Will Shape Our Future*, Viking, New York 2016.

7 Liam Young, Introduction, in: týž (ed.), *Machine Landscapes: Architectures of the Post-Anthropocene* (Architectural Design, Profile č. 257, 2019), John Wlley & Sons, Oxford 2019, s. 6–13.

8 Karel Marx, *Rukopisy „Grundrisse": Ekonomické rukopisy z let 1857–1859* II, Svoboda, Praha 1974, s. 326.

9 The Myth of Human Obsolescense – Jaron Lanier on AI, VR, and Humans, *YouTube*, 2:31, IRL Server, 30. 7. 2018, https://www.youtube.com/watch?v=4F4ysSunjsM. – Astra Taylor, The Automation Charade, *Logic Magazine*, č. 5, 2018, https://logicmag.io/failure/the-automation-charade. – Víctor Muñoz Sanz, Polanyi in the Garden, in: *Más allá de lo humano*, Bartlebooth, A Coruña 2018, s. 169–179.

10 Amazon Workers and Supporters, 'Stop Treating Us Like Dogs!': Worker Resistance at Amazon in Poland, in: Jake Alimahomed-Wilson – Immanuel Ness (eds.), *Choke Points: Logistics Workers Disrupting the Global Supply Chain*, Pluto Press, London 2018, s. 96–109. Dostupné také na https://www.plutobooks.com/blog/worker-resistance-amazon-poland.

11 Colin Lecher, How Amazon automatically tracks and fires warehouse workers for 'productivity', *The Verge*, 25. 4. 2019, https://www.theverge.com/2019/4/25/18516004/amazon-warehouse-fulfillment-centers-productivity-firing-terminations.

12 Lucy A. Suchman, *Human-Machine Reconfigurations: Plans and Situated Actions*, Cambridge University Press, Cambridge 2007, s. 11.

12　Lucy A. Suchman, *Human-Machine Reconfigurations: Plans and Situated Actions* (Cambridge: Cambridge University Press, 2007), p. 11.

13　As quoted in: Amazon Workers and Supporters (see note 10), p. 99.

14　Víctor Muñoz Sanz, "Researching Automated Landscapes," in Marina Otero Verzier (ed.), *Work, Body, Leisure* (Berlin: Hatje Cantz, 2018), p. 108.

15　For more on the spatial implications of automation of the Port of Rotterdam see: Víctor Muñoz Sanz, "Welcome to Futureland. Automation Takes Command in the Port of Rotterdam," *Volume*, no. 49 (September 2016), pp. 33–38; Idem, "Captives in Futureland," *Volume*, no. 51 (November 2017), pp. 38–41; Idem (see note 14), pp. 103–126.

16　*Werkzekerheidsakkoord Containersector Rotterdam*, available at https://www.fnvhavens.nl/attachments/article/310/PY20160318_WERKZEKERHEIDSAKKOORD.pdf.

17　The fluorescent pink environment of the glasshouse of the Dutch company Kopper Cress has been constantly reproduced as the paradigmatic representation of that future. See: "Guggenheim and AMO / Rem Koolhaas Announce Research Project to Culminate in February 2020 Exhibition," November 29, 2017, https://www.guggenheim.org/press-release/guggenheim-and-rem-koolhaasamo-announce-research-project-to-culminate-in-february-2020-exhibition; "Work, Body, Leisure: Dutch Pavilion, Biennale Architettura 2018," https://work-body-leisure.hetnieuweinstituut.nl; and Frank Viviano, "This Tiny Country Feeds the World," *National Geographic*, September 2017, https://www.nationalgeographic.com/magazine/2017/09/holland-agriculture-sustainable-farming. For an account on the role of farmers, politicians, and technology companies in how robotization and digital platforms are being deployed in the Dutch countryside see: Grace Abou Jaoude, Marten Kuijpers, and Víctor Muñoz Sanz, "Agricultural Platforms," *Harvard Design Magazine*, no. 46 (Fall/Winter 2018), pp. 124–131.

18　See for example "Water Management Program," www.priva.com/ca/solutions/horticulture/water-solutions.

19　"SmartScan 3D," https://www.wps.eu/en/horticulture/vision-camera-technology.

20　David H. Autor, "Why Are There Still So Many Jobs? The History and Future of Workplace Automation," *The Journal of Economic Perspectives* 29, no. 3 (Summer 2015), pp. 3–30.

13　Citováno v Amazon Workers and Supporters (pozn. 10), s. 99.

14　Víctor Muñoz Sanz, Researching Automated Landscapes, in: Marina Otero Verzier (ed.), *Work, Body, Leisure*, Hatje Cantz, Berlin 2018, s. 108.

15　Pro více informací ohledně důsledků automatizace v rotterdamském přístavu, viz Víctor Muñoz Sanz, Welcome to Futureland. Automation Takes Command in the Port of Rotterdam, *Volume*, č. 49, 2016, s. 33–38. – Týž, Captives in Futureland, *Volume*, č. 51, 2017, s. 38–41. – Týž (pozn. 14), s. 103–126.

16　*Werkzekerheidsakkoord Containersector Rotterdam*, dostupné na https://www.fnvhavens.nl/attachments/article/310/PY20160318_WERKZEKERHEIDSAKKOORD.pdf.

17　Fluorescentní růžový prostor skleníku vlastněný nizozemskou firmou Kopper Cress je často zobrazován jako paradigmatický příklad této budoucnosti. Viz Guggenheim and AMO/ Rem Koolhaas Announce Research Project to Culminate in February 2020 Exhibition, 29. 11. 2017, https://www.guggenheim.org/press-release/guggenheim-and-rem-koolhaasamo-announce-research-project-to-culminate-in-february-2020-exhibition. – Work, Body, Leisure: Dutch Pavilion, Biennale Architettura 2018, https://work-body-leisure.hetnieuweinstituut.nl. – Frank Viviano, This Tiny Country Feeds the World, *National Geographic*, září 2017, https://www.nationalgeographic.com/magazine/2017/09/holland- agriculture-sustainable-farming. Pro přehled o roli zemědělců, politiků a technologických firem v zavádění robotizace a digitálních platforem na nizozemském venkově srov. Grace Abou Jaoude – Marten Kuijpers – Víctor Muñoz Sanz, Agricultural Platforms, *Harvard Design Magazine,* č. 46, 2018, s. 124–131.

18　Viz například Water Management Program, www.priva.com/ca/solutions/horticulture/water-solutions.

19　SmartScan 3D, https://www.wps.eu/en/horticulture/vision-camera-technology.

20　David H. Autor, Why Are There Still So Many Jobs? The History and Future of Workplace Automation, *The Journal of Economic Perspectives* 29, 2015, č. 3, s. 3–30.

21　Michael Polanyi, *The Tacit Dimension*, Doubleday & Company Inc., New York 1966, s. 4.

22　Autor (pozn. 20), s. 7.

21   Michael Polanyi, *The Tacit Dimension* (New York: Doubleday & Company Inc., 1966), p. 4.

22   Autor (see note 20), p. 7.

23   *Whitepaper: Tips and checklist for deciding whether your logistics investment is worth it* (De Lier: WPS, 2019), p. 5. Available at: https://info.wps.eu/en/tips-and-checklist-investment.

24   "Processing systems – working stations," https://www.wps.eu/en/horticulture/sorting-and-delivery/processing-systems.

25   "Priva FS Dashboard English," *YouTube*, 2:10, posted by PrivaAll, May 13, 2014, https://www.youtube.com/watch?v=JG8PCna1tis; "Priva FS Performance correction and validation function English," *YouTube*, 1:37, posted by PrivaAll, May 13, 2014, https://www.youtube.com/watch?v=sJKirhrB-IA.

26   "Management Information and Labor Registration," www.priva.com/ca/solutions/horticulture/operations-and-production-solutions.

27   "Frequently Asked Questions (FAQ)," https://www.nl-jobs.com/en/faq.

28   Suchman (see note 12), p. 217.

29   Donna J. Haraway, *Manifestly Haraway* (Minneapolis and London: University of Minnesota Press, 2016), pp. 37–38.

30   Benjamin H. Bratton, *The Stack: On Software and Sovereignty* (Cambridge, MA: MIT Press, 2015), p. 370.

23   *Whitepaper: Tips and checklist for deciding whether your logistics investment is worth it*, WPS, De Lier 2019, s. 5. Dostupné na https://info.wps.eu/en/tips-and-checklist-investment.

24   Processing systems – working stations, https://www.wps.eu/en/horticulture/sorting-and-delivery/processing-systems.

25   Priva FS Dashboard English, *YouTube*, 2:10, PrivaAll, 13. 5 2014, https://www.youtube.com/watch?v=JG8PCna1tis. – Priva FS Performance correction and validation function English, *YouTube*, 1:37, PrivaAll, 13. 5. 2014, https://www.youtube.com/watch?v=sJKirhrB-IA.

26   Management Information and Labor Registration, www.priva.com/ca/solutions/horticulture/operations-and-production-solutions.

27   Frequently Asked Questions (FAQ), https://www.nl-jobs.com/en/faq.

28   Suchman (pozn. 12), s. 217.

29   Donna J. Haraway, *Manifestly Haraway*, University of Minnesota Press, Minneapolis – London 2016, s. 37–38.

30   Benjamin H. Bratton, *The Stack: On Software and Sovereignty*, MIT Press, Cambridge, MA 2015, s. 370.

TEMPORAL COLLISIONS: TIME, INFRASTRUCTURE, AND PROTEST IN THE SHADOW OF THE HAMBURG PORT

Contemporary laws are written in steel structures and not with words. [1]

"Logistics is a key area in capitalism today. It is no longer the production of a commodity, but its supply chain, that has become the defining element according to which the production process and thus also our working conditions are oriented," was the explanation given by the post-autonomy left coalition known as…ums Ganze! (All or Nothing, hereinafter as UG) in an open letter to Hamburg port employees as to why it was planning to block the entrance to Germany's most important port during the *Welcome to Hell!* days which took place in the early summer of 2017 during the G20 conference, and that it hoped to "hit capital where it hurts: in its logistics"[2] in the process. Inspired by the analysis of contemporary power and strategies of resistance by the anarchist collective The Invisible Committee, which concludes that "power now resides in the infrastructures of this world," as "power is logistic," making it necessary to "block everything,"[3] UG organized a blockade during the G20 assembly, named simply *Shut Down the Logistics of Capital*. During the operation, hundreds of people managed to block one of the driveways for several hours, which symbolically slowed down the traffic from and into the port. Some of the lorry drivers who got stuck in traffic as a result of the action even expressed spontaneous support for the protest.

What should we make of this focus on infrastructure, and of the form of the protest? Who (or what) faced each other in the port? These are the central questions that this essay seeks to answer, and they are best unpacked through an understanding of the autonomous anchoring of the UG coalition.

The post-autonomous turn towards logistics and infrastructures. Source: Iniciativa Ne Rasismu (No Racism Initiative), 2017.

Postautonomní obrat k logistice a infrastrukturám. Zdroj: Iniciativa Ne rasismu, 2017.

Homo Politicus: The Post-/Autonomists

Autonomen: a peculiar type of political rabble-rouser, straddling non-conformist youth subculture and the bottom-and-left-up movement[4] for over 50 years; established in 2007, UG is one of its last emerging post-autonomous variations.[5] For German as well as Danish, Dutch, and (since the 1990s) Czech autonomists, places of work and production were never epicenters of battle, as was the case for Italian autonomists-operaists.[6] Instead, they focused on everyday life, housing, urban space, and consumption locations, employing various forms of creative and confrontational direct action to articulate or literally embody a critique of capitalism, gentrification, globalization, authoritarianism, state, climate crisis, patriarchy, nationalism or consumption, all the while attempting to implement into living praxis alternatives such as squats, autonomous or community centers, alternative security structures, local solidarity networks, decentralized means of organization, horizontal decision-making, and collective housing and living.[7]

Aside from this central political domain, autonomists have had a sporadic interest in modern infrastructure ever since they emerged in the second half of the 1970s: from the infrastructures of global governance,[8] production and distribution of energy,[9] the army,[10] up to transportation.[11] The German autonomists' current focus on the logistical infrastructure of capitalism is simply the latest chapter of a much older story which has yielded only a few pages in the last few years in the history of the post/autonomous[12] fight that gravitates around modern infrastructures. Thus, the post/autonomous movement has after a long time finally made some

The Ende Gelände movement partially draws on the long-term interest of the autonomous left in confronting modern infrastructures. Photo: Petr Zewlakk Vrabec, 2019.

noise in Hamburg, letting us know that for several decades, sporadically, through campaigns, but nonetheless in a spectacular manner, it has filled the left streams and groundwater of politics whirling around modern infrastructures.

The Technopolitics of Protest

Beginning in the 19th century, infrastructures such as water, electricity, transport, waste and sewer delivery systems became a crucial pillar of governmentality and division for modern states. As anthropologists Akhil Gupta, Nikhil Anand and Hannah Appel have noticed, "Infrastructures have been technologies that modern states use not only to demonstrate development, progress, and modernity [...], but also to differentiate populations and subject some to premature death."[13] If infrastructures distribute things, energy, information, food, water and other resources vital for humans and other organic matter, then they distribute life itself—and "not just in terms of aspirations and possibilities, but, in their very material sense, to flourish and to proliferate life."[14] As such, modern infrastructures with their pipes, wires, containers, or docks have become an element of power and technopolitics[15] whose distribution network reveals the answers to political questions such as what is being (or not being) distributed, to whom, in exchange for what, and which also shows the origins of the split.

The logic of negotiating these questions and answers was considerably obfuscated as modernity turned towards neoliberalism and another globalization wave in the 1970s. This turn marked the end of the "golden age" of public infrastructures, associated in Anglo-Saxon countries between the 1930s and 1970s with Keynesianism, and in post-war West Germany with the Marshall Plan, the so-called economic miracle (*Wirtschaftswunder)* and the proliferation of the social state. Where neoliberalism, as noticed by Dominic Boyer, pushed companies as well as countries towards building, innovating, and maintaining the specific infrastructures of market globalization (telecommunication, transport, logistics centers, finance), public infrastructures were put on the back burner and began to deteriorate. This trend was further exacerbated in the financial crisis of 2008, or, more specifically, the "austerity and belt-tightening policies" that followed.[16]

The rise of the global neoliberal imperative has foregrounded one of the long-term dichotomies in the politics of infrastructures around the world: namely, the nature of the relationship between state-administered, so-called public infrastructures (designated for citizens' welfare) and private infrastructures (designated for the flow of capital, goods, labor). It has inserted a new filter into the above-mentioned meta-questions, making it possible to ask which resources or infrastructures will be commodities designated for business, and which will be common goods for citizens; which are to be built or renovated first, and which will be addressed second; under what conditions, for and by whom will they be distributed.

This power of infrastructures to (not) distribute life have thus attracted various protests, which challenge their distribution flow, unevenness, or even absence, by means of blockades, sabotage, stalling, strikes—such as the recent union strikes at the German, Polish, and Spanish Amazon for better working conditions and higher wages, or through broader public campaigns and social movements, such as the dispute over the Dakota Access Pipeline in the US. Protests are particularly useful in effecting temporary or permanent diversion of the purpose of infrastructures, linking them explicitly to politics or political economy, whose role in relation to infrastructures tends to be invisible.[17]

The post-autonomists sought a similar alliance in Hamburg. In this way, they made their action performative, like all the counter-summits or happenings organized in

veřejných infrastruktur spojený v anglosaských zemích mezi třicátými a sedmdesátými lety minulého století s keynesiánstvím a v poválečném západním Německu s Marshallovým plánem, tzv. hospodářským zázrakem (*Wirtschaftswunder)* a bujením sociálního státu. Jestliže neoliberalismus, jak si všímá Dominic Boyer, začal firmy i státy tlačit zejména vstříc stavbě, inovaci a péči o infrastruktury spojené s globalizací obchodu (telekomunikace, doprava, logistická centra, finance), veřejné infrastruktury se dostaly na druhou kolej a začaly chátrat. Tento trend navíc navýšila finanční krize z roku 2008, respektive „úsporná politika utahování opasků", jež následovala.[16]

V důsledku globálního nástupu neoliberálního imperativu tak ještě více vykrystalizovala jedna z dlouhodobých dichotomií vlastní politikám kolem infrastruktur po celém světě – totiž podoba vztahu státem spravovaných, tzv. veřejných infrastruktur (určených pro blaho občanů) a soukromých infrastruktur (určených pro tok kapitálu, zboží, práce), jež do výše zmíněných metaotázek vložila nový filtr a umožnila se rovněž ptát, které zdroje, ale i infrastruktury samotné budou komodity určené pro byznys a které veřejný statek pro občany; které je třeba stavět přednostně či inovovat a které až sekundárně; za jakých podmínek, komu a kým budou distribuovány.

Právě kvůli této moci infrastruktur ne/distribuovat život se kolem nich často víří různé protesty, které distribuční toky, jejich nerovnou povahu, či dokonce absenci zpochybňují ať už pomocí blokád, sabotáží, zpomalováním chodu či stávek jako v případě nedávných stávek odborů v německém, polském a španělském Amazonu za lepší pracovní podmínky a vyšší mzdy, nebo pomocí širších veřejných kampaní a sociálních hnutí jako v případě sporu o výstavbu ropovodu Dakota Access Pipeline v USA. Právě skrze protesty je možné dočasně či trvale přesměrovat účel infrastruktur a explicitně ho spojit s politikou či politickou ekonomií, jejíž role v souvislosti s infrastrukturami naopak často zůstává neviditelná.[17]

O podobné spojení usilovali v Hamburku i postautonomové. V tomto duchu byla jejich akce performativní, konec konců jako všechny tzv. kontrasummity neboli akce pořádané v Německu již od roku 1988 (Západní Berlín) a ve světě od roku 1999 (Seattle) paralelně se světovými summity transnárodních organizací typu Mezinárodního měnového fondu či Světové obchodní organizace. Cílem těchto akcí bylo a je zaplnit místa pořádání těchto sjezdů demonstracemi a dalšími protestními

Symbolical blockade of the road used by container trucks to access the port.
Photo: Harriet Dohmeyer, *Fink.Hamburg*, 2017.

Symbolická blokáda cesty, kudy do přístavu jezdí kamiony převážející kontejnery.
Foto: Harriet Dohmeyer, *Fink.Hamburg*, 2017.

Germany since 1988 (West Berlin), and in the world since 1999 (Seattle) in parallel with world summits of transnational organizations such as the International Monetary Fund or the World Trade Organization. The goal of these happenings was (and is) to fill the locations of these congresses with demonstrations and other protest happenings, in order to draw attention to the radical critique of globalization, and to the alternatives. In the case of the port blockade, the point was to impede symbolically the very flow of logistics, which had minimal influence on the port as a whole but was still effective, according to the organizers. This effect was twofold: a) to derail, or expand the fighting strategy of (not only) the autonomous left towards logistics, which could become the new starting point of political struggle in the world where, as the Bremen organization Basisgruppe Antifaschismus (BA; part of UG) says, "goods sail across the oceans while thousands of migrants are drowning;"[18] b) to expose the power of logistical infrastructure in global capitalism, highlighting its presence in public space by means of direct action, in this case a blockade.

I want to open the next part of this essay with this strategy of exposing the system by delaying it symbolically via blockade. It shows how exposing the logistics of capitalism as a political problem is manifested as a collision between two different temporal structures, or two different political times: the linear time of neoliberalism on the one hand, and the synchronic autonomous time on the other. Time plays a paramount, albeit neglected, role in the infrastructure arguments. What is meant by that?

akcemi a skrze to přitáhnout pozornost k radikální kritice globalizace a alternativám. V případě blokády přístavu šlo o symbolické zbrzdění plynulého toku logistiky samotné, které sice na chod přístavu jako celku mělo pramalý vliv, ale podle organizátorů mělo sílu vyvolat efekt. A to efekt hned dvojí: a) přesměrovat, respektive rozšířit strategii boje (nejen) autonomní levice vstříc logistice, jež by se mohla stát novým východním bodem politického boje ve světě, ve kterém, jak říká brémská organizace Basisgruppe Antifaschismus (dále jako BA), součást koalice UG, „zboží brázdí oceány a mezi tím se topí tisíce migrantů";[18] b) obnažit moc logistické infrastruktury v globálním kapitalismu a tím ji zviditelnit ve veřejném prostoru – a to pomocí přímé akce, jež měla formu blokády.

Právě ono obnažení symbolickým zbrzděním pomocí blokády je moment, od kterého bych se rád odrazil do další části eseje, protože poodhaluje, že zviditelnění logistiky kapitalismu coby politického problému nabylo povahy kolize dvou odlišných temporálních struktur, respektive dvou odlišných politických časů – z jedné strany lineárního času neoliberalismu a z druhé synchronního času autonomního. Je to totiž právě čas, který v souvislosti se spory o infrastruktury hraje opomíjenou, byť klíčovou roli. Co se tím přesně myslí?

BA Demonstration in Bremen mobilizing for the Hamburg protests. Photo: Author's archive.

Demonstrace BA v Brémách mobilizující na protesty do Hamburku. Foto: archiv autora.

Infrastructural Time

In the anthropological study of infrastructures, the emphasis until recently lay in the importance of space, materialized in the famous definition from Brian Larkin's canonical text where he argues that "infrastructures are built networks that facilitate the flow of goods, people, or ideas and allow for their exchange over space."[19] Recently, and especially following the publication of *The Promise of Infrastructure*,[20] the role of "infrastructural time"[21] has gathered more attention. As the title reveals, infrastructures serve more than just their technical purpose, here and now, but are also connected to promises, hopes, aspirations, desires or even dreams, described by Rudolf Mrázek in a nod to Søren Kierkegaard as "enthusiasm of the imagination"[22]—about an improved road, better availability, economic growth towards mass consumption, or catching up with the West, about liberal freedom (or conversely communist equality), about access to global culture. Such varied expectations of the future, which also shape our understanding of the present and the past, which Larkin calls semiotic and aesthetic "poetics of infrastructures,"[23] are needed to understand the socio-material life of infrastructures as such, and the various protests it has sparked, as well as the very common failures of these promises and desires. With their unfinished, decaying, or dysfunctional infrastructures or, conversely, with infrastructures that only work for some users, these failures generate different affects, new dreams, or negative and even dystopian visions of a declining and degraded future. In this way, they have the power to undermine the previous enthusiastic narratives. Promises and the changes they undergo over time necessarily

Infrastrukturní čas

V antropologickém studiu infrastruktur až donedávna převládal důraz na význam prostoru, zhmotněný slavnou definicí z kanonického textu Briana Larkina, ve kterém tvrdí, že „infrastruktury jsou vestavěné sítě, které zprostředkovávají pohyb zboží, lidí a myšlenek a umožňují jejich výměnu v prostoru".[19] Až v poslední době a zejména s knížkou *The Promise of Infrastructure* (Příslib infrastruktury)[20] se více pozornosti dostává i roli „infrastrukturního času".[21] Jak už název knihy napovídá, infrastruktury nemají jenom technickou funkci, tady a teď, ale jsou napojené na různé přísliby, naděje, aspirace, touhy či přímo sny, kterým Rudolf Mrázek s odkazem na Sørena Kierkegaarda říká „nadšení představivosti"[22] – tu o zpevněné cestě a lepší dostupnosti, tu o ekonomickém růstu k masivní spotřebě či k dohnání Západu, tu o liberální svobodě anebo naopak komunistické rovnosti, tu o připojení ke globální kultuře. Tato různorodá očekávání budoucnosti tvarující i rozumění přítomnosti a minulosti, kterým Larkin říká sémiotická a estetická „poetika infrastruktur",[23] jsou klíčová pro pochopení sociomateriálního života infrastruktur jako takového, ale i různorodých protestů s ním spojených. Stejně tak jsou ale pro pochopení klíčové velmi časté krachy těchto příslibů a tužeb. Ty generují s nedostavěnými, tlejícími či nefunkčními infrastrukturami nebo naopak s infrastrukturami, které sice fungují, ale jenom pro někoho, odlišné afekty, nové sny či naopak negativní až dystopické představy odmítnuté budoucnosti. Mají tak sílu podkopávat výše zmíněné entuziastické narativy. Přísliby a jejich proměny v čase jdou spolu nutně ruku v ruce – a s nimi i krachy snů, které se tak stávají „ruinami příslibů".[24] Jinak řečeno je třeba vzít v potaz to, že „infrastruktury nastavují čas, spouštějí určité druhy společenského času go hand in hand—along with broken dreams which become "ruins of a promise."[24] In other words, we need to take into account that "infrastructures configure time, enable certain kinds of social time while disabling others, and make some temporalities possible while foreclosing alternatives."[25] This anthropological consideration of the temporal dimension makes it possible to examine the specific configurations of time structures which are built around infrastructures all over the world.[26] So what exactly happened in Hamburg, Germany? What times faced one another in the blockade?

The Linearity of Neoliberalism

When the above-mentioned organization Basisgruppe Antifaschismus mobilized for the port protests, it earmarked the following quote as a possible slogan: "Breaking chains! And those of logistics," to which it added: "Its structure continues to be perfected with the rise of technical productive power with a capitalist purpose. Perfection means here: All goods come faster and more precisely to their destination, storage and production interlock better and better, time is actually money here."[27] For the autonomists, the dimension of logistics where optimized time management means higher profit becomes a crucial layer of the critique of globalized neoliberal capitalism seen through the prism of the German nation-state—a country which has become, along with China, "one of globalisation's winners of the past 25 years."[28] Which led the protest coalition Welcome to Hell! to argue that the G20 summit motto ought to be "Be a Guest of Winners."[29]

One of the things that helped Germany successfully overcome the 2009 financial crisis was the massive export of products labelled Made in Germany. This strengthened even further the country's position among the strongest economies of the world and in the global supply chain,[30] where it has been crucial for the neighboring countries of Austria and the Visegrád Group.[31] Moreover, ever since overcoming the crisis, Germany has confirmed its status as a political hegemon within all of EU. And if 90% of today's consumer goods cruises the world in transatlantic container liners,[32] then Hamburg, Germany's biggest port, the third busiest port in Europe after Rotterdam and Antwerp,[33] and also the

The Hamburg port has recently become a massive distribution center of standardized containers. Photo: Ajepbah, Wikimedia Commons, 2013.

Z přístavu v Hamburku se v poslední době stalo obrovské překladiště standardizovaných kontejnerů. Foto: Ajepbah, Wikimedia Commons, 2013.

single most crucial port for the Czech economy,[34] has been irreplaceable on the "journey of the winners" as a German *Tor zur Welt* (Gate to the World),[35] and as a gateway to the inland.[36]

Infrastructural time—exposed, highlighted, and confronted by the blockade—is the neoliberal time of Germany,[37] which operates on the linear axis of progress (the dominating temporal structure of the West), visible also in the political and economic system of capitalism, founded on permanent economic growth, expansion, extraction of cheap energy from fossil resources and the maximization of profit. The very same linear axis features infrastructural time comprising two main parts—the accelerated *just-in-time* (JIT) of the system of production, linked to the language and praxis of accelerating growth and profit, and the time of slow deterioration of public infrastructures, which naturally slows down growth on the linear axis. In other words, the acceleration and slowing down of growth that gravitate around the infrastructures of commerce, or public goods, are two sides of the same coin of neoliberal linearity.

Port Changes

In the last few decades, the Hamburg Port has undergone seminal changes, brought about by the container revolution and the introduction of the JIT system, which tries to accelerate and effectivate the link between production and delivery.[38] This has made Hamburg one of the "highly modernised container terminals far removed from the inner cities,"[39] where everything is ruled by the JIT system

zur Welt – Brána do světa,[35] tak coby brána do vnitrozemí.[36]

Infrastrukturním časem, který byl blokádou přístavu obnažen, zviditelněn a symbolicky konfrontován, je neoliberální čas Německa,[37] jemuž je vlastní lineární osa pokroku, dominantní to temporální struktura Západu, viditelná mj. i v politicko-ekonomickém systému kapitalismu postaveném na trvalém ekonomickém růstu, expanzi, extrakci levné energie z fosilních zdrojů a maximalizaci zisku. Na téže lineární ose je pak čas infrastruktur komponovaný ze dvou hlavních složek – z jedné strany akcelerovaným časem systému výroby *just in time* (dále jako JIT) napojeným na jazyk i praxe zrychlování růstu a zisku a z druhé strany časem pomalého chátrání veřejné infrastruktury, který na lineární ose nabývá povahy brzdění růstu. Jinými slovy, zrychlování a brzdění růstu gravitující kolem infrastruktur obchodu, respektive veřejných statků tvoří dvě strany téže mince neoliberální linearity.

Proměny přístavu

Přístav v Hamburku dostál v několika posledních dekádách zásadních změn, jejichž společným jmenovatelem je kontejnerová revoluce a přechod k tzv. JIT systému, který se snaží zrychlit a tedy zefektivnit vazbu mezi výrobou a dodáním.[38] Díky těmto změnám se Hamburk stal jedním z „nesmírně modernizovaných kontejnerových doků daleko od center měst",[39] v jehož rámci je vše podřízeno požadavkům requirements of size and time, even at the expense of the "original inhabitants of the port," such as the sailors of the inland river transport.[40] Also, the radical transformation of the cosmopolitan and solidarity culture of the Hamburg port,[41] a place of strategic importance and optimal position, was facilitated by its great securitization following the 9/11 attacks. The long-term ethnographic research by Yarin Eski[42] shows that the main goal of the massive local security measures and port police is "protecting the vulnerability of the just-in-time logistics,"[43] effectively protecting its logistical infrastructure, or the continuous global flow of goods, from any "dangerous and suspicious others" such as homeless persons, street youth, as well as port workers, truck drivers, lower-ranking sailors and, in the end, the port police staff itself.

Slow Deterioration Against Economic Growth

Germany may have turned into the new hegemon of Europe over the past few years and is, in the words of the post-autonomists, the "winner of globalization," but it has been struggling with its own problems of the above-mentioned neoliberal kind. *Spiegel* was the most accurate in describing the situation at the time: "German industry sells high-quality automobiles and machines around the world, but when the plaster begins to crumble in an elementary school, parents have to raise money to hire a painter."[44] Hyper-modernized infrastructures of the Hamburg port kind, connected with the globalization of commerce, meet corroding public assets on the same linear timeline. The German statistics office confirms this unpleasant situation: the investment percentage of all economic expenses into public infrastructures is in permanent decline.[45]

In the last few years in Germany, the problem of public infrastructures deterioration has reached the media. Aside from a problematization via complications with a temporally and spatially adequate allocation of qualified experts, and with the coordination of a three-degree civil service of the German federation, the central discourse of the debate has employed the neoliberal language of economics, namely the idea that deteriorating public infrastructures are stalling economic growth and German competitiveness. The attitudes, arguments, and emphases in the debate surrounding this central connection are, of course, varied. Some agree and use IT language to highlight the need for upgrades and updates; others nod on to emphasise that the question of investment into public infrastructures is about whether growth and prosperity ought to be temporary or long-term; however, there are also those who warn against getting into inadequate debt, which could all but hinder growth and go against the "German jewel" that is budget discipline. What is shared by all these attitudes is the axis of linear time, in which the ageing public infrastructure issue must be addressed not for the sake of the citizens, but in order to optimize growth and raise competitiveness on the global market.

The Synchronicity of Autonomy

The autonomists attempted a radical disruption of German neoliberal time through the port in order to highlight and delay it symbolically[46] by confronting its logistical infrastructure. But they also used direct action to pit it against a very different, non-linear time, which is typical for autonomous worlds and their take on the potential of political change. The Danish anthropologist Stine Krøijer,[47] who has primarily carried out ethnographic research among autonomists in Denmark, sees the time of autonomous confrontation as synchronic and linked to the figuration of the future. What exactly does she mean by that?

The autonomists have stayed true to their confrontational politics of direct action, which takes the shape of blockades, riots, and other kinds of street activity. Far too often, it is the post-autonomous militants who draw the short straw here, especially in terms of interaction with the police, described by the main actors in my long-term research of German post-autonomy as "playing cat and mouse." Despite this imbalance, which often leads to long-term blocking of autonomous formations in the streets by the police (a tactic also known as *kettling*) and the persecution of activists, Krøijer notes that these lost battles generate feelings and corporeal experiences of power, as well as solidarity, horizontality and freedom for young militants. How is this possible?

According to Krøijer, the seeming paradox of feeling victorious as one loses can be explained by the *synchronization* of the physical experience in the sense of "a bodily

The synchronicity of the collective body during the Hamburg protests. Photo: Thorsten Schröder, Wikimedia Commons, 2017.

Synchronicita kolektivního těla během protestů v Hamburku. Foto: Thorsten Schröder, Wikimedia Commons, 2017.

belonging to the same moment in time," where otherwise individualized and atomized individuals become part of a temporarily forming collective body in protest, which "figurates the future by creating a bodily experience of that which is beyond capitalism."[48] These figurations of the future through temporary, shared, and present experiencing of the above mentioned feelings in the heat of protest are crucial as "they often succeed in giving determinate form [of collective body] to an indeterminate future."[49] Flickers of the future beyond the currently existing political *status quo* thus gain temporary bodily contours—figurations—during direct action. In other words, the future is temporarily in sync with the present because "the synchronic body [...] stands in a simultaneous relationship to the present and the future by materializing the otherwise in the here and now."[50] This synchronization means that in an autonomous understanding, the logic of political change is different—in terms of the relationship between the means and goals of political strategy, but also in the sense of its temporal structure.

Traditional anarchists such as Mikhail Bakunin, Peter Kropotkin and Emma Goldman were among the first to criticize authoritarian Marxism for approaching the revolutionary journey instrumentally, in that its means (such as the dictatorship of the proletariat) do not correspond to its goal (a classless society without dictatorships). In contrast to the end-justifies-means approach, anarchists emphasized the necessary interrelatedness of journey and goals, making the whole revolutionary cause a fundamentally ethical issue, according to Uri Gordon.[51] Understanding revolutionary praxis

dočasně formujícího se kolektivního těla v protestu, jenž „zpodobňuje budoucnost vytvořením tělesné zkušenosti přesahující kapitalismus".[48] Tyto figurace budoucnosti skrze dočasné, sdílené a přítomné zakoušení výše zmíněných pocitů ve „vyhrocených" situacích protestu jsou klíčové, protože „se jim často podaří dát jasnou formu [kolektivního těla] nejasné budoucnosti".[49] Záblesky budoucnosti mimo aktuálně existující politický status quo tak získávají během přímých akcí dočasné tělesné kontury – figurace. Jinými slovy se budoucnost stává dočasně synchronizovaná s přítomností, neboť „synchronní tělo [...] se vztahuje zároveň k přítomnosti i budoucnosti tím, že zhmotňuje tady a teď to, co je jiné".[50] Tato synchronizace dává tušit, že v autonomním přístupu vyvstává odlišná logika politické změny – a to jak ve smyslu vztahu prostředků a cílů politické strategie, tak zejména ve smyslu její temporální struktury.

Byli to již klasičtí anarchisté, jako Michail Bakunin, Petr Kropotkin či Emma Goldman, kteří mezi prvními kritizovali autoritářský marxismus za to, že přistupuje k revoluční cestě instrumentálně v tom smyslu, že prostředky (mj. diktatura proletariátu) nekorespondují s cílem (beztřídní společnost bez diktatur). Oproti principu účel světí prostředky kladli anarchisté důraz na nezbytnou provázanost cesty a cílů, čímž podle Uri Gordona učinili z revolučního projektu záležitost bytostně etickou.[51] A právě z chápání revoluční praxe coby eticko-buřičského projektu, v jehož rámci je třeba konfrontovat moc a zároveň konstruovat alternativy k ní tady a teď a který do veřejného prostoru rozšířila hlavně tzv. nová levice, vychází i post/autonomové. A vychází z něj i jejich politická logika synchronního času navázaná as an ethical and rabble-rousing project which requires power to be confronted and alternatives to it to be constructed here and now, and which has spread in public space mostly thanks to the so-called new left, is what post/autonomists draw from as well. The political logic of synchronic time, which is linked to the connection between means and end, also draws from it; for this logic, what is crucial is an uncertain future, or, as the popular slogan in autonomous circles says, "[the] future is unwritten."

The temporal structure of the traditionally Marxist path to revolution presupposes "a linear mobilization of the masses and accumulation of revolutionary force in mass movements until the awaiting workers and soldiers could finally 'storm the Winter Palace',"[52] making the path known and set in advance, linear and geared for revolution as a future point. This is not the case for autonomous political time. The connection of means and ends within the revolution is understood more as the present type of praxis, and it is also a path without a clear-cut future. It embraces uncertainty, the unknown, and not *knowing*, not in the sense of weakness or a temporary mistake, but as permanent political approach. In slogans and situationally, post-autonomists speak of course of the need to destroy capitalism or the patriarchy, just as they mention communism with a lowercase "c."[53] At the same time, they do not have a plan on how to achieve destruction, or what communism should be, once and for all, partly because "the ends expressed in practice undergo constant re-evaluation."[54]

Autonomous time is not based on a clear and everlasting vision of the future or a given pathway towards it, but rather on permanent, generative and partial reevaluation of attitudes, rules, values, tactics, and organizational forms depending on what proves successful in currently existing and commonly experienced political practice.[55] The south Mexican Zapatistas, whom the German autonomists have visited in large numbers and for a long time,[56] call this approach *preguntando caminamos*—"walking, we ask questions." Elements such as unpredictability, creativity, spontaneity and especially emphasis on synchronized, shared, and concrete experience of attitudes and values worth fighting for by autonomists thus come to the fore. In Stine Krøijer's understanding, this uncertainty of what the future looks like is not so much "a failure of imagination" for "[it] allows activists to remain radically open to what is not yet there."[57] This puts forth an understanding of the future

na propojení prostředku a účelu, pro niž je zásadní nejistá budoucnost, respektive, jak říká v autonomních kruzích oblíbené heslo, že „budoucnost je nepopsaná".

Jestliže časová struktura cesty klasického marxismu k revoluci předpokládá „lineární masovou mobilizaci a hromadění revoluční síly v masových hnutích, až vyčkávající dělníci a vojáci konečně vtrhnou do Zimního paláce",[52] a jedná se tedy o cestu předem známou, jasně stanovenou, lineární a rozumějící revoluci jako budoucímu bodu, v případě politického času autonomie je tomu jinak. Nejenže je revoluce kvůli vazbě prostředků a cílů chápána spíše jako přítomná cesta praxe, ale zároveň je to cesta, která ohledně budoucnosti nemá jasno. Jsou jí vlastní nejistoty, neznámosti, nevědění – a to nikoli ve smyslu slabosti či dočasné chyby, nýbrž ve smyslu trvalé součásti politického přístupu. Samozřejmě postautonomové mluví o tom, že je třeba zničit kapitalismus či patriarchát, stejně jako heslovitě a situačně mluví o tzv. komunismus s malým k.[53] Nicméně nemají předem připravený a rozpracovaný program či plán, jak ke zničení dospět, ani co by komunismus vlastně jednou provždy měl být – a to i proto, že „cíle vyjádřené v praxi jsou neustále přezkoumávány".[54]

Autonomní čas totiž není založený na jasné a neměnné vizi budoucnosti, respektive nalajnované cestě k ní, nýbrž na trvalém, generativním a částečném přehodnocování přístupů, pravidel, hodnot, taktik a organizačních forem podle osvědčení v aktuálně existující a společně zakoušené politické praxi.[55] Jihomexičtí zapatisté, za kterými autonomové z Německa houfně a dlouhodobě jezdí,[56] takovému přístupu říkají *preguntando caminamos* – kráčíme s otázkami. Do popředí se tak dostávají takové elementy jako nepředvídatelnost, kreativita, spontaneita a hlavně důraz na synchronizovanou, sdílenou a konkrétní zkušenost postojů a hodnot, za které stojí autonomům bojovat. Tato nejistota podoby budoucnosti tak není podle Stine Krøijer ani tak „selháním představivosti" jako spíše „umožňuje aktivistům a aktivistkám zůstat radikálně otevření tomu, co zde ještě není".[57] Do popředí se tak dostává pojetí budoucnosti nikoli ve smyslu nepřítomného momentu na chronologické/lineární ose času, nýbrž ve smyslu „současné tělesné perspektivy"[58] – takové, jež se vyjevuje v situacích pouliční konfrontace, jakou byla blokáda cesty do hamburského přístavu a jež umožňuje dočasně zakusit budoucnost skrze synchronizovanou zkušenost kolektivního těla generujícího pocity síly, svobody, horizontality a solidarity.

not as an absent moment on the chronological/linear timeline but as a "contemporary bodily perspective"[58]—a perspective which manifests itself in situations of street confrontation such as blocking the entrance to the Hamburg port, and which makes it possible to taste the future temporarily through a synchronized experience of a collective body which generates feelings of strength, freedom, horizontality, and solidarity.

Dreams

If it is true that modern infrastructures are tied to various dreams, promises or expectations all over the world, then it should come as no surprise that this was also the case during the Hamburg blockade. But these were not dreams of plugging or re-plugging into public infrastructures, as has been the case for many fights around the world; nor were they dreams of better working conditions and higher wages for the people employed in the logistics sector. They were dreams of redirecting protests towards logistics as a new point of departure from which to attack capitalism. In other words, the autonomous dreams in Hamburg were about nothing less than defeating global capitalism as such.

In this sense, I find the main flyer and the name of the whole action week symptomatic, as it "welcome[s] [visitors] to hell," pictured as burning, or rather red-hot logistic infrastructures of the port. The flyer suggests that autonomous time includes figurations of a utopian future, as we have mentioned before, but that it also operates various modes of enhancing the visibility of dystopia—in this case the dystopian course of capitalism. I believe that with their flyer, the post/autonomists have managed to expose the connection between capitalism and climate crisis which is causing the Earth to overheat. This correlation, embedded in Christian language, furthermore unveils the inner contradiction of the neoliberal time of global logistics—what seemed to be linear and open time moving towards permanent growth, profit and expansion, becomes dystopian time headed towards its own seminal and final limit—a geophysical stop sign which manifests itself as burning hell which the planet unleashes onto the endless linearity of growth. Synchronic autonomous time makes it possible to taste the figurations of utopian future and to break into neoliberal time, where it attempts to expose its dystopian nature linked to a non-linear temporal structure.[59]

Welcome to Hell! Main flyer of the action days. Photo: Author's archive.

Welcome to Hell! Hlavní leták akčních dnů. Foto: archiv autora.

Unwritten Future

The collision of two different political times in the Hamburg port was short-lived, which is an element for which autonomists are often criticized from the outside as well as from within. Temporal collisions imply both the collision of times and the temporariness of that collision. Post/autonomists may be successful in the temporary exposure and reframing of problems using spectacular direct action and designated campaigns, but these exposures are often short-lived, lasting a mere few hours (in the case of particular blockades and demonstrations), days (counter-summits), or weeks (occupying squares, e.g. in 2011). The…ums Ganze! coalition has tried to mitigate this volatile quality by providing not just action but also promising to orchestrate an international conference focusing on strategical inclination of autonomous politics to issues of logistics once the summit is over. Is this promise going to be one of those that gravitates around modern infrastructures, never materializes and thus confirms the autonomous issue with durability of forms? Or could it become a point of departure for a politics fully geared towards generating more permanent forms of future figurations, without abandoning synchronic time or their radical openness towards the unknown? That is hard to say.

Let us not haste to provide or even prefigure an answer—and this is true twice over for the autonomists. Again, let us wait and see. For the future remains unwritten.[60]

1   The Invisible Committee, *To Our Friends* (South Pasadena: Semiotext(e), 2015), p. 85

2   "Liebe Kolleg*innen und Genoss*innen": Ein offener Brief an alle die im Hamburger Hafen arbeiten müssen," June 1, 2017. https://umsganze.org/liebe-kolleginnen-und-genossinnen-ein-offener-brief-an-alle-die-im-hamburger-hafen-arbeiten-muessen.

3   The Invisible Committee (see note 1), p. 81

4   Jan Schwarzmeier, *Die Autonomen zwischen Subkultur und sozialer Bewegung* (Göttingen: Books on Demand GmbH, 2001).

5   For post-autonomy, see Bohuslav Kuřík, *Revolutionary Amoebas: Political Versatility as the Art of Resistance in Contemporary Germany* (PhD diss., Prague: Faculty of Humanities, Charles University, 2015). Available at https://is.cuni.cz/webapps/zzp/detail/94782/. See also Robert Foltin, *Post-Autonome: Von der Organisationskritik zu neuen Organizationsformen?* (Münster: unrast transparent, 2016).

6   Steve Wright, *Storming Heaven: Class Composition and Struggle in Italian Autonomist Marxism* (London: Pluto Press, 2002).

7   George Katsiaficas, *Subversion of Politics: European Autonomous Social Movements and the Decolonization of Everyday Life* (Atlantic Highlands: Humanities Press International, 1997).

8   As in the action against events such as the aforementioned G20 or the G8 summit (2007) in Heiligendamm in northern Germany.

9   As in the fight against nuclear power plants in Brokdorf between 1980 and 1981, in Wackersdorf between 1985 and 1986, or the radioactive waste storage site at Gorleben since 1980, and also the fight against coal mining of the current Ende Gelände coalition, which has been active since 2015 including a strong autonomous presence.

10   As in the attack on the military ceremony in Bremen in 1980, or a whole series of actions against German military targets as well as NATO targets installed in West Germany at the time.

11   One example being the fight against the new extension of the globally significant Frankfurt airport between the late 1970s and 1980s. For more examples see Geronimo, *Fire and Flames: A History of the German Autonomist Movement* (Oakland, CA: PM Press, 2012).

1   The Invisible Committee, *To Our Friends*, Semiotext(e), South Pasadena 2015, s. 85.

2   "Liebe Kolleg*innen und Genoss*innen": Ein offener Brief an alle die im Hamburger Hafen arbeiten müssen, https://umsganze.org/liebe-kollleginnen-und-genossinnen-ein-offener-brief-an-alle-die-im-hamburger-hafen-arbeiten-muessen.

3   The Invisible Committee (pozn. 1), s. 81

4   Jan Schwarzmeier, *Die Autonomen zwischen Subkultur und sozialer Bewegung*, Books on Demand GmbH, Göttingen 2001.

5   K postautonomii srov. Bohuslav Kuřík, *Revolutionary Amoebas: Political Versatility as the Art of Resistance in Contemporary Germany* (disertační práce), Fakulta humanitních studií UK, Praha 2015. Dostupné na https://is.cuni.cz/webapps/zzp/detail/94782/. – Robert Foltin, *Post-Autonome: Von der Organisationskritik zu neuen Organizationsformen?*, unrast transparent, Münster 2016.

6   Steve Wright, *Storming Heaven: Class Composition and Struggle in Italian Autonomist Marxism*, Pluto Press, London 2002.

7   George Katsiaficas, *Subversion of Politics: European Autonomous Social Movements and the Decolonization of Everyday Life*, Humanities Press International, Atlantic Highlands 1997.

8   Jako tomu bylo v případě akcí proti sjezdu typu výše zmíněného G20 nebo proti zasedání summitu G8 v severoněmeckém Heiligendammu v roce 2007.

9   Zde je možné zmínit jak boje proti jaderným elektrárnám v Brokdorfu mezi lety 1980 a 1981, Wackersdorfu mezi lety 1985 a 1986 či skladišti radioaktivního odpadu v Gorlebenu od roku 1980 až do současnosti, tak i boje proti těžbě uhlí v soudobé koalici Ende Gelände aktivní od roku 2015 se silným autonomním zastoupením.

10   Jako tomu bylo v případě útoku na vojenskou ceremonii v Brémách roku 1980 či řady akcí jak proti objektům německé armády, tak proti objektům NATO instalovaným svého času v západním Německu.

11   Příkladem může být boj proti rozšíření globálně významného frankfurtského letiště o ranvej Startbahn-West mezi koncem sedmdesátých a osmdesátých let minulého století. Více k některým těmto příkladům viz Geronimo, *Fire and Flames: A History of the German Autonomist Movement*, PM Press, Oakland, CA 2012.

12   The essay does not address in detail the differences between autonomists and post-autonomists. Therefore I use various terms—autonomists, post-autonomists, post/autonomists—interchangeably unless explicitly stated otherwise.

13   Nikhil Anand, Akhil Gupta, and Hannah Appel, "Introduction," in Nikhil Anand, Akhil Gupta, and Hannah Appel (eds.), *The Promise of Infrastructure* (Durham: Duke University Press, 2018), p. 5.

14   Ibid., p. 21.

15   See also Brian Larkin, "The Politics and Poetics of Infrastructure," *Annual Review of Anthropology*, no. 42 (2013), pp. 327–343, here pp. 330–332.

16   Dominic Boyer, "Infrastructure, Potential Energy, Revolution," in Anand, Gupta, and Appel (see note 13), pp. 223–243.

17   To paraphrase Anand, Gupta, and Appel (see note 13).

18   "Shut down the logistics of capital" – auch in Bremen!," May 29, 2017, http://basisgruppe-antifa.org/wp/2017/05/29/10-juni-am-brill-hinein-in-den-antikapitalistischen-block.

19   Larkin (see note 15), p. 328.

20   Anand, Gupta, and Appel (see note 13).

21   Hannah Appel, "Infrastructural Time," in Anand, Gupta, and Appel (see note 13), pp. 41–61.

22   Rudolf Mrázek, *Engineers of Happy Land: Technology and Nationalism in a Colony* (Princeton and Oxford: Princeton University Press, 2002), p. 161, 165.

23   Larkin (see note 15), pp. 334–336.

24   Anand, Gupta, and Appel (see note 13), p. 27.

25   Ibid., p. 15. See also On Barak, *On Time: Technology and Temporality in Modern Egypt* (Berkeley: University of California Press, 2013).

26   Hannah Appel's research in Equatorial Guinea (2018) is an instance in point. A country where the political time of contemporary dictatorship and the imperial time of the history of the present are interwoven with two different types of time—*development* time and *oil* time. development time is a linear, progressive teleology germane to the so-called

12   Předmětem předložené eseje není diskuze rozdílů mezi autonomy a postautonomy. Z toho důvodu v textu používám různé variace – autonomové, postautonomové, post/autonomové – s tím, že jsou to synonyma, pokud není explicitně zdůrazněno něco jiného.

13   Nikhil Anand – Akhil Gupta – Hannah Appel, Introduction, in: Nikhil Anand – Akhil Gupta – Hannah Appel (eds.), *The Promise of Infrastructure*, Duke University Press, Durham 2018, s. 5.

14   Tamtéž, s. 21.

15   K tomu též Brian Larkin, The Politics and Poetics of Infrastructure, *Annual Review of Anthropology*, č. 42, 2013, s. 327–343, zde s. 330–332.

16   Dominic Boyer, Infrastructure, Potential Energy, Revolution, in: Anand – Gupta – Appel (pozn. 13), s. 223–243.

17   Parafrázováno z Anand – Gupta – Appel (pozn. 13).

18   "Shut down the logistics of capital" – auch in Bremen!, http://basisgruppe-antifa.org/wp/2017/05/29/10-juni-am-brill-hinein-in-den-antikapitalistischen-block.

19   Larkin (pozn. 15), s. 328.

20   Anand – Gupta – Appel (pozn. 13).

21   Hannah Appel, Infrastructural Time, in: Anand – Gupta – Appel (pozn. 13), s. 41–61.

22   Rudolf Mrázek, *Engineers of Happy Land: Technology and Nationalism in a Colony*, Princeton University Press, Princeton – Oxford 2002, s. 161, 165.

23   Larkin (pozn. 15), s. 334–336.

24   Anand – Gupta – Appel (pozn. 13), s. 27.

25   Tamtéž, s. 15. K tomu též On Barak, *On Time: Technology and Temporality in Modern Egypt*, University of California Press, Berkeley 2013.

26   Příkladem může být výzkum Hannyh Appel (2018) v Rovníkové Guineji, zemi, ve které jsou do politického času soudobé diktatury a imperiálního času historie přítomnosti zaplétány dva odlišné časy – *rozvojový* čas a *ropný* čas. Rozvojový čas je časem lineární, progresivní teleologie vlastní tzv. modernizačním teoriím a humanitarismu, v jehož rámci jsou stavěny veřejné infrastruktury navázané na vizi moderní budoucnosti. Tyto infrastruktury jsou ale nefunkční či nedokončené

modernization technologies and humanitarianism, where public infrastructure is built with the vision of a modern future. These infrastructures are neither functional nor finished, and utopian future is deferred at the expense of the quality of the present which, according to the author, confirms the characterization of imperial formations as defined by Anne Stoler: "states of deferral that mete out promissory notes that are not exceptions to [the operation of such formations], but constitutive of them." See Ann Laura Stoler, "Introduction. "The Rot Remains": From Ruins to Ruination," in eadem (ed.), *Imperial Debris: On Ruins and Ruination* (Durham: Duke University Press, 2013), p. 8. Conversely, oil time is tied to the enormous economic boom the country has experienced since the mid-1990s, is cyclic and repetitive, and runs on the algorithm *find—mine—abandon—leave to rot—find—*... Unlike the deferred future, oil time is rooted in nearly dystopian visions of what is to come when we run out of oil, making the present seem like a split second of extremely unequally distributed prosperity, despite the rhetoric of government clerks and oil industry employees which presents it as a progressive time of development.

27   See note 18.

28   "Welcome to hell! – Call to action: Obstruct – Disrupt – Dissect," https://g20tohell.blackblogs.org/g20-welcome-to-hell.

29   Ibid.

30   According to the Global Connectedness Index, published by the German Post and courier service DHL, which measures the international flow of trade, capital, information, and people, Germany closes the circle of the ten most-connected countries of the world—mainly thanks to the global width of its connection, or the extent of geographical distribution of its import and export flow. See Steven A. Altman, Pankaj Ghemawat, and Phillip Bastian, *DHL Global Connectedness Index 2018: The State of Globalization in a Fragile World* (Bonn: Deutsche Post DHL Group, 2019). Available at https://www.logistics.dhl/content/dam/dhl/global/core/documents/pdf/glo-core-gci-2018-full-study.pdf.

31   According to DHL's Global Connectedness Index, Germany shares a full 31% of its international flow with the Czech Republic, which is an enormous number in relation to No. 2 (Slovakia) and No. 3 (Poland), as well as in relation to the opposite direction, ie. the sharing of international flow of Germany, where the Czech Republic plays a minor role. Aside from the Czech Republic, Germany shares a great deal of the international flow of Poland (38%), Austria (32%), and slightly less with Slovakia

a utopická budoucnost je tak odkládána na úkor kvality přítomnosti, což podle autorky odpovídá charakteristice imperiálních formací v definici Anny Stoler coby „stavů věčného odkládání, které vypisují směnky, jež nejsou výjimkou [v chodu těchto formací], nýbrž jejich konstitutivní součástí". Viz Ann Laura Stoler, Introduction. "The Rot Remains": From Ruins to Ruination, in: táž (ed.), *Imperial Debris: On Ruins and Ruination*, Duke University Press, Durham 2013, s. 8. Oproti tomu ropný čas napojený na obrovský ekonomický boom, který zažívá země od poloviny devadesátých let, je časem cyklickým a repetitivním založeným na algoritmu *najít – vytěžit – opustit – nechat zchátrat – najít –*... Na rozdíl od odkládané budoucnosti je ropný čas, přestože státními úředníky a zaměstnanci ropného průmyslu artikulovaný jako progresivní čas rozvoje, zapuštěný až v dystopických vizích o tom, co se bude dít, až dojde ropa, které z přítomnosti dělají jen krátkodobý moment extrémně nerovnoměrně distribuované prosperity.

27   Viz pozn. 18.

28   Wellcome to hell! – Call to action: Obstruct – Disrupt – Dissect, https://g20tohell.blackblogs.org/g20-welcome-to-hell.

29   Tamtéž.

30   Podle Indexu globální propojenosti vydávaného Německou poštou a kurýrní službou, DHL, který poměřuje mezinárodní toky obchodu, kapitálu, informací a lidí, uzavírá Německo desítku nejvíce propojených zemí světa – a to zejména díky tzv. globální šíři jeho propojení, tzn. rozsáhlosti geografické distribuce jeho importních a exportních toků. Viz Steven A. Altman – Pankaj Ghemawat – Phillip Bastian, *DHL Global Connectedness Index 2018: The State of Globalization in a Fragile World*, Deutsche Post DHL Group, Bonn 2019. Dostupné na https://www.logistics.dhl/content/dam/dhl/global/core/documents/pdf/glo-core-gci-2018-full-study.pdf.

31   Podle Indexu globální propojenosti DHL sdílí Německo plných 31 % mezinárodních toků ČR, což je obrovské procento jak vůči druhému Slovensku (11 %) a třetímu Polsku (6 %), tak i vzhledem k tomu, že v opačném směru, tzn. sdílení mezinárodních toků Německa, hraje ČR zanedbatelnou roli. Mimo Česko sdílí Německo i velké množství mezinárodních toků Polska (38 %), Rakouska (32 %) a trochu méně i Slovenska (16 %) a Maďarska (15 %). Jak shrnuje zpráva Indexu: „Německý podíl na mezinárodním toku ostatních zemí je nejvyšší u jeho východních sousedů." (Tamtéž, s. 84.) Tato čísla pomáhá korelovat a zároveň upřesňovat i výzkum evropského trhu s logistickými nemovitostmi, který provedla společnost

(16%) and Hungary (15%). From the Index Summary: "Germany's share of other countries' international flows is highest for its eastern neighbors." (Ibid., p. 84.) These numbers help correlate and update the research of European logistics real estate market, which was carried out by Prologis Europe and states that parts of V4 member countries are key in the contractor and supply logistics of Europe. (See "Beneath the Surface of a Growing European Logistics Real Estate Market," https://www.prologiscee.eu/logistics-industry-feature/beneath-surface-growing-european-logistics-real-estate-market.) The Eastern neighbors of Germany thus partly serve as its satellites, taking part in its growth and their own growth, with Poland and the Czech Republic in particular providing storage, assembling, redistribution, and production services with the lowest added value. For more on this topic see map on pp. 222–223 of this publication.

32   Rose George, *Ninety Percent of Everything: Inside Shipping, the Invisible Industry That Puts Clothes on Your Back, Gas in Your Car, and Food on Your Plate* (New York: Metropolitan Books, 2013).

33   According to research of major European logistic hubs by Colliers International, Hamburg rates fifth after Düsseldorf, Antwerp, Rotterdam, and Brussels. The research compares six criteria, one of which is called logistic competence and measures the quality of logistic services, specialization and strength of the labor market, etc. In this subcategory, Hamburg comes first before even Frankfurt and Brussels. See *Top European Logistics Hubs* (s.l.: Colliers International, 2013). Available at https://www.colliers.com/en-gb/emea/insights/top-european-logistics-hubs.

34   Radka Kopecká, "Číslo jedna pro český import a export? Přístav v Hamburku" [Number One for Czech Import and Export? The Hamburg Port], *deník.cz*, October 25, 2017, https://www.denik.cz/ekonomika/cislo-jedna-pro-cesky-import-a-export-pristav-v-hamburku-20171025.html.

35   An eloquent moniker. According to the above mentioned research by Prologis Europe, Hamburg and its surroundings are among the so-called gateways to the key economic centers apart from London and the east of England, the areas surrounding Paris, Rotterdam, Antwerp, the Rhineland region, Luxembourg, the Frankfurt–Stuttgart belt and the area surrounding München. See "Beneath the Surface of a Growing European Logistics Real Estate Market" (see note 30). Moreover, the prime location of Hamburg makes it a transportation hub for air, water (sea/ocean as well as river), rail, and road travel.

Prologis Europe a podle kterého patří části zemí V4 ke klíčovým spojům v dodavatelské a zásobovací logistice Evropy. (K tomu viz Beneath the Surface of a Growing European Logistics Real Estate Market, https://www.prologiscee.eu/logistics-industry-feature/beneath-surface-growing-european-logistics-real-estate-market.) Východní sousedé Německa tak zčásti fungují jako jeho satelity, které se podílejí na jeho, a proto i svém růstu, s tím, že zejména Polsko a Česko mají na starosti skladování, montování, redistribuování a výrobu s nejnižší přidanou hodnotou. K tématu srov. též mapu na s. 222–223 této knihy.

32   Rose George, *Ninety Percent of Everything: Inside Shipping, the Invisible Industry That Puts Clothes on Your Back, Gas in Your Car, and Food on Your Plate*, Metropolitan Books, New York 2013.

33   Podle průzkumu hlavních evropských logistických hubů společností Colliers International patří Hamburku páté místo za Düsseldorfem, Antverpami, Rotterdamem a Bruselem. Výzkum je založený na porovnávání šesti kritérií, z nichž jedno je tzv. logistická kompetence, jež posuzuje kvalitu logistických služeb, specializaci i sílu pracovního trhu atp. V této podkategorii je Hamburk dokonce první před Frankfurtem a Bruselem. Viz *Top European Logistics Hubs*, Colliers International, b. m. 2013. Dostupné na https://www.colliers.com/en-gb/emea/insights/top-european-logistics-hubs.

34   Radka Kopecká, Číslo jedna pro český import a export? Přístav v Hamburku, *deník.cz*, 25. 10. 2017, https://www.denik.cz/ekonomika/cislo-jedna-pro-cesky-import-a-export-pristav-v-hamburku-20171025.html.

35   Ona přezdívka je příznačná. Podle výše zmíněného výzkumu společnosti Prologis Europe patří Hamburk a okolí k tzv. globálním vstupním branám do klíčových ekonomických center vedle Londýna a jihu Anglie, okolí Paříže, okolí Rotterdamu, okolí Antverp, Porýní, Lucemburska, pásu od Frankfurtu až po Stuttgart a okolí Mnichova. K tomu Beneath the Surface of a Growing European Logistics Real Estate Market (pozn. 30). Ba co více, skvěle situovaný Hamburk zároveň těží z toho, že je středobodem všech hlavních druhů dopravy – letecké, vodní (jak mořské/oceánské, tak říční), železniční i silniční.

36   Díky skvělé pozici přístavu je totiž možné za jeden den pokrýt kamionem v rámci povolených devíti hodin jízdy široké území od okolí Paříže, Beneluxu a severního úpatí Alp přes klíčová centra zásobovací logistiky pro Evropu umístěná mj. v Horním Slezsku v Polsku, ve středních a západních Čechách

36 Thanks to its excellent position, the broad area of the Paris surroundings, the Benelux, the north foot of the Alps, through to the key centers of supply logistics for Europe placed in North Silesia in Poland, central and west Bohemia, south-west Slovakia up to the area around Vienna, Warsaw, Denmark and southern Sweden, can all be covered within the nine-hour HGV driving limit.

37 German neoliberalism is specific in its trajectory and nature—it is embedded in the so-called ordoliberalism, a particular variation of neoliberalism, which (apart from the freedom of the market) emphasizes the importance of state authority for securing and sustaining the order of competence or interventions in the social sphere outside of the market, which at that time developed into a new theory of the relations between state, market, and society. See Michel Foucault, *The Birth of Biopolitics: Lectures at the Collège de France, 1978–1979* (New York: Palgrave Macmillan, 2010). Even though these elements are still present in *Soziale Marktwirtschaft*, or the German social-trade economy, I use the term neoliberal Germany here because the globalization of neoliberalism has blurred the boundaries between the different types of neoliberalism in economic theories [Ralf Ptak, "Neoliberalism in Germany: Revisiting the Ordoliberal Foundations of the Social Market Economy," in Philip Mirowski and Dieter Plehwe (eds.), *The Road from Mont Pèlerin: The Making of the Neoliberal Thought Collective* (Cambridge, MA: Harvard University Press, 2009), p. 129], as well as in governing practice [Loïc Wacquant, *Punishing the Poor: The Neoliberal Government of Social Insecurity* (Durham: Duke University Press, 2009)]. Also, even if it is its specifics that have been emphasized in the past and now, it is still true that "ordoliberalism is substantially less different from other streams of neoliberal thought than many have thought." (Ptak, p. 99.)

38 More on this from Philip Ursprung in this publication.

39 Waltraud Kokot, "Port Cities as Areas of Transition – Comparative Ethnographic Research," in Waltraud Kokot, Mijal Gandelsman-Trier, Kathrin Wildner, and Astrid Wonneberger (eds.), *Port Cities as Areas of Transition: Ethnographic Transition* (Bielefeld: transcript Verlag, 2008), p. 7.

40 Reimer Dohrn, "A View from Port to City: Inland Waterway Sailors and City-Port Transformation in Hamburg," in Kokot, Gandelsman-Trier, Wildner, and Wonneberger (see note 39), pp. 99–110.

41 Yarin Eski, "Customer is king: promoting port policing, supporting

a na jihozápadě Slovenska až po okolí Vídně, Varšavy, respektive Dánsko a jižní Švédsko.

37 Německý neoliberalismus je částečně specifický svou trajektorií i povahou – je zapuštěn v tzv. ordoliberalismu, partikulární variaci neoliberalismu, která kromě důrazu na svobodu trhu zdůrazňuje důležitost autority státu při zajištění a vydržování řádu kompetice či intervencích v sociální sféře mimo trh a tím přichází svého času s novou teorií vztahu státu, trhu a společnosti (Michel Foucault, *The Birth of Biopolitics: Lectures at the Collège de France, 1978–1979*, Palgrave Macmillan, New York 2010). Přestože tyto prvky jsou stále patrné i aktuálně existují *Soziale Marktwirtschaft*, neboli sociálnětržní ekonomice Německa, pracuji v textu s termínem neoliberálního Německa, protože s globalizací neoliberalismu došlo k rozmazání hranic mezi různými odnožemi neoliberalismu jak v ekonomických teoriích (Ralf Ptak, Neoliberalism in Germany: Revisiting the Ordoliberal Foundations of the Social Market Economy, in: Philip Mirowski – Dieter Plehwe (eds.), *The Road from Mont Pèlerin: The Making of the Neoliberal Thought Collective*, Harvard University Press, Cambridge, MA 2009, s. 129), tak ve vládnoucích praxích (Loïc Wacquant, *Punishing the Poor: The Neoliberal Government of Social Insecurity*, Duke University Press, Durham 2009). Navíc, přestože se dříve i nyní často zdůrazňují spíše jeho specifika, platí, že „ordoliberalismus se od ostatních proudů neoliberálního myšlení liší daleko méně, než si mnozí mysleli". (Ptak, s. 99.)

38 K tomu více viz Philip Ursprung v této knize.

39 Waltraud Kokot, Port Cities as Areas of Transition – Comparative Ethnographic Research, in: Waltraud Kokot – Mijal Gandelsman-Trier – Kathrin Wildner – Astrid Wonneberger (eds.), *Port Cities as Areas of Transition: Ethnographic Transition*, transcript Verlag, Bielefeld 2008, s. 7.

40 Reimer Dohrn, A View from Port to City: Inland Waterway Sailors and City-Port Transformation in Hamburg, in: Kokot – Gandelsman-Trier – Wildner – Wonneberger (pozn. 39), s. 99–110.

41 Yarin Eski, Customer is king: promoting port policing, supporting hypercommercialism, *Policing & Society*, 19. 4. 2019, https://www.tandfonline.com/doi/pdf/10.1080/10439463.2019.1606808?needAccess=true, s. 13.

42 Yarin Eski, *Policing, Port Security and Crime Control: An Ethnography of the Port Securityscape*, Routledge, London – New York 2016.

hypercommercialism," *Policing & Society*, April 19, 2019, https://www.tandfonline.com/doi/pdf/10.1080/10439463.2019.1606808?needAccess=true.

42   Yarin Eski, *Policing, Port Security and Crime Control: An Ethnography of the Port Securityscape* (London, New York: Routledge, 2016).

43   Eski (see note 41), p. 1.

44   "A Nation Slowly Crumbles," *Spiegel*, September 18, 2014, https://www.spiegel.de/international/germany/low-german-infrastructure-investment-worries-experts-a-990903.html.

45   Of course the situation needs to be seen in the particular geopolitical and economic context of Germany—this is still one of the best-functioning public infrastructures of the world, where their unfinished status, being ruined or dysfunctional is not daily news as in other parts of the world, especially the global south.

46   There is another kind of time, beyond the scope of this text, namely the liberal time of security, or of law and order, embodied on the spot by the German police and even the army. For police time, see for example Stine Krøijer, "The Security is Collective Body," in Martin Holbraad and Morten Axel Pedersen (eds.), *Times of Security: Ethnographies of Fear, Protest and the Future* (London: Routledge, 2013), pp. 33–57.

47   Stine Krøijer, *Figurations of the Future: Forms and Temporalities of Left Radical Politics in Northern Europe* (New York and Oxford: Berghahn Books, 2015).

48   Krøijer (see note 46), p. 51.

49   Krøijer (see note 47), p. 3.

50   Stine Krøijer, "Figurations of the Future: On the Form and Temporality of Protests among Left Radical Activists in Europe," *Social Analysis* 54, no. 3 (December 2010), pp. 139–152, here p. 149.

51   Uri Gordon, "Prefigurative Politics between Ethical Practice and Absent Promise," *Political Studies* 66, no. 2 (May 2018), s. 521–537.

52   Krøijer (see note 47), p. 6. See also Marianne Maeckelbergh, *The Will of the Many: How the Alterglobalization Movement is Changing the Face of Democracy* (London: Pluto Press, 2009).

43   Eski (pozn. 41), s. 1.

44   A Nation Slowly Crumbles, *Spiegel*, 18. 9 2014, https://www.spiegel.de/international/germany/low-german-infrastructure-investment-worries-experts-a-990903.html.

45   Samozřejmě je třeba situaci nahlížet v partikulárním geopolitickém a ekonomickém kontextu Německa – stále se bavíme o jedné z nejfunkčnějších veřejných infrastruktur světa, ve které není na pořadu dne jejich trvalá nedostavěnost, zruinovanost či nefunkčnost jako v jiných koutech planety, zejména na globálním jihu.

46   Z kapacitních důvodů zde opomíjím ještě další čas, jenž byl během akcí v Hamburku přítomen – totiž liberální čas bezpečnosti, respektive práva a pořádku ztělesněný na místě německou policií, a dokonce i armádou. K policejnímu času viz např. Stine Krøijer, The Security is Collective Body, in: Martin Holbraad – Morten Axel Pedersen (eds.), *Times of Security: Ethnographies of Fear, Protest and the Future*, Routledge, London 2013, s. 33–57.

47   Stine Krøijer, *Figurations of the Future: Forms and Temporalities of Left Radical Politics in Northern Europe*, Berghahn Books, New York – Oxford 2015.

48   Krøijer (pozn. 46), s. 51.

49   Krøijer (pozn. 47), s. 3.

50   Stine Krøijer, Figurations of the Future: On the Form and Temporality of Protests among Left Radical Activists in Europe, *Social Analysis* 54, 2010, č. 3, s. 139–152, zde s. 149.

51   Uri Gordon, Prefigurative Politics between Ethical Practice and Absent Promise, *Political Studies* 66, 2018, č. 2, s. 521–537.

52   Krøijer (pozn. 47), s. 6. K tomu též Marianne Maeckelbergh, *The Will of the Many: How the Alterglobalization Movement is Changing the Face of Democracy*, Pluto Press, London 2009.

53   David Graeber, *The Democracy Project: A History, A Crisis, A Movement*, Spiegel & Grau, New York 2013, s. 291–295.

54   Gordon (pozn. 51), s. 531.

55   Právě kolem ne/jasnosti budoucnosti se v posledních letech vedou debaty kolem tohoto přístupu k politické změně, který byl od poloviny sedmdesátých let minulého století nešťastně pojmenován jako *prefigurativní politika*. Jestliže autonomové přináležejí k tomu, co Uri Gordon nazývá generativní prefigurací, která

53 David Graeber, *The Democracy Project: A History, A Crisis, A Movement* (New York: Spiegel & Grau, 2013).

54 Gordon (see note 51), p. 531.

55 The un/clear future has generated debate over the last few years about this approach to political change, which has been given the unfortunate term *prefigurative politics* since the 1970s. If autonomists belong to what Uri Gordon cals generative prefiguration, which emphasizes permanent reevaluation of attitude and an open and unknown future, Gordon also discusses a recursive prefiguration, which can be seen in parts of the Christian exegesis as well as in English diggers or some circles of the new left. In recursive prefiguration, the future is known and "radiates backwards on its past" (Gordon, see note 51, p. 521) in the sense that present moments are interpreted as the premonition of this future, or rather confirm the righteousness of this path to the end. Similarly, Krøijer criticizes older works of social movement anthropology, which focused on prefigurative politics especially in connection to the antiglobalization movement. These works, led by the concept of M. Maeckelbergh (see note 52) work, to put it briefly, with prefiguration as conscious anticipation and a premonition of a future goal (in the analyzes of Maeckelbergh, the ultimate goal of the alter-globalization movement is global horizontal democracy). However, such understanding presupposes knowing the future (see also the etymology of the word *pre*—before and *figurare*—to form, to shape), making prefiguration a linear process in the rhythm of chronological time towards a known, ideally imagined goal. To gain an understanding of "the radically open and indeterminate elements of activist practices" (Krøijer, see note 47, p. 27), as well as the nonlinear ontology of autonomous time, Krøijer maintains that we need to speak of configurations of the future (for more on the critique of preconfiguration see Krøijer, note 47).

56 Bob Kuřík, "Prosvítit výzkum: Geopolitika a etnografie v proměnlivém světě" [Illuminating Research: Geopolitics and Ethnography in a Changing World], in Tereza Stöckelová and Yasar Abu Ghosh (eds.), *Etnografie: Improvizace v teorii a terénní praxi* [Ethnography: Improvisation in Theory and Fieldwork Practice] (Praha: Slon, 2013), pp. 52–87.

57 Krøijer (see note 46), p. 50.

58 Ibid., p. 51.

59 Whether these break-ins and exposures work, and whether they leave their mark

klade důraz na trvalou reevaluaci přístupu a otevřenou a neznámou budoucnost, podle Gordona existuje i tzv. rekurzivní prefigurace, kterou lze spatřit v části křesťanské exegeze, ale i anglických diggerů či některých kruzích nové levice. V rámci rekurzivní prefigurace je budoucnost známá a „zpětně ozařuje svou minulost" (Gordon, pozn. 51, s. 521) v tom smyslu, že přítomné momenty jsou interpretovány jako předzvěsti této budoucnosti, respektive ujišťují o správnosti cesty k cíli. V podobném duchu kritizuje Krøijer některé starší práce z antropologie sociálních hnutí, které se zaměřovaly na prefigurativní politiku v souvislosti zejména s tzv. alterglobalizačním hnutím. Tyto práce v čele s koncepcí M. Maeckelbergh (pozn. 52) pracují, velmi ve zkratce řečeno, s prefigurací jako s vědomou anticipací a předzvěstí budoucího cíle (v případě analýz Maeckelbergh ultimátním cílem alterglobalizačního hnutí je globální horizontální demokracie). Takové rozumění ale předpokládá znalost budoucnosti (viz i etymologie slova: pre – před; figurare – formovat, tvarovat), čímž z prefigurace činí lineární proces v rytmu chronologického času vstříc známému, ideálně představovanému cíli. Aby bylo možné lépe pochopit „radikálně otevřené a nejasné prvky aktivistické činnosti" (Krøijer, pozn. 47, s. 27), stejně jako nelineární ontologii autonomního času, je třeba dle dánské antropoložky hovořit spíše o figuracích budoucnosti (více ke kritice prefigurace viz Krøijer, pozn. 47).

56 Bob Kuřík, Prosvítit výzkum: Geopolitika a etnografie v proměnlivém světě, in: Tereza Stöckelová – Yasar Abu Ghosh (eds.), *Etnografie: Improvizace v teorii a terénní praxi*, Slon, Praha 2013, s. 52–87.

57 Krøijer (pozn. 46), s. 50.

58 Tamtéž, s. 51.

59 Zda jsou tato vlomení a zviditelnění funkční a jakou zanechávají stopu v podobě efektů na veřejnosti, v médiích či mezi různými politickými a ekonomickými aktéry v čele např. se zaměstnanci přístavů a odbory, to ponechám v tomto článku bez odpovědi, protože by si to zasloužilo samostatný výzkum a analýzu.

60 Na vznik tohoto textu byla FHS UK poskytnuta Institucionální podpora na dlouhodobý koncepční rozvoj výzkumné organizace (MŠMT–2019). Rád bych poděkoval Markétě Zandlové, Arnoštovi Novákovi, Vojtěchovi Peckovi a editorům knihy za podnětné připomínky ke starším verzím textu.

in the form of public effect, in media or among political and economic actors represented for instance by the port employees and unions, is not something I can answer here, as it merits its own research and analysis.

60   This text has been produced thanks to funding provided to the Faculty of Humanities, Charles University in Prague, by the Institutional Support for Long-Term Conceptual Development of a Research Organization (Ministry of Education, Youth and Sports, 2019). I wish to thank Markéta Zandlová, Arnošt Novák, Vojtěch Pecka and the editors of this book for the inspirational feedback on the older versions of the text.

UNITED ACROSS BORDERS: TRANSNATIONAL ORGANIZING OF AMAZON WORKERS IN CENTRAL AND EASTERN EUROPE

In June 2015, in reaction to Amazon's refusal to sign a collective agreement with the trade union Verdi, the workers in German Amazon warehouses launched a strike. In response, Amazon management in Poznań tried to force Polish employees to work overtime to substitute for the German workers. The tactic was not new. In the past, Amazon had shifted the handling of orders between fulfillment centers during strike days.[1] What was new instead was the reaction of the Polish workers, who, thanks to the emerging connections to the German workers, were able to identify the reasons behind their employer's pressure and decided to hold a slowdown and in the end a work stoppage in solidarity with their German co-workers. This cooperation happened even though an employee of the Amazon warehouse in Germany, at the present moment, earns over three times more than a Polish employee, even without bonuses for night-time or Sunday work.[2]

Since 2015, the connections between German and Polish workers have transformed into regular meetings of Amazon workers across Europe.[3] Nine biannual congresses have already taken place. The last, held in Leipzig in September 2019, was attended by representatives of the Amazon workers from Germany, Poland, France, Spain, Italy, and for the first time even the U.S. and Slovakia.[4] Czech representative in the end did not attend the meeting but remains in contact with the organizers.[5]

The meetings, as well as the most important organizing activities of Amazon workers in Europe, have been driven mainly by the Polish alternative trade union Workers'

Initiative and the traditional German union Verdi. This coalition reflects the nature of these cross-border meetings: not organized as top-level meetings between national trade unions, but instead as meetings of actual workers who negotiate with the same employer and typically represent the active radical wings in their respective national trade unions. This strong sense of a common transnational struggle helps to avoid the usual frictions between differently orientated trade unions and autonomous groups.[6] Thanks to this collaboration, the participants are developing collective knowledge about the global infrastructure of logistics. Since Amazon is an emblematic example of this system,[7] the resistance of Amazon workers against it could consequently serve as a valuable insight into its techniques.

Amazon famously started as an U.S.-based online bookseller in 1994, but very rapidly expanded its delivery services to encompass basically all possible products, often with the advantage of same-day shipping. Its system today is sustained by a vast logistics network. In 1999, Amazon built its first warehouses in Europe, and later spread to Asia, Australia, and South America. Today, it employs around 650,000 people, who work mostly in the so called "fulfillment centers," Amazon's large-scale warehouses. In Poland, Czechia, and Slovakia, Amazon employs more than 16,000 people, with four Amazon warehouses located in Poland and one each in the Czech Republic and Slovakia. However, the stated number of employees somewhat discounts the importance of Amazon, as it does not always include the agency workers. During peak demand times, from November to January and in the periods of Prime Day, Black Friday, or Cyber Monday, the number of workers in warehouses often increases by more than 50%.[8] This growth happens especially in countries where the weaker protection of workers, such as in Eastern and Central Europe, allows employers to hire agency workers easily and even for very short periods, such as one or two weeks. This flexibility and the fact that Polish, Czech, and Slovak warehouses predominantly service the German market, which together with the United Kingdom forms the most important European market for Amazon, makes the region of Central and Eastern Europe crucially important for the continental infrastructure of e-commerce logistics.

Despite its size as a company, Amazon does not make very high profits, but instead invests most of its surplus

pracujících) a tradiční německý odborový svaz Verdi. V této koalici se odráží povaha těchto přeshraničních setkání, které nejsou organizovány jako setkání čelních představitelů odborů z jednotlivých států, ale jako setkání pracujících, kteří vyjednávají s týmž zaměstnavatelem a zpravidla představují radikální křídla ve svých jednotlivých odborových organizacích. Toto silné vědomí jednoty ve společném nadnárodním úsilí přispívá ke snižování napětí mezi odborovými organizacemi a autonomními iniciativami,[6] jejichž cíle se obvykle rozcházejí. Díky této spolupráci účastníci rozvíjejí kolektivní povědomí o globální infrastruktuře logistiky. Vzhledem k tomu, že Amazon představuje ukázkový příklad tohoto systému,[7] může vzdor pracovníků Amazonu proti svému zaměstnavateli nabídnout užitečný vhled do jeho taktik.

Začátky společnosti Amazon sahají do roku 1994, kdy vznikla jako internetové knihkupectví. Brzy však rozšířila své doručovací služby o všechny myslitelné produkty, a to často s výhodou odeslání zboží v den objednávky. Systém společnosti udržuje v běhu rozsáhlá logistická síť. V roce 1999 postavil Amazon své první sklady v Evropě a později se rozšířil do Asie, Austrálie a Jižní Ameriky. Dnes zaměstnává okolo 650 000 lidí, z nichž většina pracuje v tzv. fulfillment (neboli distribučních) centrech, což jsou obrovské sklady společnosti Amazon. V Polsku, Česku a Slovensku zaměstnává Amazon dohromady více než 16 000 lidí: čtyři sklady se nacházejí v Polsku a po jednom v České republice a na Slovensku. Nicméně uvedené množství zaměstnanců do jisté míry podceňuje význam Amazonu, jelikož v něm nejsou vždy zahrnuti agenturní pracovníci. Během období vrcholící poptávky od listopadu do ledna a v mimořádných prodejních obdobích, jako jsou Prime Day, Black Friday či Cyber Monday, se množství pracovníků ve skladech často zvýší až o 50 %.[8] K tomuto nárůstu dochází zejména v zemích, v nichž je ochrana pracujících slabší, jako ve střední a východní Evropě, což umožňuje zaměstnavatelům najímat agenturní pracovníky jednodušeji a i na velice krátká období jako jeden nebo dva týdny. Tato flexibilita a skutečnost, že polské, české a slovenské sklady obsluhují převážně německý trh, který společně s tím britským patří mezi nejdůležitější trhy Amazonu v Evropě, činí z regionu střední a východní Evropy oblast klíčového významu pro kontinentální infrastrukturu logistiky internetového prodeje.

I přes svou velikost nemá Amazon příliš vysoké zisky, jelikož investuje většinu svého přebytku do staveb svých zařízení a vývoje

into building facilities and developing new technologies.[9] This strategy, often celebrated by the media, underpins Amazon's dynamism and its ability to close, relocate, or temporarily shift its work, or open new facilities fast enough to circumvent workers' gains and exploit those who stay behind. Rising wages in one location is compensated either through lower wages in other locations or through extension of the workday, intensification of work rhythms, or loss of workers' bonuses and benefits. The logistics of exploitation thus construct hierarchies between groups of workers, between nationalities, work positions, and contracts.[10] This forced fragmentation can be an obstacle to labor struggles, but it is also the central element that makes the whole structure systemically fragile. Workers in Eastern and Central Europe have in their hands the potential power to disrupt this system, at least in Europe. For the same reason, the final declaration of the last transnational meeting of Amazon workers in Leipzig explicitly mentions their connection to the struggles of their German colleagues, because "if German workers go on strike, their colleagues from Poland, the Czech Republic, and Slovakia will be turned into strikebreakers."[11] As was previously noted, Amazon is extremely hostile to any form of collective organizing, because it threatens the core of its business model. Regardless of the country, Amazon's management always tries to dissolve the resistance of workers into one-to-one meetings with a HR representative or a manager, and systematically avoids listening to the voice of organized workers. During these one-to-one meetings, the management uses different legal manoeuvres, takes advantage of the workers' short-term dependence on wage labor or puts pressure on those most vulnerable, such as agency workers, workers from smaller towns and villages or migrants.[12] Despite the utopian image of a technology-driven company, Amazon's success depends on squeezing as much work out of the workers as possible, and the widely celebrated technology is developed mainly for this reason. The workers are permanently controlled by their own scanners which they hold or are attached to their bodies, and which register the workers' daily performance. When the workers are not fast enough, they get a message to their scanner to work faster.[13]

According to management, the minimum quota for individuals is based on the average output of 90% of the most productive workers. Workers who fail to meet the minimum

nových technologií.[9] Tato strategie, která bývá často opěvována v médiích, tvoří základy dynamiky Amazonu a jeho schopnosti zavírat, přesouvat či dočasně přenášet provoz nebo otevírat nová zařízení s takovou rychlostí, která mu umožňuje obcházet výhody svých zaměstnanců a vykořisťovat ty, kteří nedokážou udržet tempo s ostatními. Zvyšování mezd na jednom místě je kompenzováno buď nižšími mzdami na jiných místech, nebo prodlužováním pracovního dne, zintenzivňováním pracovního rytmu nebo ztrátou zaměstnaneckých bonusů a benefitů. Logistika vykořisťování tudíž vytváří hierarchie mezi skupinami pracovníků, národnostmi, pracovními pozicemi a smluvními vztahy.[10] Tato vynucená fragmentace může klást překážky úsilí pracovníků, ale rovněž představuje ústřední prvek, který činí celou strukturu čím dál systémově křehčí. Pracovníci ve východní a střední Evropě mají v rukou potenciální moc tento systém narušit (alespoň na území Evropy). Z téhož důvodu závěrečná deklarace posledního nadnárodního setkání pracovníků Amazonu v Lipsku explicitně dává najevo souvztažnost se snahami německých kolegů, neboť „pokud němečtí zaměstnanci začnou stávkovat, Amazon z jejich kolegů v Polsku, České republice či na Slovensku udělá stávkokazy".[11] Jak již bylo poznamenáno dříve, Amazon se ostře vymezuje vůči jakékoli formě kolektivního sdružování, jelikož to ohrožuje jeho model podnikání. Bez ohledu na specifika dané země se management Amazonu vždy snaží rozmělnit vzdor pracovníků pomocí soukromých schůzek zaměstnance se zástupcem personálního oddělení nebo manažerem a systematicky se vyhýbá naslouchání hlasům sdružujících se pracovníků. Během těchto setkání mezi čtyřma očima se management uchyluje k rozmanitým právním manévrům, využívá krátkodobou závislost pracovníků na námezdní práci nebo vyvíjí tlak na nejzranitelnější skupiny pracujících: agenturní pracovníky, pracovníky z menších měst a vesnic či migranty.[12] Navzdory svému utopickému veřejnému obrazu společnosti hnané technologiemi závisí úspěch Amazonu na tom, zda se mu podaří ze svých pracovníků vymáčknout co nejvíce pracovního výkonu a jeho pověstné technologie jsou vyvíjeny primárně za tímto účelem. Pracovníci jsou permanentně kontrolovaní svými skenery, které drží v rukou nebo je mají připevněné k tělům a které zaznamenávají jejich každodenní výkonnost. Když nepracují dostatečně rychle, obdrží přes svůj skener zprávu, aby pracovali rychleji.[13]

Podle vedení je minimální kvóta výkonnosti pro jednotlivce založena na průměrném výkonu 90 % nejprodukti-

target, must attend a "feedback talk" with managers and face dismissal if their performance does not improve. At the same time, all the workers in a warehouse must reach a collective target, which has been set elsewhere and the details of which are unknown to them, to be granted a wage bonus.[14]

The extremely tight control of the labor process is supplemented by aggressive management of wages and contracts. In contrast to the traditional methods of manufacturing companies, logistics corporations cannot effectively "divide and conquer" workers through exploiting the differences in their experience and knowledge and different working positions. All the non-management positions in warehouses are basically on the same level and all workers get all the instructions in live time to their own individual scanners. Therefore, Amazon relies mainly on a mix of permanent and temporary contracts, which is central to its business model and which divides the workers into those employed by Amazon itself on a permanent contract (marked by a blue badge) and those hired by temporary work agencies (marked by a green badge).[15]

The sporadic physical presence of agency workers and the high turnover even among Amazon employees makes organizing workers at their workplaces difficult. Therefore, it has been crucial that Amazon workers in different countries have realized their common problems and demands. When, during the Prime Day, Polish workers demanded "Make everyone blue!," i.e. that agency workers should obtain permanent contracts, they additionally supported their US co-workers striking at that time because of the same issue.[16]

In September 2019, during the last transnational meeting of Amazon workers in Leipzig, the participants also outlined other ambitious and more structured channels of coordination. One of the discussions revolved around the possibility of demanding an equal European wage for all Amazon warehouse workers in Europe, regardless of country, type of contract, or nationality. The discussion was by no means easy. Although the participants agreed in principle, they were also aware that to strive for such a goal today can be strategically ineffective, and even counterproductive.[17] Nevertheless, the fact that such a project has even been discussed illustrates something radically new in transnational organizing. While in the case of wages, strategic and pragmatic reasons can lead to the dismissal of similar proposals, there is no reason why this transnational or even global vision could not be applied to the questions of safety rules and performance rates. In this case, the issue of structural inequality, such as the high wage gap between Western and Eastern Europe, does not obstruct the goal. Virtually all the Amazon warehouse workers around the globe do the same job. To force Amazon to put in practice universal safety rules and to lower the performance rates globally can considerably reduce the high number of work-related injuries and lower the level of exhaustion,[18] thus contributing to improvement of the working conditions of hundreds of thousands of people.

In Central and Eastern Europe, especially in the Czech Republic and Slovakia, organized workers have to start from much smaller but equally important struggles, for more modest local goals, such as arranging holidays during peak times, or improving the transport services to workplaces. At the same time, there is still an unused potential to engage in full transnational organizing for global goals. In fact, this two-pronged strategy is the only way to fight employer like Amazon. Both in the Czech Republic and Slovakia, the membership in Amazon trade unions is anonymous. In Sereď, Slovakia, a recently created trade union finally won the right to be present officially on the Amazon premises, at least in the form of an information board, because its office is placed outside the warehouse building. To be able to inform the workers effectively and to communicate with them, either through the message board, a Facebook group or in person, is the first step toward organizing bigger events, such as a strike for higher wages, which is the eyes of the trade union in Sereď is vitally necessary.[19]

The Sereď representative who attended the meeting of the transnational network in Leipzig welcomed the chance to participate in the network. In fact, a closer cooperation and exchange of information with the Polish Worker's Initiative has been already arranged, and in the future should include also workers from the Amazon warehouse in Dobrovíz in the Czech Republic. The warehouse in Dobrovíz, just outside Prague, is an important hub for the German market. During the peaks, it employs around 7,000 workers, more than half of them as agency workers. In 2017, after many attempts, local technicians managed to establish a trade union organization, but it was suppressed by local management through shift reorganization and threats, effectively barring

globální vize nemohla být aplikována na otázky bezpečnostních pravidel a nároků na výkonnost. V tomto případě téma strukturální nerovnosti, které se projevuje například ve značné mzdové mezeře, nijak nebrání snahám o dosažení tohoto cíle. Prakticky všichni pracovníci skladů Amazon po světě vykonávají stejnou práci. Donutit Amazon, aby zavedl univerzální bezpečnostní pravidla a globálně snížil své výkonnostní nároky, by mohlo vést ke výraznému snížení vysokého množství pracovních úrazů a snížení úrovně vyčerpání pracovníků,[18] což by přispělo ke zlepšení pracovních podmínek stovek tisíc lidí.

Ve střední a východní Evropě, zejména v České republice a Slovensku, musí sdružující se pracovníci rozvíjet svou iniciativu v mnohem menších, ale stejně důležitých bojích vedených za skromnější lokální cíle, jako je čerpání dovolené během období větší vytíženosti nebo zlepšování dopravních služeb na pracoviště. Zároveň je stále v angažování se v nadnárodním sdružování za účelem prosazování globálních cílů ukryt nevyužitý potenciál. Ve skutečnosti je tato dvojí strategie jediný způsob, jak bojovat proti zaměstnavateli, jako je Amazon. Jak v České republice, tak na Slovensku je členství v odborech Amazonu anonymní. V Seredi na Slovensku nedávno vytvořená odborová organizace konečně dosáhla práva být oficiálně zastoupena přímo v prostorách Amazonu alespoň ve formě informační cedule, neboť její kancelář je umístěna mimo budovu skladu. Mít možnost pracující efektivně informovat a komunikovat s nimi ať už prostřednictvím vývěsní tabule, facebookové skupiny, nebo osobně, je ten první krok k organizování větších událostí, jako je stávka za vyšší mzdu, což je z pohledu odborové organizace v Seredi naprosto nezbytné.[19]

Zástupkyně ze Seredi, která se zúčastnila setkání nadnárodní sítě v Lipsku, uvítala možnost se do ní zapojit. Bližší spolupráce a výměna informací s polským odborovým sdružením Iniciatywa Pracownicza již byla dojednána a v budoucnosti by se do ní rovněž měli připojit pracující skladu Amazonu v Dobrovízi v České republice. Sklad v Dobrovízi na předměstí Prahy představuje důležitý logistický uzel pro německý trh. Během nejrušnějších období zaměstnává okolo 7000 pracujících, z nichž více než polovinu tvoří agenturní pracovníci. V roce 2017 se po mnoha marných pokusech podařilo místním technikům založit odborovou organizaci, ta však byla místním managementem potlačena pomocí reorganizací směn a výhružek, čímž bylo v podstatě znemožněno členům odborů setkávat se i osobně.[20] Jen několik měsíců nato však pracovníci zaregistrovali další trade union members even from meeting in person.[20] Only a few months later, though, workers registered another trade union organization, which is today the main interlocutor of workers' demands. The organization attempted to sign a collective agreement with Amazon Czech Republic, mainly to ensure regular and transparent increases of wages, but the bargaining, in the end, under the oversight of a mediator from the Labor Ministry, failed in May 2019. This outcome was expected, as Amazon systematically and globally avoids signatures of any collective agreement. In Germany, the process of regularly failing collective bargaining has now been continuous for seven years, and is accompanied with frequent strikes in German warehouses. In the Czech case, and at the time of writing this text, the trade union organization in Dobrovíz is making an effort to gain more support of workers to launch a strike, ideally in coordination with Amazon workers in other countries.[21]

As is evident from the previous information, the challenges for organized Amazon workers are manifold, and the Central and Eastern Europe region is emblematic of these problems in many ways. Workers who decide to resist Amazon are without any refuge, fully exposed to the anti-union management techniques. They lack not only the protection of a collective agreement, which is the case in all Amazon warehouses, but more significantly a more stable and proactive trade union infrastructure. The transnational connections do not offer a universal remedy to these local problems, yet merely establishing effective relations with organized workers abroad can protect local workers from Amazon management's pressure to compete with one another, while also bringing fresh energy and knowledge to local day-to-day struggles. Most importantly, the transnational network can transform today's commonplace forced fragmentation of the supply chain, a prime advantage that transnational capital maintains over its workers, into a powerful means at the workers disposal, which, being able to disrupt Amazon's operations globally, gives them an unprecedented leverage.

odborovou organizaci, která dnes tlumočí požadavky pracovníků. Tato organizace se snažila se zastoupením Amazonu v České republice podepsat kolektivní smlouvu, a to především za účelem, aby zajistila pravidelné a transparentní zvyšování mezd, ovšem vyjednávání, které probíhalo za dohledu zprostředkovatele z ministerstva práce a sociálních věcí, v květnu 2019 ztroskotalo. Jelikož se Amazon všude na světě systematicky vyhýbá podepisování jakýchkoli kolektivních smluv, nebyl tento výsledek nijak překvapující. V Německu se tento proces pravidelného selhávání kolektivního vyjednávání opakuje již sedm let a doprovázejí ho pravidelné stávky v německých skladech. V době psaní tohoto textu se odborová organizace v Dobrovízi v České republice snaží získat další podporu pracovníků k vyhlášení stávky, která by ideálně proběhla v koordinaci s pracovníky Amazonu v ostatních zemích.[21]

Jak dokládají předcházející informace, sdružující se pracovníci Amazonu čelí mnoha výzvám a region střední a východní Evropy je v mnoha aspektech charakteristickým příkladem těchto problémů. Pracovníci, kteří se rozhodnou vzdorovat Amazonu, nemají žádné útočiště a jsou otevřeně vystaveni protiodborovým taktikám managementu. Chybí jim nejen ochrana kolektivní smlouvy, jak tomu je ve všech skladech Amazonu, ale především postrádají stabilnější a proaktivní odborovou infrastrukturu. Nadnárodní propojování nepředstavuje univerzální prostředek k nápravě těchto lokálních problémů. Nicméně efektivně fungující vztahy se sdružujícími se pracovníky v zahraničí mohou ochránit lokální pracovníky před tlakem managementu Amazonu, aby si konkurovali mezi sebou, a zároveň přinést do jejich každodenních bojů čerstvou energii a nové poznatky. Nejdůležitější na tom všem je však to, že nadnárodní síť může přeměnit dnešní vynucenou fragmentaci dodavatelského řetězce, jež představuje hlavní výhodu nadnárodního kapitálu nad svými pracovníky, v mocný nástroj pracujících, který jim díky možnosti narušení provozu Amazonu na globální úrovni dodává bezprecedentní páku proti svému zaměstnavateli.

1   Ralf Ruckus, "Confronting Amazon," *Jacobin*, March 31, 2016, https://jacobinmag.com/2016/03/amazon-poland-poznan-strikes-workers.

2   "Polish Amazon workers escalate push for better wages, working conditions," May 10, 2019, https://www.uniglobalunion.org/news/polish-amazon-workers-escalate-push-better-wages-working-conditions.

3   "Final Declaration of the Cross-border Meeting of Amazon Workers – Poznań March 2019," https://www.transnational-strike.info/2019/05/26/final-declaration-of-the-cross-border-meeting-of-amazon-workers-poznan-march-2019.

4   Amazing Workers, "Final declaration of the transnational meeting of Amazon workers in Leipzig, September 27–29, 2019," October 24, 2019, https://amworkers.wordpress.com/2019/10/24/final-declaration-of-the-transnational-meeting-in-leipzig.

5   Personal communication with the author.

6   Amazing Workers, "Invitation to the Cross-Border Meeting of Amazon Workers in Leipzig in September 2019," July 14, 2019, https://amworkers.wordpress.com/2019/07/14/invitation-to-cross-border-meeting-in-leipzig-in-september-2019.

7   "For a 2019 under the Sign of the Strike!," https://www.transnational-strike.info/2018/12/21/for-a-2019-under-the-sign-of-the-strike.

8   Ruckus (see note 1).

9   Dan Radnika, "Amazon: A new business model better able to manage the contradictions of the capitalist mode of production," *libcom.org*, March 30, 2019, http://libcom.org/library/amazon-new-business-model-better-able-manage-contradictions-capitalist-mode-production.

10 "For a 2019 under the Sign of the Strike!" (see note 7).

11 Amazing Workers (see note 4).

12 "Strike alert! – Message of solidarity to all striking and protesting Amazon workers in the world during the Prime Day 2019!," July 14, 2019, http://www.ozzip.pl/english-news/item/2502-strike-alert-message-of-solidarity-to-all-striking-and-protesting-amazon-workers-in-the-world-during-the-prime-day-2019.

---

1   Ralf Ruckus, Confronting Amazon, Jacobin, 31. 3. 2016, https://jacobinmag.com/2016/03/amazon-poland-poznan-strikes-workers.

2   Polish Amazon workers escalate push for better wages, working conditions, 10. 5. 2019, https://www.uniglobalunion.org/news/polish-amazon-workers-escalate-push-better-wages-working-conditions.

3   Final Declaration of the Cross-border Meeting of Amazon Workers – Poznań March 2019, https://www.transnational-strike.info/2019/05/26/final-declaration-of-the-cross-border-meeting-of-amazon-workers-poznan-march-2019.

4   Amazing Workers, Záverečné vyhlásenie medzinárodného stretnutia zamestnancov a zamestnankýň Amazonu v Lipsku, 27.–29. septembra 2019, 24. 10. 2019, https://amworkers.wordpress.com/2019/10/24/zaverecne-vyhlasenie-medzinarodneho-stretnutia-zamestnancov-a-zamestnankyn-amazonu-v-lipsku.

5   Soukromá komunikace s autorem.

6   Amazing Workers, Pozvánka na cezhraničné stretnutie zamestnancov Amazonu – Lipsko, 2019, 16. 7. 2019, https://amworkers.wordpress.com/2019/07/16/pozvanka-na-cezhranicne-stretnutie-zamestnancov-amazonu-lipsko-2019.

7   For a 2019 under the Sign of the Strike!, https://www.transnational-strike.info/2018/12/21/for-a-2019-under-the-sign-of-the-strike.

8   Ruckus (pozn. 1).

9   Dan Radnika, Amazon: A new business model better able to manage the contradictions of the capitalist mode of production, libcom.org, 30. 3. 2019, http://libcom.org/library/amazon-new-business-model-better-able-manage-contradictions-capitalist-mode-production.

10 For a 2019 under the Sign of the Strike! (pozn. 7).

11 Amazing Workers (pozn. 4).

12 Strike alert! – Message of solidarity to all striking and protesting Amazon workers in the world during the Prime Day 2019!, 14. 7. 2019, http://www.ozzip.pl/english-news/item/2502-strike-alert-message-of-solidarity-to-all-striking-and-protesting-amazon-workers-in-the-world-during-the-prime-day-2019.

13 Colin Lecher, "How Amazon automatically tracks and fires warehouse workers for 'productivity'," *The Verge*, April 25, 2019, https://www.theverge.com/2019/4/25/18516004/amazon-warehouse-fulfillment-centers-productivity-firing-terminations.

14 Ruckus (see note 1).

15 Carole Cadwalladr, "My week as an Amazon insider," *The Guardian*, December 1, 2013, https://www.theguardian.com/technology/2013/dec/01/week-amazon-insider-feature-treatment-employees-work.

16 "Strike alert!" (see note 12).

17 Personal communication with the author.

18 *Amazon Makes Us Sick*, https://en.labournet.tv/amazon-makes-us-sick.

19 Personal communication with the author.

20 Ondřej Vyhnanovský, "Amazon nás systematicky likviduje, volá šéf odborů. Firma to popírá" [Amazon systematically liquidates us, calls the union chief. The firm denies it], *lidovky.cz*, October 30, 2017, https://www.lidovky.cz/byznys/firmy-a-trhy/amazon-nas-systematicky-likviduje-vola-sef-odboru-firma-to-popira.A171029_194510_firmy-trhy_pev.

21 Daniel Novák, "V českém Amazonu zkrachovalo kolektivní vyjednávání. Hrozí stávka" [Collective Bargaining Fails in Czech Amazon. Strike Threatened], *e15.cz*, May 18, 2019, https://www.e15.cz/byznys/obchod-a-sluzby/v-ceskem-amazonu-zkrachovalo-kolektivni-vyjednavani-hrozi-stavka-1358958.

13 Colin Lecher, How Amazon automatically tracks and fires warehouse workers for 'productivity', The Verge, 25. 4. 2019, https://www.theverge.com/2019/4/25/18516004/amazon-warehouse-fulfillment-centers-productivity-firing-terminations.

14 Ruckus (pozn. 1).

15 Carole Cadwalladr, My week as an Amazon insider, The Guardian, 1. 12. 2013, https://www.theguardian.com/technology/2013/dec/01/week-amazon-insider-feature-treatment-employees-work.

16 Strike alert! (pozn. 12).

17 Soukromá komunikace s autorem.

18 Amazon Makes Us Sick, https://en.labournet.tv/amazon-makes-us-sick.

19 Soukromá komunikace s autorem.

20 Ondřej Vyhnanovský, Amazon nás systematicky likviduje, volá šéf odborů. Firma to popírá, lidovky.cz, 30. 10. 2017, https://www.lidovky.cz/byznys/firmy-a-trhy/amazon-nas-systematicky-likviduje-vola-sef-odboru-firma-to-popira.A171029_194510_firmy-trhy_pev.

21 Daniel Novák, V českém Amazonu zkrachovalo kolektivní vyjednávání. Hrozí stávka, e15.cz, 18. 5. 2019, https://www.e15.cz/byznys/obchod-a-sluzby/v-ceskem-amazonu-zkrachovalo-kolektivni-vyjednavani-hrozi-stavka-1358958.

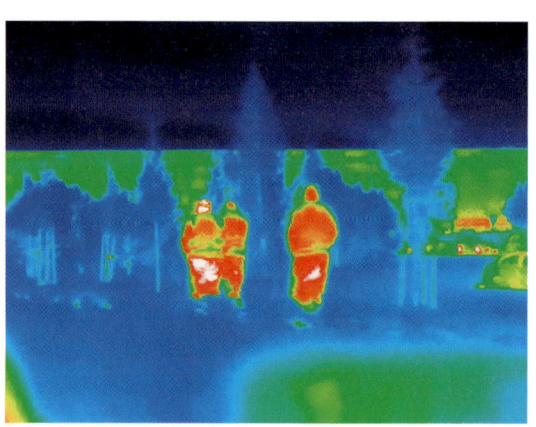

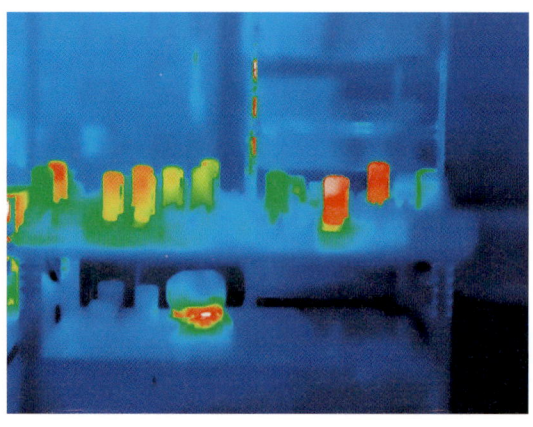

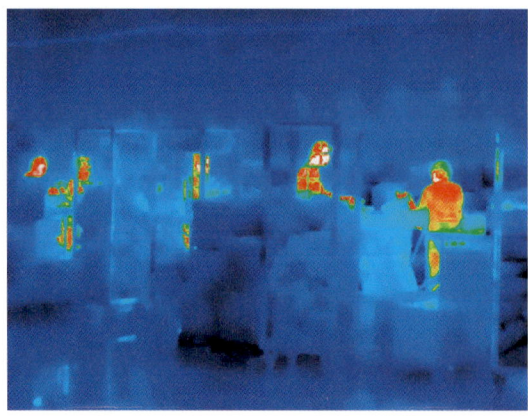

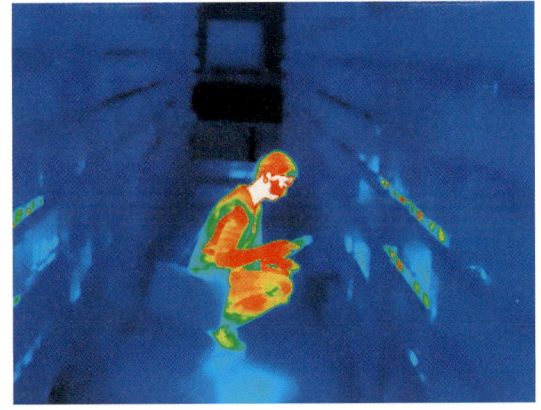

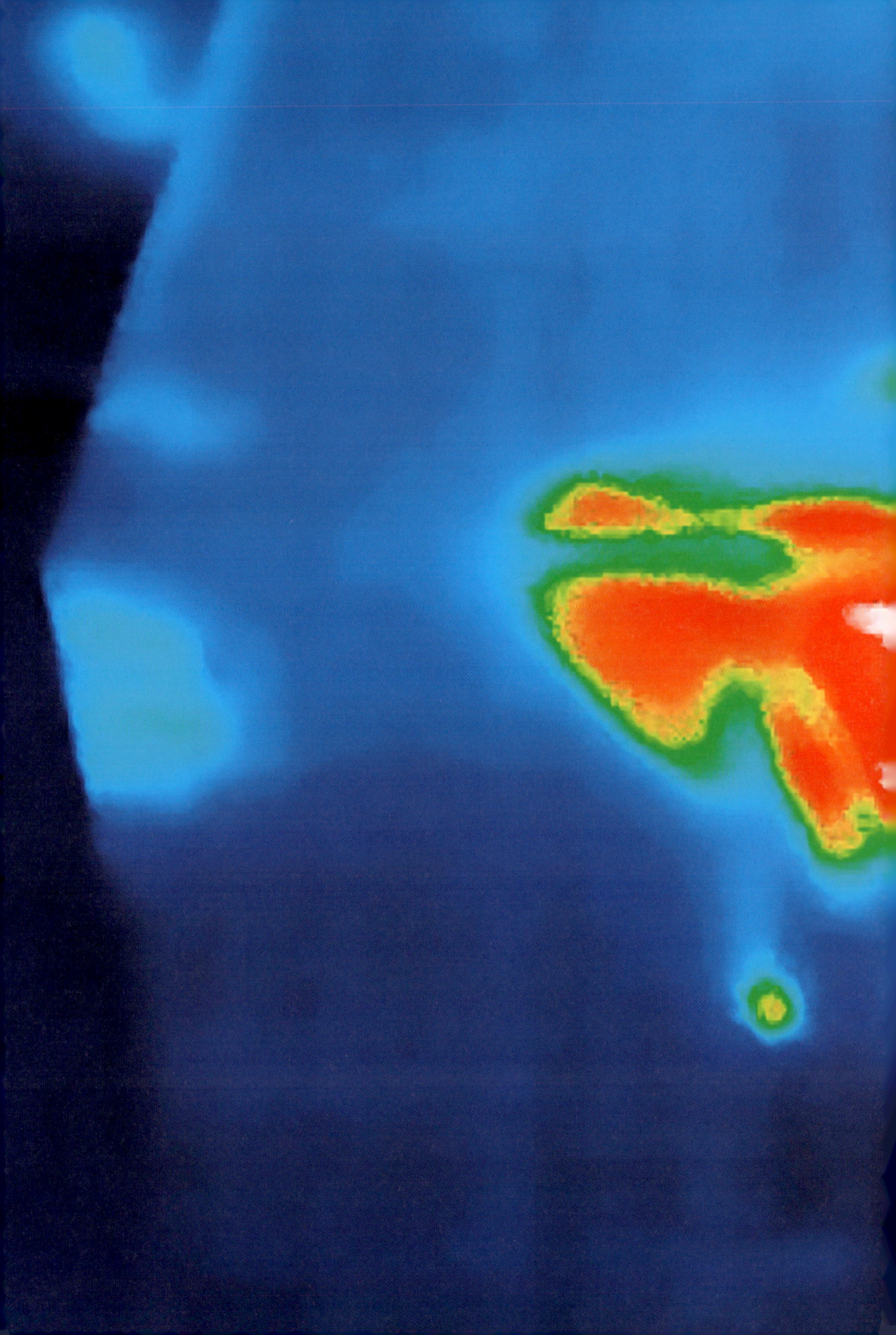

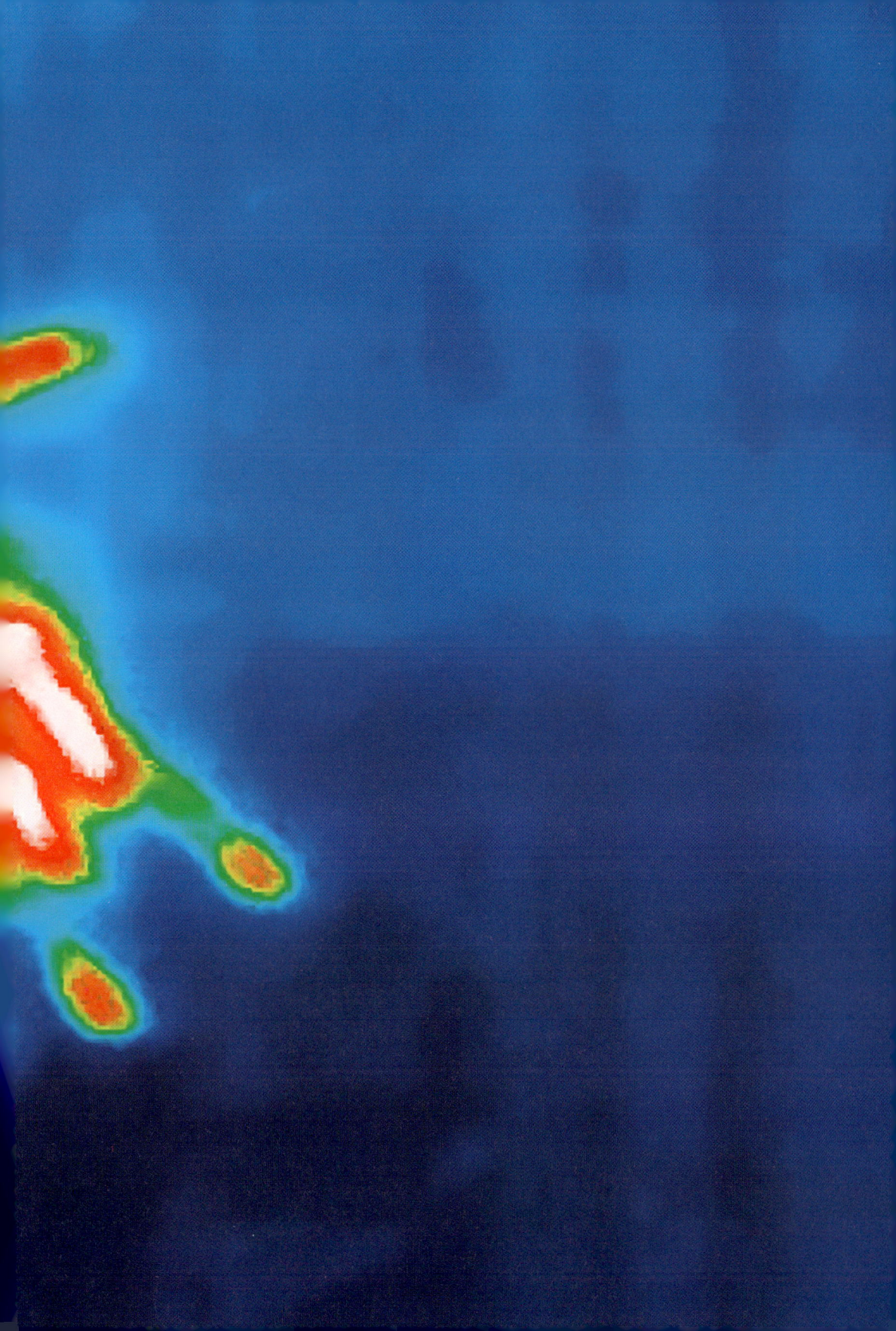

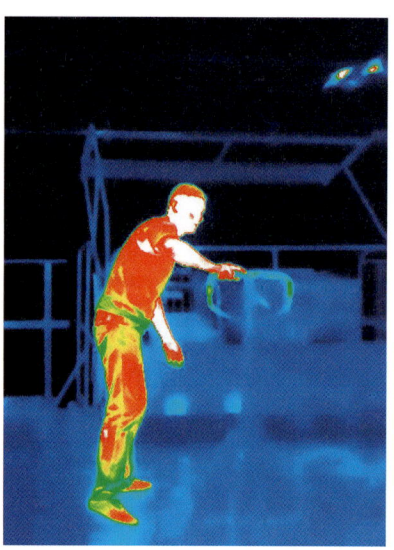 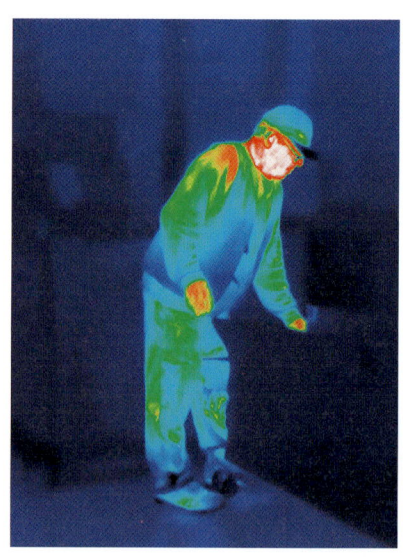

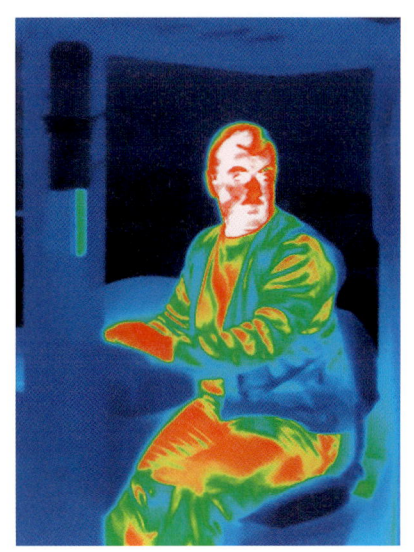

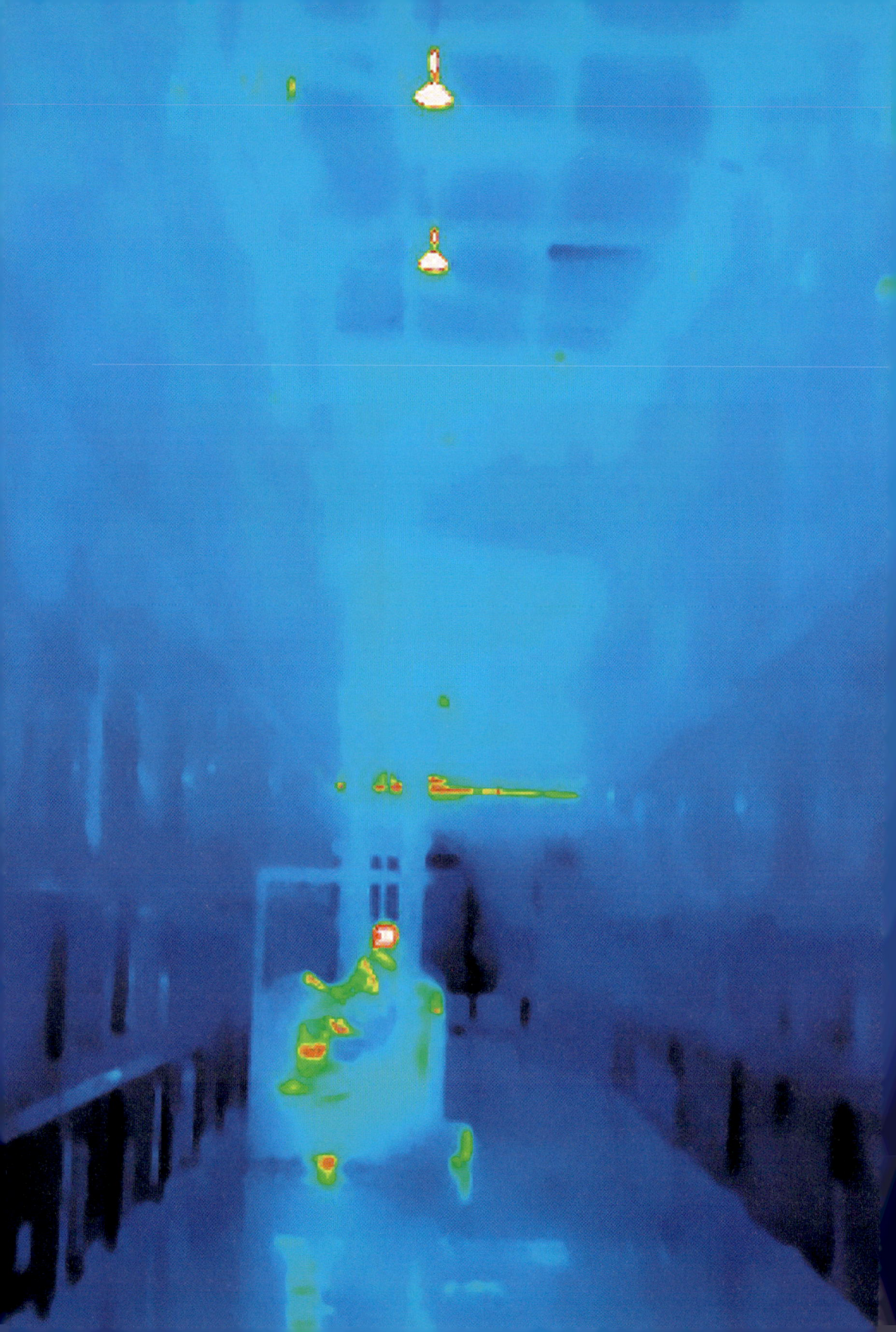

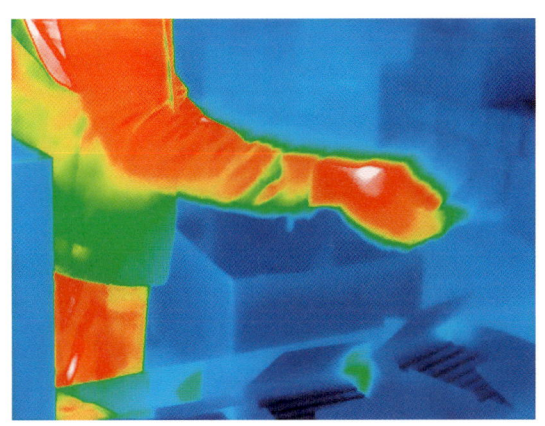

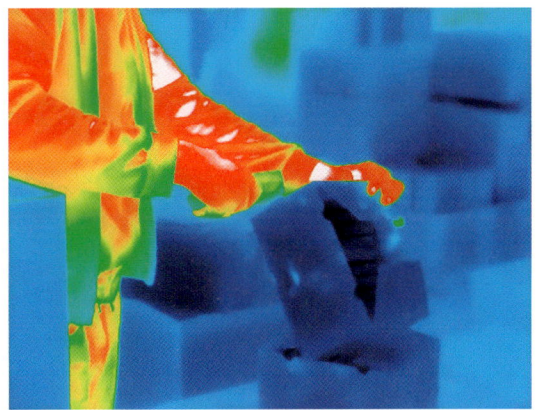

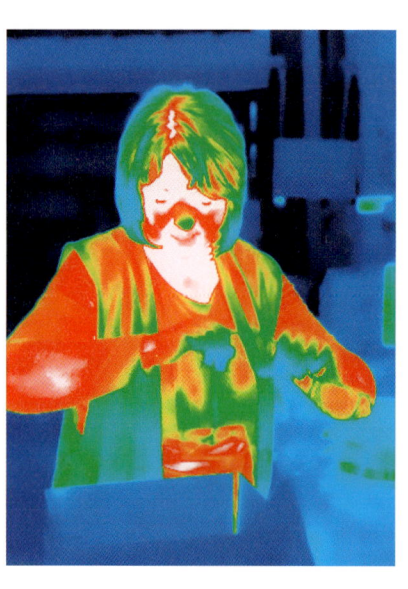 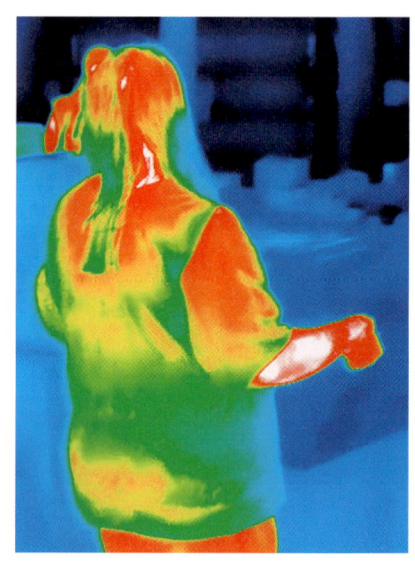

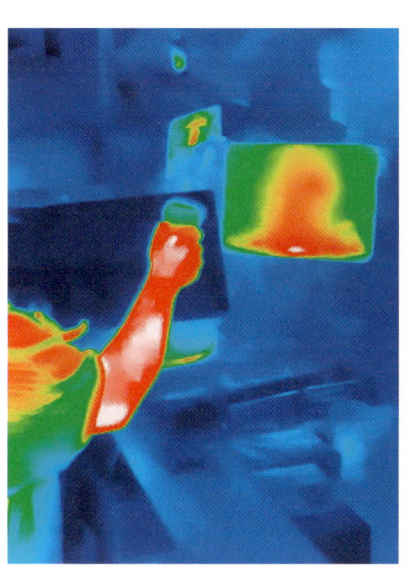

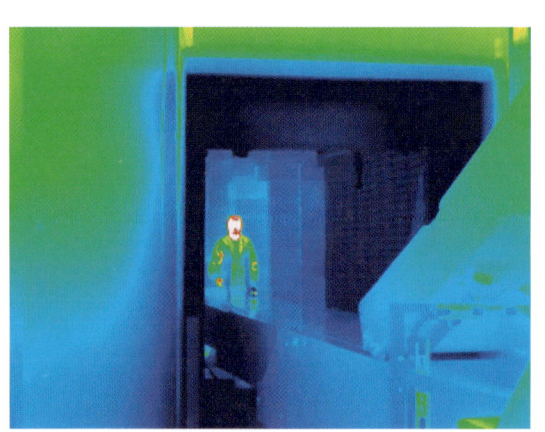

MOVING PARTS

In the environment of logistics centers, thermal imaging is used for so-called predictive maintenance, when the mechanical moving parts are scanned and, based on their increasing temperature, are potentially exchanged before they malfunction.

A fundamental moving part of the logistical system is the human, whose intense labor is an indispensable necessity for the smooth operation of most logistical transfers. It is thus necessary to ask about its position, and about the nature of human work within this wider system.

Thermal imaging can show us the differences in temperature and thus differentiate individual moving parts from the environment in which they are in a mutual relationship. Such scanning separates the individual human bodies and the heat trace they leave as part of their logistical transfers.

The thermographic images were created in the exteriors of the CTPark Bor and DHL Supply Chain Cheb logistics parks and in the interiors of the warehouses of Tchibo in Cheb, ZOOT in Říčany, Prague-East, and CZC.cz in Rudná, Prague-West.

POHYBLIVÉ ČÁSTI

V prostředí logistických center se termovizní snímání používá k tzv. prediktivní údržbě, kdy jsou snímány jejich mechanické pohyblivé části a na základě zvyšující se teploty se přistupuje k výměně ještě před selháním dané části.

Klíčovou pohyblivou částí logistického systému je člověk, jehož intenzivní práce je nepostradatelnou konstantou plynulosti většiny logistických přesunů. Je tedy nutné se ptát po jeho postavení a po podobě lidské práce v tomto systému.

Termovizní snímání nám ukazuje tepelné rozdíly a dokáže tak z prostředí oddělit jednotlivé části, které jsou s ním ve vzájemných vztazích. Toto snímání zde vyčleňuje jednotlivá lidská těla a jejich tepelnou stopu, již zanechávají v procesu logistických přesunů.

Termovizní snímky vznikly v exteriérech logistického parku CTPark Bor a DHL Supply Chain Cheb a v interiérech skladů Tchibo v Chebu, ZOOT v Říčanech u Prahy a CZC.cz v Rudné u Prahy.

Authors

Autoři

Rutvica Andrijasevic
is an activist scholar with research interests in areas of migrant labor, gender, national state power, and global firms. Rutvica conducted research on irregular migration and borders and examined immigration enforcement at the EU's southern border between Italy and Libya. Her book *Agency, Migration and Citizenship in Sex Trafficking* (Basingstoke: Palgrave Macmillan, 2010) addresses the link between migration, gendered subjectivity and changes in citizenship in Europe. Rutvica's current project focuses on global firms and the raise of China, and investigates the ways in which "Chinese" modes of production and management are impacting labor in Central and Eastern Europe.

Kateřina Frejlachová
is an architect. She graduated from the Faculty of Architecture at the Czech Technical University in Prague and acquired further experience at the Hosei University in Tokyo. She is co-founder of the experimental studio placemakers cz and co-author of the research project *Illegal Taipei* which focuses on informal architecture and urbanism. After spending five years at the Prague Institute of Planning and Development, working in the Office of Public Space, she currently cooperates with the Prague-based MCA studio. She was—together with the other three editors Miroslav Pazdera, Tadeáš Říha, and Martin Špičák—a curator of the exhibition *Logistics Landscapes* at VI PER in 2019.

Adrian Hyrsz
is a Polish writer. In his literary and critical stories, focusing on the life of a foreign agency-employed worker, he draws much from his own personal experiences. He is author of the work which served as the basis for the theater play *Strefa* which premiered in 2017 at Wroclaw's Capitol Theater. The plot takes place in a car factory and draws extensively on the author's own experiences of being employed at the Polish Toyota plant. Hyrsz is sometimes called the "Bukowski of Wałbrzych." He has published his texts in the cultural periodical *A2* under the pseudonym Nomad.

Tomáš Khel
graduated from the Czech University of Life Sciences in Prague with a degree in Soil Science and Soil Protection. He works in the Department of Pedology and Soil Conservation at the Research Institute for Soil and Water Conservation. His research projects focus on the changes in the characteristics of soil after anthropogenic input into its natural development, on mapping soils, classification of Czechia's soils, description of soil heterogeneity, as well as projects working towards the conservation of soil and its functions.

Rutvica Andrijasevic
je aktivistka a vědkyně, jejíž práce se převážně týká migrantské práce, genderu, otázek národní a státní moci a nadnárodních firem. Rutvica dříve zkoumala nezákonnou migraci a hranice, konkrétně imigraci na jižní hranici Evropské unie, mezi Itálií a Libyí. Její kniha *Agency, Migration and Citizenship in Sex Trafficking* (Palgrave Macmillan, Basingstoke 2010) se věnuje vazbě mezi migrací, pohlavní subjektivitou a změnami koncepce občanství v rámci Evropské unie. V současné době pracuje na projektu, který se zaměřuje na mezinárodní firmy a vzestup Číny, a zkoumá, jakým způsobem ovlivňují „čínské" způsoby výroby a řízení pracovní podmínky ve střední a východní Evropě.

Kateřina Frejlachová
je architektka, absolventka Fakulty architektury Českého vysokého učení technického v Praze se studijní zkušeností z Hosei University v Tokiu. Je spoluzakladatelkou experimentálního studia placemakers cz a spoluautorkou výzkumného projektu *Illegal Taipei*, který se zabývá neformální architekturou a urbanismem. Po pětiletém působení v Institutu plánování a rozvoje hl. m. Prahy v Kanceláři veřejného prostoru v současnosti spolupracuje s pražským architektonickým ateliérem MCA. Spolu s dalšími třemi editory – Miroslavem Pazderou, Tadeášem Říhou a Martinem Špičákem – byla v roce kurátorkou výstavy *Krajiny Logistiky* v Galerii VI PER.

Adrian Hyrsz
je polský publicista. V literárně-kritických reportážích ze života zahraničního agenturního pracovníka čerpá z vlastních prožitků. Je autorem předlohy divadelní hry *Strefa*, která měla premiéru v roce 2017 ve vratislavském divadle Capitol. Děj se odehrává v továrně na auta a zakládá se na autorových zkušenostech z dělnického angažmá v polském závodě koncernu Toyota. Hyrsz je proto někdy nazýván „Bukowskim z Wałbrzychu". Pod pseudonymem Nomad své texty publikoval také v kulturním čtrnáctideníku *A2*.

Tomáš Khel
je absolventem České zemědělské univerzity v Praze, oboru hodnocení a ochrana půdy. Pracuje ve Výzkumném ústavu meliorací a ochrany půdy v oddělení Pedologie a ochrany půdy. Podílí se na projektech zabývajících se změnou půdních vlastností po antropogenním zásahu do jejich přirozeného vývoje, mapováním půd, klasifikací půd České republiky, popisu půdní heterogenity a projektech směřujících k ochraně půdy a jejích funkcí.

Jan Kolský
absolvoval Ateliér fotografie I Vysoké školy uměleckoprůmyslové v Praze s projektem *Here There Be Workers*, který reflektuje

Jan Kolský
graduated from the Photography I studio at the Academy of Arts, Architecture & Design in Prague with the project *Here There Be Workers*, which reflects the issues of organized employment of people in grey zone infrastructures and the topic of human labor in automated systems. Apart from his own photographic and artistic practice, he has been a long-time member of the collective research project focused on Ester Krumbachová and, among other projects, took part in the publication of the book *Green Fox Street* (Praha: UMPRUM, 2019). He is member of the Extrasensory-Aesthetics Research Working-Group.

Bohuslav Bob Kuřík
is Assistant Professor at the Department of Social and Cultural Ecology at the Faculty of Humanities of Charles University in Prague, where he also received his doctorate in anthropology. His work focuses on the overlap between political and environmental anthropology and studies the concepts of protest, subjectivity, post-politics, art, and life, with a special interest in the Czech, German, and Latin-American contexts.

Jesse LeCavalier
(LECAVALIER R+D) explores the architectural and urban implications of contemporary infrastructure. He is the author of *The Rule of Logistics: Walmart and the Architecture of Fulfillment* (Minneapolis: University of Minnesota Press, 2016) and is associate professor at the Daniels Faculty of Architecture at the University of Toronto. LeCavalier was the Daniel Rose Visiting Assistant Professor at the Yale School of Architecture and the Sanders Fellow at the University of Michigan. His work has been exhibited at the Seoul Biennial, the Oslo Triennial, and the MoMA.

Lukáš Likavčan
holds a degree in philosophy from Brno's Masaryk University, where he is currently finishing a doctorate in Environmental Studies. He is a member of the curatorial collective display – Association for Research and Collective Practice and teaches at the Center for Audiovisual Studies at FAMU in Prague, where he supervises the course Politics of Infrastructure. He is also involved in the educative program at the Strelka Institute for Media, Architecture and Design in Moscow (The New Normal and The Terraforming programs). He mostly focuses on the philosophy of technology, political ecology and oscillates between academic practice and art. He is co-editor of the book *Mysl v terénu: Filosofický realismus v 21. století* (Mind in the Field: Philosophical Realism in the 21st Century; Praha: VVP AVU, 2018) and is author of the

problematiku organizovaného zaměstnávání lidí v infrastruktuře šedé zóny internetu a téma lidské práce v automatizovaných systémech. Kromě vlastní fotografické a umělecké praxe se dlouhodobě podílel na kolektivním výzkumném projektu o Ester Krumbachové, v jehož rámci realizoval mj. knihu *Za Zelenou liškou* (UMPRUM, Praha 2019). Je členem Pracovní skupiny pro výzkum mimosmyslové estetiky.

Bohuslav Bob Kuřík
je odborným asistentem na Katedře sociální a kulturní ekologie Fakulty humanitních studií na Univerzitě Karlově v Praze, kde získal také doktorát v oboru antropologie. Ve svém odborném působení propojuje témata politické a environmentální antropologie, jakými jsou protest, subjektivita, postpolitika, umění či život, a to především v českém, německém a latinskoamerickém kontextu.

Jesse LeCavalier
(LECAVALIER R+D) zkoumá architektonické a urbánní dopady současných infrastruktur. Je autorem knihy *The Rule of Logistics: Walmart and the Architecture of Fulfillment* (University of Minnesota Press, Minneapolis 2016) a působí jako pedagog na Danielsově fakultě architektury na Torontské univerzitě. LeCavalier pracoval v pozici Daniel Rose Visiting Assistant Professor na Škole architektury Yaleovy univerzity a byl stipendistou Sanders Fellow Michiganské univerzity. Jeho díla byla vystavena na bienále v Soulu, trienále v Oslu a v MoMA v New Yorku.

Lukáš Likavčan
je absolventem filozofie na Masarykově univerzitě v Brně, kde v současnosti dokončuje doktorát z environmentálních studií. Je členem kurátorského kolektivu display – sdružení pro výzkum a kolektivní praxi a vyučuje v Centru audiovizuálních studií na FAMU v Praze, kde je mj. garantem předmětu nazvaném Politiky infrastruktur. Podílí se také na výuce v Institutu pro média, architekturu a design Strelka v Moskvě (programy The New Normal a The Terraforming). Věnuje se zejména filozofii technologií, politické ekologii a osciluje mezi akademickou praxí a uměním. Je spolueditorem knihy *Mysl v terénu: Filosofický realismus ve 21. století* (VVP AVU, Praha 2018) a autorem *Introduction to Comparative Planetology* (Strelka, Moscow 2019).

Petr Mezihorák
vystudoval politologii, ekonomii a získal doktorát v oboru sociologie na Masarykově univerzitě v Brně. Působí na Università degli Studi di Milano, kde pracuje jako výzkumník v projektu SHARE – Seizing the Hybrid Areas of work by Re-presenting self-Employment financovaném Evropskou výzkumnou radou (ERC). Jeho výzkumným zájmem je proměna

book *Introduction to Comparative Planetology* (Moscow: Strelka, 2019).

Petr Mezihorák
graduated with a degree from political science and economics, and received his doctorate in sociology from the Masaryk University in Brno. He is currently based at the Università degli Studi di Milano where he works as a researcher in the SHARE project – Seizing the Hybrid Areas of work by Re-presenting self-Employment, which is financed by the European Research Council. His research interests mainly focus on the transformation of work, both in terms of the actual work processes, as well as its role within wider contemporary culture.

Víctor Muñoz Sanz
is an architect and researcher whose work examines the notion of "workscapes," i.e., the architectures and territories of human and nonhuman labor. He holds the degree of Architect (ETSAM, Madrid), a Masters of Architecture in Urban Design (Harvard University), and a PhD in Architecture (ETSAM). Víctor was a Druker Fellow at Harvard; Emerging Curator, Canadian Centre for Architecture; co-principal researcher of *Automated Landscapes*, Het Nieuwe Instituut; fellow at Akademie Schloss Solitude; and is currently a guest researcher at TU Delft.

Tonia Novitz is Professor of Labour Law at the University of Bristol. She is a graduate of the University of Canterbury (Christchurch, New Zealand) and Balliol College (Oxford, UK). Her research interests focus predominantly on labor law, international and EU trade, sustainability and the protection of human rights. She is currently co-director of the Bristol Centre for Law at Work, a member of the executive committee of the UK Institute of Employment Rights, and chair of the steering committee of the international Labour Law Research Network.

Miroslav Pazdera
is an architect, a graduate of the Architecture School of the Academy of Fine Arts in Prague with study experience from RWTH Aachen. As part of his practice, he has, among others, worked with the Swiss studio pool Architekten. He has also been active as Assistant Professor at Ondřej Císler's studio at the Faculty of Architecture of the Czech Technical University in Prague. He currently works as an architect in the Bernd Schmutz Architekten studio in Berlin.

Zdeněk Porcal (Studio Flusser)
founded the Studio Flusser along with Petr Dub in 2016. The studio focuses on photo documentation of architecture, design, and

práce jak z hlediska pracovního procesu, tak z hlediska proměn její role a vztahů, v nichž je vázána v současné společnosti.

Víctor Muñoz Sanz
je architekt a akademik, jehož dílo zkoumá koncept „pracovního prostředí" (*workscapes*), tedy architektury a teritoria lidské i mimolidské práce. Vystudoval architekturu (ETSAM v Madridu), dále získal titul v oboru architektura v městském navrhování (Harvardova univerzita) a doktorát v oboru architektury (ETSAM). Víctor byl v minulosti držitelem Drukerova stipendia na Harvardu, zúčastnil se programu Emerging Curator v Kanadském centru architektury, byl spoluvedoucí projektu *Automated Landscapes* na Het Nieuwe Instituut, rezidentem Akademie Schloss Solitude a momentálně je hostujícím vědeckým pracovníkem na Technické univerzitě v Delftu.

Tonia Novitz
je profesorkou pracovního práva na Bristolské univerzitě. Titul získala na Canterburské univerzitě (Christchurch, Nový Zéland) a Balliol College (Oxford, Spojené království). Její práce se převážně věnuje tématům pracovního práva, mezinárodního a evropského obchodu, udržitelnosti a ochrany lidských práv. Momentálně je spoluvedoucí Bristol Centre for Law at Work, členkou výkonného výboru Institute of Employment Rights v UK a předsedkyní mezinárodní komise Labour Law Research Network.

Miroslav Pazdera
je architekt, absolvent Školy architektury AVU se studijní zkušeností z RWTH v Cáchách. Během své praxe spolupracoval např. se švýcarským studiem pool Architekten. Působil také jako odborný asistent v ateliéru Ondřeje Císlera na Fakultě architektury ČVUT v Praze. Nyní se věnuje architektonické praxi ve studiu Bernd Schmutz Architekten v Berlíně.

Zdeněk Porcal (Studio Flusser)
založil Studio Flusser spolu s Petrem Dubem v roce 2016. Studio se zaměřuje na fotodokumentaci architektury, designu a umění. Dle slov zakladatelů nesází pouze na schopnost vidět a ovládnout řemeslo, ale svou tvorbou se zasazuje také o kultivaci širšího společenského prostoru. Zdeněk Porcal je hlavním fotografem studia. Jeho tvorbu charakterizuje purismus, cit pro fotografickou interpretaci prostoru a technickou kvalitu fotografií.

Tadeáš Říha
je architekt a publicista, absolvent Fakulty architektury Technické univerzity v Delftu a ČVUT v Praze. Je jedním ze tří kurátorů expozice *Weak Monument* estonského

art. According to the founders, its focus is not merely the art of perceiving and mastering a craft, but also aims to cultivate the wider social environment. Zdeněk Porcal is the studio's main photographer. His work tends towards purism, a sense for photographic interpretation of space, and an appreciation of the photograph's technical quality.

Tadeáš Říha
is an architect and a writer, graduate of the Faculty of Architecture at the Delft University of Technology and the Czech Technical University in Prague. He is one of the authors of *Weak Monument*, Estonian pavilion at the XVII Venice Architecture Biennale and one of the editors of the Weak Monument publication, published by Parks Books in 2018. He currently lives in London where he works at 6a architects on cultural projects in the UK and in Europe.

Hannah Schling
is a lecturer in Human Geography at Queen Mary University of London. Her research centres feminist and critical epistemologies to investigate systems of labor migration, questions of social reproduction, and the (re)production of class, gender, and race within intersections of migration and labor regimes with focus on Central and Eastern Europe, particularly on the EU and the non-EU workers in the Czech Republic's export-oriented electronics manufacturing sector, temporary work agencies and workers dormitories. Hannah has finished her PhD in Geography Department at King's College London.

Pavel Suchan
is the spokesperson and Head of the External Relations Office at the Astronomical Institute of the Czech Academy of Sciences. He is an honorary member, vice director, and Press Secretary of the Czech Astronomical Society and Head of the Expert Dark-Sky Association. He mostly focuses on the issues of light pollution and the conservation of the conditions for observing the night environment and popularizes these topics through lectures and media activity.

Daniel Šitera
is Head of the Center for Global Political Economy at the Institute of International Relations in Prague. He is finishing his doctorate studies at the Leipzig University and at Charles University in Prague in the fields of global studies and political science. He focuses mostly on comparative and international political economics with special focus on the region of Central and Eastern Europe as well as on the economic aspects of European integration.

pavilonu na XVII Bienále architektury v Benátkách a spoluautorem publikace *Weak Monument*, vydané nakladatelstvím Park Books v roce 2018. V současnosti žije v Londýně, kde pracuje ve studiu 6a architects, a to převážně na kulturních projektech v UK a Evropě.

Hannah Schling
přednáší obor lidská geografie na Queen Mary University of London. Její práce se převážně věnuje feministickým a kritickým epistemologiím a zkoumá systémy pracovní migrace, otázky společenské reprodukce a (re)produkce kategorií třídy, genderu a rasy v kontextu migrace a pracovních režimů, a to se zaměřením na region střední a východní Evropy. Konkrétně zkoumá situaci evropských i mimoevropských dělnic a dělníků v českém elektronickém sektoru, který je převážně exportní, a podmínkám v pracovních agenturách a ubytovnách. Hannah dokončila svá doktorská studia na Katedře geografie na King's College London.

Pavel Suchan
je tiskovým mluvčím a vedoucím referátu vnějších vztahů v Astronomickém ústavu AV ČR. Je čestným členem, místopředsedou a tiskovým tajemníkem České astronomické společnosti a předsedou Odborné skupiny pro tmavou oblohu. Věnuje se především problematice světelného znečištění, resp. ochraně pozorovacích podmínek a nočního životního prostředí, a tato témata popularizuje prostřednictvím přednášek a četných mediálních vystoupení.

Daniel Šitera
je vedoucím Centra globální politické ekonomie v Ústavu mezinárodních vztahů v Praze. Dokončuje doktorská studia na Lipské univerzitě a Univerzitě Karlově v Praze v oborech globálních studií a politologie. Odborně se věnuje zejména komparativní a mezinárodní politické ekonomii se zaměřením na střední a východní Evropu a ekonomické aspekty evropské integrace.

Martin Špičák
je architekt, absolvent Fakulty architektury Českého vysokého učení technického v Praze. Praktické zkušenosti nasbíral v ateliérech 4ds, Baukumst, Headhand nebo RKAW. Spoluzaložil studio placemakers cz zaměřené na městské plánování a participaci. V současnosti působí v Kanceláři veřejného prostoru v Institutu plánování a rozvoje hl. m. Prahy a také jako hlavní architekt města Neratovice.

Philip Ursprung
je profesorem dějin umění a architektury a bývalý děkan Katedry architektury na ETH v Curychu. Narodil se v Baltimoru (USA),

Martin Špičák
is an architect, a graduate of the Faculty of Architecture of the Czech Technical University in Prague. He acquired practical skills in the studios of 4ds, Baukumst, Headhand, and RKAW. He is co-founder of the placemakers cz studio focused on city planning and participation. Martin is currently active in the Office of Public Space at the Institute of Planning and Development and works as Head Architect of the city of Neratovice.

Philip Ursprung
is Professor of the History of Art and Architecture and former Dean of the Department of Architecture at ETH Zürich. Born in Baltimore (USA), he studied in Geneva, Vienna, and Berlin, and taught at UdK in Berlin, Columbia University in New York, the University of Zurich, and the Barcelona Institute of Architecture. As a visiting curator at the Canadian Centre for Architecture in Montréal he curated *Herzog & de Meuron: Archeology of the Mind* and edited the catalog *Herzog & de Meuron: Natural History* (Montréal: Canadian Centre for Architecture; Baden: Lars Müller Publishers, 2002). His most recent books are *Allan Kaprow, Robert Smithson, and the Limits to Art* (Berkeley: University of California Press, 2013) and *Representation of Labor / Performative Historiography* (Santiago de Chile: Ediciones ARQ, 2018).

Ina Valkanova
is an architect and a researcher. She studied architecture in RWTH Aachen and is currently a researcher at the Institute for Landscape and Urban Studies of ETH Zurich. She is also a coordinator for investment of the long-term strategy of the Bulgarian capitol Sofia. Prior to this, she served as the director of the international architecture festival One Architecture Week in Plovdiv, Bulgaria. Ina has taught in the *University of Architecture*, Civil Engineering and Geodesy in Sofia and has lectured in various European locations, such as Copenhagen Architecture Week and Belgrade International Architecture Week.

Jan Vopravil
graduated from the Faculty of Forest and Wood Sciences at the Czech University of Life Sciences in Prague. He is head of the Department of Pedology and Soil Conservation at the Research Institute for Soil and Water Erosion and is also active as a pedagogue at the Department of Biotechnical Landscaping at the Czech University of Life Sciences. He regularly lectures for both lay and expert audiences, publishes, and provides expert commentary for media pertaining to the current issues of the environment.

studoval v Ženevě, Vídni a Berlíně, vyučoval na UdK v Berlíně, Kolumbijské univerzitě v New Yorku, Curyšské univerzitě a na barcelonském Institutu architektury. Jako hostující kurátor v Kanadském centru architektury v Montrealu byl organizátorem výstavy *Herzog & de Meuron: Archeology of the Mind* a editorem katalogu *Herzog & de Meuron: Natural History* (Canadian Centre for Architecture, Montreal – Lars Müller Publishers, Baden 2002). Jeho nejnovější knihy jsou *Allan Kaprow, Robert Smithson, and the Limits to Art* (University of California Press, Berkeley 2013) a *Representation of Labor / Performative Historiography* (Ediciones ARQ, Santiago de Chile 2018).

Ina Valkanova
je architekta a vědecká pracovnice. Studovala architekturu na RWTH v Cáchách a v současné době je pracovnicí v Institutu pro krajinu a urbánní studia na ETH v Curychu. Je také koordinátorkou dlouhodobé investiční strategie města Sofie. Předtím pracovala jako vedoucí mezinárodního architektonického festivalu One Architecture Week v bulharském Plovdivu. Ina také vyučovala na Univerzitě architektury, stavitelství a geodézie v Sofii a v Evropě přednášela například na Architecture Week v Kodani či na International Architecture Week v Bělehradě.

Jan Vopravil
absolvoval Lesnickou fakultu České zemědělské univerzity v Praze. Je vedoucím Oddělení pedologie a ochrany půdy Výzkumného ústavu meliorací a ochrany půdy (VÚMOP) a působí také jako pedagog na Katedře biotechnických úprav krajiny ČZU. Pravidelně přednáší pro odbornou i laickou veřejnost, publikuje a poskytuje odborné komentáře k aktuálním otázkám životního prostředí do médií.

Editors
Editoři
Kateřina Frejlachová, Miroslav Pazdera,
Tadeáš Říha, Martin Špičák

Texts
Texty
Rutvica Andrijasevic, Kateřina Frejlachová, Adrian Hyrsz, Tomáš Khel, Bob Kuřík, Jesse LeCavalier, Lukáš Likavčan, Petr Mezihorák, Víctor Muñoz Sanz, Tonia Novitz, Miroslav Pazdera, Tadeáš Říha, Hannah Schling, Pavel Suchan, Daniel Šitera, Martin Špičák, Philip Ursprung, Ina Valkanova, Jan Vopravil

Photo essays
Fotoesej
Jan Kolský, Zdeněk Porcal (Studio Flusser)

Maps
Mapy
Martin Špičák

Translations
Překlad
Vít Bohal, Martina Freitagová, Elizabet Kovačeva, Piotr Krasnowolski, Martin Lauer, Tereza Pálková, Anna Plasová, Martin Tharp

Proofreading
Jazyková korektura
Irena Hlinková (Czech / čeština),
Martin Tharp (English / angličtina)

Copy editing
Redakce
Irena Lehkoživová

Graphic design
Grafický design
Anežka Hrubá Ciglerová

Prepress
Předtisková příprava
Magdalena Lindaurová

Printing and binding
Tisk
Tiskárna Daniel, Praha

Paper
Papír
Munken Lynx, Munken G-Print

Typefaces
Písmo
Yield (Publikum Type), Scto Grotesk B (Schick Toikka)

Co-published by VI PER Gallery, Prague, and Park Books AG, Zurich, 2019
Vydali Galerie VI PER, Praha a Park Books AG, Curych, 2019

First edition
První vydání

Distribution in the Czech Republic
Distribuce v České republice
VI PER Gallery
Vítkova 2
186 00 Praha 8
Czech Republic
www.vipergallery.org
ISBN 978-80-270-7038-1

Distribution in all other countries
Distribuce v ostatních zemích
Park Books
Niederdorfstrasse 54
8001 Zurich
Switzerland
www.park-books.com
ISBN 978-3-03860-189-0

All rights reserved; no part of this publication may be reproduced, stored in a retrieval system or transmitted in any form or by any means, electronic, mechanical, photocopying, recording, or otherwise, without the prior written consent of the publisher.
Všechna práva vyhrazena; žádná část této publikace nesmí být reprodukována, uložena v systému ukládání a vyhledávání nebo přenesena v jakékoli formě nebo jakýmikoli způsoby, elektronickými, mechanickými, fotokopírovacími, záznamovými nebo jinými bez předchozího písemného souhlasu vydavatele.

Published with support from the Ministry of Culture of the Czech Republic.
Vydání knihy podpořilo Ministerstvo kultury České republiky.

Park Books is being supported by the Federal Office of Culture with a general subsidy for the years 2016–2020.